rowohlt

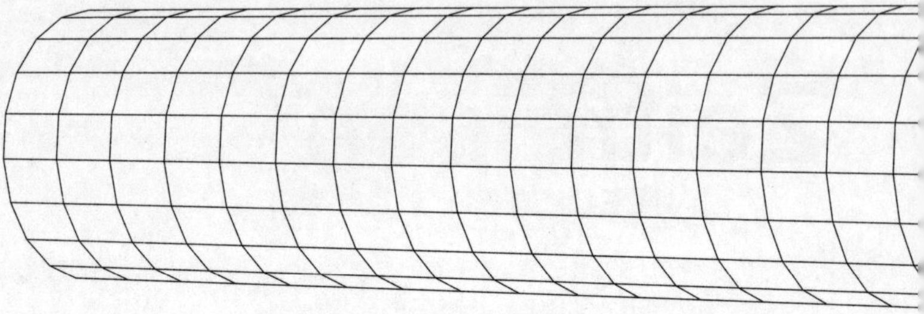

J. RICHARD GOTT III

Zeitreisen

IN EINSTEINS UNIVERSUM

AUS DEM AMERIKANISCHEN
VON HAINER KOBER

ROWOHLT

Die amerikanische Originalausgabe ist unter dem Titel
Time Travel in Einstein's Universe. The Physical Possibilities of Travel Through Time
bei Houghton Mifflin Company, Boston/New York, erschienen.

Redaktion Annalisa Viviani
Fachliche Beratung Markus Pössel, Max-Planck-Institut für
Gravitationsphysik, Albert-Einstein-Institut, Gölm/Potsdam

Umschlaggestaltung Kerstin Schröder, Pe Grigo
Layout Joachim Düster

1. Auflage März 2002

Satz aus der Proforma PostScript PageMaker
Pinkuin Satz und Datentechnik, Berlin
Druck und Bindung Clausen & Bosse, Leck
Printed in Germany
ISBN 3 498 02490 6

Die Schreibweise entspricht den Regeln der
neuen Rechtschreibung.

Meiner Mutter und meinem Vater,
meiner Frau und meiner Tochter,
meiner Vergangenheit,
Gegenwart und Zukunft.

Inhalt

Vorwort

Die Kinder in der Nachbarschaft denken, ich hätte eine Zeitmaschine in meiner Garage. Sogar meine Kollegen verhalten sich manchmal so, als besäße ich eine. Der Astrophysiker Tod Lauer schickte mir einmal eine offizielle Einladung zu einem Vortrag über Zeitreisen am Kitt Peak National Observatory. Allerdings erhielt ich diese Einladung, sechs Monate *nachdem* ich den Vortrag gehalten hatte. In der Einladung hieß es, da ich ein Fachmann auf dem Gebiet der Zeitreisen sei, hätte ich vermutlich keine Schwierigkeiten, in die Vergangenheit zurückzureisen und rechtzeitig zu meinem Vortrag zu erscheinen. Bei einer anderen Gelegenheit, einer Kosmologietagung in Kalifornien, trug ich ein türkisfarbenes Sakko – in der Überzeugung, es würde sich gut mit dem kalifornischen Ambiente vertragen. Bob Kirschner, damals Leiter des Fachbereichs Astronomie der Harvard University, trat zu mir und sagte: «Richard, das ist die ‹Jacke der Zukunft›; du musst sie dir in der Zukunft besorgt haben und in unsere Gegenwart mitgebracht haben, denn diese Farbe ist noch gar nicht erfunden worden!» Seither trage ich nur noch dieses Sakko, wenn ich Vorträge über Zeitreisen halte.

Zeitreisen sind sicherlich eines der amüsanteren Themen in der Physik, aber sie haben auch eine ernste Seite. Mich haben Menschen angerufen, um sich über die neuesten Entwicklungen auf dem Gebiet von Zeitreisen zu unterrichten, weil sie in die Vergangenheit zurückkehren wollten, um geliebte Menschen zu retten, die unter tragischen Umständen gestorben waren. Solche Anrufe nehme ich sehr ernst. Teilweise habe ich dieses Buch geschrieben, um Fragen wie diese zu beantworten. Einer der Gründe dafür, dass Zeitreisen so faszinierend für uns sind, ist das große Verlangen, das wir nach ihnen verspüren.

Physiker wie ich, die sich wissenschaftlich mit Zeitreisen auseinander setzen, schicken sich gegenwärtig noch nicht an, Patente für Zeitmaschinen zu beantragen. Vielmehr untersuchen wir, ob nach den physikalischen Gesetzen prinzipiell die Möglichkeit besteht, eine solche Maschine zu bauen. Es ist ein Spiel, das von einigen der klügsten Köpfe der Erde mit hohem Einsatz gespielt wird: Einstein zeigte, dass Zeitreisen in die Zukunft möglich sind, und trat damit die Diskussion los. Kurt Gödel, Kip Thorne und Stephen Hawking haben sich für die Frage interessiert, ob Zeitreisen in die Vergangenheit möglich sind. Die Antwort auf diese Frage würde neue Erkenntnisse über die Prozesse des Universums vermitteln und möglicherweise auch einigen Aufschluss über seinen Anfang geben.

Dieses Buch ist eine persönliche Geschichte, keine Wissenschaftsgeschichte. Stellen Sie sich vor, ich sei der Führer, der Sie auf den Gipfel des Mount Everest bringt. Der Aufstieg ist mal anstrengend, mal leicht, aber ich verspreche Ihnen, dass wir immer die leichteste Route nehmen werden. Der Weg ist mit Ideen gepflastert, die ich gut kenne, stammen doch einige von mir. Unterwegs werden wir auf die Arbeit vieler meiner Kollegen stoßen. Ich werde eine ganze Anzahl von ihnen erwähnen, damit Sie eine angemessene Vorstellung von den anderen Führern dieses Gebiets bekommen. Auf einige Beiträge gehe ich ausführlicher ein, auf andere nur kurz, chronologisch oder nicht, wie sie in meine Geschichte passen. Bei all denen, deren Arbeit ich nicht erwähnt habe – obwohl sie vielleicht genauso wichtig ist, aber nicht an der Aufstiegsroute liegt, die wir gewählt haben –, bitte ich um Entschuldigung.

Wir beginnen unsere Besteigung im Basislager: dem Traum von Zeitreisen und der bahnbrechenden Science-Fiction-Erzählung von H. G. Wells.

1

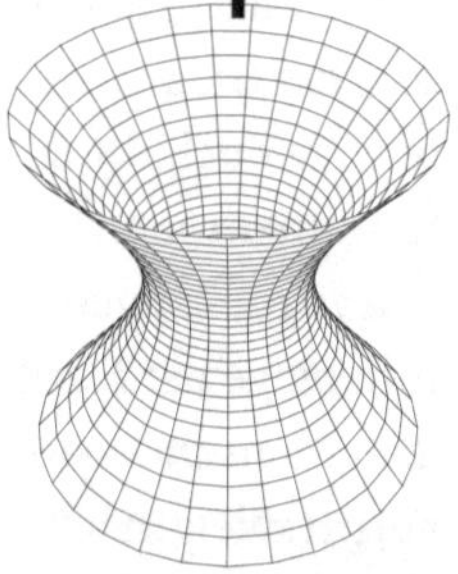

Träume von Zeitreisen

> [Der Mensch] ... kann gegen die Schwerkraft in einem Ballon aufsteigen, und warum sollte er nicht hoffen, dass er auch einmal imstande sein werde, entlang der Zeitdimension anzuhalten oder zu beschleunigen oder sogar umzukehren und in die entgegengesetzte Richtung zu wandern?
>
> *H. G. Wells:* Die Zeitmaschine, *1895*[1]

WAS WÜRDEN SIE MIT EINER ZEITMASCHINE ANFANGEN?

Kein Einfall der Science-Fiction-Literatur hat die Phantasie der Menschen so beschäftigt wie Zeitreisen. Was würden Sie tun, wenn Sie eine Zeitmaschine hätten? Sie könnten sich in die Zukunft begeben und Urlaub im 23. Jahrhundert machen. Von dort könnten Sie ein Heilmittel für Krebs mitbringen.

Dann hätten Sie die Möglichkeit, von dort aus in die Vergangenheit zu reisen, um einen Menschen zu retten, der Ihnen nahe stand und den Sie an diese Krankheit verloren haben. Sie könnten Hitler umbringen und den Zweiten Weltkrieg verhindern oder eine Passage auf der *Titanic* buchen, um den Kapitän vor dem Eisberg zu warnen. Doch was wäre, wenn der Kapitän Ihre Warnung in den Wind schlüge, wie er alle Warnungen über Eisberge, die ihm zugetragen wurden, in den Wind geschlagen hat, und das große Schiff dennoch unterginge? Mit anderen Worten, würde Ihnen die Zeitreise gestatten, die Vergangenheit zu verändern? Der Begriff der Zeitreise in die Vergangenheit kann Paradoxa heraufbeschwören. Was wäre, wenn Sie auf einer Reise in die Vergangenheit unabsichtlich Ihre Großmutter töten würden, bevor sie Ihre Mutter zur Welt gebracht hätte?

Selbst wenn es unmöglich ist, die Vergangenheit zu ändern,

1 H. G. Wells: *Die Zeitmaschine, eine Erfindung,* Zürich, Diogenes, 1974, S. 11

könnte es sehr interessant sein, sie einfach nur aufzusuchen. Auch wenn Sie nicht in der Lage wären, den Gang der Geschichte, wie wir ihn kennen, abzuwandeln, so könnten Sie doch an der Gestaltung dieser geschichtlichen Ereignisse teilnehmen. Beispielsweise hätten Sie die Möglichkeit, in der Zeit zurückzugehen und den Alliierten zu helfen, die letzte Gegenoffensive der Deutschen im Dezember 1944 zurückzuschlagen. Die Menschen stellen gern die Schlachten des amerikanischen Bürgerkriegs nach – was wäre, wenn Sie an den wirklichen Schlachten teilnehmen könnten? Sich eine Schlacht auszusuchen, die von Ihrer Seite gewonnen wurde, würde Ihnen das aufregende Gefühl geben, sie mitzuerleben, und gleichzeitig die Sicherheit schenken, den Ausgang zu kennen. Vielleicht würde sich am Ende herausstellen, dass die Schlacht von Touristen aus der Zukunft entschieden wurde. Tatsächlich hat man Menschen wie Jules Verne und Leonardo da Vinci, die in ihrem Denken den Zeitgenossen so weit voraus waren, gelegentlich verdächtigt, Zeitreisende zu sein.

Entschlössen Sie sich dazu, auf eine Zeitreise zu gehen, könnten Sie sich eine erstaunliche Reiseroute zusammenstellen. Sie hätten die Chance, historischen Gestalten wie Buddha, Mohammed oder Moses zu begegnen. Sie könnten schauen, wie Kleopatra wirklich ausgesehen hat, oder Shakespeares erste Hamlet-Inszenierung besuchen. Auf jenem Grashügel in Dallas böte sich Ihnen die Gelegenheit herauszufinden, ob Oswald wirklich der einzige Attentäter war. Sie könnten der Bergpredigt lauschen und Jesus sogar dabei filmen oder einen Abendspaziergang durch die Hängenden Gärten der Semiramis machen. Die Möglichkeiten sind unbegrenzt.

Im Raum scheinen wir uns nach Belieben bewegen zu können, doch in der Zeit sind wir wie hilflose Flößer, die von einer mächtigen Strömung fortgerissen und mit einer Geschwindigkeit von einer Sekunde pro Sekunde in die Zukunft befördert werden. Manchmal wünscht man sich, man könnte vorwärts paddeln, um das Ufer der Zukunft zu inspizieren, oder wenden, um gegen den

Strom in die Vergangenheit zu schwimmen. Die Hoffnung, dass uns diese Möglichkeiten eines Tages offen stehen werden, erhält Nahrung, wenn Sie sehen, wie viele Dinge, die einst für unmöglich gehalten wurden, heute zur Wirklichkeit, ja, zur Selbstverständlichkeit geworden sind. Als Wells 1895 *Die Zeitmaschine* schrieb, hielten viele Menschen Flugmaschinen, die schwerer als Luft waren, für ausgeschlossen. Bis dann die Gebrüder Wright die Skeptiker eines Besseren belehrten. Dann hieß es, die Schallmauer könne unter keinen Umständen durchbrochen werden. Schließlich erbrachte Chuck Yeager den Beweis, dass das scheinbar Unmögliche doch möglich war. Flüge zum Mond wurden in das Reich des Phantastischen verbannt – bis sie das Apollo-Programm zur Wirklichkeit werden ließ. Verhält es sich mit den Zeitreisen vielleicht ähnlich?

Heute haben die Zeitreisen immerhin schon den Sprung aus den Science-Fiction-Romanen in die wissenschaftlichen Zeitschriften geschafft, denn Physiker untersuchen, ob die Naturgesetze solche Reisen erlauben und ob sie möglicherweise Einblicke in die Anfänge des Universums gewähren. In Isaac Newtons Universum waren Zeitreisen undenkbar. Doch in Einsteins Universum sind sie zur denkbaren Möglichkeit geworden. Von Zeitreisen in die Zukunft weiß man bereits, dass die Theorie sie gestattet, aber auch Zeitreisen in die Vergangenheit sind Gegenstand physikalischer Untersuchungen. Einen ausgezeichneten Eindruck von den Fragen, mit denen sich diese Wissenschaftler heute beschäftigen, vermitteln die großen Themen der Science-Fiction-Literatur, denn dort sind viele Ideen dieses Gebiets zum ersten Mal dargelegt worden.

DIE ZEITMASCHINE UND DIE ZEIT ALS VIERTE DIMENSION

In das allgemeine Bewusstsein rückte die Idee der Zeitreise durch Wells großartigen Roman. Besonders bemerkenswert ist der Umstand, dass er die Zeit als vierte Dimension behandelt, womit er vorwegnahm, was sich zehn Jahre später als Eckstein von Einsteins Relativitätstheorie erweisen sollte.

Der Roman beginnt damit, dass der Zeitreisende seine Freunde zur Besichtigung seiner neuen Erfindung – einer Zeitmaschine – einlädt. Er erläutert ihnen den Grundgedanken:

«... Sie wissen sicherlich, dass eine mathematische Linie, eine Linie von der Dicke ‹null›, in Wirklichkeit nicht existiert. ... Ebensowenig eine mathematische Fläche. Das sind reine Abstraktionen.»
«Da haben Sie recht», sagte der Psychologe.
«Und genausowenig kann ein Würfel, der nur aus Länge, Breite und Höhe besteht, eine materielle Existenz haben.»
«Da muss ich widersprechen», erklärte Filby. «Natürlich kann ein fester Körper existieren. Alle realen Dinge ...»
«... Aber überlegen Sie mal einen Augenblick: kann ein *momentaner* Würfel existieren?»
«Das ist mir zu hoch», entgegnete Filby.
«Kann ein Würfel, der keinerlei Zeitdauer besitzt, eine materielle Existenz haben?»
Filby wurde nachdenklich. «Offensichtlich», fuhr der Zeitreisende fort, «muss jeder feste Körper eine Ausdehnung in *vier* Dimensionen aufweisen: er muss Länge, Breite, Höhe und – Dauer besitzen. ... Es gibt also wirklich vier Dimensionen: drei ... Ebenen des Raumes ..., und eine vierte, die Zeit. Der Mensch neigt jedoch dazu, eine unrealistische Unterscheidung zwischen den drei ersten und der vierten Dimension zu treffen, weil sich sein Bewusstsein nun einmal ... mit Unterbrechungen entlang der vierten Dimension bewegt.»[2]

2 a. a. O., S. 7 f.

Der Zeitreisende zeigt seinen Freunden dann ein kleines Modell seiner Erfindung – einen Metallrahmen mit Teilen aus Elfenbein und Quarz. Ein Hebel kann die Maschine in die Zukunft befördern und ein anderer die Zeitrichtung umkehren. Er hilft einem seiner Freunde, den Zukunftshebel zu betätigen, und prompt verschwindet das Modell. Wo ist es hin? Es habe sich überhaupt nicht im Raum bewegt, sondern sich einfach in eine andere Zeit begeben, erläutert der Zeitreisende. Seine Freunde wissen nicht recht, ob sie ihm glauben sollen.

Daraufhin führt der Zeitreisende seine Freunde in das Labor, das er sich in seinem Haus eingerichtet hat, und zeigt ihnen ein fast fertiges Exemplar in Normalgröße. Eine Woche später hat er die Zeitmaschine fertig gestellt, klettert hinein und beginnt eine bemerkenswerte Reise in die Zukunft.

Zunächst drückt er den Zukunftshebel leicht nach vorne. Dann betätigt er den zum Halten. Er blickt sich in seinem Labor um. Alles ist unverändert. Dann bemerkt er die Uhr: «Dann fiel mein Blick auf die Uhr. Vor einem Moment hatten die Zeiger, wie mir schien, noch ungefähr eine Minute nach zehn angezeigt; jetzt aber war es fast halb vier!»[3] Wieder bewegt er den Hebel leicht nach vorn, und er sieht seine Haushälterin mit großer Geschwindigkeit durch den Raum flitzen. Schließlich drückt er ihn entschlossen nach vorn. «Die Nacht brach herein, wie wenn man eine Lampe ausdreht, und im nächsten Augenblick folgte der Morgen. ... Während ich mit steigender Geschwindigkeit dahinraste, folgte die Nacht dem Tag wie das Schlagen einer dunklen Schwinge. ... Und während ich mit immer noch zunehmender Geschwindigkeit weiterraste, verschmolz das Flimmern von Tag und Nacht zu einem kontinuierlichen Grau; ... Ich sah gewaltige Gebäude mattschimmernd und schön aufsteigen und gleich Träumen dahinschwinden.»[4]

3 a. a. O., S. 23

4 a. a. O., S. 23 ff.

Schließlich bringt der Zeitreisende seine Maschine zum Stillstand. Die Skalen der Maschine zeigen, dass er ins Jahr 802 701 gelangt ist. Was findet er vor? Die Menschheit hat sich in zwei Arten aufgeteilt: die eine, roh und gemein, lebt unterirdisch – die Morlocks. Die andere, kindlich und freundlich, lebt auf der Erde – die Eloi. Zum überirdischen Geschlecht gehört eine hübsche junge Frau namens Weena, mit der er sich anfreundet. Zu seinem Entsetzen entdeckt er, dass die unterirdischen Troglodyten das sanfte überirdische Volk wie Vieh züchten und halten – um es zu essen. Und es kommt noch schlimmer: Es gelingt den Morlocks, ihm die Zeitmaschine zu stehlen. Als er sie schließlich findet, springt er hinein und stößt den Zukunftshebel bis zum Anschlag nach vorn, um den Morlocks zu entkommen. Als er die Maschine schließlich wieder unter Kontrolle bringt, befindet er sich in fernster Zukunft. Die Säugetiere sind längst ausgestorben, nur einige krebsartige Geschöpfe und Schmetterlinge tummeln sich noch auf der Erde. Er erforscht die Zukunft, bis seine Skalen 30 Millionen Jahre zeigen, da erblickt er eine trübe rote Sonne und eine flechtenartige Vegetation. Das einzige Anzeichen für tierisches Leben ist ein fußballartiges Geschöpf mit Tentakeln.

Daraufhin kehrt der Zeitreisende in seine eigene Zeit und zu seinen Freunden zurück. Als Beweis für seine Erlebnisse in der Zukunft holt er zwei Blumen hervor, die ihm Weena geschenkt hat; sie gehören einer Art an, die seine Freunde nicht kennen. Nach diesem Gespräch mit den Freunden bricht der Zeitreisende mit seiner Maschine auf und kehrt nicht wieder zurück. Einer der Freunde überlegt, was aus ihm geworden sein könnte. Wohin hat er sich begeben? Ist er in die Zukunft zurückgekehrt oder hat er stattdessen irgendeine vorgeschichtliche Zeit aufgesucht?

Mit der Interpretation der Zeit als vierter Dimension war H. G. Wells in diesem Buch außerordentlich hellsichtig. Genau diese Idee legte Einstein 1905 seiner speziellen Relativitätstheorie zugrunde, die beschreibt, wie die Zeit von ruhenden und bewegten Beobachtern unterschiedlich gemessen wird. Einsteins Arbeit, die von seinem ehemaligen Mathematikprofessor Hermann Minkowski erweitert wurde, beweist, dass sich die Zeit mathematisch tatsächlich als vierte Dimension behandeln lässt. Folglich ist unser Universum vierdimensional. Zum Vergleich: Die *Oberfläche* der Erde ist zweidimensional, weil jeder Punkt auf der Erde durch die Angabe von zwei Koordinaten – Breite und Länge – eindeutig bestimmt ist. Dagegen ist das Universum vierdimensional. Um ein Ereignis im Universum zu lokalisieren, brauchen wir vier Koordinaten.

Das folgende Beispiel, das ich von dem russischen Physiker George Gamow übernehme, mag diesen Punkt noch etwas verdeutlichen. Wenn ich Sie zu einer Party einlade, muss ich Ihnen vier Koordinaten nennen. Ich muss Ihnen sagen, dass die Party an der Ecke der 43. Straße und 3. Avenue im 51. Stock nächsten Silvesterabend stattfinden wird. Die ersten drei Koordinaten (43. Straße, 3. Avenue, 51. Stock) geben die Position der Party im Raum an. Dann muss ich Ihnen noch die Zeit nennen. Die ersten beiden Koordinaten sagen Ihnen, wohin Sie sich auf der Oberfläche der Erde begeben sollen, die dritte, wie hoch Sie hinaufmüssen, und die vierte, wann Sie kommen sollen. Also vier Koordinaten – vier Dimensionen.

Wir können uns ein Bild von unserem vierdimensionalen Universum machen, indem wir ein dreidimensionales Modell verwenden. Abb. 1 zeigt ein solches Modell des Sonnensystems. Die beiden waagerechten Dimensionen stellen die beiden Dimensionen des Raumes dar (aus Gründen der Einfachheit ist die dritte räumliche Dimension fortgelassen), und die senkrechte Dimension stellt die Dimension der Zeit dar. Aufwärts geht es in Richtung Zukunft, abwärts in Richtung Vergangenheit.

Zum ersten Mal habe ich ein Modell wie dieses in George Gamows äußerst unterhaltsamem Buch *Eins, zwei, drei ... Unendlichkeit* gesehen, das ich mit zwölf gelesen habe. Das verändert die Perspektive. In der Regel findet man in Lehrbüchern ein zweidimensionales Diagramm des Sonnensystems. Die Sonne wird als

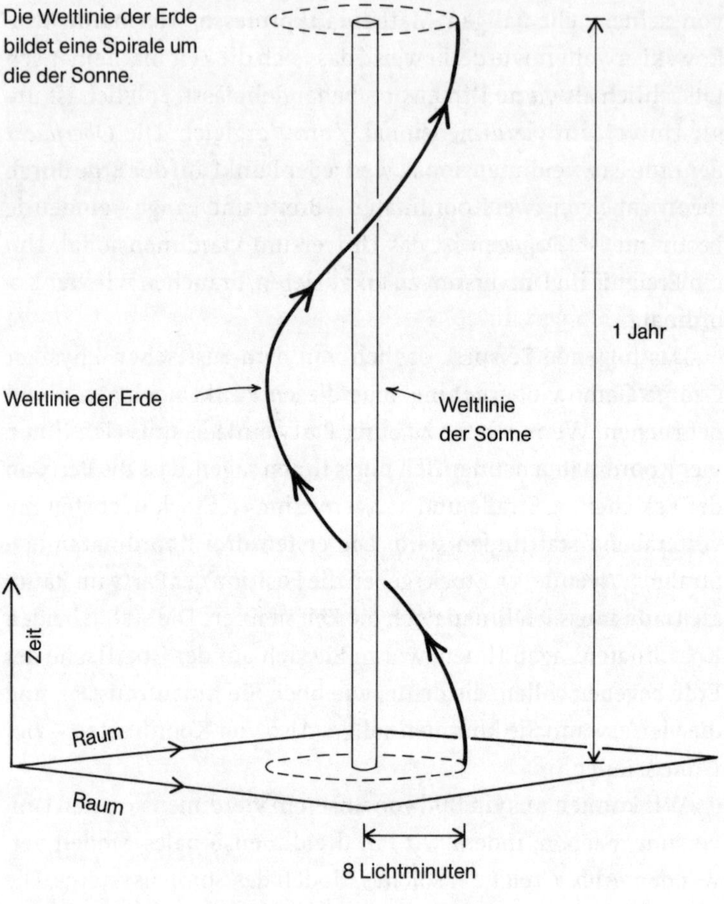

Abb. 1: Das vierdimensionale Universum

kreisförmige Scheibe dargestellt, die Erde als kleinere Scheibe in ihrer Nähe. Die Erdbahn ist eine gestrichelte Linie auf einer flachen Seite. Dieses zweidimensionale Modell fängt nur einen Augenblick der Zeit ein. Doch nehmen wir an, wir hätten einen Film des Sonnensystems, der uns zeigte, wie die Erde die Sonne umkreist. Jedes Bild des Films wäre ein zweidimensionales Bild des Sonnensystems – ein Schnappschuss zu einem bestimmten Zeitpunkt. Wenn Sie diesen Film in seine einzelnen Bilder zerschneiden und sie aufeinander stapeln würden, könnten Sie sich ein anschauliches Bild von der Raumzeit machen. In aufsteigender Linie zeigen die Bilder immer spätere und spätere Ereignisse. Der Zeitpunkt eines einzelnen Bildes wird durch seine senkrechte Position im Stapel bestimmt. Die Sonne befindet sich als gelbe Scheibe im Mittelpunkt eines jeden Bildes und bewegt sich nicht. In dem Stapel wird die Sonne also zu einem senkrechten gelben Stab, der sich von unten bis zur Spitze erstreckt – und den Weg der Sonne von der Vergangenheit in die Zukunft zeigt. In jedem Bild ist die Erde ein kleiner blauer Punkt, und auf jedem Bild in aufsteigender Linie ist sie auf ihrer Bahn ein Stück weiter gekommen. Daher wird die Erde in dem Stapel eine blaue Spirale, die sich um den gelben Stab in der Mitte windet. Der Radius der Spirale deckt sich mit dem Radius der Erdbahn von 150 000 Kilometern oder, wie Astronomen gerne sagen, von acht Lichtminuten (denn das Licht, das 300 000 Kilometer pro Sekunde zurücklegt, braucht rund acht Minuten für diese Entfernung). Die zeitliche Entfernung, die man entlang der Spirale zurücklegen muss, um einen Umlauf zu verfolgen, beträgt natürlich ein Jahr (vgl. Abb. 1). Diese Spirale ist die *Weltlinie* der Erde, die Bahn, die sie in der Raumzeit zurücklegt. Würden wir vierdimensional denken, könnten wir sehen, dass die Erde nicht einfach eine Kugel ist, sondern wirklich eine Spirale, ein langes Stück Spaghetti, das sich um die Weltlinie der Sonne herum durch die Zeit schlängelt.

Wie der Zeitreisende gesagt hat, haben alle realen Objekte vier Dimensionen – Länge, Breite, Höhe und Dauer. Reale Objekte haben eine Ausdehnung in der Zeit. Sie, der Sie dieses Buch lesen, haben vielleicht Dimensionen von einem Meter achtzig Höhe, dreißig Zentimeter Länge, sechzig Zentimeter Breite und achtzig Jahre Dauer. Auch Sie haben eine Weltlinie. Ihre Weltlinie beginnt mit der Geburt, schlängelt sich durch den Raum und vorwärts durch die Zeit, wobei sie durch alle Ereignisse Ihres Lebens führt und mit Ihrem Tod endet.

Ein Zeitreisender, der die Vergangenheit aufsucht, hat einfach eine Weltlinie, die irgendwie eine Schleife beschreibt, sodass sie sich selbst schneiden kann. Das würde dem Zeitreisenden erlauben, sich selbst die Hand zu schütteln. Der ältere Mann könnte seinem jüngeren Ich begegnen und sagen: «Hallo! Ich bin dein künftiges Ich! Ich bin durch die Zeit gereist, um dir guten Tag zu sagen» (vgl. Abb. 2). Der überraschte jüngere Mann würde sagen: «Ach, wirklich?» Dann würde er sein Leben fortführen, älter werden und schließlich in einer Schleife zu genau diesem Ereignis zurückkehren – wo er sein jüngeres Ich erkennen, ihm die Hand schütteln und sagen würde: «Hallo! Ich bin dein künftiges Ich! Ich bin durch die Zeit gereist, um dir guten Tag zu sagen.»

ZURÜCK IN DIE ZUKUNFT UND DAS GROSSMUTTER-PARADOX

Doch was ist, wenn der Zeitreisende sich als älterer Mann weigert, Guten Tag zu sagen, und stattdessen sein jüngeres Ich einfach umbringt? Wenn ich Fernsehinterviews über Zeitreisen mache, lautet meine erste Frage stets: «Was wäre, wenn Sie in der Zeit zurückreisen und Ihre Großmutter umbringen würden, bevor sie Ihre Mutter geboren hätte?» Das Problem liegt auf der Hand: Wenn Sie Ihre Großmutter umbrächten, käme Ihre Mutter nicht zur Welt und Sie ebenfalls nicht; wenn Sie nie geboren würden, könnten Sie sich nicht in der Zeit zurückbegeben, daher könnten Sie auch nicht Ihre Großmutter umbringen. Diese Aporie, als Großmutter-Paradox bezeichnet, wird häufig für so zwingend angesehen, dass man glaubt, damit jede Möglichkeit von Zeitreisen widerlegt zu haben.

Ein berühmtes Beispiel aus der Science-Fiction-Welt, in dem diese Idee durchgespielt wurde, ist der Film *Zurück in die Zukunft* aus dem Jahr 1985. Der Protagonist, von Michael J. Fox gespielt, reist in der Zeit in das Jahr 1955 zurück und kommt unabsichtlich der sich anbahnenden Liebesbeziehung seiner Eltern in die Quere. Daraus ergibt sich ein Problem: Wenn seine Eltern sich nicht verlieben, wird er nicht geboren, daher ist seine eigene Existenz in Gefahr. Ihm wird klar, er muss unbedingt dafür sorgen, dass sich seine Eltern ineinander verlieben. Zunächst entwickelt sich die Angelegenheit ganz und gar nicht nach Wunsch – seine Mutter verliebt sich nämlich in *ihn*, den geheimnisvollen Fremden, und nicht in den Vater (Freud würde seine Freude daran haben). Um seine Eltern doch noch zusammenzubringen, entwirft er einen raffinierten Plan. Dass der nicht klappt, wird ihm klar, als die Bilder von ihm, seinem Bruder und seiner Schwester auf dem Familienfoto in seiner Brieftasche verblassen – ein schlechtes Zeichen. Später sieht er noch, wie sich seine eigene Hand in Luft aufzulösen beginnt. Er kann durch sie hindurchsehen. Er fühlt sich schwach. Da er die Liebesaffäre seiner Eltern unterbrochen hat, gleitet er aus der Existenz. Später, als sein Plan schließlich doch noch Erfolg hat und seine Eltern glücklich vereint sind, fühlt er sich plötzlich besser, und seine Hand nimmt auch wieder ihre normale Gestalt an. Ein Blick auf das Foto in seiner Brieftasche überzeugt ihn davon, dass sein Bild und die seiner Geschwister wieder aufgetaucht sind.

In einer fiktiven Geschichte kann sich eine Hand zwar in Luft auflösen, im Reich der Physik jedoch entmaterialisieren sich Atome nicht so einfach. Im Übrigen entmaterialisiert sich der Junge unter den Bedingungen der Geschichte, weil er seine Eltern daran hindert, sich ineinander zu verlieben, und dadurch die eigene Geburt unmöglich macht. Doch würde er nie geboren, müsste seine gesamte Weltlinie, vom Punkt seiner Geburt bis zu seinen Abenteuern als Zeitreisender, verschwinden, sodass niemand mehr vorhanden wäre, der seinen Eltern in die Quere kommen könnte – also würde seine Geburt doch stattfinden. Natürlich löst diese Fiktion nicht das Großmutter-Paradox. Aber es gibt physikalisch mögliche Lösungen für derartige Zeitreiseparadoxa, allerdings sind sich die Physiker nicht einig, welcher von zwei Ansätzen, die diesbezüglich zur Diskussion stehen, der richtige ist.

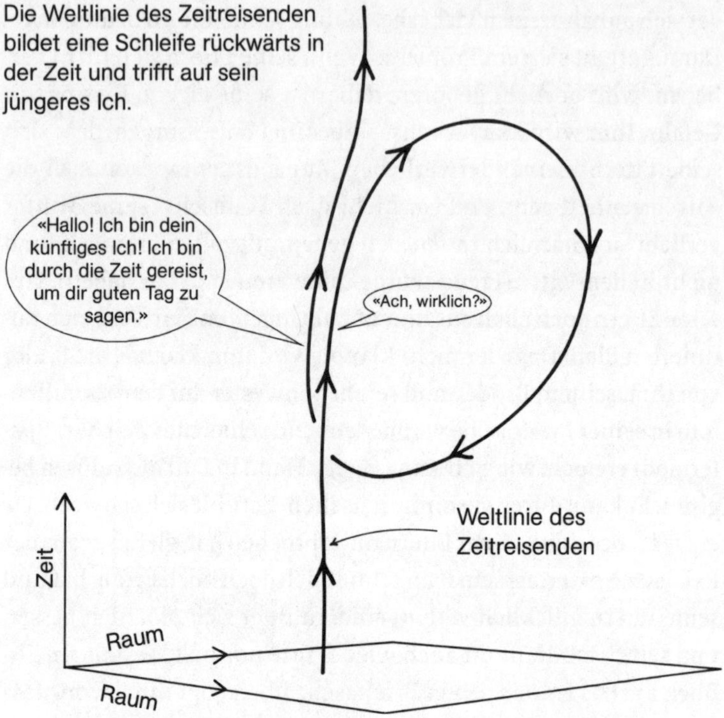

Abb. 2: Begegnung mit dem jüngeren Ich in der Vergangenheit

TIMESCAPE UND DIE VIELE-WELTEN-THEORIE

Erstens, die radikale Alternative. Sie beruht auf der Quantenmechanik, jener physikalischen Theorie, die Anfang des 20. Jahrhunderts entwickelt wurde, um das Verhalten von Atomen und Molekülen zu erklären. Die Quantenmechanik zeigt, dass Teilchen Wellencharakter und dass Wellen Teilchencharakter haben. Von entscheidender Bedeutung ist dabei die Heisenberg'sche Unschärferelation, die uns mitteilt, dass wir den Ort und die Geschwindigkeit eines Teilchens nicht mit beliebiger Genauigkeit bestimmen können. Diese Quantenunschärfe ist zwar in der makroskopischen Welt gemeinhin vernachlässigbar, jedoch auf atomaren Größenskalen bedeutsam. Die Quantenmechanik erklärt, wie Atome Licht charakteristischer Wellenlänge emittieren und absorbieren, während Elektronen von einem Energieniveau zum anderen springen. Die Wellennatur von Teilchen führt zu ungewöhnlichen Effekten wie etwa dem Quantentunneln, bei dem ein Heliumkern plötzlich aus einem Urankern herausspringt und so dessen radioaktiven Zerfall bewirkt. Durch die Lösung von quantenmechanischen Wellengleichungen können wir vorhersagen, wie groß die Wahrscheinlichkeit ist, ein Teilchen an einem bestimmten Ort anzutreffen. Das führt nach einer möglichen Interpretation zur Viele-Welten-Theorie der Quantenmechanik, die verschiedene Parallelwelten postuliert: Für jeden Ort, an dem wir das Teilchen antreffen *könnten*, gibt es dieser Interpretation nach eine Parallelwelt, in der wir das Teilchen auch tatsächlich entdecken. Einige Physiker halten diese Interpretation für überflüssig, doch zahlreiche Physiker, die an vorderster Front der quantenmechanischen Forschung arbeiten, nehmen die Viele-Welten-Interpretation samt ihren Verbesserungen und Erweiterungen durchaus ernst.

Danach enthält das Universum nicht eine einzige Weltgeschichte, sondern viele parallele Geschichten. Nur eine Weltgeschichte zu erleben, das ist, als führe man in einem Zug auf einem Gleis von der Vergangenheit in die Zukunft. Als Reisende in dem Zug sehen wir die Ereignisse vorbeifliegen wie die Bahnhöfe an der Strecke – dort huscht das Römische Reich vorbei, da der Zweite Weltkrieg, und hier landen die Menschen auf dem Mond. Das Universum könnte aber auch wie ein riesiger Rangierbahnhof sein mit vielen solchen Eisenbahngleisen, die einander überschneiden. Neben unserem Gleis liegt eines, auf dem der Zweite Weltkrieg nie stattgefunden hat. Ständig kommt der Zug an Weichen, wo er das eine oder das andere Gleis nehmen kann. Vor dem

Zweiten Weltkrieg hat es vielleicht einen Tag gegeben, an dem Hitler hätte getötet werden können, was den Zug auf ein Gleis gebracht hätte, auf dem der Zweite Weltkrieg nicht stattfand. Nach der Viele-Welten-Theorie der Quantenmechanik zweigt jedes Mal ein neues Gleis ab, wenn eine Beobachtung aufgezeichnet oder Entscheidung getroffen wird. Das muss keine menschliche Beobachtung oder Entscheidung sein: Selbst ein Elektron in einem Atom, das von einem Energieniveau zu einem anderen wechselt, könnte eine Verzweigung des Gleises verursachen.

In diesem Szenario könnte sich nach Ansicht des Physikers David Deutsch von der Oxford University ein Zeitreisender in der Zeit zurückbegeben und seine Großmutter umbringen, als sie noch ein junges Mädchen war. Das würde das Universum veranlassen auf ein Gleis abzuzweigen, das einen Zeitreisenden und eine tote Großmutter enthielte. Das Universum, in dem die Großmutter überlebt und die Mutter zur Welt gebracht hat, die ihrerseits dem Zeitreisenden das Leben geschenkt hat – das Universum, an dessen Anblick wir uns erinnern –, gibt es noch. Denn es ist das Universum (das Gleis), aus dem der Zeitreisende gekommen ist. Der Zeitreisende bewegt sich einfach in ein anderes Universum, wo er an einer veränderten Geschichte teilnehmen wird.

Sehr schön illustriert Gregory Benford diese Ideen in seinem preisgekrönten Science-Fiction-Roman *Timescape* (dt. *Zeitschaft*). Die Geschichte spielt im Jahr 1998; ihr Held verwendet einen Tachyonenstrahl – hypothetische Teilchen, die sich schneller als das Licht bewegen –, um ein Signal in das Jahr 1963 zurückzuschicken und die Wissenschaftler dieser Epoche vor einer ökologischen Katastrophe zu warnen, die die Welt im Jahr 1998 in den Abgrund stürzen wird.

Ich erfuhr von diesem Roman, weil darin ein Artikel erwähnt wird, den ich 1974 geschrieben habe. Der Protagonist des Romans liest meinen Artikel 1998 im Flugzeug und findet darin einen wichtigen Hinweis für die Konstruktion seines Tachyonensenders. Benford: «Er suchte in seinem Aktenkoffer nach Gotts Artikel, den Cathy ihm gegeben hatte. Da war er: *A Time-Symmetric, Matter and Anti-Matter Cosmology.* Wahrlich keine leichte Kost, aber an Gotts Lösungen gab es nichts zu rütteln – klar und einleuchtend standen sie auf dem Papier.» (Wären doch alle meine Forschungsergebnisse so klar und einleuchtend!)

Die Warnung trifft im Herbst 1963 ein, und die Wissenschaftler leiten entsprechende Maßnahmen ein. Sie kennen die Viele-Welten-Theorie der Quantenmechanik und wenden die ökologische Katastrophe ab, indem sie öffentlich vor ihr warnen. Sie lenken das Universum auf ein Gleis, auf dem das Unglück vermieden wird. Zufälligerweise wird in diesem Paralleluniversum auch Präsident Kennedy in Dallas nur verwundet und nicht getötet.

Natürlich ist das nur Fiktion. Oder gibt es vielleicht doch irgendein Paralleluniversum, in dem alles genau so geschehen ist, wie das Buch es beschreibt?

Warum glauben einige Menschen, dass es eine unendliche Zahl von Paralleluniversen gibt und dass alle denkbaren Weltgeschichten durchgespielt werden, obwohl wir doch eindeutig nur eine einzige Weltgeschichte beobachten? Der gefeierte Physiker Richard Feynman vom California Institute of Technology (Caltech) hat gezeigt, dass man, um die Wahrscheinlichkeit eines bestimmten Ergebnisses zu berechnen, alle Weltgeschichten, die möglicherweise dazu führen könnten, berücksichtigen muss. Also sind vielleicht alle Weltgeschichten real.

Für jemanden, der hofft, er könne eine Zeitmaschine finden, um in die Vergangenheit zurückzugehen und einen ihm nahe stehenden Menschen zu retten, ist die tröstlichste Mitteilung, die ich habe, dass sich das nach unserem heutigen Wissensstand nur verwirklichen lässt, wenn sich die Viele-Welten-Theorie der Quantenmechanik als richtig erweist. Und wenn sie stimmt, dann *gibt es bereits* ein Paralleluniversum, in dem dieser Ihnen so nahe stehende Mensch wohlbehalten lebt. Leider sind Sie in dem falschen.

BILL UND TEDS VERRÜCKTE REISE DURCH DIE ZEIT UND SELBSTKONSISTENZ

Wenden wir uns jetzt dem konservativeren Ansatz zur Lösung des Großmutter-Paradoxes zu: Zeitreisende verändern die Vergangenheit nicht, weil sie schon immer ein Teil von ihr waren. Das Universum, das wir beobachten, ist vierdimensional und durchkreuzt von Weltlinien. Wenn man diese Weltlinien zurückbiegen und zweimal durch das gleiche Ereignis laufen lassen kann, dann mag es so sein. Der Zeitreisende kann eben unter diesen Umständen einer früheren Version seiner selbst die Hand geben. Allerdings darf das, was passiert, keine logischen Widersprüche enthalten. Der Ablauf der Ereignisse muss selbstkonsistent sein. Das *Selbstkonsistenzprinzip* haben die Physiker Igor Novikov von der Universität Kopenhagen und Kip Thorne vom Caltech zusammen mit ihren Mitarbeitern entwickelt. In diesem Fall kann der Zeitreisende mit seiner Großmutter zu einem Zeitpunkt Tee trinken, da sie noch ein junges Mädchen ist, aber sie nicht töten – sonst würde er nicht geboren werden, und dass das der Fall war, wissen wir bereits. Stellen Sie sich vor, Sie schauen sich noch einmal den Filmklassiker *Casablanca* an. Sie kennen den Ausgang. Sooft Sie ihn sich anschauen, am Ende steigt Ingrid Bergman immer ins Flugzeug.

Ähnlich würde der Zeitreisende eine Szene in der Vergangenheit erleben. Das Studium der Geschichte könnte ihm verraten, wie die Sache ausgeht, aber verändern könnte er den Ablauf der Ereignisse nicht. Wenn er sich in der Zeit zurückbegäbe und eine Passage auf der *Titanic* buchte, wäre er nicht in der Lage, den Kapitän von der Gefährlichkeit der Eisberge zu überzeugen. Warum? Weil wir bereits wissen, was geschehen ist, und sich daran nichts ändern kann. Wären Zeitreisende an Bord, so gelänge es ihnen auf keinen Fall, Kapitän und Schiff aufzuhalten. Und die Namen dieser Zeitreisenden müssten auf der Passagierliste sein, die Sie heute lesen können.

Selbstkonsistenz scheint der üblichen Vorstellung von der Willensfreiheit zu widersprechen. Obwohl wir doch unserer Erfahrung nach Willensfreiheit besitzen und in der Lage sind, zu tun, was uns beliebt, scheint der Zeitreisende in seinem Handeln eingeschränkt zu sein. Allem Anschein nach fehlt ihm eine wesentliche menschliche Fähigkeit. Doch bedenken Sie Folgendes. Der freie Wille gestattet niemandem, etwas logisch Unmögliches zu tun – ein wichtiges Argument, das der Philosoph David Lewis von der Princeton University bei der Analyse von Zeitreiseparadoxa vorgebracht hat. Ich kann in diesem Augenblick durchaus den Wunsch verspüren, eine Tomate zu werden, die größer als das Universum ist, doch egal, wie sehr ich mich auch bemühe, es wird mir nicht gelingen. Vielleicht ist es ein genauso unmögliches Vorhaben, wenn Sie versuchen, auf einer Zeitreiseexpedition Ihre Großmutter als junges Mädchen umzubringen. Wenn Sie sich das Universum als vierdimensionales Gebilde vorstellen, das von Weltlinien wie von Gartenschläuchen durchzogen ist, dann wird Ihnen auch klar, warum. Dieses vierdimensionale Gebilde verändert sich nicht – es ist wie eine komplizierte Skulptur, deren Form ein für alle Mal festgelegt ist. Wenn Sie wissen möchten, was für ein Gefühl es ist, in diesem Universum zu leben, müssen Sie die Weltlinie eines bestimmten Menschen von Anfang bis Ende in Augenschein nehmen.

Viele Zeitreisegeschichten der Science-Fiction-Gattung haben das Konzept der selbstkonsistenten Weltgeschichte durchgespielt. Der hübsche Film *Bill und Teds verrückte Reise durch die Zeit* behandelt das Thema auf sehr vergnügliche Weise. Bill und Ted sind zwei High-School-Jungen, die eine Rockband gründen möchten. Leider sind sie in Geschichte miserabel. Wenn sie durchfallen, kommt Ted auf eine Militärakademie in Alaska, und ihre Band ist geplatzt. Sie können nur hoffen, eine Supernote in dem anstehenden Geschichtsreferat zu bekommen, aber sie haben keine Ahnung, wie sie das anstellen sollen.

Dann trifft ein Zeitreisender aus dem Jahr 2688 ein (gespielt von George Carlin). Offenbar bilden die Musik und die Texte, die Bills und Teds Rockband produzieren, die kulturelle Grundlage einer künftigen Hochkultur. Zu diesen Texten gehören Sätze wie «Seid nett zueinander!» und «Auf zur Party, Leute!». Der Zeitreisende ist also gekommen, um ihnen bei ihrem Geschichtsreferat zu helfen, damit der Gründung der Rockband nichts mehr im Wege steht. Er liefert ihnen eine Zeitmaschine, die genauso aussieht wie eine Telefonzelle. Kurz nach ihrem Treffen mit dem Zeitreisenden aus der Zukunft begegnen Bill und Ted etwas älteren Versionen ihrer selbst, die in die Gegenwart zurückgekehrt sind. Jetzt sind die jüngeren Bill und Ted davon überzeugt, dass sie im Begriff sind, ein Geschichtsreferat vorzubereiten, das Geschichte machen und ihre Band retten wird. Sie beschließen, sich in die Vergangenheit zu begeben, einige historische Persönlichkeiten aufzugabeln und sie in ihren Geschichtskurs mitzunehmen, sodass ihnen die benötigte Note für ihr Geschichtsreferat sicher ist.

Im Verlauf des Abenteuers von Bill und Ted sehen wir diese Szene erneut ablaufen, dieses Mal, als Bill und Ted ihre älteren Ichs sind. Die Szene spielt sich genauso ab wie zuvor. So weit, so gut. Keine Zeitreiseparadoxa.

Mit Hilfe der Zeitmaschine treiben Bill und Ted tatsächlich eine Reihe von historischen Persönlichkeiten auf: Napoleon, Billy the Kid, Freud, Beethoven, Sokrates, Jeanne d'Arc, Lincoln und Dschingis Khan. Die beiden befördern ihre «Beute» ins 20. Jahrhundert, und das Ergebnis ist ein Chaos. Im Einkaufszentrum San Dimas kommen die historischen Figuren in erhebliche Schwierigkeiten. Beethoven verursacht einen Auflauf, als er auf der Elektroorgel des Musikgeschäfts spielt, Jeanne d'Arc wird verhaftet, nachdem sie die Leitung eines Aerobic-Kurses an sich gerissen hat, und Dschingis Khan zerlegt ein Sportgeschäft in seine Einzelteile, weil er einen Baseballschläger auf seine Waffentauglichkeit testet. Am Ende landen die historischen Persönlichkeiten im Gefängnis. Während diese Ereignisse stattfinden, läuft unseren Helden die Zeit davon. Bill und Ted bleiben nur noch wenige Minuten bis zum Referat.

Zum Glück ist Teds Vater der Sheriff, und Ted erinnert sich, dass sein Vater noch vor zwei Tagen Schlüssel zum Gefängnis hatte, inzwischen hat er sie leider verloren. Bill schlägt vor, mit Hilfe der Zeitmaschine so weit zurückzureisen, dass sie sich die Schlüssel besorgen können. Leider bleibt ihnen nicht genügend Zeit, um zu ihrer Zeitmaschine zu gehen, bevor der Geschichtskurs beginnt. Da hat Ted eine großartige Idee. Sie könnten sich einfach *nach* dem Kurs in der Zeit zurückbegeben und die Schlüssel stehlen. Bill schlägt vor, sie in der Nähe zu verstecken, zum Beispiel dort hinter dem Schild. Er greift hinter das Schild. Tatsächlich, da sind sie! Die beiden Helden nehmen die Schüssel, befreien Dschingis Khan und die anderen aus dem Gefängnis, übergeben die Schlüssel Teds erstauntem Vater – und treten mit den historischen Persönlichkeiten gerade noch rechtzeitig vor ihre jubelnden Zuhörer, um ihr Referat fristgerecht zu halten. Es versteht sich von selbst, dass sie die erwünschte Note bekommen, womit die Existenz der künftigen rockinspirierten Hochkultur gesichert ist. Bill und Ted müssen nun nur noch daran denken, in der Zeit zurückzugehen, die Schlüssel zu holen und sie hinter dem Schild zu deponieren.

Machen Bill und Ted vom freien Willen Gebrauch? Ihnen selbst erscheint es zumindest so. Als sie im Laufe der Abenteuer ihren jüngeren Ichs begegneten, fragten sie sich, was sie mit ihnen gesprochen hatten. Sie konnten sich an den Wortlaut nicht mehr erinnern, also ließen sie die Begegnung einfach auf sich zukommen – die natürlich genauso ablief wie zuvor. Sie taten immer genau das, was sie tun wollten, aber ihre Handlungen schienen vom Schicksal diktiert zu sein. Sobald sie die Schlüssel hinter dem Schild gefunden hatten, mussten sie in der Zeit zurückgehen, die Schlüssel stehlen und sie wieder dorthin legen. Oder?

So kompliziert solche selbstkonsistenten Geschichten manchmal erscheinen mögen, sie sind möglich, und zahlreiche Geschichten über Zeitreisen haben dies gezeigt.

Selbstkonsistenz ist die konservativste, zurückhaltendste Möglichkeit: Sie können die Vergangenheit besuchen, aber nicht verändern. Mir persönlich gefällt diese Auffassung am besten. Das hat seinen Grund nicht zuletzt darin, dass es zumindest für einfache mechanische Systeme immer möglich zu sein scheint, aus einer gegebenen Zahl von Anfangsbedingungen zu meist mehreren selbstkonsistenten Lösungen zu gelangen, wie Thorne, Novikov und ihre Mitarbeiter in einer Reihe komplizierter Gedankenexperimente gezeigt haben, bei denen sie Billardkugeln in der Zeit zurücklaufen ließen. Sie versuchten, Situationen zu konstruieren, in denen eine zeitreisende Billardkugel mit ihrem früheren Selbst kollidierte und es so ablenkte, dass es nicht in die Zeitmaschine gelangen konnte. Doch stets fanden sie eine selbstkonsistente Lösung: Die Kollision erwies sich dann nur als unbedeutende Berührung, die die Kugel nicht daran hinderte, in die Zeitmaschine zu rollen, sondern sie auf eine Bahn lenkte, auf der sie ihr früheres Selbst fast verfehlte und den drohenden schweren Zusammenstoß in eine leichte Berührung verwandelte. Wie sehr sich die Physiker auch bemühten, Paradoxa zu provozieren, immer ergab sich die Möglichkeit, aus gegebenen Anfangsbedingungen selbstkonsistente Lösungen zu finden. In Anlehnung an Thorne und seine Kollegen sind die Forscher, die sich die konservative Auffassung zu Eigen gemacht haben, der Meinung, dass das Selbstkonsistenzprinzip *sogar* in der Viele-Welten-Interpretation seine Geltung behalten muss – jedes Gleis auf dem Rangierbahnhof hat selbstkonsistent zu sein. Doch viele selbstkonsistente Möglichkeiten, ein Ereignis durchzuspielen, könnten parallel existieren, einige unter Beteiligung von Zeitreisenden. In jedem Paralleluniversum geschehen andere Dinge. In einigen sitzt der Zeitreisende mit dem jugendlichen Ich seiner Großmutter beispielsweise beim Tee, während sie in anderen Limonade trinken. Doch jedes Gleis ist selbstkonsistent, und auf keinem bringt der Zeitreisende seine Großmutter um. Jedes Mal ist es ihm unmöglich, die Vergangenheit zu verändern, an die er sich erinnert.

EIN TÖDLICHER TRAUM UND DIE IDEE DES DSCHINN

Doch sogar Zeitreisegeschichten, die auf dem Konzept der Selbstkonsistenz beruhen, können merkwürdige Züge annehmen. Im Allgemeinen stellen wir uns vor, dass sich die Weltlinie eines Menschen oder eines Teilchens durch die Zeit schlängelt und dabei einen Anfang und ein Ende besitzt. Doch bei Zeitreisen kann ein Teilchen auch eine Weltlinie haben, die wie ein Hula-Hoop-Reifen aussieht – ein Kreis, eine Kurve ohne Anfang oder Ende. Solche Teilchen hat Igor Novikov *Dschinn* genannt. Wie Aladins Geist (nach dem arabischen Wort *Dschinni*, von dem Novikov seinen Begriff ableitet) scheinen sie herbeigezaubert zu werden. Die Uhr in dem Film *Ein tödlicher Traum* (englischer Titel: *Somewhere in Time*) aus dem Jahr 1980, mit Christopher Reeve und Jane Seymour, ist ein Beispiel dafür.

Die Geschichte beginnt im Jahr 1972. Christopher ist ein junger Dramatiker, der die Gratulationen nach der Premiere seines Stücks entgegennimmt. Eine alte Frau aus dem Publikum tritt zu ihm und reicht ihm eine goldene Taschenuhr. «Komm zu mir zurück», lauten ihre rätselhaften Worte, bevor sie geht. Acht Jahre später, im Jahr 1980, macht er Urlaub im Grand Hotel auf Mackinac Island in Michigan. Im Hotel erblickt er ein altes, gerahmtes Foto einer schönen jungen Frau. Augenblicklich verliebt er sich in die Frau auf dem Bild. Er fragt den älteren Portier nach ihr. Der erzählt ihm, es sei Elise McKenna, eine berühmte Schauspielerin, die 1912 in dem Hotel aufgetreten sei. Der Dramatiker versucht, etwas über diese Frau herauszufinden. In der Bücherei entdeckt er einen Zeitschriftenartikel mit dem letzten Bild, das von ihr aufgenommen wurde – und siehe da, es ist die geheimnisvolle alte Frau, die ihm die goldene Uhr gegeben hat! Er sucht den Autor eines Buches über berühmte Schauspielerinnen auf und erfährt, dass Elise McKenna an dem Abend starb, als sie ihm die Uhr gab. Weiter entdeckt er, dass sie ein Buch über Zeitreisen besonders schätzte.

Daraufhin begab er sich zu dem Professor, der das Buch geschrieben hatte. Die Zeitreisetheorie des Professors beruhte auf Selbsthypnose. Beispielsweise vertrat er die Auffassung, wenn man in ein altes Hotel gehe, sich im Stil einer bestimmten Epoche kleide, die eigene Phantasie genügend mobilisiere und ständig die Zeit vor sich hin singe, in die man versetzt werden wolle, dann werde man tatsächlich in diese Vergangenheit befördert. Der Professor hatte es einmal ausprobiert und das deutliche Empfinden gehabt, zurückversetzt worden zu sein, aber der Eindruck hatte nur einen Augenblick gedauert, und daher hatte er es nie beweisen können.

Begierig, die Technik selbst auszuprobieren, kehrt der Dramatiker ins Hotel zurück und schaut die alten Gästebücher durch, um den genauen Tag im Jahr 1912 herauszufinden, an dem die junge Miss McKenna sich eingetragen hat. Tatsächlich findet er die Seite, die ihren Namenszug trägt. In demselben Buch findet er seine eigene Unterschrift! Er ist dort gewesen. Dergestalt ermutigt, zieht er einen Anzug aus dieser Epoche an und nimmt die goldene Uhr an sich. Dann legt er sich in das Hotelbett – nachdem er jeden modernen Gegenstand in dem Zimmer, der ihn aus seiner Konzentration auf die Vergangenheit reißen könnte, in den Schrank geräumt hat. In eintönigem Singsang wiederholt er immer aufs Neue den Tag im Jahre 1912, den er aufsuchen möchte – und fällt in Schlaf. Er wacht auf und ist – Sie ahnen es – vom Jugendstildekor eines Hotelzimmers aus dem Jahr 1912 umgeben.

Zerbrechen Sie sich nicht den Kopf darüber, wie das physikalisch gehen soll. Der junge Mann sucht die Rezeption um 9.18 Uhr auf, also genau zu dem Zeitpunkt, der im Gästebuch des Hotels eingetragen ist. Er ist bestrebt, seine Eintragung im Gästebuch ganz korrekt vorzunehmen, weil er Angst hat, den Zauber zu zerstören und wieder im Jahr 1980 aufzuwachen. Er möchte die Vergangenheit erfüllen, nicht verändern. Er begegnet Miss McKenna, die in dem Hotel an einem Theaterstück mitwirkt, und, wie nicht anders zu erwarten, sie verlieben sich heftig ineinander.

Tatsächlich ist er zugegen, als das Foto aufgenommen wird, das er schon kennt. Voller Liebe blickt sie ihn in genau dem Augenblick an, als der Fotograf abdrückt. Nach einer heißen Liebesnacht planen sie ihre gemeinsame Zukunft. Sie nimmt die goldene Uhr, um zu sehen, wie spät es ist. Dann neckt sie ihn wegen seines Anzugs und sagt, er sei mindestens fünfzehn Jahre alt. Heiter streitet er es ab und sagt, er habe einfach große Taschen für das Kleingeld. Er holt einen Penny heraus und bemerkt, dass er die Jahreszahl 1979 trägt. Er hat einen Fehler begangen! Irgendwie ist ihm eine moderne Münze in die Tasche geraten. Als er die Arme nach ihr ausstreckt, entschwindet sie samt dem ganzen Zimmer langsam in der Ferne, und er befindet sich (o Graus!) wieder im Jahr 1980 und in dem zurückverwandelten Hotel. Verzweifelt beschwört er das Datum von 1912 herauf, doch die Rückkehr in die Vergangenheit klappt nicht. Er kann nicht mehr zurück. Er siecht dahin und stirbt schon bald an gebrochenem Herzen, woraufhin er am Eingang zur anderen Welt natürlich von einer blutjungen Miss McKenna in Empfang genommen wird. Die beiden sind in weißes Licht getaucht, Musik und Abspann.

Zwar lässt die Plausibilität des Zeitrcisemechanismus sehr zu wünschen übrig, doch ansonsten ist die Geschichte penibel bemüht, die Selbstkonsistenz zu wahren. Es gibt keine Paradoxa. Der von Christopher Reeve gespielte Protagonist verändert nicht die Vergangenheit, sondern er erfüllt sie. Er nimmt an der Vergangenheit teil, gewinnt die Liebe von Miss McKenna und bringt ihr die Uhr, die sie ihm später, als alte Frau, geben wird.

Aber woher kommt die Uhr? Diese Uhr ist ein Dschinni – die ältere Miss McKenna schenkt sie dem jungen Dramatiker, der sie auf dem Weg zurück in die Zeit mitnimmt und sie ihr als junger Frau überlässt. Sie behält sie ihr ganzes Leben, bis es an der Zeit ist, sie ihm zurückzugeben. Also wer hat diese Uhr hergestellt? Niemand. Diese Uhr hat nie eine Uhrenfabrik von innen gesehen. Ihre Weltlinie ist kreisförmig. Novikov hat darauf hingewiesen, dass im Falle eines makroskopischen Dschinns wie diesem die

Außenwelt stets Energie aufwenden muss, um allen Verschleiß (alle Entropie) zu reparieren, den der Dschinni erlitten hat, damit er bei Vollendung seiner Schleife genau in seinen ursprünglichen Zustand zurückkehren kann.

Makroskopische Dschinn sind zwar theoretisch möglich, in der Praxis aber unwahrscheinlich. Die Geschichte, die uns *Ein tödlicher Traum* erzählt, hätte auch ohne die Uhr stattfinden können. Die Uhr ist vor allem deswegen ein besonders unwahrscheinliches Detail, weil sie offenbar ständig die richtige Zeit anzeigt. Es wäre besser gewesen, sich eine kaputte Uhr oder eine Büroklammer auszusuchen, die zwischen den Liebenden hin und her gewandert wäre. Eine Uhr, die geht, ist ein wenig zu viel des Guten. Nach der Quantenmechanik kann man zwar im Prinzip, wenn man genügend Energie aufwendet, ein makroskopisches Objekt (zusammen mit den assoziierten Antiteilchen gleicher Masse, aber entgegengesetzter elektrischer Ladung) spontan auftauchen lassen – aber es ist extrem unwahrscheinlich. Entsprechend wäre bei einem Dschinn die Erscheinung einer Uhr sehr viel unwahrscheinlicher als die einer Büroklammer und die einer Büroklammer weit unwahrscheinlicher als die eines Elektrons. Je massereicher und komplexer der makroskopische Dschinn ist, desto seltener wird er auch sein.

Novikov hat darauf hingewiesen, dass auch Information, die in einer geschlossenen Schleife reist, einen Dschinn darstellen kann, selbst wenn keine konkreten Teilchen kreisförmige Weltlinien haben. Nehmen Sie an, ich ginge zurück in das Jahr 1905 und würde Einstein alles über die spezielle Relativitätstheorie erzählen. Daraufhin könnte Einstein sie in seinem Aufsatz aus dem Jahr 1905 veröffentlichen. Kennen gelernt aber hätte ich die spezielle Relativitätstheorie durch die spätere Lektüre eben dieses Aufsatzes. Ein solches Szenario ist möglich, aber höchst unwahrscheinlich. Trotzdem sind die Dschinn ein faszinierendes Konzept.

ENTFÜHRUNG IN DIE ZUKUNFT UND DIE SELBSTZEUGUNG DES MENSCHEN DURCH ZEITREISEN

Noch faszinierender ist eine der bemerkenswertesten Zeitreisegeschichten, die je geschrieben wurden, *Entführung in die Zukunft* von dem Science-Fiction-Altmeister Robert Heinlein. In einer Bar sitzt ein fünfundzwanzigjähriger Mann und beklagt sein Schicksal. Merkwürdigerweise nennt er sich selbst «Ledige Mutter». Er erzählt dem Barkeeper seine Geschichte, eine traurige Geschichte. Er wurde als Mädchen geboren und wuchs in einem Waisenhaus auf. Als junge Frau ließ er/sie sich mit einem Mann ein, der sich aus dem Staub machte. Sie wurde schwanger und beschloss, das Kind zu bekommen. Es musste durch Kaiserschnitt geholt werden: Es war ein Mädchen. Bei der Operation bemerkte der Arzt, dass die Frau, in ihrem Körper verborgen, auch männliche Organe hatte. Durch einen entsprechenden operativen Eingriff verwandelte er sie ohne ihr Einverständnis in einen Mann. Daher nennt sich der Mann «Ledige Mutter». Obendrein wurde das Kind bald darauf von einem Fremden aus dem Krankenhaus entführt.

Der Barkeeper unterbricht den jungen Mann: «Die Leiterin Ihres Waisenhauses war Mrs. Fetherbridge, richtig? ... Und ihr Mädchenname war Jane, nicht wahr? Und das haben Sie mir alles nicht erzählt, oder?» Der Barkeeper fragt Ledige Mutter, ob er den Mann finden möchte, der «ihn» geschwängert habe. Und ob! Daraufhin führt der Barkeeper den unglücklichen jungen Mann in ein Hinterzimmer, wo eine Zeitmaschine steht. Sie reisen sieben Jahre und neun Monate in der Zeit zurück, wo der Barkeeper den Mann absetzt. Daraufhin fährt der Barkeeper neun Monate in der Zeit vorwärts, genau um den Zeitraum, der erforderlich ist, ein Baby namens Jane zu entführen. Nun befördert er das Kind achtzehn Jahre in der Zeit zurück und legt es auf die Stufen eines Waisenhauses. Danach kehrt er zu dem jungen Mann zurück, der gerade eine junge Frau namens Jane geschwängert hat. Daraufhin nimmt der Barkeeper den jungen Mann mit in die Zukunft und unterweist ihn im Beruf des Barkeepers. Am Ende lässt der Barkeeper noch einmal die ganze Geschichte Revue passieren und betrachtet seine alte Kaiserschnittnarbe. «Ich weiß, woher ich komme – *aber wo kommt ihr Zombies alle her*?», überlegt er.

Der Barkeeper, der Jane ist, hat sich in der Zeit zurückbegeben, um sowohl seine eigene Mutter als auch sein eigener Vater zu werden. Seine Weltlinie ist tatsächlich ziemlich komplex. Er beginnt als Baby Jane, wird von dem Barkeeper in der Zeit zurückbefördert, wächst in einem Waisenhaus auf, hat Sex mit einem Mann, bringt ein Mädchen namens Jane zur Welt, erleidet eine Geschlechtsumwandlung, geht in eine Bar, um sich über sein Schicksal zu beklagen, wird von dem Barkeeper auf eine Reise in die Vergangenheit mitgenommen, hat Sex mit einer Frau namens Jane, wird von dem Barkeeper aufgegriffen und in die Zukunft gebracht, wo er ein Barkeeper wird, der sich dann in die Vergangenheit begibt, um das Ganze einzufädeln. Es ist eine selbstkonsistente Geschichte, bizarr und bewundernswert.

Die gleiche Geschichte, nur auf die menschheitsgeschichtliche Ebene transponiert, erzählt Ben Bova in seinem Roman *Orion* aus dem Jahr 1984. Die Zeitreise erlaubt den Menschen, sich in der Zeit zurückzubegeben und den Beginn der Menschheitsevolution zu manipulieren. In dieser Geschichte erschafft sich die Menschheit also selbst. In ähnlicher Weise werde ich später darüber spekulieren, wie Zeitreisen im Rahmen der allgemeinen Relativitätstheorie es dem Universum ermöglichen könnten, sich selbst zu erzeugen.

CONTACT UND DAS WURMLOCHKONZEPT

Manchmal führt ein direkter Weg von der Science-Fiction zur wissenschaftlichen Forschung. 1985 schrieb Carl Sagan einen Science-Fiction-Roman mit dem Titel *Contact* (der später mit Jodie

Foster verfilmt wurde). Sagan hatte vor, seine Heldin in ein kleines Schwarzes Loch auf der Erde fallen und aus einem anderen Schwarzen Loch im All wieder hervorkommen zu lassen. Er bat seinen Freund, den Caltech-Professor Kip Thorne, zu überprüfen, ob die fiktive Erzählung, die er schrieb, irgendwelche physikalischen Gesetze verletze. Thorne erklärte, was Sagan wirklich brauche, sei ein Wurmloch – ein Raumzeittunnel, der die beiden Orte miteinander verbinde. So begann Thorne sich für die Physik der Wurmlöcher zu interessieren und zeigte mit seinen Kollegen, wie sie sich zu Reisen in die Vergangenheit verwenden lassen könnten.

Sagan wollte mittels einer dramatischen Geschichte zeigen, welche tief greifende Konsequenzen der Kontakt mit einer außerirdischen Zivilisation hätte. In dem Film spielt Jodie Foster die SETI-Wissenschaftlerin, die ein Funksignal auffängt, als sie den Stern Wega überwacht (SETI: *Search for Extraterrestrial Intelligence* – Suche nach außerirdischer Intelligenz). Sie verständigt einen Kollegen in Australien, der feststellt, dass er das Signal ebenfalls mit seinem Radioteleskop auffangen kann. Nach dieser Bestätigung fragt ihre Assistentin: «Wen rufen wir jetzt an?» – «Alle», erwidert Foster. Bald sind von CNN bis zum Präsidenten der Vereinigten Staaten alle eingeweiht. Es wird erkennbar, dass es sich bei dem Signal um eine Fernsehübertragung handelt, daher überspielt Foster es auf einen Monitor. Man sieht Hitler bei einer Rede auf einer Naziversammlung. Nazis auf Wega? Nein, die Weganer schicken einfach ein Fernsehsignal zurück, das sie empfangen haben, Teil einer frühen Fernsehübertragung aus dem Jahr 1936. Wega ist sechsundzwanzig Lichtjahre entfernt, also brauchte das Fernsehsignal, das sich mit Lichtgeschwindigkeit ausbreitet, sechsundzwanzig Jahre, um Wega zu erreichen. Als die Weganer unser Signal empfingen, schlossen sie daraus, dass es intelligentes Leben auf der Erde gäbe. (Was für einen Eindruck müssen sie von uns gehabt haben!) Offenbar hatten sich die Weganer überlegt, dass wir keine Schwierigkeit hätten, unser eigenes Signal zu entschlüsseln, sodass es ein ideales Vehikel sei, um die eigene Existenz bekannt zu geben. Daher kopierten die Weganer unser Signal und schickten es an uns zurück. Diese Antwort brauchte abermals sechsundzwanzig Jahre, um die Erde im Jahr 1988 zu erreichen. In die Fernsehsendung waren andere Bilder eingeflochten, die offenbar komplizierte Baupläne waren. Allem Anschein nach handelte es sich um die Anleitung zum Bau einer Art Raumschiff – einer Kugel mit einem Platz für einen Astronauten.

Soll man dieses Raumschiff bauen? Es folgt eine hitzige Debatte: Wenn es nun kein Raumschiff ist, sondern eine Bombe, die die ganze Erde in die Luft jagen wird? Schließlich geht man davon aus, dass die Außerirdischen nichts Böses im Schilde führen, und macht sich an die Ausführung der Baupläne. Jodie Foster wird die Astronautin. Sobald sie sich im Inneren der Kugel befindet, schließt sich die Tür, und – wumm! – die Kugel erzeugt ein Wurmloch, das direkt zu einer Stelle im weganischen Sternensystem führt. Das Raumschiff fällt durch das Wurmloch und wird in der Nähe von Wega ausgespuckt. Foster wirft einen Blick auf das Wega-System und wird schon wieder fortgerissen in ein zweites Wurmloch, das sie zum Treffen mit einem Außerirdischen führt, der die Gestalt ihres Vaters angenommen hat. Durch dieselben Wurmlöcher kehrt sie schließlich zur Erde zurück. Zu ihrer Überraschung erfährt sie, dass sie genau zum Zeitpunkt ihres Aufbruchs wieder zurückgekehrt ist. Als sie aus der Kugel klettert, wird sie von den Technikern gefragt, warum es nicht geklappt hat. Laut Foster hat ihre Reise achtzehn Stunden gedauert, doch nach Meinung der Beobachter außerhalb der Kapsel waren es null Minuten und null Sekunden – nach ihrem Eindruck war das Schiff überhaupt nicht fort. Daher nehmen ihr viele Experten die Geschichte nicht ab. Am Ende des Films erfahren wir jedoch, dass dem nationalen Sicherheitsberater des Präsidenten etwas aufgefallen ist: Zwar hat Fosters Videokamera keine Bilder aufgenommen, die ihre Geschichte belegen könnten, aber sie hat exakt achtzehn Stunden Störung registriert. Daher weiß er, dass sie wirklich irgendwo gewesen ist, aber wir haben am Ende den Eindruck, dass der Berater sein Geheimnis bewahren wird.

Als Sagan seine Geschichte in ihren Grundzügen entworfen hatte, fragte er Kip Thorne, ob Wurmlöcher im Prinzip leisten könnten, was er ihnen in seiner Geschichte zumute – wenn man von einer viel weiter entwickelten Zivilisation als der unseren ausgehe. Wurmlöcher, die mit Schwarzen Löchern verbunden sind, wurden in der wissenschaftlichen Literatur bereits diskutiert. Das Problem bestand darin, dass das Wurmloch immer zu schnell in sich zusammenfiel. Für ein Raumschiff blieb nicht genug Zeit, um das Wurmloch von einem Ende bis zum anderen zu durchqueren. Schon lange bevor das Raumschiff das andere Ende des Wurmlochs erreicht hätte, würde es zermalmt werden. Also ließen sich Kip Thorne und seine Kollegen eine physikalisch logische Lösung einfallen: Sie hielten das Wurmloch mit Hilfe von exotischer Materie (Materie, die weniger als nichts wiegt, um es einfach auszudrücken) so lange auf, dass ein Raumschiff hindurchgelangen konnte, ohne Gefahr zu laufen, zerquetscht zu werden. Dann machten sie eine faszinierende Entdeckung – eine Methode, die beiden Wurmlochenden so zu manipulieren, dass die von Jodie Foster dargestellte Astronautin nicht nur genau in dem Augenblick zurückkehren konnte, in dem sie aufgebrochen war, sondern sogar früher. Das war eine Zeitmaschine, mit der man die Vergangenheit aufsuchen konnte. Thorne und seine Kollegen veröffentlichten ihre Ergebnisse 1988 in der renommierten Zeitschrift *Physical Review Letters* und lösten damit ein neues Interesse an Zeitreisen aus.

STAR TREK ODER DAS KONZEPT DES WARPANTRIEBS

Ein anderes Beispiel für eine Science-Fiction-Idee, die zur Anregung einer wissenschaftlichen Entwicklung wurde, stammt aus *Star Trek*, einer Fernsehserie, in der so viele Zeitreisegeschichten vorkommen, dass sie sich kaum noch zählen lassen. *Star Trek* ist im 23. Jahrhundert angesiedelt und berichtet über die Abenteuer der Besatzung des Raumschiffs *Enterprise*. Die ursprüngliche Fernsehserie, aus der inzwischen mehrere erfolgreiche Kinofilme und etliche weitere Fernsehserien hervorgegangen sind, hat längst Kultstatus. Gene Roddenberry, der Erfinder der Serie, wollte von interstellaren Reisen berichten, in deren Verlauf die *Enterprise* jede Woche ein anderes Sternensystem besuchte und am Ende seiner auf fünf Jahre angelegten Mission in das Hauptquartier der Sternenflotte zurückkehrte, um über die Ergebnisse der Erkundung zu berichten. Damit die *Enterprise* mit Überlichtgeschwindigkeit reisen konnte, entwickelte Roddenberry die Idee des Warpantriebs. Irgendwie sollte sich der Raum in der Umgebung des Schiffes verformen und verbiegen (engl. *to warp*), sodass das Schiff rasch zwischen den Sternen verkehren konnte. Zu der Zeit, als die Serie geschaffen wurde (Mitte der sechziger Jahre des 20. Jahrhunderts), hätten die Physiker diese Idee sicherlich als reines Phantasieprodukt abgetan. Dann beschloss Miguel Alcubierre, ein mexikanischer Physiker, zu untersuchen, ob die Idee nach den Regeln der Einstein'schen Gravitationstheorie funktionieren könnte. Er kam zu dem Ergebnis, dass es zwar ginge, aber die Existenz exotischer Materie voraussetzen würde (wie Thornes Wurmloch). Alcubierres Lösung, die 1994 veröffentlicht wurde, ermöglichte keine Zeitreisen in die Vergangenheit, doch der Forscher meinte, wenn man intelligent genug sei, könne man den Warpantrieb auch für Reisen in die Vergangenheit benutzen. Zwei Jahre später zeigte ein Artikel des Physikers Allen E. Everett, wie sich das erreichen lässt, indem man den Warpantrieb zweimal hintereinander einsetzt.

Interessanterweise schienen die Autoren von *Star Trek* instinktiv zu wissen, dass sich mit dem Warpantrieb auch die Vergangenheit besuchen lässt, und sie bauten diese Idee in viele Episoden ein. Eine der besten Episoden dieser Art zeigt der Film *Zurück in die Gegenwart – Star Trek IV.* Im 23. Jahrhundert kommt es zu einer Krise, als ein gigantisches außerirdisches Raumschiff die Erde erreicht und beginnt, die Ozeane mit einem leistungsstarken Energiestrahl zu beschießen. Die Menschen begreifen schließlich, was dort vor sich geht: Der Energiestrahl ist ein Signal, das die Gesänge von Buckelwalen enthält. Die Außerirdischen versuchen, mit den Buckelwalen in den Ozeanen Kontakt aufzunehmen! Wenn sie keine zufrieden stellende Antwort von einem Buckelwal erhalten, werden die Außerirdischen ihren Energiestrahl immer weiter auf die Erde richten und so letztendlich alles menschliche Leben darauf zerstören. Leider sind die Buckelwale im 23. Jahrhundert schon längst ausgestorben. Wer also soll auf das Signal antworten? Die Lösung: das Raumschiff mit Hilfe des Warpantriebs irgendwie ins 20. Jahrhundert zurückkatapultieren, in dem es noch Buckelwale gab, und sie ins 23. Jahrhundert bringen, damit sie gerade noch rechtzeitig eine Antwort singen können und das Monsterschiff mit seinem tödlichen Signal abdampft.

Wie Sie sehen, bringt Science-Fiction Wissenschaftler oft zum Denken.

SCHACH UND DIE GESETZE DER PHYSIK

Warum sind Physiker wie ich an Zeitreisen interessiert? Sicher nicht, weil wir hoffen, in naher Zukunft eine Zeitmaschine zum Patent anmelden zu können, sondern eher, weil wir die Grenzen der physikalischen Gesetze erkunden wollen. Die Paradoxa, die mit Zeitreisen verknüpft sind, bedeuten eine Herausforderung. Hinter solchen Paradoxa verbergen sich häufig interessante physikalische Sachverhalte.

Einstein reagierte auf einige vorhandene Paradoxa mit der Entwicklung der speziellen Relativitätstheorie. Der Physiker Albert Michelson und der Chemiker Edward Morley hatten 1887 ein eindrucksvolles Experiment durchgeführt, welches zeigte, dass die Geschwindigkeit des Lichts immer gleich war, egal, in welche Richtung es sich in ihrem Labor ausbreitete. Das aber hätte eigentlich nur der Fall sein können, wenn die Erde sich in Ruhe befunden hätte, was aber bekanntlich nicht der Fall ist, kreist sie doch um die Sonne. Dieses Paradox löste Einstein, indem er seine spezielle Relativitätstheorie entwickelte, die Isaac Newtons Auffassung von Zeit und Raum grundlegend revidierte. Auf dramatische Weise stellte die Atombombe unter Beweis, dass die Theorie stimmt, denn sie bestätigte die zentrale Gleichung der Theorie – $E = mc^2$ –, indem sie zeigte, dass sich ein ganz klein wenig Masse in eine gewaltige Energiemenge verwandeln kann.

Die Quantenmechanik, eine Theorie, gegen die Einstein erhebliche Bedenken hatte, die aber inzwischen zu einem der Grundpfeiler der modernen Physik geworden ist, hat ihre eigenen scheinbaren Paradoxa. Trotzdem bewährt sich die Quantenmechanik in der Praxis. Sie kann vorhersagen, mit welcher Wahrscheinlichkeit verschiedene Ergebnisse eines Experiments zu erwarten sind. Wenn wir die vorhergesagten Wahrscheinlichkeiten aller möglichen Ergebnisse eines gegebenen Experiments addieren, müssen wir natürlich automatisch auf 100 Prozent kommen. Doch wie David Boulware von der University of Washington, der an einer von mir entdeckten Zeitreiselösung arbeitete, später gezeigt hat, verhindern Dschinn-Teilchen, dass sich die Wahrscheinlichkeiten zu 100 Prozent addieren. Mein ehemaliger Student Jonathan Simon und seine Kollegen lösten dieses Paradox durch den Nachweis, dass man die Quantenwahrscheinlichkeiten einfach mit einem Korrekturfaktor multiplizieren muss, damit ihre Summe wieder 100 Prozent beträgt. Diese Untersuchung veranlasste Simon und seine Kollegen dazu, Feynmans quantenmechanisches Verfahren der «Summe über alle Geschichten» zu favorisieren, weil es auf die Fragen, die sie untersuchten, eindeutige Antworten lieferte. Stephen Hawking ließ sich eine andere Lösung des Problems einfallen. Wenn einige quantenmechanische Verfahren flexibel genug sind, um ihre Gültigkeit sogar noch in Bereichen von Zeitreisen zu behalten, liegt es nahe, sie für fundamentaler zu halten. Das ist der Grund, warum die Zeitreiseforschung besonderes Interesse verdient – sie könnte zu einer neuen Physik führen.

Richard Feynman hat einmal gesagt, physikalische Gesetze zu entdecken, sei wie Schach spielen lernen, indem man Schachspiele lediglich beobachte. Sie bemerken beispielsweise, dass Läufer immer auf Feldern gleicher Farbe stehen, und notieren es als physikalisches Gesetz. Später finden Sie ein besseres Gesetz heraus – Läufer bewegen sich diagonal. Da diagonale Felder immer die gleiche Farbe haben, erklärt das, warum Läufer immer auf der gleichen Farbe stehen. Das Gesetz ist eine Verbesserung – es ist einfacher und erklärt trotzdem mehr. In der Physik bedeutete die Entwicklung von Einsteins Gravitationstheorie nach der Kenntnis von Newtons Gravitationstheorie eine Entdeckung ähnlicher Art. Ein anderes Beispiel: Dass Figuren in einem Schachspiel nicht ihre Identität wechseln, entspricht der Entdeckung des Gesetzes von der Erhaltung der Masse und Energie.

Doch nehmen wir an, Sie sehen nun ein Schachspiel, in dem ein Bauer das andere Ende des Brettes erreicht und in eine Königin umgewandelt wird. Sie sagen: «Halt, das verletzt die Schachgesetze. Figuren können ihre Identität nicht ändern.» Natürlich verletzt es die Schachgesetze nicht. Sie haben vorher einfach noch nie ein Spiel gesehen, das bis zu dieser Extremphase geführt wurde. In der Zeitreiseforschung untersuchen wir Extremsituationen, in denen Zeit und Raum auf höchst unvertraute Weise gekrümmt sind. Gerade dass diese Zeitreiselösungen gelegentlich den Erwartungen des «gesunden Menschenverstands» zuwiderlaufen, macht sie so faszinierend.

Auf die gleiche Weise widersprechen Quantenmechanik und

spezielle Relativitätstheorie den Annahmen des gesunden Menschenverstands und sind doch in vielen Experimenten bestätigt worden. Die Quantenmechanik unterläuft die Erwartungen unserer Alltagserfahrung, weil wir gewohnt sind, mit Gegenständen umzugehen, die so groß und massereich sind, dass quantenmechanische Effekte für ihr Verhalten nur eine sehr untergeordnete Rolle spielen. Sie haben sicherlich noch nie gesehen, dass Ihr Auto aus einer geschlossenen Garage «getunnelt» wäre. Noch nie sind Sie vor die Tür getreten und haben Ihr Auto plötzlich auf dem Rasen vor dem Haus auftauchen sehen. Wenn Ihnen jemand erzählt hätte, dass so etwas (mit einer kleinen, aber endlichen Wahrscheinlichkeit) passieren könnte, hätten Sie – vor dem 20. Jahrhundert – erklären können, dass die physikalischen Gesetze solche Effekte nicht erlauben. Und doch hat man gezeigt, dass es auf subatomarer Skala möglich ist. Wie George Gamow gezeigt hat, kann ein Heliumkern auf genau diese Weise aus einem Urankern tunneln. Das Quantentunneln erscheint uns seltsam, weil in der Alltagswelt der großen, massereichen Objekte Quanteneffekte kaum eine Rolle spielen. Gamow hat ein populärwissenschaftliches Buch geschrieben, in dem dieser Kontrast zwischen unserer Alltagswelt und den Phänomenen von Quanten- und Relativitätstheorie in sehr unterhaltsamer Weise dargestellt wird: *Mr. Tompkins seltsame Reisen durch Kosmos und Mikrokosmos.* Dort erfahren wir, wie die Welt für uns aussehen würde, wenn die Lichtgeschwindigkeit nur 16 Stundenkilometer betrüge und wenn die Quanteneffekte auf alltäglichen Größenskalen eine Rolle spielten. Jäger müssten auf unscharfe Tiger zielen, die nicht exakt lokalisiert werden könnten. Und Sie würden ständig auf der Suche nach Ihrem Auto sein, weil es wieder einmal aus der Garage getunnelt wäre (gar nicht zu reden von den verflixten Autoschlüsseln, die auch so schon andauernd verloren gehen). Wenn wir an den Anblick derartiger Ereignisse gewöhnt wären, würden sie uns sicherlich nicht mehr so merkwürdig erscheinen.

Zeitreisen erscheinen uns seltsam, weil wir keine Zeitreisenden kennen. Sähen wir sie täglich, wären wir nicht überrascht, einem Mann zu begegnen, der sein eigener Vater und seine eigene Mutter wäre. Wenn wir herausfinden, ob Zeitreisen im Prinzip möglich sind, gewinnen wir eventuell auch neue Erkenntnisse über die Prozesse des Universums – vielleicht sogar über seine Geschichte.

2

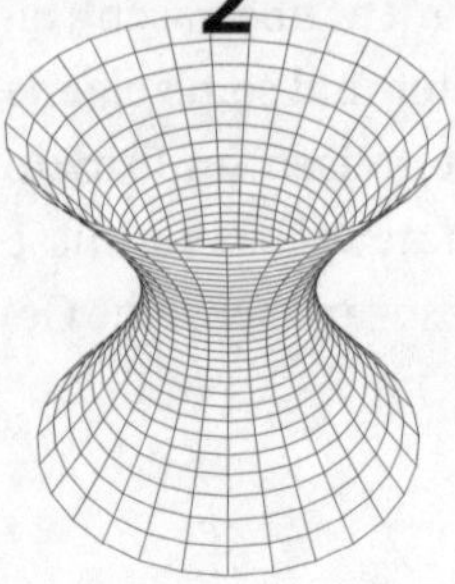

Zeitreisen in die Zukunft

> Auch eine Reise von tausend Meilen beginnt mit dem ersten Schritt.
>
> *Laotse*

ZEITREISEN IN DIE ZUKUNFT SIND MÖGLICH

Möchten Sie die Erde im Jahr 3000 n. Chr. besuchen? Einstein hat uns gezeigt, wie es geht. Sie müssen sich lediglich in ein Raumschiff setzen, zu einem Stern reisen, der knapp 500 Lichtjahre entfernt ist, und zurückkehren, wobei es allerdings nur klappt, wenn Sie den Hin- und den Rückweg mit 99,995 Prozent der Lichtgeschwindigkeit zurücklegen. Bei Ihrer Rückkehr wird die Erde 1000 Jahre, Sie dagegen nur zehn Jahre älter sein. Solche Geschwindigkeiten sind möglich – in unseren größten Teilchenbeschleunigern bringen wir Protonen auf noch höhere Geschwindigkeiten (der Weltrekord steht bei 99,999946 Prozent der Lichtgeschwindigkeit und wurde am Fermilab, einem Beschleunigerzentrum in der Nähe von Chicago, erzielt).

Wir haben bereits gesehen, dass sich die Zweifler der Vergangenheit in Bezug auf Flugmaschinen, die schwerer als Luft waren, und das Durchbrechen der Schallmauer eines Besseren belehren lassen mussten. Dabei hätten sie es wissen müssen. Bereits Leonardo da Vinci hatte erkannt, dass Vögel fliegen, obwohl sie schwerer als Luft sind, daher war er überzeugt, dass auch der Bau von Flugmaschinen möglich sei, die schwerer als Luft sind. Genauso verhält es sich mit der Schallgrenze: Wenn Sie mit einer Peitsche knallen, ist der «Knall», den Sie hören, der kleine Überschallknall, den das winzige Ende der Peitsche dadurch erzeugt, dass es die Schallmauer durchbricht. Zugegeben, das Peitschenende ist sehr klein im Vergleich zur Größe eines Flugzeugs, doch der Knall beweist die Möglichkeit, die Schallgeschwindigkeit zu übertreffen. Die NASA möge aufmerken: Wenn wir Protonen auf mehr als 99,995 Prozent der Lichtgeschwindigkeit beschleunigen können, könnten wir auch einen Astronauten mit dieser Geschwindigkeit auf die Reise schicken. Es ist nur eine Frage der Kosten. Protonen wiegen nicht viel, daher ist es relativ kostengünstig, sie auf solche Hochgeschwindigkeiten zu bringen. Doch da ein Mensch rund 40 Quadrilliarden Mal schwerer als ein Proton ist, wäre es schon allein vom Energieaufwand her sehr viel kostspieliger, einen Menschen derart zu beschleunigen.

Natürlich müsste man für Reisen nahe der Lichtgeschwindigkeit auch umfangreiche Vorsichtsmaßnahmen treffen, um schädliche Auswirkungen auf den menschlichen Körper zu vermeiden. Um extreme Beschleunigungen zu verhindern, könnten wir die Beschleunigung des Astronauten auf 1 g begrenzen (die Gravitationsbeschleunigung auf der Erde). Bei dieser Beschleunigung würden die Füße des Astronauten, während die Rakete an Geschwindigkeit zunähme, so auf den Boden gepresst, dass er das Gefühl hätte, genau so viel zu wiegen wie auf der Erde; daher wäre die Reise zumindest in dieser Hinsicht ohne jede Unannehmlichkeit. Der Astronaut würde um sechs Jahre und drei Wochen altern, während er auf eine Geschwindigkeit von 99,9992 Prozent der Lichtgeschwindigkeit beschleunigt würde, und wäre dann rund 250 Lichtjahre von der Erde entfernt. Daraufhin würde er seine Rakete wenden und zünden, woraufhin ihn der umgekehrte Schub abbremsen würde. Bis die Geschwindigkeit wieder auf null zurückginge, würde er um weitere sechs Jahre und drei Wochen altern und während dieser Zeit noch einmal 250 Lichtjahre zurücklegen. Damit hätte er einen Stern erreicht, der 500 Lichtjahre entfernt ist, und wäre um zwölf Jahre und sechs Wochen gealtert. Das Ganze würde sich auf dem Rückweg wiederholen, auf dem er noch einmal um zwölf Jahre und sechs Wochen altern würde. Die Erde wäre bei seiner Rückkehr 1000 Jahre älter, er jedoch keine 25 Jahre.

Betrachten wir ein denkbares Szenario für eine solche Reise. Nehmen wir an, die Kapsel des Astronauten wöge 50 Tonnen. Die mehrstufige Rakete wäre, selbst wenn sie mit effizientestem Materie-Antimaterie-Treibstoff geladen wäre, mehr als 4000-mal so schwer wie die Saturn-V-Rakete. Der Materie-Antimaterie-Treibstoff wirkt folgendermaßen: Für jedes Materieteilchen (Proton, Neutron oder Elektron) gibt es ein entsprechendes Antimaterieteilchen (Antiproton, Antineutron oder Positron). Bringt man nun ein Materieteilchen mit einem entsprechenden Antimaterieteilchen zusammen, vernichten sie sich gegenseitig und produzieren reine Energie, meist in Gestalt von Gamma-Quanten. Am rückwärts gewandten Teil der Rakete befände sich ein großer Spiegel – ein Lichtsegel. Um die Raumkapsel zu starten, würde ein riesiger Laser, den man irgendwo im Sonnensystem stationiert hätte, auf diesen Spiegel feuern und die Rakete auf dem ersten Viertel ihrer Reise beschleunigen. Am Ende dieser Phase würde die Rakete mit 99,9992 Prozent der Lichtgeschwindigkeit von der Erde fortrasen. Nun würde der Astronaut die Rakete wenden und die Triebwerke zünden, dort würden sich Materie und Antimaterie gegenseitig vernichten, sodass die Triebwerke Gammastrahlen ausstoßen würden, die die Rakete nach weiteren 250 Lichtjahren zum Stillstand brächten. Anschließend würden die Materie-Antimaterie-Triebwerke erneut zünden und die Rakete auf die erforderliche Geschwindigkeit für die Rückreise beschleunigen. Schließlich führe der Astronaut einen anderen Spiegel aus, auf den wieder der Laser im Sonnensystem feuern würde, um die Rakete auf diese Weise während ihrer Rückkehr zur Erde abzubremsen. Für ein solches Projekt wären im All stationierte Laser erforderlich, die weit leistungsfähiger sein müssten als alle heute existierenden Laser. Weiterhin können wir gegenwärtig nicht mehr als jeweils ein Atom Antimaterie herstellen. Für einen solchen Antrieb müssten wir aber

Antimaterie in großen Mengen produzieren und sicher speichern. Außerdem stünden wir vor dem Problem, eine geeignete Technologie zur Kühlung der Triebwerke zu entwickeln, um zu verhindern, dass sie schmelzen. Das Raumschiff müsste vor den interstellaren Atomen und Lichtwellen abgeschirmt werden, deren Weg es kreuzen würde. Es gäbe viele schwierige technische Probleme zu lösen. Leicht wäre es nicht, aber wissenschaftlich betrachtet, bestünde für einen Menschen tatsächlich die Möglichkeit, die Zukunft zu besichtigen.

EINSTEINS ARBEIT ÜBER ZEIT UND LICHTGESCHWINDIGKEIT

Einsteins Vorhersage, dass bewegte Objekte langsamer altern, ist zu wiederholten Malen experimentell bestätigt worden. Einer der ersten Nachweise betraf den Zerfall rasch bewegter Myonen. Die 1937 entdeckten Myonen sind Elementarteilchen, die ungefähr ein Zehntel des Gewichts von Protonen haben. Myonen sind instabil – sie zerfallen bereits nach kurzer Zeit in leichtere Elementarteilchen. Wenn Sie eine größere Anzahl von Myonen im Labor beobachten, werden Sie feststellen, dass nach zwei Millionstel einer Sekunde nur noch die Hälfte von ihnen übrig ist. Doch Myonen, die in kosmischen Schauern in der oberen Atmosphäre entstehen und sich fast mit Lichtgeschwindigkeit ausbreiten, zerfallen, wie Beobachtungen zeigten, auf ihrem Weg zur Erdoberfläche nicht so rasch wie im Labor, was mit Einsteins Vorhersagen übereinstimmt. 1971 bewiesen die Physiker Joe Hafele und Richard Keating Einsteins Zeitverlangsamung bei bewegten Objekten, indem sie sehr genau gehende Atomuhren auf einen Flug nach Osten um die Erde mitnahmen, also auf eine Reise, bei der die Geschwindigkeit des Flugzeugs zu derjenigen der Erdrotation hinzukam. Die Physiker beobachteten, dass die Uhren bei der Rückkehr gegenüber denen auf der Erde etwas nachgingen – um

59 Nanosekunden –, eine Beobachtung, die sich mit Einsteins Vorhersagen deckt. (Infolge der Erdrotation bewegt sich die Uhr auf der Erdoberfläche zwar auch, allerdings nicht so rasch. Der Gang von Uhren auf dem Erdboden wird nicht so verlangsamt wie der von Uhren an Bord von Flugzeugen.)

Schon als Heranwachsender machte sich Einstein Gedanken über die Natur der Zeit und ihre Beziehung zur Lichtgeschwindigkeit. Wenn er um zwölf Uhr mittags, so stellte er sich vor, von der großen Uhr auf dem Marktplatz mit Lichtgeschwindigkeit davonflöge und zurückblickte, dann hätte er den Eindruck, dass sie stehen geblieben wäre – weil das vom Licht fortgetragene Bild der Uhr, neben dem er flöge, zeigen würde, dass die Uhrzeiger nach wie vor auf zwölf Uhr mittags stünden. Blieb die Zeit tatsächlich für jemanden stehen, der mit Lichtgeschwindigkeit flog? Einstein stellte sich vor, er blicke auf den Lichtstrahl, zu dem er sich synchron bewege. Eigentlich müsse ihm der Lichtstrahl wie eine stehende Welle elektromagnetischer Energie erscheinen, so dachte er, weil er sich relativ zu ihm nicht bewege. Doch eine stehende Welle war nach der bereits vorliegenden Maxwell'schen Theorie des Elektromagnetismus nicht erlaubt. Einstein kam zu dem Schluss, dass irgendetwas nicht stimmte. Diese Überlegungen stellte er 1897 mit knapp siebzehn Jahren an. Weitere neun Jahre vergingen, bis es ihm gelang, den Fehler dingfest zu machen. Die Lösung bewirkte eine regelrechte Revolution in der Physik, eine Revolution unserer Auffassung von Zeit und Raum.

Als Einstein vier Jahre alt war, zeigte ihm sein Vater einen Kompass. Für den Jungen war er ein Wunder – und weckte sein Interesse an den Naturwissenschaften. Im Alter zwischen zwölf und sechzehn eignete sich Einstein die euklidische Geometrie sowie die Differenzial- und Integralrechnung an. Er war ein kluger Kopf, aber vor allem ein Kopf, der voller eigener Ideen steckte. Schon früh zeigte sich Einstein von James Clerk Maxwells elektromagnetischer Theorie fasziniert – die spannendste wissenschaftliche Theorie der Zeit. Wir werden diese außergewöhnliche

Theorie sorgfältig betrachten, weil sie das Fundament ist, auf dem Einstein seine eigenen Theorien erbaut hat.

MAXWELLS THEORIE DES ELEKTROMAGNETISMUS

Seit langem wusste man, dass es zwei Arten elektrischer Ladungen gibt, positive und negative. Beispielsweise haben Protonen positive Ladungen, Elektronen dagegen negative. Positive und negative Ladungen ziehen sich an, während negative Ladungen negative und positive Ladungen positive abstoßen. Weiterhin war bekannt, dass Ladungen statisch oder bewegt sein können. Statische Ladungen bewirken elektrische Wechselwirkungen, wie wir sie bei statischer Elektrizität beobachten. Bewegliche Ladungen haben nicht nur diese, sondern auch magnetische Wechselwirkungen. Das zeigt das Beispiel eines Elektromagneten: Dessen Magnetfeld wird durch Ladungen erzeugt, die sich durch einen Draht bewegen.

Maxwell entwickelte ein System von vier Gleichungen, die den Elektromagnetismus beschreiben. In diesen Gleichungen gibt es eine Konstante, c, die die relativen Stärken der elektrischen und der magnetischen Kraft zwischen geladenen Teilchen angibt. Maxwell entwickelte eine raffinierte Vorrichtung zur Messung von c. Auf der einen Seite befanden sich zwei parallele Platten, eine negativ und die andere positiv geladen. Sie zogen einander infolge der zwischen ihnen wirkenden elektrischen Kraft an. Auf der anderen Seite befanden sich zwei stromdurchflossene Drahtspulen, die einander durch die zwischen ihnen wirkende magnetische Kraft anzogen. Er verglich die magnetische Kraft zwischen den Spulen mit der elektrischen Kraft zwischen den Platten, um den Quotienten von magnetischer und elektrischer Kraft und damit den Wert von c zu bestimmen. Er entsprach ungefähr 300 000 Kilometern pro Sekunde.

Bald fand Maxwell eine bemerkenswerte Lösung für seine Gleichungen: eine elektromagnetische Welle, eine kleine Störung in elektrischen und magnetischen Feldern, breitet sich im leeren Raum mit der Geschwindigkeit *c* aus. Maxwell erkannte, dass es sich um die Lichtgeschwindigkeit handelte, denn diese war von Astronomen bereits gemessen worden.

1676 hatte der dänische Astronom Olaus Roemer die Satelliten – Monde –, die den Jupiter umkreisen, sorgfältig beobachtet. Ihm war aufgefallen, dass sie sich wie die kreisenden Zeiger einer komplizierten Uhr um den Planeten bewegten. Wenn die Erde dem Jupiter am nächsten stand, sah Roemer nun, dass die «Uhr» acht Minuten vozugehen schien, während sie, wenn die Erde am weitesten von Jupiter entfernt war (auf der entgegengesetzten Seite ihrer Bahn), offenbar acht Minuten nachging. Der Unterschied zwischen den beiden Resultaten ergab sich, weil das Licht, wenn die Erde Jupiter am fernsten stand, zusätzliche sechzehn Minuten zurückzulegen hatte, um die Erde zu erreichen (wobei die Extrastrecke – der Durchmesser der Erdbahn – bereits mit Hilfe astronomischer Messtechniken bestimmt worden war). Auf diese Weise war Roemer auf eine Lichtgeschwindigkeit von 227 000 Kilometern pro Sekunde gekommen.

1728 maß der englische Astronom James Bradley die Lichtgeschwindigkeit mit Hilfe desselben Effekts, der dafür sorgt, dass senkrecht fallender Regen von einem fahrenden Fahrzeug aus schräg wahrgenommen wird. Aus den leicht veränderlichen Ablenkungen des Sternenlichts, die er im Laufe des Jahres beobachtete, während die Erde die Sonne umkreiste, schloss Bradley, dass die Lichtgeschwindigkeit rund 10 000-mal größer als die Geschwindigkeit sein musste, mit der die Erde sich um die Sonne bewegte – also rund 300 000 Kilometer pro Sekunde.

Folglich kannte Maxwell die Lichtgeschwindigkeit, und als er 1873 die Geschwindigkeit seiner elektromagnetischen Wellen berechnete und auf einen Wert von 300 000 Kilometern pro Sekunde kam, wurde ihm plötzlich klar, dass auch das Licht aus elektromagnetischen Wellen bestehen muss. Das war eine der größten Entdeckungen in der Geschichte der Naturwissenschaften. (Maxwell begriff auch, dass elektromagnetische Wellen unterschiedliche Wellenlängen haben können, und sagte vorher, dass einige dieser Wellenlängen weit kürzer oder länger als die des sichtbaren Lichts sein könnten. Seit dieser Voraussage haben die Physiker viele Arten elektromagnetischer Wellen jenseits des sichtbaren Spektrums gefunden: Kürzerwellig als Licht sind Gammastrahlen, Röntgenstrahlen und ultraviolette Strahlen; längerwellig sind beispielsweise Infrarotstrahlen, Mikrowellen und Radiowellen. Unter dem unmittelbaren Eindruck von Maxwells Ergebnissen gelang es Heinrich Hertz 1888, Radiowellen zu übertragen und zu empfangen, wodurch die Erfindung von Funk und Rundfunk ermöglicht wurde.)

EINSTEINS SPEZIELLE RELATIVITÄTSTHEORIE

Maxwells Arbeit faszinierte Einstein. Aber sie beunruhigte ihn auch, weil er sich doch vorgestellt hatte, wie ein Lichtstrahl aussähe, wenn er mit Lichtgeschwindigkeit neben ihm herflöge. Unter diesen Bedingungen, so sein Schluss, müsse eine elektromagnetische Welle relativ zu ihm stehend erscheinen – eine ruhende Welle, deren Berge und Täler sich ebenso wenig fortbewegten wie die Furchen auf einem Feld. Doch Maxwells Gleichungen ließen ein solches ruhendes Phänomen im leeren Raum nicht zu – folglich musste irgendetwas falsch sein.

Noch etwas anderes fiel Einstein auf. Nehmen Sie an, Sie bewegen ein geladenes Teilchen rasch an einem ruhenden Magneten vorbei. Nach Maxwell würde die bewegte Ladung durch eine *magnetische* Kraft beschleunigt werden. Nehmen Sie nun eine ruhende Ladung und bewegen Sie stattdessen einen Magneten rasch vorbei. Nach Maxwells Gleichungen würde das veränderliche Magnetfeld, das durch den bewegten Magneten entstünde, ein elektrisches Feld erzeugen, das die Ladung durch eine *elektrische* Kraft beschleunigen würde. Die physikalische Erklärung wäre in beiden Fällen vollkommen unterschiedlich, doch die resultierende Beschleunigung der geladenen Teilchen wäre identisch. Einstein hatte eine kühne neue Idee. Er glaubte, die Physik müsse in beiden Fällen die gleiche sein, da offenbar die einzig wichtige Beziehung die relative Geschwindigkeit des Magneten und des geladenen Teilchens war.

In der Wissenschaftsgeschichte wird ein entscheidender Durchbruch oft dadurch erzielt, dass sich zwei Situationen, die man für verschieden gehalten hat, als gleich herausstellen. Aristoteles meinte, auf der Erde bringe die Schwerkraft die Dinge zum Fallen, doch am Himmel würden andere Kräfte für die Bewegung der Planeten und des Mondes sorgen. Newton erkannte, dass es die gleiche Kraft ist, die einen Apfel zur Erde fallen lässt und den Mond in seiner Bahn hält. Ihm wurde klar, dass der Mond ständig zur Erde «fällt», weil die geradlinige Bahn, auf der er sonst ins All davonfliegen würde, fortwährend zu einem Kreis umgebogen wird. Das war keineswegs offenkundig.

Das Licht hatte noch einen weiteren sonderbaren Aspekt. Nehmen wir an, die Erde bewegt sich mit einer Geschwindigkeit von 100 000 Kilometern pro Sekunde durchs All. Müsste uns dann nicht ein Lichtstrahl, der uns in Richtung der Erdbewegung überholte, mit einer relativen Geschwindigkeit von 200 000 Kilometern pro Sekunde passieren (300 000 minus 100 000)? Und würde der Lichtstrahl sich in die entgegengesetzte Richtung bewegen, müsste er dann nicht mit 400 000 Kilometern pro Sekunde an uns vorbeistreichen (300 000 plus 100 000)? Doch das Licht scheint die Erde immer mit der gleichen Geschwindigkeit zu passieren, egal, in welche Richtung es sich bewegt.

Das hatten 1887 der Physiker Albert Michelson von der Case School of Applied Science in Cleveland und der Chemiker Edward Morley von der benachbarten Western Reserve University herausgefunden, indem sie einen Lichtstrahl derart aufgeteilt hatten, dass sich die eine Hälfte nach Norden und die andere Hälfte nach Osten bewegte. Zwei Spiegel warfen die Strahlen wieder zu ihrem Ausgangspunkt zurück. Wenn das Licht sich mit 300 000 Kilometern pro Sekunde durch das All bewege und der Apparat seinerseits mit einer Geschwindigkeit von 30 Kilometern pro Sekunde durch das All fliege (die Geschwindigkeit, mit der die Erde die Sonne umkreist), dann – so hatten sich Michelson und Morley überlegt – müsse die Geschwindigkeit des Lichtes relativ zu ihrem Apparat 300 000 Kilometer pro Sekunde plus oder minus 30 Kilometer pro Sekunde sein, je nachdem, ob der Lichtstrahl entgegengesetzt oder parallel zur Erdbewegung verliefe. Sie errechneten, dass der Lichtstrahl, der sich auf einer Linie parallel zur Richtung der Erdbewegung bewegte, messbar länger brauchen müsse als ein Lichtstrahl, der sich senkrecht zur Richtung der Erdbewegung fortbewegte. Doch ihr Experiment zeigte sehr exakt, dass die beiden Strahlen stets gleichzeitig eintrafen.

Michelson und Morley waren verblüfft. Da sie wussten, dass ihr Apparat genau war, fragten sie sich, ob die Geschwindigkeit der Erde um die Sonne während ihres Experiments durch eine Bewegung des gesamten Sonnensystems in entgegengesetzter Richtung aufgehoben worden sein könnte. Daher wiederholten sie das Experiment sechs Monate später, als sich die Erde in ihrer Bahn um die Sonne gerade in entgegengesetzter Richtung bewegte als zum Zeitpunkt des ersten Experiments. In diesem Fall hätte sie sich mit 60 Kilometern pro Sekunde durchs All bewegen müssen. Trotzdem waren die Ergebnisse unverändert.

Ausgehend von diesen bemerkenswerten Informationen trat Einstein 1905 mit zwei verblüffenden Postulaten an die Öffentlichkeit. Erstens, die Auswirkungen der physikalischen Gesetze sollten für jeden Beobachter in gleichförmiger Bewegung (Bewegung mit konstanter Geschwindigkeit, ohne Richtungsänderungen) gleich aussehen, und zweitens, die Lichtgeschwindigkeit im leeren Raum sollte für jeden dieser Beobachter denselben Wert haben.

Auf den ersten Blick scheinen die Postulate dem gesunden Menschenverstand zu widersprechen: Wie kann ein Lichtstrahl zwei Beobachter mit gleicher Geschwindigkeit passieren, wenn diese Beobachter sich relativ zueinander bewegen? Doch Einstein hat abgeleitet, welche Konsequenzen diese beiden Postulate nach sich ziehen, und die Richtigkeit seiner Voraussagen ist vielfach experimentell bestätigt worden.

Einstein bewies seine Theoreme, indem er verschiedene raffinierte Gedankenexperimente erfand. Seine Arbeit nannte er die spezielle Relativitätstheorie – *speziell*, weil sie nur für Beobachter in gleichförmiger Bewegung gilt, und *Relativität*, weil sie zeigte, dass nur relative Bewegungen wichtig sind.

Noch nie zuvor war in der Naturwissenschaft etwas Ähnliches geleistet worden. Wie war Einstein darauf gekommen? Zweifellos spielte seine Verehrung für das «heilige» Geometriebuch, wie er es nannte, das er mit zwölf Jahren bekommen hatte, eine Rolle. In diesem Buch wurde beschrieben, wie der griechische Mathematiker Euklid gezeigt hatte, dass man, ausgehend von einigen wenigen Postulaten, die Punkte, Gerade und die Beziehungen zwischen ihnen definierten, zahlreiche bemerkenswerte Lehrsätze beweisen konnte, die auf diesen Postulaten aufbauten. Von diesem System war Einstein außerordentlich beeindruckt: Stelle zwei Postulate auf und schau, was du mit ihnen beweisen kannst. Wenn deine Schlussfolgerungen vernünftig und deine Postulate richtig sind, dann müssten sich alle deine Theoreme oder Lehrsätze auch als richtig erweisen. Aber warum hat sich Einstein für diese beiden Postulate entschieden?

Er wusste, dass Newtons Gravitationstheorie dem ersten Postulat gehorcht. Nach Newtons Theorie hängt die Gravitationskraft zwischen zwei Objekten von der Masse der beiden Körper und der Entfernung zwischen ihnen ab, nicht aber davon, wie schnell sich die Körper bewegen. Newton hatte angenommen, dass es einen Ruhezustand gebe, aber es besteht keine Möglichkeit, durch Gravitationsexperimente herauszufinden, ob beispielsweise das Sonnensystem in Ruhe ist oder nicht. Nach Newtons Gesetzen würden die Planeten die Sonne auf genau die gleiche Weise umkreisen, unabhängig davon, ob das Sonnensystem in Ruhe oder in rascher gleichförmiger Bewegung wäre. Dagegen vertrat Einstein die Auffassung, dass es einen besonderen Ruhezustand gar nicht gebe, wenn man ihn nicht messen könne. Alle Beobachter in gleichförmiger Bewegung könnten mit gleichem Recht behaupten, sie befänden sich in Ruhe. Und wenn sich für die Gravitation kein Ruhezustand bestimmen lasse – so überlegte Einstein –, warum solle das nicht auch für den Elektromagnetismus gelten? Bezüglich seiner Überlegungen zum geladenen Teilchen und dem Magneten gelangte Einstein zu dem Schluss, dass nur die relative Bewegung der beiden zähle. Jemand, der nur die Wechselwirkung zwischen den beiden beobachte, könne nicht sagen, ob die Ladung oder der Magnet «in Ruhe» sei.

Ausschlaggebend für Einsteins zweites Postulat war eine Vorhersage, die sich aus Maxwells Gleichungen ergab: Elektromagnetische Wellen breiten sich mit 300 000 Kilometern pro Sekunde aus. Wenn Sie «in Ruhe» wären, müsste das Licht mit dieser Geschwindigkeit an Ihnen vorbeistreichen. Sähen Sie einen Lichtstrahl mit irgendeiner anderen Geschwindigkeit an sich vorbeikommen, wäre das ein Beweis dafür, dass Sie nicht «in Ruhe» wären. (Tatsächlich hatten Michelson und Morley gehofft, mit Hilfe dieses Effekts zu beweisen, dass die Erde nicht «in Ruhe» sei, was ihnen aber nicht gelang.) Einstein glaubte, alle Beobachter in gleichförmiger Bewegung müssten in der Lage sein, sich als «ruhend» zu betrachten, und daher Lichtstrahlen immer mit einer Geschwindigkeit von 300 000 Kilometern pro Sekunde an sich vorbeistreichen sehen. Einsteins zweites Postulat bedeutet, dass ein Beobachter, der sich mit hoher Geschwindigkeit fortbewegt und dabei das Michelson-Morley-Experiment durchführt in der Hoffnung, seine Bewegung nachweisen zu können, stets scheitern wird. (Als Einstein Jahre später gefragt wurde, ob er 1905 von dem Michelson-Morley-Experiment gewusst habe, gab er es zu, behauptete aber, es habe sein Denken nicht sonderlich beeinflusst – er sei einfach davon ausgegangen, dass jeder Versuch dieser Art scheitern müsse. Aus heutiger Sicht würde man jedoch sagen, dass das Michelson-Morley-Experiment 1905 wohl der wichtigste Hinweis auf die Richtigkeit von Einsteins zweitem Postulat war.)

Wenn Licht Beobachter passiert, die sich relativ zueinander mit verschiedenen Geschwindigkeiten bewegen, kann es, wie Einstein sich überlegte, nur dann den Eindruck erwecken, sich stets mit gleicher Geschwindigkeit auszubreiten, falls sich die Uhren und Messlatten der Beobachter voneinander unterscheiden. Hätte ein Astronaut in rascher Bewegung Uhren und Lineale, die sich von meinen unterscheiden, könnte er durchaus messen, dass der Lichtstrahl auch an ihm mit 300 000 Kilometern pro Sekunde vorbeistreicht.

Isaac Newton war von einer universellen Zeit ausgegangen, auf die sich alle Beobachter einigen konnten und unter deren Einfluss eine bewegte Uhr genauso rasch wie eine ruhende tickte. Newtons Weltbild entspricht dem der alten Kriegsfilme. Vor dem Angriff versammelt der Führer die Leute des Kommandounternehmens und sagt: «Uhrenvergleich: Jetzt ist es 14.10 Uhr.» Daraufhin stellt jeder seine Uhr auf genau 14.10 Uhr. Später vertraut der Befehlshaber darauf, dass die einzelnen Einheiten des Kommandos, obwohl sie auf verschiedenen Wegen mit verschiedenen Transportmitteln anreisen (per Flugzeug, Schiff und so fort), alle zur gleichen Zeit am Ziel eintreffen. Würde jedoch einer von ihnen mit einem Raumschiff kommen, das fast mit Lichtgeschwindigkeit flöge, wäre die Mission in Schwierigkeiten. Käme ein solches Raumschiff an mir vorbei, könnte ich meine Uhr nicht mit dessen Borduhr synchronisieren: Selbst wenn der Raumpilot seine Borduhr beim Vorbeiflug so einstellt, dass sie in diesem Moment dieselbe Zeit anzeigt wie meine Uhr, ist das keine Garantie dafür, dass die Anzeigen unserer Uhren auch dann übereinstimmen werden, wenn wir uns später noch einmal treffen. Laut Einstein gibt es keine universelle Zeit. Die Zeit verstreicht für verschiedene Beobachter verschieden. Dieser Umstand eröffnet die Möglichkeit von Zeitreisen.

WARUM EINE BEWEGTE UHR LANGSAM TICKT

Eines der ersten Theoreme, das Einstein aus seinen beiden Postulaten ableitete, zeigte, dass für mich die Uhren eines Astronauten, der mit hoher Geschwindigkeit an mir vorbeiflöge, im Vergleich zu meinen Uhren langsamer ticken müssten. Diese Idee hat Einstein mit Hilfe eines raffinierten Gedankenexperiments bewiesen: Er stellte sich vor, er konstruiere eine einfache Uhr, indem er einen Lichtstrahl zwischen zwei Spiegeln hin und her laufen ließe. Die Uhr «tickt» jedes Mal, wenn das Licht einen Spiegel trifft. Licht, das sich mit 300 000 Kilometern pro Sekunde bewegt, legt eine Strecke von einem Fuß (30 Zentimetern) ungefähr eine Milliarde Mal pro Sekunde oder einmal pro Nanosekunde (einer milliardstel Sekunde) zurück (vgl. Abb. 3). Wenn ich die beiden Spiegel in einem Abstand von drei Fuß befestige, tickt meine Lichtuhr einmal alle drei Nanosekunden (vgl. Abb. 3). Nehmen wir nun an, eine Rakete kommt mit 80 Prozent der Lichtgeschwindigkeit an mir vorbei. An Bord befindet sich ein Astronaut mit einer Lichtuhr, deren Spiegel den gleichen Abstand haben wie bei meiner Uhr. Wenn ich die Uhr des Astronauten betrachte, während sie vorbeifliegt, beobachte ich, dass der hin- und herlaufende Lichtstrahl einen Zickzackkurs beschreibt, während sich das Spiegelpaar von links nach rechts bewegt (Abb. 3). Während ich verfolge, wie sich der Lichtstrahl vom unteren Spiegel zum oberen bewegt, sehe ich den Lichtstrahl diagonal nach oben und rechts laufen, weil der obere Spiegel sich zu dem Zeitpunkt, da der Lichtstrahl ihn trifft, rechts von der Stelle befindet, an der er war, als der Lichtstrahl seinen Weg begann. Auch auf dem Weg nach unten bewegt sich der Lichtstrahl für mich nach rechts, weil der

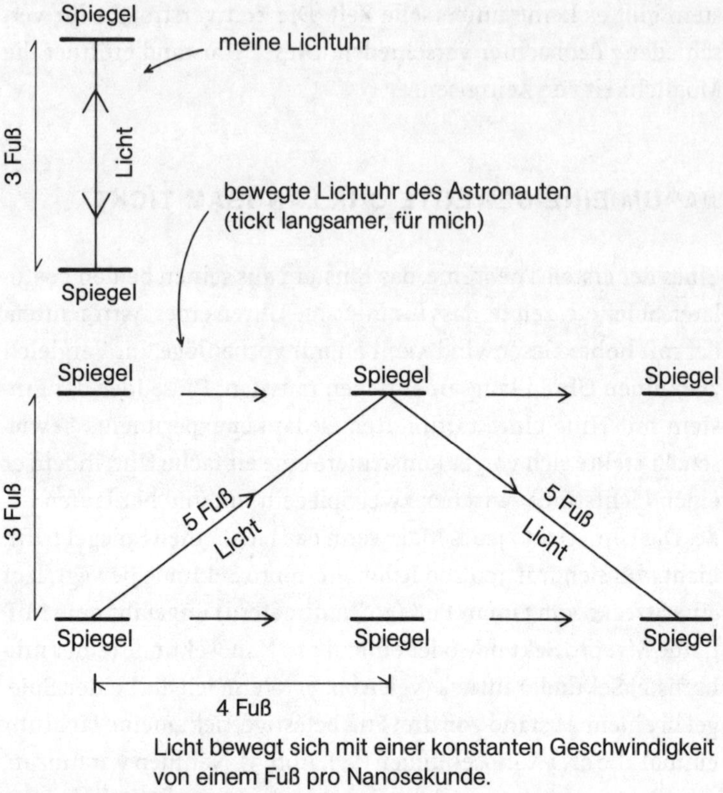

Abb. 3: Verschiedene Lichtuhren

Spiegel wieder weitergewandert ist. Die Strecke, die ich für jeden dieser Lichtstrahlen messe, ist länger als drei Fuß. Da ich (nach dem zweiten Postulat) beobachten muss, dass sich das Licht mit einem Fuß pro Nanosekunde ausbreitet, sind für mich die Zeitintervalle zwischen jedem Ticken der Uhr des Astronauten länger als drei Nanosekunden!

Um wie viel langsamer tickt die Uhr des Astronauten? Das können wir ausrechnen. Wenn sich der Astronaut relativ zu mir mit 80 Prozent der Lichtgeschwindigkeit bewegt, messe ich die diagonale Entfernung, die der Lichtstrahl zwischen den Spiegeln zurücklegt, mit fünf Fuß. Man kann ein rechtwinkliges Dreieck mit den Seitenlängen fünf, vier und drei Fuß konstruieren. Schon die alten Ägypter wussten das. Die waagerechte Seite ist vier Fuß lang, die senkrechte drei Fuß und die diagonale fünf Fuß. Während der Lichtstrahl diagonal nach oben und nach rechts eine Entfernung von fünf Fuß zurücklegt, bewegt sich der untere Spiegel, der mit 80 Prozent der Lichtgeschwindigkeit vorankommt, waagerecht nach rechts um eine Strecke von genau vier Fuß.

Da ich beobachten muss, dass sich das Licht mit einem Fuß pro Nanosekunde ausbreitet, komme ich zu dem Schluss, dass bei jedem Ticken der Astronautenuhr fünf Nanosekunden vergehen. Nach 15 Nanosekunden müsste seine Uhr dreimal getickt haben. Doch in den gleichen 15 Nanosekunden tickt meine Uhr fünfmal. Jedes Mal, wenn meine Uhr fünfmal getickt hat, stelle ich fest, dass seine Uhr dreimal getickt hat. Ich beobachte, dass seine Uhr nicht so rasch tickt wie meine.

Kommen wir nun zu dem wirklich bemerkenswerten Aspekt. Der Astronaut könnte auch seinen Herzschlag als eine Art Uhr benutzen. Seine Parallelspiegel (mit dem zwischen ihnen hin- und herlaufenden Lichtstrahl) und sein Herz sind einfach zwei Uhren, die sich relativ zueinander in Ruhe befinden, sodass es zwischen ihren Schlägen oder ihrem Ticken ein festes Verhältnis geben müsste. Wenn ich also den Astronauten betrachte, der mit 80 Prozent der Lichtgeschwindigkeit an mir vorbeisaust, sehe ich nicht nur, dass seine Lichtuhr dreimal tickt, wenn meine fünfmal tickt, sondern habe auch den Eindruck, dass sein Herzschlag um den gleichen Faktor langsamer ist als meiner. Folglich müsste er nach meiner Beobachtung langsamer altern als ich. Wenn ich um fünf Jahre gealtert bin, wäre er in meinen Augen nur um drei Jahre gealtert. Biologische Uhren und Lichtuhren müssen sich im gleichen Maße verlangsamen. Sonst könnte der Astronaut durch einen Vergleich dieser Uhren nachweisen, dass er sich bewegt, was gegen das erste Postulat verstoßen würde.

Diese Effekte verstärken sich, wenn sich die Geschwindigkeit des Astronauten der Lichtgeschwindigkeit nähert. Die Ergebnisse hängen von dem Quotienten v/c ab, wobei v die Geschwindigkeit des Astronauten relativ zu mir und c die Lichtgeschwindigkeit ist. Können Sie sich noch an den Geometrieunterricht in der Schule erinnern, das Fach, in dem immer Kreise und Dreiecke an der Tafel standen, die niemanden interessierten? Eines der Theoreme war der Satz des Pythagoras, nach dem im rechtwinkligen Dreieck die Summe der Quadrate über der senkrechten und der waagerechten Seite gleich dem Quadrat über der diagonalen Seite ist. Während ich sehe, wie das Licht sich einen Fuß diagonal bewegt, rutscht die Uhr des Astronauten nach rechts, und zwar um die Strecke, die sich ergibt aus einem Fuß mal (v/c). Dadurch entstehen zwei Seiten eines rechtwinkligen Dreiecks. Wenn die Diagonale ein Fuß und die senkrechte Seite (v/c) Fuß lang ist, dann hat die waagerechte Seite nach dem Satz des Pythagoras die Länge $\sqrt{[1-(v/c)^2]}$ (Wenn wir die Quadratwurzel von $[1-(v/c)^2]$ quadrieren, erhalten wir $[1-(v/c)^2]$; addieren wir diesen Term zu $(v/c)^2$, so ergibt sich 1.) Der senkrechte Fortschritt, den der Lichtstrahl nach meiner Beobachtung macht, beträgt also nicht ein Fuß, sondern ein Fuß mal $\sqrt{[1-(v/c)^2]}$. Da der Lichtstrahl sich drei Fuß nach oben bewegen muss, bevor ich die Uhr des Astronauten ticken sehen kann, muss das Ticken seiner Uhr um den Faktor $\sqrt{[1-(v/c)^2]}$ vom Ticken meiner Uhr abweichen. Wenn der Astronaut mit 99,995 Prozent der Lichtgeschwindigkeit an mir vorbeisaust, würde die Uhr des Astronauten nach meiner Beobachtung ein Hundertstel so schnell ticken wie meine Uhr. Nach 1000 Jahren, die auf der Erde vergangen wären, würden die Menschen auf der Erde beobachten, dass der Astronaut nur um 10 Jahre gealtert wäre.

Zeitreisen in die Zukunft werden dadurch ermöglicht, dass Beobachter, die sich relativ zueinander bewegen, unterschiedliche Zeitmaße haben. Solche Beobachter können sich sogar uneins darüber sein, welche Ereignisse gleichzeitig stattfinden – ein Phänomen, das eine wichtige Rolle spielen wird, wenn wir uns fragen, wie Zeitreisen in die Vergangenheit stattfinden könnten.

Stellen Sie sich vor, ein Astronaut kommt mit 80 Prozent der Lichtgeschwindigkeit an mir vorbei und ich beobachte, dass seine Rakete 22,5 Nanosekunden braucht, um von links nach rechts an mir vorbeizufliegen. Mit einer Geschwindigkeit von 0,8 Fuß pro Nanosekunde bewegt sich der Astronaut in diesen 22,5 Nanosekunden relativ zu mir 18 Fuß weit. Also sage ich, dass seine Rakete 18 Fuß lang ist. Ich sehe, dass er in der Mitte der Rakete sitzt, daher sage ich, er ist neun Fuß vom vorderen Ende und neun Fuß vom hinteren Ende entfernt. Er sendet Lichtsignale an Spiegel im vorderen und hinteren Ende seiner Rakete. Sie werden von den Spiegeln zurückgeworfen, und er empfängt die Signale gleichzeitig. Da sich die Spiegel in gleicher Entfernung von ihm befinden und die von ihm gemessene Lichtgeschwindigkeit 300 000 Kilometer pro Sekunde betragen muss, wird er versichern, dass die Lichtsignale die Spiegel gleichzeitig erreichen. Aus meiner Sicht braucht das Lichtsignal, das er in den hinteren Teil der Rakete schickt, 5 Nanosekunden bis zum Spiegel. Während dieser Zeit legt das Lichtsignal fünf Fuß nach links und die Rakete (die mit 80 Prozent oder $^4/_5$ der Lichtgeschwindigkeit vorankommt) vier Fuß nach rechts zurück, was insgesamt eine Entfernung von neun Fuß ergibt.

Aber was ist mit dem Lichtsignal, das von dem Astronauten ins Vorderende der Rakete geschickt wird? Es muss das Vorderende einholen, das sich von ihm fortbewegt. Ich sehe, dass es dafür genau 45 Nanosekunden braucht. Das Vorderende hat einen Vorsprung von neun Fuß gegenüber dem Lichtstrahl. Während der 45 Nanosekunden legt das Licht 45 Fuß zurück, während das Vorderende der Rakete 80 Prozent der Entfernung oder 36 Fuß zurücklegt – das Licht hat also den Neun-Fuß-Vorsprung des Vorderendes aufgeholt. Ich beobachte demzufolge, dass das Signal des Astronauten den Spiegel im hinteren Ende nach nur 5 Nanosekunden erreicht, während das Signal, das für das Vorderende bestimmt ist, auf den Spiegel dort nach 45 Nanosekunden trifft. Aus meiner Sicht gelangt das Signal, das für den hinteren Spiegel bestimmt ist, an sein Ziel, *bevor* das andere Signal den vorderen Spiegel erreicht.

Wenn das Signal das hintere Ende der Rakete erreicht, wird es von dem Spiegel dort zurückgeworfen, bewegt sich in Richtung Vorderende und kehrt zum Astronauten zurück. Wie lange dauert dieser Weg aus meiner Perspektive? Der Lichtstrahl muss den Astronauten einholen, der einen Vorsprung von neun Fuß hat, daher dauert die Reise des Signals aus den oben genannten Gründen 45 Nanosekunden. Ich sehe, wie das Signal auf den Spiegel im hinteren Ende des Raumschiffs trifft, zurückgeworfen wird und den Astronauten nach fünf plus 45, also insgesamt 50 Nanosekunden erreicht. Und wie verhält es sich mit dem Signal, das von dem Spiegel im Vorderteil zurückgeworfen wird? Es braucht lediglich fünf weitere Nanosekunden, um zum Astronauten zurückzukehren, weil sich der Lichtstrahl in dieser Zeit fünf Fuß rückwärts und der Astronaut vier Fuß vorwärts bewegt. Wiederum braucht der Lichtstrahl für Hin- und Rückweg zum und vom Spiegel im Vorderteil insgesamt 50 Nanosekunden.

Ich sehe beide Lichtstrahlen gleichzeitig beim Astronauten eintreffen – genauso wie er. Doch nach seiner Wahrnehmung treffen die Lichtstrahlen auch gleichzeitig an den Spiegeln ein, weil er sich in der Mitte seiner Rakete und nach seinem Verständnis in Ruhe befindet. Er und ich können uns nicht einigen, ob die Lichtstrahlen gleichzeitig den vorderen und hinteren Spiegel erreichen. Nicht dass einer von uns Recht und der andere Unrecht hätte, jeder hat in seinem Bezugssystem Recht.

Es gibt noch ein weiteres bemerkenswertes Resultat. Ich sage, der Astronaut erhält die Lichtsignale nach 50 Nanosekunden zurück. Aber ich weiß, dass er sich mit 80 Prozent der Lichtgeschwindigkeit bewegt, also müsste ich alle seine Uhren mit 60 Prozent der Geschwindigkeit meiner Uhren ticken sehen. Ich weiß also, dass nach Auskunft seiner Uhren nur 30 Nanosekunden zwischen Ausgabe und Empfang der Signale verstrichen sind. Er denkt, er ist in Ruhe, und er weiß, dass das Licht in einer Nanosekunde einen Fuß zurücklegt. Da er den Eindruck hat, dass die Lichtsignale fünfzehn Nanosekunden brauchen, um einen der beiden Spiegel zu erreichen, und fünfzehn Nanosekunden, um wieder zurückzukehren, gelangt er zu dem Schluss, dass das vordere und das hintere Ende seiner Rakete jeweils fünfzehn Fuß von ihm entfernt ist und dass die ganze Rakete daher dreißig Fuß lang ist. Doch erinnern wir uns, dass ich beim Vermessen dieser Rakete auf achtzehn Fuß Länge gekommen bin. Nach meiner Auskunft ist die Rakete also nur 60 Prozent so lang, wie sie gemäß seiner Messung ist. Das ist der gleiche Prozentsatz, der für die Geschwindigkeit seiner Uhr gilt. Messlatten, die der Astronaut parallel zu seiner Bewegungsrichtung hält, müssen mir geschrumpft erscheinen. Wären sie das nicht, würden Lichtuhren, die der Astronaut parallel oder senkrecht zu seiner Bewegungsrichtung mit sich führte, unterschiedlich schnell ticken – und er könnte erkennen, dass er sich bewegt, was nach dem ersten Postulat nicht erlaubt ist.

Die vorstehende Erörterung hat sich an die linke Hirnhälfte gewandt (die sprachlich-logische). Jetzt werde ich es Ihrer rechten Hirnhälfte erklären (der visuell-räumlichen). Abb. 4 zeigt ein Raumzeitdiagramm von der vorstehenden Diskussion. Die Weltlinie des Astronauten und die Weltlinien des vorderen und hinteren Endes seiner Rakete werden als Geraden dargestellt, die nach rechts geneigt sind. Nehmen Sie ein Lineal, halten sie es waagerecht und schieben Sie es von unten nach oben über das Diagramm. Der Schnittpunkt der Weltlinien mit dem Lineal zeigt einen Film, der die Ereignisse aus meiner Sicht darstellt. Beobachten Sie, wie der Astronaut und seine Rakete von links nach rechts wandern, während sie das Lineal langsam nach oben bewegen. Die Lichtstrahlen, die der Astronaut zum Vorder- und Hinterende der Rakete aussendet und wieder empfängt, sind durch 45-Grad-Linien dargestellt, da ich sehen muss, dass sie sich mit einem Fuß pro Nanosekunde fortbewegen. Die Ankunft des Lichtstrahls im hinteren Ende der Rakete (Ereignis A) sehe ich vor der

Ankunft des Lichtstrahls im vorderen Ende der Rakete (Ereignis B). Doch der Astronaut, der denkt, er befinde sich in Ruhe, sieht die beiden Ereignisse gleichzeitig (nach 15 Nanosekunden Astronautenzeit, wie die kleinen Uhren und die schräge Linie *15 ns AZ* anzeigen).

Ein ähnliches Experiment, von einem Erdbewohner durchgeführt, zeigt Abb. 4. Die Weltlinie des Erdbewohners geht senkrecht nach oben, weil er sich nach meiner Wahrnehmung nicht mit der Zeit bewegt, während ich das waagerechte Lineal nach oben schiebe. Die Linie, die die Uhren des Erdbewohners verbindet, zeigt 15 Nanosekunden Erdbewohnerzeit (abgekürzt: *15 ns EZ*); sie ist waagerecht, weil er sich relativ zu mir in Ruhe befindet.

Die Raumzeit ist wie ein Brotlaib, der senkrecht steht. Wenn ich das Brot waagerecht schneide, erhalte ich Scheiben, die verschiedene Augenblicke der Erdzeit darstellen. Zwei Ereignisse sind gleichzeitig, wenn sie sich in der gleichen Scheibe befinden. Doch ein bewegter Astronaut schneidet den Brotlaib anders, schräg, wie die Franzosen ihre Baguettes. Ereignisse, die sich in derselben schrägen Scheibe befinden, erscheinen dem Astronauten gleichzeitig. Das erklärt auch, warum der Astronaut und ich uns nicht über die Breite seiner Rakete einigen können. Er und ich durchschneiden das vierdimensionale Gebilde, das die Rakete in der Raumzeit darstellt, auf unterschiedliche Weise. Es verhält sich wie mit der Breite eines Baumstamms. Durchsägt man ihn waagerecht, erhält man eine Antwort. Durchsägt man ihn schräg, bekommt man eine andere.

(Jetzt wissen Sie, ob Sie lieber mit Ihrer linken oder Ihrer rechten Hirnhälfte arbeiten. Wenn Sie wie die meisten Menschen sind, gehören sie dem linkshemisphärischen Typus an und finden sprachliche Beschreibung verständlicher als das Raumzeitdiagramm, das Ihnen möglicherweise seltsam und unvertraut vorkommt. Ich habe das Diagramm für rechtshemisphärische Menschen wie mich abgebildet. Zum ersten Mal habe ich ein

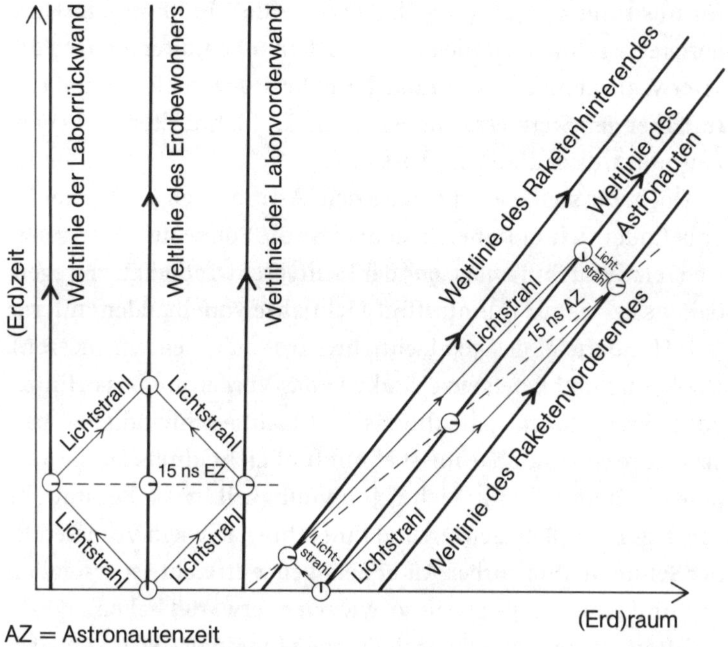

AZ = Astronautenzeit
EZ = Erdbewohnerzeit
ns = Nanosekunden

Abb. 4: Verschiedene Zeitwahrnehmungen:
der Astronaut und der Erdbewohner

Diagramm wie dieses in einem Buch von Max Born gesehen – Nobelpreisträger und Großvater der Sängerin Olivia Newton-John –, als ich in die achte Klasse ging. Es war eine Offenbarung für mich.)

Wenn ein Astronaut am Sonnensystem mit 99,995 Prozent der Lichtgeschwindigkeit vorbeirauscht, ticken seine Uhren nach unserer Messung ein Hunderstel so schnell wie die unseren, und die Länge seines Raumschiffs ist um den gleichen Faktor gekürzt. Nehmen wir an, wir beobachten, wie er hinausfliegt zum Stern Beteigeuze, ungefähr 500 Lichtjahre entfernt. Der Astronaut bewegt sich fast mit Lichtgeschwindigkeit, daher dauert seine Reise für uns rund 500 Jahre. Doch da wir seine Uhren nur ein Hundertstel so schnell wie die unseren ticken sehen, altert er nach unserer Wahrnehmung während dieser Reise lediglich um fünf Jahre. Als er den Stern erreicht, ist er nur fünf Jahre älter als zu dem Zeitpunkt, da er die Sonne passierte.

Doch wie stellt sich die Reise dem Astronauten dar? Er denkt, er befindet sich in Ruhe. Er sieht, dass die Sonne und Beteigeuze sich relativ zu ihm mit 99,995 der Lichtgeschwindigkeit bewegen, daher sind sie für ihn nur fünf Lichtjahre voneinander entfernt (ein Hundertstel des 500-Lichtjahre-Abstands, den wir messen). Die Sonne und Beteigeuze sind wie das Vorder- und das Hinterende einer «Rakete», die ihn fast mit Lichtgeschwindigkeit passiert. Ihre Gesamtlänge misst er mit fünf Lichtjahren. Da die «Rakete» annähernd mit Lichtgeschwindigkeit reist, kommt ihr hinteres Ende, Beteigeuze, rund fünf Jahre nach dem Vorderende, der Sonne, an ihm vorbei. Als er Beteigeuze erreicht, ist er folglich nur fünf Jahre älter – genau so, wie wir es erwartet haben.

Interessanterweise hat sich Einstein in seinen Gedankenexperimenten nicht mit Menschen auf der Erde beschäftigt, die einen Astronauten betrachten, der in einer Rakete vorbeifliegt, sondern mit einem Beobachter auf einem Bahnsteig, der seine Eindrücke mit denen eines Beobachters in der Mitte eines schnell vorbeifahrenden Zuges vergleicht. An einen Zug hielt sich Einstein, weil der das schnellste Verkehrsmittel war, das es 1905 gab.

WARUM RAKETEN NICHT SCHNELLER ALS DAS LICHT FLIEGEN KÖNNEN

Würde die Rakete eines Astronauten schneller als das Licht an uns vorbeisausen, würde das Licht, das der Astronaut in Richtung auf das Vorderteil der Rakete losschickt, dort nie ankommen. Der Lichtstrahl könnte das vordere Ende der Rakete nie einholen, weil es einen Vorsprung hätte und sich schneller bewegen würde.

Jeder Sportler weiß, das es unmöglich ist, einen Läufer einzuholen, der einen Vorsprung hat und obendrein schneller läuft als man selbst. Die Beobachtungen des Astronauten wären höchst merkwürdig: Er würde eine Taschenlampe nehmen und ihren Strahl auf das vordere Ende seiner Rakete richten, aber nie sehen, wie der Strahl dort ankommt. Das könnte kein Beobachter im Ruhezustand sehen: Statt sich selbst als ruhend wahrzunehmen, würde dieser Astronaut *wissen*, dass er sich bewegt – und das ist nach dem ersten Postulat nicht zulässig.

Daher gelangte Einstein zu dem Schluss, dass sich nichts schneller als das Licht fortbewegen kann. Er hatte ein Tempolimit für das Universum entdeckt – die Lichtgeschwindigkeit. Sie ist der innersten Struktur des Universums eingeschrieben, direkt in die Gleichungen der Elektrodynamik. Diese Geschwindigkeitsbegrenzung ergibt sich unmittelbar aus Einsteins zwei Postulaten, an deren Richtigkeit wir glauben, weil viele aus ihnen abgeleitete Ergebnisse überprüft worden sind. In unseren größten Teilchenbeschleunigern bringen wir Protonen auf hohe Geschwindigkeiten. Immer stärker treiben wir sie vorwärts und beobachten, wie sie schneller und schneller werden und der Lichtgeschwindigkeit immer näher kommen, sie aber nie erreichen – genau, wie Einstein vorausgesagt hat.

$E = mc^2$ ist ein weiteres Ergebnis, das Einstein aus den beiden Postulaten abgeleitet hat. (Dabei ist E die Energie, m die Masse und c^2 die Lichtgeschwindigkeit zum Quadrat.) Natürlich ist die Lichtgeschwindigkeit eine enorme Größe – und sie ist in dieser Formel noch quadriert –, daher führt schon der Verlust von winzigsten Materiemengen zur Freisetzung gewaltiger Energie. Wenn eine Atombombe gezündet wird, wird eine kleine Masse in enorme Energiemengen umgewandelt. Die Atombombe funktioniert. Die Postulate scheinen zu funktionieren. Und wir erwarten daher nicht, jemals einen Astronauten schneller als das Licht an uns vorbeifliegen zu sehen.

EIN UNIVERSUM MIT VIER DIMENSIONEN – ODER MEHR

Unser Universum ist vierdimensional – es gibt drei Dimensionen des Raums und eine Dimension der Zeit. H. G. Wells dachte, die Dimension der Zeit sei genau wie eine Dimension des Raums, aber er hatte Unrecht. Es gibt einen entscheidenden Unterschied zwischen ihnen. Wie sich herausstellt, ist mathematisch mit der Dimension der Zeit ein Minuszeichen assoziiert. Dieses kleine Minuszeichen macht den ganzen Unterschied aus: Es trennt die Zukunft von der Vergangenheit, macht die Kausalität in unserer Welt heimisch und erschwert es uns, beliebig in der Zeit zu reisen. Um uns mit dem Konzept der Zeitreise vertraut zu machen, müssen wir daher verstehen, wie es zu diesem Minuszeichen kommt. Und dazu müssen wir wiederum berücksichtigen, worauf sich bewegte Beobachter einigen können, denn es gibt so viele Dinge, über die sie sich nicht einig werden können.

Zunächst sollten wir, wenn wir Abstände im Raum und Abstände in der Zeit vergleichen, Einheiten verwenden, für die die Lichtgeschwindigkeit eins ist. Lichtjahre und Jahre sind solche Einheiten. Das Licht breitet sich mit einer Geschwindigkeit von einem Lichtjahr pro Jahr aus. Genauso gut könnten wir die Einheiten Fuß und Nanosekunden verwenden, denn das Licht breitet sich mit einer Geschwindigkeit von einem Fuß pro Nanosekunde aus. Die Lichtgeschwindigkeit ist eine «magische» Geschwindigkeit, eine Geschwindigkeit, auf die sich alle Beobachter einigen können, daher ist sie geeignet, Abstände im Raum mit Abständen in der Zeit zu vergleichen.

Betrachten wir das letztgenannte Beispiel. Ein Astronaut fliegt mit 80 Prozent der Lichtgeschwindigkeit an mir vorbei. Er sendet Lichtsignale ins hintere und vordere Ende seiner Rakete, wo sie von Spiegeln reflektiert und zu ihm zurückgeworfen werden. Wenn er die Signale abschickt und empfängt, sind das für mich zwei Ereignisse, die durch vierzig Fuß im Raum und fünfzig

Nanosekunden in der Zeit getrennt sind. Der Astronaut hingegen, der sich seiner eigenen Wahrnehmung nach in Ruhe befindet, sieht die beiden Ereignisse nur durch null Fuß im Raum und dreißig auf seinen Uhren gemessene Nanosekunden in der Zeit getrennt. Wir können uns über den Abstand der Ereignisse weder im Raum noch in der Zeit einigen.

Dagegen können wir Einigung erzielen über das Quadrat des räumlichen Abstands *minus* das Quadrat des zeitlichen Abstands. Wenn ich vom Quadrat des räumlichen Abstands, den ich (in Fuß) messe, das Quadrat des zeitlichen Abstands abziehe, den ich (in Nanosekunden) messe, erhalte ich $40^2 - 50^2 = 1600 - 2500 = -900$. Wenn er das Quadrat des Abstands ermittelt, den er im Raum misst (in Fuß), und davon das Quadrat des Abstands abzieht, das er in der Zeit misst (in Nanosekunden), ergibt sich für ihn $0^2 - 30^2 = -900$.

Wir erhalten beide die gleiche Antwort. Dass der Wert negativ ist, zeigt uns an, dass wir es mit einem so genannten *zeitartigen Abstand* zu tun haben: Diese Ereignisse haben einen größeren Abstand in der Zeit als im Raum, wodurch das Ergebnis negativ wird. Ist der Wert positiv, sprechen wir von einem *raumartigen Abstand* der beiden Ereignisse. Solche Ereignisse sind im Raum durch einen größeren Abstand getrennt als in der Zeit. Und wenn diese Größe null ist, sprechen wir von einem *lichtartigen Abstand* der beiden Ereignisse: Es handelt sich um zwei Ereignisse, die auf ein und demselben Lichtstrahl liegen könnten. Der Astronaut und ich würden uns einig sein, dass zwei derartige Ereignisse in Raum und Zeit den gleichen Abstand haben. Vielleicht sind wir uns nicht darüber einig, wie viel Fuß und Nanosekunden sie trennen (er sagt vielleicht fünf und ich fünfzehn), aber wir sind uns einig, dass die beiden Zahlen gleich sind. Denn nach Einsteins zweitem Postulat müssen wir beide beobachten, dass der Lichtstrahl, der die beiden Ereignisse verbindet, mit einer Geschwindigkeit von einem Fuß pro Nanosekunde vorankommt. Alle Beobachter sind sich einig über den Wert von «Quadrat des räumlichen Abstands minus das Quadrat des zeitlichen Abstands», Voraussetzung für ihre Einigung darüber, dass die Lichtgeschwindigkeit in den genannten Einheiten eins ist, gleichgültig, wie sich ihre Messlatten und Uhren unterscheiden. Das Minuszeichen gibt uns die Gewissheit, dass sich alle Beobachter über die Lichtgeschwindigkeit einigen.

Nehmen wir an, Sie werden auf Alpha Centauri, einem Stern, der vier Lichtjahre entfernt ist, in fünf Jahren zu einer Party eingeladen. Sie können mit einer Rakete dorthin reisen, die 80 Prozent der Lichtgeschwindigkeit entwickelt. Alle Beobachter wären sich einig, dass die Party in der «Zukunft» Ihres jetzigen raumzeitlichen Aufenthaltsortes liegt. Die Party ist von Ihrem «Jetzt-Ich» durch einen Abstand von vier Lichtjahren im Raum und fünf Jahren in der Zeit getrennt. Wir wählen also Lichtjahre und Jahre als unsere Einheiten und ziehen vom Quadrat des räumlichen Abstands das Quadrat des zeitlichen Abstands ab: $4^2 - 5^2 = 16 - 25 = -9$. Die Party hat einen zeitartigen Abstand von Ihrem Jetzt-Ich. Zwei derartige Ereignisse können durch die Bahn eines Raumschiffs verbunden sein, das von dem einen zum anderen fliegt.

Doch ein Galaabend, der in drei Jahren auf Alpha Centauri stattfindet, ist ein Ereignis, an dem Sie nicht teilnehmen können, weil Sie sich nicht schneller als das Licht bewegen können. Dieses Ereignis hat einen raumartigen Abstand von Ihrem Jetzt-Ich (es liegt in Ihrer Gegenwart). Das Quadrat des räumlichen Abstands minus das Quadrat des zeitlichen Abstands ist positiv: $4^2 - 3^2 = 16 - 9 = 7$. Ein Beobachter, der mit 75 Prozent der Lichtgeschwindigkeit in Richtung Alpha Centauri unterwegs wäre, würde versichern, dass Ihr Jetzt-Ich auf der Erde und der Galaabend auf Alpha Centauri gleichzeitige Ereignisse seien. Der Beobachter wäre nicht überrascht, dass Sie das Ereignis nicht besuchen können. Wie sollten Sie auch? Für ihn finden beide Ereignisse gleichzeitig statt.

Nehmen wir nun eine Feier, die vor sechs Jahren auf Alpha Centauri stattgefunden hat. Dieses Ereignis liegt in Ihrer «Vergangenheit». Ein Astronaut könnte an dieser Feier teilgenommen haben und jetzt hier sein. Er könnte mit zwei Dritteln der Lichtgeschwindigkeit angereist sein. (Die Feier und Ihr Jetzt-Ich weisen einen zeitartigen Abstand auf, daher kann der Astronaut Ihr Jetzt-Ich aufsuchen, nachdem er an der Feier teilgenommen hat. Die Feier liegt also in der «Vergangenheit» des Ortes, an dem Sie sich jetzt befinden.) Folglich können Sie unser vierdimensionales Universum in drei Regionen unterteilen – die Vergangenheit, die Gegenwart und die Zukunft.

Das lässt sich in einem 3-D-Diagramm darstellen, indem wir zwei Dimensionen des Raums waagerecht abbilden und die Dimension der Zeit senkrecht, wobei die Richtung der Zukunft nach oben und die der Vergangenheit nach unten weist (vgl. Abb. 5, s. S. 74). Wir nehmen die Sonne als ruhend wahr, daher geben wir die Bahn der Sonne durch die Raumzeit aus unserem Blickwinkel als senkrechte Weltlinie wieder. Der Stern Alpha Centauri ist eine andere senkrechte Weltlinie, vier Lichtjahre entfernt. Das Diagramm zeigt Lichtwellen, die Sie – sagen wir, zum Zweck der Erläuterung – im Jahr 2001 ausgesandt haben und die sich in die Zukunft bewegen, wo sie Ihren so genannten *Vorwärtslichtkegel* bilden. Wie Stephen Hawking gesagt hat, breiten sich diese Lichtwellen mit einer Geschwindigkeit von einem Lichtjahr pro Jahr wie kreisförmige Wellen auf einem Teich aus. Wenn wir wissen möchten, wie das Universum zu einem gegebenen Zeitpunkt aussieht, nehmen wir einfach eine waagerechte Scheibe aus unserem 3-D-Diagramm heraus und betrachten sie. Eine waagerechte Scheibe durchschneidet den Vorwärtslichtkegel kreisförmig. In einem gegebenen Moment bilden die ausgesandten Lichtwellen einen Kreis mit Ihnen als Mittelpunkt. Legen Sie den waagerechten Schnitt später, und der Kreis ist größer. Je weiter Sie nach oben gehen, desto größer wird der Durchmesser des Lichtkegels. Da sich das Licht bei jeder Einheit aufwärts in der Zeit (einem Jahr) um eine Einheit waagerecht nach außen bewegt (ein Lichtjahr), hat der Kegel in dem Diagramm einen Winkel von 45 Grad.

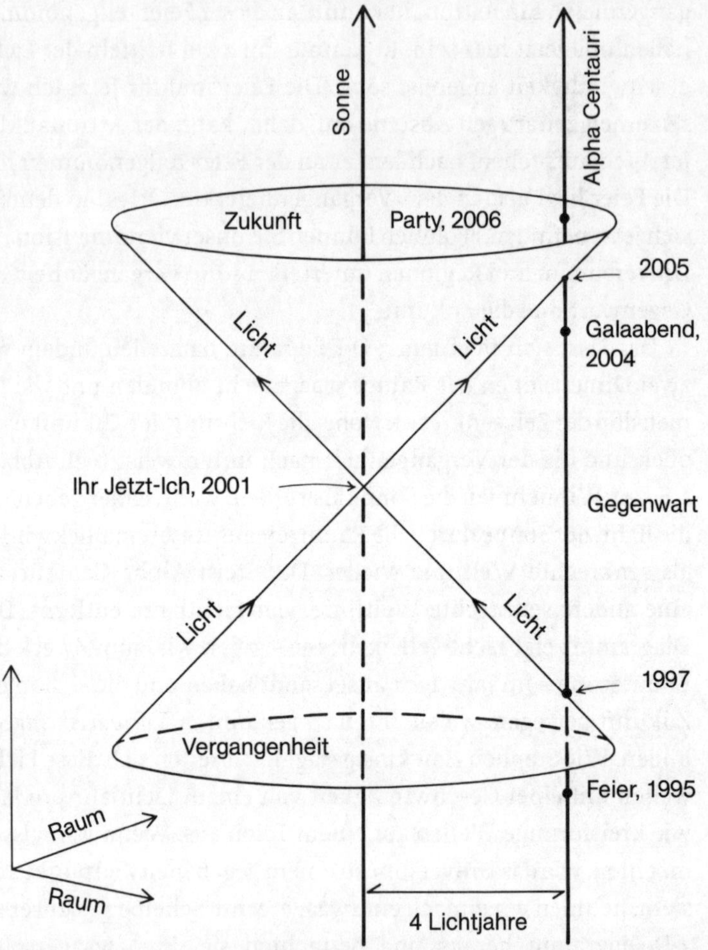

Abb. 5: Rückwärts- und Vorwärtslichtkegel

Die Weltlinie von Alpha Centauri durchbohrt diesen Lichtkegel (im Jahr 2005). An jedes Ereignis, das auf dem Vorwärtslichtkegel liegt, können Sie ein Signal schicken. Die Party auf Alpha Centauri, die von 2001 aus gesehen in fünf Jahren stattfinden soll, also 2006, befindet sich innerhalb des Vorwärtslichtkegels. Das Ereignis liegt in Ihrer Zukunft. An Ereignissen innerhalb Ihres Vorwärtslichtkegels können Sie teilnehmen.

Außerdem ist der *Rückwärtslichtkegel* abgebildet, ein schrumpfender Kegel, der auf Ihr Jetzt-Ich zuläuft. Der Rückwärtslichtkegel schneidet die Weltlinie von Alpha Centauri vier Jahre zurück – in diesem Fall 1997. Lichtstrahlen, die 1997 von Alpha Centauri ausgesandt wurden, treffen hier im Jahr 2001 ein. Wenn Sie jetzt Alpha Centauri betrachten, erblicken Sie den Stern, wie er vor vier Jahren war. Je weiter Sie ins All schauen, desto weiter blicken Sie in der Zeit zurück. Das Bild des Universums, das sich Ihnen bietet, ist der Rückwärtslichtkegel. Alles innerhalb dieses Rückwärtslichtkegels ist jetzt Ihre «Vergangenheit»; sie umfasst alle Ereignisse, an denen Sie hätten teilnehmen können (in diesem Fall beispielsweise die Feier auf Alpha Centauri im Jahr 1995 – ihr Besuch hätte Ihnen genug Zeit gelassen, Ihren gegenwärtigen Aufenthaltsort auf der Erde im Jahr 2001 zu erreichen). Da die Lichtgeschwindigkeit im leeren Raum das absolute Tempolimit im Universum ist, kann kein Ereignis *außerhalb* des Rückwärtslichtkegels irgendeinen Einfluss auf Sie haben. Zwischen dem Vorwärtslichtkegel und dem Rückwärtslichtkegel liegt die «Gegenwart». Sie enthält die Ereignisse, die ein Astronaut in einem hinreichend schnellen Raumschiff für gleichzeitig mit Ihrem Jetzt-Ich halten könnte. Dieser Galaabend auf Alpha Centauri im Jahr 2004 befindet sich in Ihrer «Gegenwart». Obwohl Sie, der Sie sich im Jahr 2001 auf der Erde aufhalten, denken, das Ereignis werde erst noch stattfinden, haben andere Beobachter den Eindruck, es finde gleichzeitig mit Ihrem Jetzt-Ich statt, während wieder andere Beobachter (in noch schnelleren Raketen) der Meinung sind, es habe vor Ihrem Jetzt-Ich stattgefunden. Dieser Galaabend liegt also in Ihrer «Gegenwart». Halten wir fest, dass die «Zukunft» und die «Vergangenheit» – wie das Ober- und Unterteil einer Sanduhr – zwei separate Stücke sind, die sich nur in einem einzigen Ereignis berühren – Ihrem «Jetzt-Ich». Die Gegenwartskreise, die diese beiden Kegel umgeben, bestehen aus einem einzigen zusammenhängenden Stück. Alle Beobachter sind sich darüber einig, welche Ereignisse sich in welcher Region befinden (der Vergangenheit, der Gegenwart und der Zukunft des Ereignisses, das Ihr Jetzt-Ich darstellt), weil alle Beobachter das Licht mit der gleichen Geschwindigkeit vorankommen sehen. Alle Beobachter sind sich auch darüber einig, auf welcher Seite jedes Lichtkegels ein gegebenes Ereignis liegt.

Da Sie sich nicht schneller als das Licht fortbewegen können, muss Ihre künftige Weltlinie ganz und gar im Vorwärtslichtkegel liegen. Ihre Weltlinie kann gegenüber der Senkrechten keinen Winkel bilden, der mehr als 45 Grad beträgt, denn das würde bedeuten, dass Sie schneller als das Licht vorankommen. Ihre Weltlinie muss sich also wie die spiralförmige Weltlinie in Abb. 1 stets in Richtung Zukunft bewegen. Das hindert Sie daran, in die Vergangenheit zurückzureisen wie der Zeitreisende in Abb. 2. Jede Weltlinie, die einen solchen Kreis in der Raumzeit beschreibt, muss irgendwann einen Winkel mit der Senkrechten bilden, der größer als 45 Grad ist. Zeitreisen in die Vergangenheit setzen also voraus, dass an irgendeinem Punkt die Lichtgeschwindigkeit überschritten wurde, was nach der speziellen Relativitätstheorie nicht zulässig ist. (Im Zusammenhang mit Zeitreisen in die Vergangenheit werden wir später erörtern, wie wir diese scheinbar unüberwindliche Schwierigkeit umgehen können.)

FLÄCHENLAND UND LINIENLAND

Dass wir drei Dimensionen des Raums und eine Dimension der Zeit haben, ist schon für sich genommen ein interessanter Umstand. Beispielsweise könnten wir auch ein Universum mit nur zwei räumlichen und einer zeitlichen Dimension haben. Das wäre die Welt von Flächenland, wie sie Edwin Abbot in einem wundervollen Buch aus dem Jahr 1880 beschreibt und wie sie A. Dewdney in seinem Buch *Planiversum* aktualisiert. Geschöpfe, die in Flächenland leben, könnten sich nur in zwei räumlichen Dimensionen bewegen, «rauf–runter» und «links–rechts». Das Leben wäre für die Flächenländler etwas anders als für uns. Ein Flächenländler könnte einen Mund und einen Magen haben – aber keinen Verdauungskanal, der ganz durch seinen Körper führt, denn dann würde dieser in zwei Teile zerfallen (vgl. Abb. 6). Flächenländler müssten ihre Nahrung verdauen und sich dann erbrechen, eine Besonderheit, auf die Hawking in seinem Buch *Eine kurze Geschichte der Zeit* hinweist. Ein Flächenländler könnte mit einem kreisförmigen Auge sehen, das an der Rückseite eine Netzhaut hätte. Er könnte eine Zeitung lesen, die aus einer Linie bestünde und mit den Punkten und Strichen eines Morsecodes bedruckt wäre. Auch ein Haus mit Tür und Fenster könnte er haben, sogar einen Swimmingpool im Garten. Allerdings müsste er über das Dach seines Hauses klettern, um in den Garten zu gelangen. Und er müsste sich rückwärts in sein Bett fallen lassen. Das Leben in einem Universum mit zwei räumlichen und einer zeitlichen Dimension wäre eingeschränkter als in unserem.

Eine Welt mit nur einer Dimension des Raums und einer Dimension der Zeit – Linienland – wäre noch einfacher. Geschöpfe in Linienland wären Abschnitte auf Linien (vgl. Abb. 6 unten; um sie sichtbar zu machen, sind diese Linienländer dicker als die Linie gezeichnet; tatsächlich haben sie und die Linie beide die Dicke null). Es könnte einen König und eine Königin von Linienland geben. Nehmen wir an, der König befände sich rechts von der

Königin. Rechts vom König könnte ein Prinz und links von der Königin eine Prinzessin sein. Wäre die Königin links von Ihnen, würde sie immer links bleiben – sie käme nie an Ihnen vorbei auf Ihre rechte Seite. In Linienland wären links und rechts eine absolute Trennung, genau wie die Trennung zwischen Zukunft und Vergangenheit.

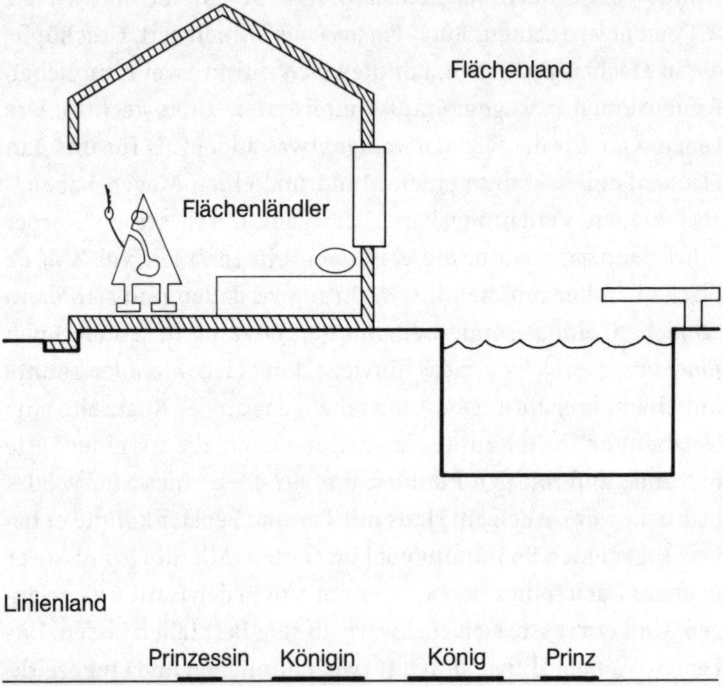

Abb. 6: Flächenland und Linienland

WIE VIELE DIMENSIONEN?

Möglicherweise ist der Grund, dass wir drei Dimensionen des Raums und eine Dimension der Zeit haben, in der Funktionsweise der Gravitation zu finden. Einstein erklärt die Gravitation, indem er zeigt, dass Masse die Raumzeit krümmt. Wenn man Einsteins Gravitationstheorie für Raumzeiten mit verschiedenen Dimensionen verallgemeinert, stellt man fest, dass sich massive Objekte in Flächenland nicht anziehen – es gibt keine Gravitationsanziehung als Fernwirkung (nichts, was das Wasser im Swimmingpool des Flächenländlers halten könnte). Daher könnten sich wohl keine größeren Objekte zusammenfügen und keine intelligenten Lebewesen entwickeln. (Natürlich dürfte auch in Linienland intelligentes Leben unmöglich sein.) Doch bei drei Dimensionen des Raums und einer der Zeit haben Planeten stabile Bahnen um ihre Sonnen. Hätten wir mehr als drei Dimensionen des Raums und trotzdem nur eine der Zeit, wären die Bahnen der Planeten um ihre Sterne instabil – womit die Bedingungen für die Entwicklung intelligenten Lebens abermals ungünstig wären.

Nehmen wir an, wir hätten zwei Dimensionen der Zeit. Schließlich berichten uns die alten Mythen der Aborigines von einer zweiten Zeit – der Traumzeit. In diesem Fall wäre das Universum fünfdimensional. Der Wert, auf den sich bewegte Beobachter einigen würden, wäre dann die Summe der Quadrate der Abstände der drei Raumdimensionen *minus* das Quadrat des Abstands in der (gewöhnlichen) Zeit *minus* das Quadrat des Abstands in der Traumzeit. (Auch vor dem Traumzeitterm würde ein Minuszeichen stehen.) Da das Vorzeichen der Terme für Zeit und Traumzeit gleich wären, könnten wir uns in der Zeit-Traumzeit-Ebene drehen, wie wir uns in der waagerechten Ebene drehen können, die von den beiden Dimensionen links–rechts und vorne–hinten gebildet wird. Das würde Zeitreisen in die Vergangenheit enorm erleichtern. Sie könnten ein Ereignis in Ihrer Vergangenheit einfach dadurch aufsuchen, dass Sie sich in die

Traumzeitrichtung bewegten – Ihre Weltlinie eine Kurve rückwärts beschreiben ließen (ohne die Lichtgeschwindigkeit zu überschreiten). Ist die Zeit dagegen eindimensional, dann sind Sie wie eine Ameise auf einer Linie gefangen und können sich nur vorwärts bewegen. Doch bei zwei Zeitdimensionen (Zeit und Traumzeit) könnten Sie auf der Zeit-Traumzeit-Ebene Kurven ausführen und jeden beliebigen Punkt in der Zeit aufsuchen, wie eine Ameise, die sich frei auf einem Blatt Papier bewegen kann. In einer solchen Welt würde die normale Kausalität nicht existieren. Offenkundig leben wir nicht in einer solchen Welt.

Doch halt! Unser Universum könnte mehr Dimensionen besitzen, als wir glauben. 1919 machte Theodor Kaluza eine interessante Entdeckung: Bei der Verallgemeinerung von Einsteins Gravitationstheorie für eine Welt mit vier Dimensionen des Raumes und einer Dimension der Zeit ergab sich Einsteins normale Gravitation *plus* Maxwells elektrodynamische Gleichungen in der durch Einsteins spezielle Relativitätstheorie aktualisierten Form. Der Elektromagnetismus folgte einfach aus der Wirkung der Gravitation in einer zusätzlichen räumlichen Dimension. Doch da wir keine zusätzliche Dimension des Raumes sehen, erschien die Vorstellung absurd. Plausibler wurde sie allerdings durch eine Idee, die der Mathematiker Oskar Klein (nicht zu verwechseln mit Felix Klein, dem Erfinder der Klein'schen Flasche, einer Art dreidimensionalen Version des Möbiusbandes) im Jahre 1926 ausarbeitete: dass die Extradimension aufgewickelt sein könnte, ähnlich dem Umfang eines Trinkhalms.

Ein Strohhalm hat eine zweidimensionale Fläche. Sie können einen solchen Halm herstellen, indem Sie einen senkrechten Papierstreifen ausschneiden und die linke und die rechte Seite so zusammenkleben, dass das Papier einen schmalen Zylinder bildet. Um einen Punkt auf dem Strohhalm zu bestimmen, brauchen Sie zwei Koordinaten: die senkrechte Position in Längsrichtung des Halms und die rechtwinklige Position in Richtung des Umfangs. Lebewesen auf der Oberfläche eines Strohhalms wären

Bewohner eines zweidimensionalen Flächenland-Universums, doch wäre der Umfang des Strohhalms klein genug, würde ihnen ihr Universum wie ein Linienland erscheinen. Nach Kleins Hypothese könnte eine vierte räumliche Dimension wie die kreisförmige Dimension eines Strohhalms aufgewickelt sein, mit einem Umfang, der so klein wäre (8×10^{-31} cm), dass wir ihn nicht bemerken könnten.

In diesem Universum würden positiv geladene Teilchen wie Protonen gegen den Uhrzeigersinn um den Strohhalm kreisen, während negativ geladene Teilchen wie Elektronen im Uhrzeigersinn kreisen würden. Neutrale Teile (Neutronen zum Beispiel) würden sich nicht um den Strohhalm bewegen. Der Wellencharakter von Teilen würde nur ganzzahligen Wellenlängen (1, 2, 3, 4 und so fort) gestatten, den winzigen Umfang zu umwinden, daher müssten Ladungen Vielfache einer fundamentalen Ladung sein, wie sie das Proton und das Elektron besitzen. Die Kaluza-Klein-Theorie vereinheitlichte zwei Kräfte, die Gravitation und den Elektromagnetismus, und erklärte beide durch die gekrümmte Raumzeit – ein Schritt in Richtung Einsteins Ziel, mit einer großen vereinheitlichten Feldtheorie alle Kräfte im Universum zu erklären. Doch die Kaluza-Klein-Theorie lieferte keine neuen Vorhersagen von Effekten, die sich experimentell überprüfen ließen, und führte daher ein physikalisches Mauerblümchendasein.

Vor kurzem hat die Superstringtheorie jedoch die Idee der Zusatzdimensionen zu neuem Leben erweckt. Sie schlägt vor, dass fundamentale Teilchen wie Elektronen oder Quarks tatsächlich winzige Stringschleifen sind, deren Umfänge in der Größenordnung von 10^{-33} Zentimetern liegen. Nach der Superstringtheorie (oder M-Theorie, wie sie manchmal auch genannt wird) hat unser Universum in Wirklichkeit elf Dimensionen – eine makroskopische Dimension der Zeit, drei makroskopische Dimensionen des Raums und sieben aufgewickelte Dimensionen des Raums, sie alle mit einem Umfang in der Größenordnung von 10^{-33} Zentimetern. Eine der Extradimensionen könnte, wie die Kaluza-

Klein-Theorie behauptet, die Elektrodynamik erklären, während die anderen für die schwache und die starke Wechselwirkung zuständig wären, die für den radioaktiven Zerfall beziehungsweise den Zusammenhalt des Atomkerns sorgen. Die genaue Form dieses Raums, ob eine höherdimensionale Kugel oder ein Donut oder eine Brezel, würde den Charakter der von uns beobachteten Teilchenphysik bestimmen.

Im sehr frühen Universum könnten auch die uns vertrauten drei Dimensionen des Raums mikroskopisch gewesen sein. Seither, so die Theorie, haben sie sich erheblich ausgedehnt und tun das auch heute noch, was die beobachtete Expansion des Universums erklärt. Warum sind nur drei Dimensionen expandiert, während die anderen aufgewickelt und winzig blieben? Wie Brian Greene in seinem Buch *Das elegante Universum* aus dem Jahr 1999 erläutert, haben die Physiker Robert Brandenberger von der Brown University und Cumrun Vafa von der Harvard University die These vorgeschlagen, die aufgewickelten Dimensionen seien winzig geblieben, weil sie mit Stringschleifen umwickelt seien wie ein Strohhalm von Gummibändern. Brandenberger und Vafa haben Szenarien entwickelt, in denen Kollisionen zwischen Stringschleifen dazu führen, dass sich drei räumliche Dimensionen entfalten, sodass sie zu makroskopischer Größe expandieren können. Wenn weniger oder mehr als drei räumliche Dimensionen expandieren würden, könnten diese Linienland, Flächenland oder auch ein makroskopisches Universum mit vier bis zehn räumlichen Dimensionen hervorbringen – Universen, die alle unterschiedlichen Gesetzen der mikroskopischen Physik gehorchen würden.

In einer solchen Sammlung von Universen können wir erwarten, uns in einem Universum zu befinden, in dem sich intelligentes Leben entwickeln kann – genauso, wie wir uns auf einem bewohnbaren Planeten befinden, während doch viele Planeten nicht bewohnbar sind. Dieses Argument, das so genannte *starke anthropische Prinzip*, wurde von dem englischen Physiker Brandon

Carter vorgeschlagen und ist selbstkonsistent. Da Sie ein intelligenter Beobachter sind, müssen die physikalischen Gesetze zumindest in Ihrem Universum zulassen, dass sich intelligente Beobachter entwickeln können. Für uns als intelligente Beobachter ergibt sich ganz selbstverständlich, dass wir uns in einem Universum mit drei makroskopischen Dimensionen des Raums befinden, obwohl es irgendwo dort draußen vielleicht Linienland, Flächenland oder Mehrdimensionenland gibt.

Man erörtert sogar, ob eine der aufgewickelten Dimensionen, die von der Superstringtheorie vorgeschlagen werden, zeitartig sein könnte – wie die Traumzeit. Was hätte es mit einer aufgewickelten zeitlichen Dimension auf sich? Folgten Sie der Traumzeitdimension, würden Sie immer wieder zu dem Zeitpunkt zurückkehren, an dem Sie begonnen haben, wie die Person, die Bill Murray in dem Film *Und täglich grüßt das Murmeltier* verkörpert, ein Fernsehjournalist, der den gleichen Tag immer wieder durchlebt. Die Zeit-Traumzeit-Fläche würde einem Strohhalm gleichen, bei dem die normale Zeit in Längsrichtung verläuft, während die Traumzeit ihn umkreist. Der Traumzeitumfang betrüge rund 5×10^{-44} Sekunden. Wie eine Ameise, die einen Strohhalm entlangkriecht, eine Kehrtwendung vollziehen kann, indem sie in der engen Dimension des Strohhalms diese Wendung vornimmt, könnte ein Elementarteilchen eine Kehrtwendung in der gewöhnlichen Zeit vollziehen, um sich rückwärts in Richtung Vergangenheit zu bewegen, indem es sich für die Wendung die Traumzeitrichtung zunutze machte. Tatsächlich könnte man, wie ich später darlegen werde, ein Positron als ein Elektron interpretieren, das sich in der Zeit zurückbewegt. Das ist vermutlich der Mechanismus, mit dessen Hilfe in dem Film *Frequency* aus dem Jahr 2000 ein Sohn Signale – hier Photonen von Radiowellen – in die Vergangenheit schickt, um seinen Vater zu retten (der Physiker Brian Greene hat in diesem Film sogar eine kleine Rolle übernommen, in der er den physikalischen Hintergrund erklärt). Es sei jedoch darauf hingewiesen, dass die Idee, eine der aufgewickelten Zusatzdimensionen könnte zeitartig sein (wie die Traumzeit), nicht zur Standardtheorie gehört.

In ihrer Standardformulierung geht die Superstringtheorie davon aus, dass es möglicherweise verschiedene Universen mit verschiedenen Zahlen von makroskopischen räumlichen Dimensionen (bis zu zehn) gibt, legt aber fest, dass immer nur eine Dimension der Zeit existiert. Das ist die einzige Dimension, die ein besonderes Erkennungszeichen hat – das Minuszeichen. Die Zeit nimmt also im Rahmen der physikalischen Gesetze eine Sonderstellung ein, und zwar eine, wie Einstein zeigte, besonders paradoxe Stellung.

DAS ZWILLINGSPARADOX

Der kürzeste Abstand zwischen zwei Punkten im Raum ist eine gerade Linie. Wenn Sie auf dem Weg zu einer Party einen Umweg machen, um vorher noch einen Freund zu besuchen, zeigt der Kilometerzähler Ihres Autos mehr an, als wenn Sie direkt zur Party gefahren wären. Doch infolge des Minuszeichens, das mit der zeitlichen Dimension assoziiert ist, ergibt sich eine andere Situation, wenn Sie zwischen zwei Ereignissen reisen, die in der Zeit getrennt sind. Wenn Sie auf der Erde zu einer Party eingeladen sind, die in zehn Jahren stattfindet, ist der direkteste Weg zu ihr – nämlich einfach auf der Erde zu bleiben und zu warten – derjenige, der das meiste Ticken auf Ihrer Uhr verursacht, das Ticken, das zehn Jahren entspricht. Wenn Sie sich jedoch entschließen, einen Umweg zu machen und Alpha Centauri aufzusuchen, um anschließend wieder rechtzeitig zur Erde zurückzukehren, dann bewegen Sie Ihre Lichtuhr hin und zurück (hinaus zu Alpha Centauri und zurück). Auf diese Weise dehnen Sie die Entfernung, die die Lichtstrahlen der Uhr zurücklegen müssen, und bewirken, dass sie weniger tickt. Da Zeit und Raum entgegengesetzte Vorzeichen haben, bedeutet die zusätzliche Entfernung, die Sie auf dem

Weg zu der Party zurückgelegt haben, dass weniger Zeit auf Ihrer Uhr verstrichen ist. Sie sind weniger gealtert. Das führt zu dem berühmten «Zwillingsparadox», das der Schlüssel zu Zeitreisen in die Zukunft ist.

Nehmen wir an, es gibt zwei Zwillingsschwestern – Eartha und Astra. Eartha bleibt auf der Erde. Astra fliegt in einer Rakete mit 80 Prozent der Lichtgeschwindigkeit zu Alpha Centauri. Da Alpha Centauri vier Lichtjahre entfernt ist, braucht Astra für ihre Reise fünf Erdjahre. Eartha sieht Astras Uhr langsam ticken – mit nur 60 Prozent der Ganggeschwindigkeit, mit der ihre Uhr tickt, daher altert Astra nur drei Jahre während der Reise. Als Astra Alpha Centauri erreicht, dreht sie um und kehrt wieder mit 80 Prozent der Lichtgeschwindigkeit zur Erde zurück, wie Messungen auf der Erde zeigen. Auch die Rückreise dauert fünf Erdenjahre, daher ist Eartha zehn Jahre älter, als Astra wieder auf ihrem Heimatplaneten eintrifft. Während der Rückreise sieht Eartha Astras Uhr wieder mit 60 Prozent der Ganggeschwindigkeit ihrer eigenen Uhr ticken, daher altert Astra in Earthas Augen während der Rückkehr abermals um drei Jahre. Bei ihrer Ankunft auf der Erde ist Astra also sechs Jahre, Eartha dagegen zehn Jahre älter. Astra hat eine Zeitreise hinter sich, sie hat sich vier Jahre in die Zukunft begeben.

Daraus ergibt sich folgendes Paradox: Astra kann die Meinung vertreten, nach ihren Beobachtungen habe sich Eartha mit 80 Prozent der Lichtgeschwindigkeit bewegt und nicht sie selbst, daher sei zu erwarten, dass Eartha die Jüngere sei, wenn sie sich wieder begegneten.

Das Argument hat allerdings einen Fehler: Die beiden Schwestern haben keine äquivalenten Erfahrungen hinter sich. Eartha, die auf der Erde bleibt, ist eine Beobachterin, die sich mit konstanter Geschwindigkeit ohne Richtungsänderung bewegt. (Dabei vernachlässige ich die winzige Geschwindigkeit der Erde um die Sonne.) Eartha ist daher eine Beobachterin, die Einsteins erstes Postulat erfüllt. Doch Astra ist keine Beobachterin, die sich mit konstanter Geschwindigkeit ohne Richtungsänderung bewegt. Sie ändert die Richtung. Um nach Erreichen von Alpha Centauri umzukehren, muss sie von 80 Prozent der Lichtgeschwindigkeit auf eine Geschwindigkeit von null abbremsen und dann wieder auf 80 Prozent der Lichtgeschwindigkeit in entgegengesetzter Richtung beschleunigen. Astras Weltlinie krümmt sich, während Earthas gerade bleibt. Astra, eine Beobachterin, die Beschleunigung und Abbremsung erfährt, kann Einsteins erstes Postulat nicht erfüllen. Wenn Astra vor Alpha Centauri ihr Raumschiff zum Stillstand bringt und seine Richtung umkehrt, fliegen all ihre Habseligkeiten, die sie nicht festgezurrt hat, an die von der Erde abgewandte Raumschiffwand. Ihr Hab und Gut geht kaputt. (Tatsächlich sind die Beschleunigungskräfte so stark, dass sie selbst getötet werden könnte – doch wir nehmen der Einfachheit halber an, sie sei so stabil gebaut, dass sie die Belastung wohlbehalten übersteht.) Astra würde also wissen, dass sie gewendet hat.

Als Astra sich mit 80 Prozent der Lichtgeschwindigkeit bewegte, bevor sie das Raumschiff wendete, konnte sie von sich selbst annehmen, sie sei in Ruhe. Sie hätte dann Earthas Uhr tatsächlich langsamer ticken sehen als ihre eigene. Bei ihrer Ankunft auf Alpha Centauri ist sie drei Jahre älter, denkt aber, Eartha unten auf Erde sei nur um 1,8 Jahre gealtert. Astra meint, ihre Ankunft auf Alpha Centauri und Earthas Alterung um 1,8 Jahre auf der Erde seien gleichzeitige Ereignisse, die mittels eines diagonalen «Baguetteschnitts» durch die Raumzeit verbunden seien. Dieser Schnitt ist schräg, weil Astra sich bewegt (wie in Abb. 4, wo die Linie *15 ns AZ*, Astronautenzeit, schräg ist, weil sich der Astronaut bewegt). Erinnern wir uns, Eartha und Astra würden sich nicht einig sein, ob Lichtstrahlen, die Astra emittiert, gleichzeitig am vorderen und hinteren Ende ihrer Rakete ankommen. Genauso uneins müssten sie sich sein, ob Ereignisse, die durch größere Abstände getrennt sind, gleichzeitig sind. Unmittelbar bevor Astra zu Alpha Centauri gelangt, würden sie und Eartha beide denken, die jeweils andere sei weniger gealtert.

Doch nun kehrt Astra ihre Bewegungsrichtung um und beginnt, die Raumzeit mit einer anderen Neigung zu schneiden. Während sie sich mit 80 Prozent der Lichtgeschwindigkeit *in Richtung* der Erde bewegt, glaubt sie, ihr Aufbruch von Alpha Centauri finde zu einem Zeitpunkt statt, da Eartha auf der Erde durch 8,2 Jahre von dem Start getrennt ist. Auf der Rückreise, wieder mit konstanter Geschwindigkeit, hätte Astra den Eindruck, dass Eartha nur um 1,8 weitere Jahre altert, von 8,2 Jahre nach dem Start bis zehn Jahre nach dem Start. Während dieses Zeitraums altert Astra wieder um drei Jahre, sodass sie insgesamt sechs Jahre älter ist, als sie auf die Erde zurückkehrt. Es gibt kein Paradox. Astras Vorstellung von den Ereignissen, die gleichzeitig auf der Erde vor sich gehen, verändert sich radikal, als sie bei Alpha Centauri eine Kehrtwendung vollzieht. Astra beschleunigt – Eartha nicht. Astra wendet – Eartha nicht.

Die Zwillingsschwester, die ihre Richtung ändert – also beschleunigen muss –, ist diejenige, die weniger Ticks auf ihrer Uhr verzeichnet. In unserem Fall ist der direkte Weg – derjenige, den Eartha einschlägt – der bequemere. Die Zwillingsschwester, die sich reisend betätigt, altert weniger. Es ist wie im Sprichwort: «Sich regen bringt Segen.» Astras Lichtuhr bewegt sich vor und zurück und dehnt die Entfernung, die die Lichtstrahlen durchmessen müssen, sodass die Uhr langsamer tickt.

Die spezielle Relativitätstheorie hat viele Konsequenzen, die auf den ersten Blick paradox erscheinen, doch bei näherem Hinschauen zeigt sich, dass sich alle diese Paradoxa auflösen lassen. Als sich die Schwestern wieder treffen, sind sich beide einig, dass Astra weniger gealtert ist. Einsteins Universum ist nicht immer das Universum, das sich der gesunde Menschenverstand ausmalt – aber es ist das Universum, in dem wir leben.

Das Zwillingsparadox ermöglicht uns, in die Zukunft zu reisen.

EINE ZEITMASCHINE FÜR STUBENHOCKER

In H. G. Wells' *Zeitmaschine* bestieg der Zeitreisende keine Rakete, um mit aufheulenden Triebwerken davonzurasen. Er reiste in die Zukunft, indem er sich einfach zu Hause in seine Zeitmaschine setzte. Auch eine solche Zeitmaschine ist möglich. Zerlegen Sie einfach den Planeten Jupiter und konstruieren Sie mit seinem Material eine unglaublich dichte Schale, eine kugelförmige Kapsel, um sich herum, deren Durchmesser nur ein wenig größer als der kritische Durchmesser ist, der erforderlich ist, damit die Masse zu einem Schwarzen Loch in sich zusammenstürzt (bei der Masse Jupiters sind das etwas mehr als 5,64 Meter, geräumig genug für Sie, um darin Platz zu finden). Interessanterweise hat Newton gezeigt, dass eine kugelförmige Materieschale im Inneren keine Gravitationseffekte hervorruft, ein Ergebnis, das auch in Einsteins Gravitationstheorie gilt. Sie wären von den Masseelementen der Kapsel vollkommen umgeben, und die Kräfte, die diese auf Sie ausübten, würden in alle Richtungen wirken und sich daher vollkommen aufheben, sodass der Gesamteffekt gleich null wäre. Also auch wenn die sphärische Kapsel außerordentlich massereich wäre, würden Sie keinerlei Gravitationskräfte spüren, sobald Sie sich in ihrem Inneren befänden. Allerdings würden Sie draußen in unmittelbarer Nähe der Kapsel von ihren Gezeitenkräften zerrissen werden. Nach Einsteins Gravitationstheorie werden Gezeitenkräfte durch eine Krümmung, eine Verzerrung, der Raumzeit hervorgerufen. Außerhalb der Zeitmaschine wäre die Raumzeit extrem gekrümmt, doch im Inneren, wo keine Kräfte wirken, wäre sie flach (vgl. Abb. 7; in diesem Diagramm bilden wir nur zwei [gekrümmte] räumliche Dimensionen ab statt drei, daher ist die kugelförmige Kapsel, die Sie umgibt, als Kreis dargestellt). Um in Ihre Zeitmaschine zu gelangen, ohne getötet zu werden, müssen Sie langsam eine sehr große kugelförmige Kapsel um sich herum bauen, etwa von der Größe Jupiters, damit die auf Sie einwirkenden Gezeitenkräfte während der Bauphase möglichst gering sind. Nach dem Bau lassen Sie entsprechende Kräfte auf die Kapsel einwirken, sodass sie sich langsam um Sie herum zusammenzieht.

Wie stellt es diese Maschine an, Sie in die Zukunft zu entführen? Einstein hat 1905 gezeigt, dass Photonen (Lichtteilchen) Energien besitzen, die sich umgekehrt proportional zur Wellenlänge der Photonen verhalten: kurzwellige Photonen (Röntgenstrahlen beispielsweise) sind sehr energiereich, während langwellige Photonen (etwa Radiowellen) nur wenig Energie besitzen. Im Inneren Ihrer Kapsel sind Sie wie ein Kind, das auf dem Grund eines tiefen Topfes sitzt (schauen Sie sich noch einmal Abb. 7 an). Stellen Sie sich vor, Sie legen einen schweren Metallring auf ein elastisches Gummituch. Er würde das Gummituch herunterdrücken, bis es aussähe wie in Abb. 7. Ameisen könnten auf der flachen Gummifläche im Inneren des Rings spielen, aber wenn sie ihren Spielplatz verlassen wollten, müssten sie Energie aufwenden, um über die gekrümmte Gummifläche nach draußen zu klettern. Entsprechend sind Sie sicher und geborgen am Grund Ihres «Gravitationstopfes», doch hinaus und davonzukriechen, bis Sie eine größere Entfernung zur Kapsel zurückgelegt hätten, würde Sie eine Menge Energie kosten, weil Sie auf der ganzen Strecke gegen die Gravitationanziehung der Kapsel kämpfen müssten.

Wenn Sie im Inneren Ihrer Kapsel ein Photon aussenden und es durch ein Fenster entweicht, verliert es Energie, während es aus dem Gravitationstopf klettert. Entfernte Beobachter sehen, dass das Photon weniger Energie besitzt und daher, wie Einstein in seinem Aufsatz aus dem Jahr 1905 dargelegt hat, eine größere Wellenlänge aufweist. Das Photon ist *rotverschoben* – zum roten, langwelligen Ende des Spektrums gerückt. Nehmen Sie an, Sie stellen eine elektrische Uhr her, deren Schaltkreis eine Milliarde Male pro Sekunde schwingt. Der erzeugt eine elektromagnetische Welle mit einer Frequenz von einer Milliarde Schwingungen pro Sekunde. Da diese Welle sich mit einer Geschwindigkeit

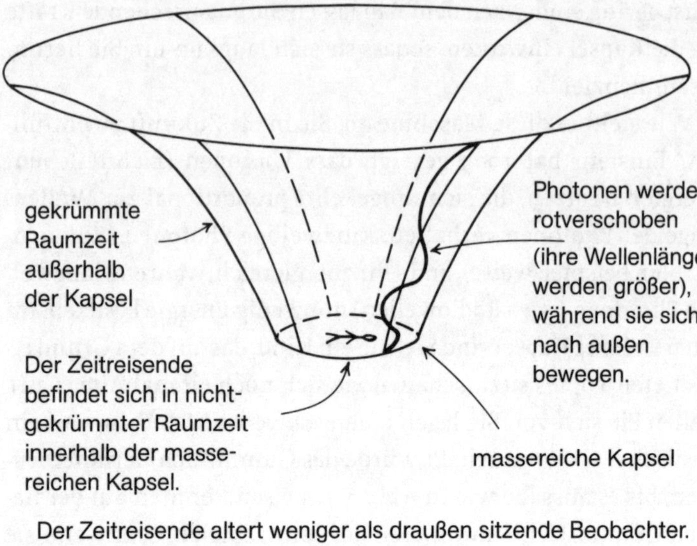

Abb. 7: Zeitmaschine zur Reise in die Zukunft

von einem Fuß pro Nanosekunde ausbreitet, hat sie eine Wellenlänge von einem Fuß. Jede weitere Wellenlänge, die die Uhr emittiert, bedeutete ein weiteres Ticken der Uhr, die einmal pro Nanosekunde tickt. Doch wenn diese elektromagnetische Welle sich nach außen bewegt, muss sie gegen die Gravitationskraft aus dem Gravitationstopf klettern, den die kugelförmige Kapsel hervorruft. Diese Kletterpartie kostet Energie; daher muss jedes Photon oder elektromagnetische Energiepaket auf dem Weg nach draußen Energie verlieren. Wenn die sphärische Kapsel einen Durchmesser besitzt, der nur 6,67 Prozent größer ist als erforderlich, um ein Schwarzes Loch zu bilden (in diesem Fall sechs Meter), dann verliert jedes Photon drei Viertel seiner Energie, während es sich nach außen bewegt. Ferne Beobachter könnten feststellen, dass jedes Photon nur ein Viertel der Energie besäße, die es hatte, als es emittiert wurde. Ein Photon, das nur noch ein Viertel seiner ursprünglichen Energie aufwiese, hätte eine viermal so große Wellenlänge. Daraus folgt, dass ferne Beobachter

Photonen vorbeikommen sähen, die eine Wellenlänge von vier Fuß hätten. Da diese Photonen sie mit Lichtgeschwindigkeit passieren würden, das heißt mit einem Fuß pro Nanosekunde, brauchte eine Wellenlänge vier Nanosekunden, um vorbeizustreichen. Die fernen Beobachter würden elektromagnetische Wellen entdecken, die alle vier Nanosekunden einmal schwingen würden. Folglich würde für sie die Uhr des Zeitreisenden alle vier Nanosekunden einmal ticken – oder viermal so langsam, wie es der Zeitreisende wahrnähme. Daher würden sie ihn auch viermal so langsam wie normal altern sehen. Nachdem sie den Zeitreisenden 200 Jahre lang beobachtet hätten, hätten sie ihn nur um 50 Jahre altern sehen.

Was würde der Zeitreisende beobachten? Photonen, die von fernen Beobachtern emittiert worden wären, fielen auf seine Kapsel. Im Fallen würden sie an Energie gewinnen wie alle fallenden Objekte. Wenn die Photonen auf die Scheibe seiner Kapsel träfen und ins Innere gelangten, hätten sie viermal so viel Energie, wie sie zum Zeitpunkt der Emission hatten. Wenn die Photonen bei der Emission eine Wellenlänge von einem Fuß hatten, würden sie für den Zeitreisenden nur noch eine Wellenlänge von einem viertel Fuß besitzen. Er würde wahrnehmen, dass sie jede Viertelnanosekunde einmal schwingen statt einmal pro Nanosekunde wie bei ihrer Emission. Der Zeitreisende würde also die Uhren der fernen Beobachter viermal so rasch wie üblich ticken sehen. Die Geschichte des außerhalb seiner Kapsel liegenden Universums würde vor seinen Augen viermal so schnell wie normal ablaufen. Sie würde einem Film ähneln, den man im Schnelldurchlauf zeigt. Die täglichen Abendnachrichten im Fernsehen würde unser Zeitreisender folglich alle sechs Stunden schauen.

Der Zeitreisende und die fernen Beobachter würden sich darauf einigen, dass er viermal so langsam gealtert wäre wie die fernen Beobachter draußen. Wie der Astronom Thomas Gold von der Cornell University dargelegt hat, altern der Zeitreisende und die fernen Beobachter draußen unterschiedlich, weil ihre Situationen nicht symmetrisch sind: Der Zeitreisende sitzt tief in einem Gravitationstopf, die Beobachter dagegen nicht.

Die Perspektive des Zeitreisenden entspräche der, die H.G. Wells beschrieben hat. Eine Kerze außerhalb seiner Zeitmaschine würde der Zeitreisende rasch herunterbrennen sehen, aber die Kerze würde ihm blau-weiß glühend erscheinen, nicht rot, weil Photonen, die in die Zeitmaschinen fielen, zum blauen, kurzwelligen Ende des Spektrums verschoben wären. Viele Photonen, die die Kerze emittieren würde, wären sogar in den ultravioletten Bereich gerückt.

Nachdem der Zeitreisende um fünfzig Jahre gealtert wäre, könnte er die ihn umgebende Kapsel wieder auf Normalgröße ausdehnen und zerlegen. Fünfzig Jahre älter würde er aus seiner Zeitmaschine steigen und eine Welt betreten, in der zweihundert Jahre verstrichen wären.

(Es sei angemerkt, dass eine Zeitmaschine mit doppelter Sonnenmasse und einem Durchmesser von 12,6 Kilometern leichter zu komprimieren und daher einfacher zu bauen wäre.)

Wenn Sie noch schneller in die Zukunft reisen möchten, dann ziehen Sie Ihre Kugel ein wenig mehr zusammen, sodass sie sich der kritischen Größe, die zur Bildung eines Schwarzen Lochs erforderlich ist, noch weiter annähert. Aber es gibt eine Grenze. Wie die Physiker Alan Lightman, Bill Press, Richard Price und Saul Teukolsky 1975 in ihrem Buch über Probleme der Relativitätstheorie schrieben, liegt das Problem darin, dass man sogar bei dem denkbar widerstandsfähigsten Material eine selbsttragende Kapsel nicht beliebig komprimieren kann, ohne dass sie in sich zusammenstürzt – der Durchmesser muss mindestens vier Prozent größer sein als derjenige, der erforderlich ist, um ein Schwarzes Loch zu bilden. In diesem Fall würde der Zeitreisende fünfmal so langsam altern wie die Geschöpfe außerhalb seiner Kapsel. Für Zeitreisende, die sich mit einer Maschine dieser Art in die Zukunft begeben möchten, gibt es also eine absolute Geschwindigkeitsbegrenzung von fünf Jahren pro Jahr. Sie sollten allerdings nicht zu nahe an dieses Tempolimit herangehen, denn wenn Ihre Kapsel in sich zusammenstürzt, bildet sie ein Schwarzes Loch. Die Kapsel wird dann unwiderruflich kollabieren, bis sie kleiner als ein Atomkern ist, und Sie dabei in ihrem Inneren zermalmen. Zu dieser Art von Zeitmaschine ist also nur zu raten, wenn Sie das Sonnensystem nicht verlassen möchten, wenn Sie unbedingt wissen wollen, wie es in 200 Jahren aussieht, und wenn Sie bereit sind, fünfzig Jahre zu warten, um es zu erfahren.

Die elektrostatische Abstoßung gleichnamiger Ladungen könnte eine Materiekapsel stützen, die näher am kritischen Radius wäre, sodass wir rascher in die Zukunft reisen würden, aber die Masse der Maschine müsste gewaltig sein, mehr als 20 Millionen Sonnenmassen. (Sonst würden die enormen elektrischen Felder, die außerhalb der Kugel entstünden, Elektronen-Positronen-Paare erzeugen, die die Ladung rasch davontrügen und den Kollaps beschleunigten.) Eine derart massereiche Kugel könnten Sie nicht ins Sonnensystem bringen, ohne Unheil zu stiften. Die Zeit verstriche zwar langsam für Sie, wenn Sie sich unmittelbar außerhalb eines Schwarzen Lochs aufhielten, aber damit Sie überleben könnten, müsste das Schwarze Loch riesengroß sein – so groß, dass es für das Innere des Sonnensystems höchst ungeeignet wäre.

Gewiss, Sie können die Zukunft aufsuchen, ohne einen Fuß aus dem Haus zu setzen, aber es ist doch leichter, wenn Sie sich dazu entschließen, durchs All zu reisen.

ZEITREISENDE UNSERER TAGE

Im *Tao Te King*, das Laotse zugeschrieben wird, heißt es: «Auch eine Reise von tausend Meilen beginnt mit dem ersten Schritt.» Der erste Flug der Gebrüder Wright ging nur über 40 Meter. Die erste Funkübertragung überbrückte nur ein einziges Zimmer. Wir sollten uns bewusst machen, dass es schon heute Zeitreisende gibt. Der erste Schritt ist längst getan.

An Astronauten nagt das Alter etwas weniger als an der übrigen Menschheit. Da der russische Kosmonaut Sergej Awdejew während dreier Raumflüge insgesamt 748 Tage im Orbit verbracht hat, ist er rund eine fünfzigstel Sekunde jünger, als er es wäre, wenn er diese Flüge nicht unternommen hätte. Dieses Ergebnis ergibt sich aus der Wechselwirkung von zwei Effekten. Erstens, eine Uhr, die sich relativ zur Erde in Ruhe befindet, tickt in Höhe der Raumstation MIR etwas langsamer als eine Uhr auf der Erdoberfläche. Der Grund ist, dass die MIR sich weiter oben im Gravitationstopf der Erde befindet. Doch der zweite und größere Effekt ist, dass sich der Astronaut mit mehr als 27 000 Stundenkilometern bewegt und dass seine Uhr langsamer tickt, wenn er sich relativ zur Erde in Ruhe befindet. Seine Bahngeschwindigkeit beträgt dann 0,00254 Prozent der Lichtgeschwindigkeit – die Verlangsamung seiner Uhr ist zwar geringfügig, aber vorhanden.

Herr Awdejew ist bislang unser erfolgreichster Zeitreisender. Auch andere Astronauten sind schon in die Zukunft gereist. Story Musgrave zum Beispiel, der an der Reparatur des Hubble-Weltraumteleskops beteiligt war, hat insgesamt 53,4 Tage im Orbit zugebracht: Er ist mehr als eine Millisekunde jünger, als er wäre, wenn er zu Hause geblieben wäre. Astronauten, die zum Mond unterwegs sind, bewegen sich schneller als Herr Awdejew, aber sie sind nur ein paar Tage unterwegs, daher ist das Gesamtintervall, das ihre Zeitversetzung ausmacht, geringer. Herr Awdejew ist um rund eine fünfzigstel Sekunde in die Zukunft gereist. Das ist nicht viel, aber es ist ein Schritt. Auch eine Reise von tausend Jahren beginnt mit einem Sekundenbruchteil.

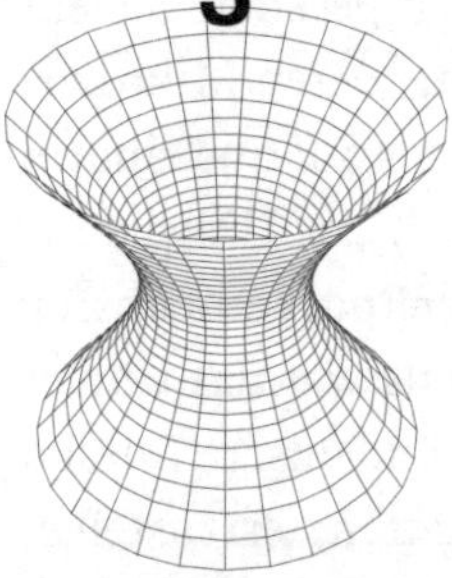

3 Zeitreisen in die Vergangenheit

Es war mal ein vorlauter Wicht,
Der reiste viel schneller als Licht.
Fuhr los eines Tags –
Relativ, wenn du fragst –
Und war nachts zuvor schon in Sicht.

A. H. R. Buller

SIE KÖNNEN DIE VERGANGENHEIT SEHEN

Wenn Sie nur die Vergangenheit sehen und nicht besuchen wollen, dann steht Ihnen keine besonders schwierige Aufgabe bevor. Wir tun es bereits – weil die Lichtgeschwindigkeit endlich ist. Wenn wir Alpha Centauri betrachten, vier Lichtjahre entfernt, sehen wir den Stern nicht, wie er heute ist, sondern wie er vor vier Jahren ausgesehen hat. Den Stern Sirius, neun Lichtjahre entfernt, sehen wir so, wie er vor neun Jahren geleuchtet hat. Wenn Sie die Andromedagalaxie betrachten, zwei Millionen Lichtjahre entfernt, erblicken Sie sie, wie sie vor zwei Millionen Jahren aussah – zu einer Zeit, als sich die Art unserer Vorfahren *Homo habilis* auf der Erde tummelte. Den noch weiter entfernten Coma-Galaxienhaufen sehen wir, wie er vor 350 Millionen Jahren war, als gerade die ersten Amphibien aus den Ozeanen der Erde krochen. Der Quasar 3C273 ist mehr als zwei Milliarden Lichtjahre entfernt, daher erblicken wir ihn zu einer Epoche, als die komplexesten Lebensformen auf der Erde Bakterien waren. (Quasare sind helle Objekte, die ihre Energie wahrscheinlich dadurch beziehen, dass Gas auf massereiche Schwarze Löcher im Zentrum von Galaxien zustürzt.) Ein sehr ferner Quasar, den meine Princeton-Kollegen Michael Strauss und Xiaohui Fan vor kurzem entdeckt haben, ist mehr als zwölf Milliarden Lichtjahre entfernt.

Je weiter wir in die Ferne blicken, desto weiter schauen wir in der Zeit zurück. Die Nobelpreisträger Arno Penzias und Bob Wilson haben am weitesten in die Vergangenheit gesehen. Sie entdeckten die kosmische Hintergrundstrahlung, deren Mikrowellen-Photonen aus allen Richtungen des Kosmos auf uns eindringen und die Überbleibsel der heißen Frühzeit des Universums sind. Diese Photonen kommen direkt aus einer Epoche zu uns, die dreizehn Milliarden Jahre zurückliegt. Damals war das Universum erst 300 000 Jahre alt. In gewissem Sinne sind unsere Teleskope Zeitmaschinen, die den Astronomen gestatten, festzustellen, wie das Universum in verschiedenen Abschnitten seiner Geschichte ausgesehen hat. Wenn Astronomen beobachten, wie Galaxien entstehen, ist das so, als würden Paläontologen Dinosauriern umherwandeln sehen. Eine Supernova, die in einer fernen Galaxie aufflammt, findet unter Umständen ihren Weg in die Abendnachrichten von heute, obwohl das Ereignis in Wirklichkeit vor unvorstellbar langer Zeit stattgefunden hat.

Doch vielleicht möchten Sie lieber vergangene Ereignisse auf der Erde betrachten. Auch das ist möglich. Möchten Sie sich selbst in der Vergangenheit sehen? Stellen sie sich in fünf Fuß Entfernung vom Spiegel auf. Das Bild, das Sie sehen, zeigt Sie nicht jetzt, sondern vor zehn Nanosekunden. Da das Licht sich mit einer Geschwindigkeit von einem Fuß pro Nanosekunde ausbreitet, braucht es fünf Nanosekunden, um von Ihrem Körper zum Spiegel zu gelangen, und noch einmal fünf Nanosekunden, um wieder zurückzukehren. Wenn Sie in den Spiegel schauen, erblicken Sie also eine etwas jüngere Version Ihrer selbst. Wie weit können unsere Beobachtungen auf der Erde mit Hilfe des sichtbaren Lichtes in die Vergangenheit reichen? Die Apolloastronauten haben Winkelreflektoren auf dem Mond zurückgelassen. Ein Winkelreflektor besteht aus drei Spiegeln, die in rechten Winkeln aufeinander montiert sind, wie der Fußboden und zwei Seitenwände in einer Zimmerecke. Lassen Sie einen Lichtstrahl in einen Winkelreflektor fallen, dann wird er erst von einer Seite, dann von der anderen und schließlich vom Fußboden zurückgeworfen, mit dem Erfolg, dass er genau in Richtung des Senders zurückkehrt. (Winzige Winkelreflektoren finden Verwendung in den Rückstrahlern von Fahrrädern. Sie werfen das Scheinwerferlicht genau in die Richtung zurück, aus der es kommt.) Wissenschaftler auf der Erde haben also jetzt die Möglichkeit, Laserstrahlen von den Winkelreflektoren auf dem Mond zurückwerfen zu lassen und sie bei ihrer Rückkehr auf die Erde wieder aufzufangen. Der Mond hat eine mittlere Entfernung von 384 000 Kilometern oder 1,3 Lichtsekunden, also braucht das Licht für Hin- und Rückweg 2,6 Sekunden. Wenn diese Wissenschaftler die Rückkehr des Lasersignals in ihren Teleskopen registrieren, beobachten sie ein Ereignis, das Aussenden des Laserimpulses, das auf der Erde in einer 2,6 Sekunden zurückliegenden Vergangenheit stattfand. Sie sehen die Vergangenheit der Erde.

Zwar können wir Radiowellen nicht «sehen», aber auch sie ermöglichen uns den Kontakt mit der Vergangenheit. Das Goldstone-Radioteleskop in Kalifornien hat ein Radarsignal von den Saturnringen zurückwerfen lassen. Der Hin- und Rückweg dieses Signals von der Erde und zurück dauerte 2,4 Stunden. Als das Signal zurückkehrte, beobachteten die Astronomen also in Wirklichkeit die Aussendung des Signals, die 2,4 Stunden zuvor stattgefunden hatte.

Nehmen Sie an, Sie möchten die Erde betrachten, wie sie vor einem Jahr ausgesehen hat. Dann müssen sie lediglich einen großen Winkelreflektor ein halbes Lichtjahr von der Erde entfernt im All stationieren und ein großes Teleskop auf ihn richten. Spionagesatelliten können aus einer Höhe von mehr als 300 Kilometern Nummernschilder von Autos lesen. Aus 300 Kilometern Entfernung kann ein Teleskop mit einem Durchmesser von knapp zwei Metern Objekte von weniger als acht Zentimetern Durchmesser auflösen – die bestmögliche Auflösung aus dem All aufgrund unterschiedlicher Strahlenbrechung in der Erdatmosphäre. Mit einem solchen Teleskop können Sie aus 300 Kilometern Höhe einen Rockstar bei einem Konzert in einem Stadion erkennen. Vergrößern Sie den Durchmesser des Teleskops um das

Zehnfache, und Sie könnten die gleiche Szene mit gleicher Deutlichkeit aus zehnfacher Entfernung betrachten. Das Teleskop fängt die Photonen von dem Ereignis mit derselben Rate auf wie im ersten Fall, sodass ihr Blick auf die Ereignisse genauso klar ist. Nehmen wir nun an, man würde an geeigneter Stelle im Sonnensystem ein Riesenteleskop bauen, dessen Durchmesser vierzigmal so groß wie die Sonne wäre. Richten Sie es auf einen ähnlich großen Winkelreflektor ein halbes Lichtjahr entfernt. Dann könnten sie ein ähnlich gutes Bild von einem Rockkonzert erhalten, das ein Jahr zurück in der Vergangenheit stattgefunden hat. Kein Zweifel, das wäre ein kostspieliges Unterfangen – ich würde es auf mindestens 10^{31} Dollar schätzen, wenn ich die Kosten für das Hubble-Weltraumteleskop hochrechne.

Es gibt bereits Reflektoren im All, die uns theoretisch Photonen aus der Vergangenheit der Erde zurückwerfen könnten: Schwarze Löcher. Licht, das in ein Schwarzes Loch eintritt, kommt wegen der enormen Gravitationsanziehung nie zurück, aber ein Lichtstrahl, der gerade noch am Schwarzen Loch vorbeiläuft, wird unter Umständen um 180 Grad abgelenkt und zur Erde zurückgeschickt. Das Schwarze Loch Cygnus X-1, das wahrscheinlich mehr als das Siebenfache der Sonne wiegt, ist 8000 Lichtjahre von uns entfernt. Im Prinzip könnte ein Photon 14 000 v. Chr. von der Erde ausgesandt worden sein, zu diesem Schwarzen Loch gelangt sein, es umrundet haben, wieder den Weg zur Erde zurückgelegt haben und im Jahr 2000 bei uns eingetroffen sein. Das hätte uns den Anblick unseres Planeten im Jahr 14 000 v. Chr. vermittelt. Leider ist das Schwarze Loch sehr klein, daher ist der Bruchteil aller von der Erde emittierten Photonen, die in die Nähe des Schwarzen Lochs gelangen, sehr klein, und der Bruchteil der Photonen, die zur Erde zurückkehren, extrem winzig. Wenn man es ausrechnet, kommt man zu dem Ergebnis, dass wahrscheinlich nicht ein einziges Photon, das die Erde emittiert hat, von diesem Schwarzen Loch im Laufe ihrer gemeinsamen Geschichte je zur Erde zurückgeschickt wurde.

Eine andere Möglichkeit, unsere eigene Geschichte zu betrachten, hat der russische Physiker Andrej Sacharow vorgeschlagen, wobei er von der Idee ausgegangen ist, dass das Universum auf ganz besondere Weise «zusammengeklebt» sein könnte: Beispielsweise gehorcht ein flaches Stück Papier den Postulaten der euklidischen Geometrie, aber man kann es aufrollen und den linken und rechten Rand so zusammenkleben, dass ein Zylinder entsteht. Wenn Sie ein Flächenländler wären, der auf einem solchen Zylinder lebte, könnten Sie trotzdem noch glauben, dass Sie auf einer flachen Ebene leben, weil die Dreiecke immer noch eine Winkelsumme von 180 Grad hätten. Doch wenn Sie den Umfang des Zylinders abschritten, ohne Ihre Richtung zu verändern, kämen Sie wieder an Ihrem Ausgangspunkt an. Es wäre wie in einem Videospiel, in dem ein Raumschiff den linken Rand des Bildschirms erreicht, verschwindet und gleich darauf am rechten Rand wieder auftaucht. Vielleicht ist das Universum eine 3-D-Version dieses Phänomens – ein riesiger Kasten, der so konstruiert ist, dass Sie, wenn Sie ihn oben verlassen, unten wieder auftauchen; wenn Sie links hinausspringen, rechts wieder hineinrutschen; wenn sie vorne hinausgehen, hinten wieder hereinkommen. Licht, das unsere Galaxie in Richtung der einen «Kastenwand» verlässt, tritt durch die gegenüberliegende «Wand» wieder ein und setzt seine Reise in Vorwärtsrichtung fort, bis es seinen Ausgangspunkt – unsere Galaxie – wieder erreicht; dann hat es das Universum einmal ganz umrundet. In einem solchen Universum würde das Licht seine dreidimensionale Rundreise immer und immer wiederholen und viele Bilder Ihrer Galaxie liefern. Diese vielfältigen Bilder Ihrer Galaxie befänden sich an Punkten in einem Gitter (wie die Fische in Eschers Bild *Tiefe*, Abb. 8). Es würde den Anschein haben, als lebten Sie in einem riesigen Universum mit vielen Kopien Ihres Kastenuniversums, in drei Dimensionen gestapelt wie Kästen in einem riesigen Lagerhaus. Das nächstgelegene Bild Ihrer Galaxie befände sich in einer Entfernung, die der kürzesten Dimension des Kastens entspräche.

Abb. 8: *Tiefe* (1955), von M. C. Escher.
Vielfältige Bilder eines einzigen Fisches, zu sehen in einem Kastenuniversum, das oben und unten, links und rechts, hinten und vorn zusammengeklebt ist.

1980 habe ich solche Modelle des Universums untersucht und dabei bestimmte Grenzen für die Entfernung des nächsten Bildes unserer Galaxie festgesetzt. Jüngste Beobachtungen haben eine genauere Bestimmung dieser Grenzen gestattet. Wenn das Universum tatsächlich auf diese eigenartige Weise zusammengefügt wäre, dann dürfte das nächste Bild unserer Galaxie mindestens fünf Milliarden Lichtjahre entfernt sein. Falls wir in diesem Fall unsere Galaxie unter den Milliarden, die es dort draußen gibt, herausfinden könnten, würden wir sie in einer Epoche erblicken, die fünf Milliarden Lichtjahre zurückläge, in einer Zeit also, als sich die Erde noch nicht gebildet hatte.

Neil Cornish von der Montana State University, Glenn Starkman von der Case Western Reserve University und mein Princeton-Kollege David Spergel haben vor kurzem dargelegt, dass sich diese Möglichkeiten durch Beobachtungen der kosmischen Hintergrundstrahlung überprüfen lassen. Die Photonen der kosmischen Hintergrundstrahlung, die wir beobachten können, kommen aus einer kugelförmigen Schale mit einem Radius von dreizehn Milliarden Lichtjahren – das ist die maximale Reichweite unserer heutigen Sicht. Wenn das Universum tatsächlich ein Kasten mit kleineren Dimensionen als unserer Sichtweite ist, passt der Radius von dreizehn Milliarden Lichtjahren nicht in den Kasten, daher verlässt er den Kasten am oberen Ende und tritt unten wieder ein, mit dem Erfolg, dass die Kugel sich mit sich selbst schneidet. Die Schnittstellen von Kugeln bilden immer Kreispaare. Mit anderen Worten, die Karte der Fluktuationen im Mikrowellenhimmel müsste einige Paare identischer Kreise enthalten. Ein derartiges Muster wäre auf einer detaillierten und umfassenden Karte der kosmischen Mikrowellenhintergrundstrahlung, wie sie der Microwave-Anisotropy-Probe-(MAP-)Satellit eines Tages erstellen wird, statistisch sofort zu erkennen. Wenn wir solche identischen Kreise in der kosmischen Hintergrundstrahlung fänden, würden wir wissen, wo wir nach dem nächsten Bild unserer Galaxie zu suchen hätten. Nehmen Sie einfach das größte Paar solcher identischer Kreise am Mikrowellenhimmel und schauen Sie sich dann den Mittelpunkt dieser Kreise genauer an. Wenn das nächste Bild unserer Galaxie weniger als dreizehn Milliarden Lichtjahre entfernt wäre, könnten wir es sehen. Es ist allerdings hinzuzufügen, dass diese zusammengeklebten Kosmologien nicht die einfachste Möglichkeit darstellen, wie unser Universum beschaffen sein könnte; daher wäre niemand überrascht, wenn keine einander entsprechenden Kreise in der kosmischen Hintergrundstrahlung zu finden wären. Doch entdeckte man sie, wäre das ein aufregender Fund. Denn dann hätten wir Gelegenheit, unsere Galaxie zu betrachten, wie sie in fernster Vergangenheit aussah – alle großen Teleskope der Welt würden sich auf diesen einen Punkt richten.

DIE KRÜMMUNG DER RAUMZEIT ERÖFFNET DIE MÖGLICHKEIT ZU REISEN IN DIE VERGANGENHEIT

Nehmen wir an, Sie geben sich nicht damit zufrieden, einfach in die Vergangenheit zu sehen, sondern möchten sie auch tatsächlich aufsuchen. Nach der speziellen Relativitätstheorie verlangsamen sich Ihre Uhren, wenn Sie sich immer schneller bewegen und schließlich der Lichtgeschwindigkeit annähern. Könnten Sie die Lichtgeschwindigkeit erreichen, kämen Ihre Uhren zum Stillstand. Falls sie die Lichtgeschwindigkeit sogar überschritten, könnten Sie im Prinzip in der Zeit zurückgehen – genau wie «der vorlaute Wicht».

Leider können Sie aber nicht schneller vorankommen als das Licht – auch das beweist die spezielle Relativitätstheorie. Für Ihr Raumschiff ist die Lichtgeschwindigkeit das absolute Tempolimit des Universums. Doch nach Einsteins Gravitationstheorie – der *allgemeinen Relativitätstheorie* – kann sich die Raumzeit unter bestimmten Bedingungen so krümmen, dass Abkürzungen durch die Raumzeit möglich werden. Unter diesen Bedingungen wären Sie in der Lage, einen Lichtstrahl zu überholen und in die Vergangenheit zurückzureisen.

Beispielsweise haben Kip Thorne vom Caltech-Institut und seine Mitarbeiter die Idee entwickelt, eine Abkürzung zurück in die Zeit lasse sich einschlagen, indem man rasch durch ein Wurmloch reise, einen hypothetischen Tunnel, der eine Abkürzung zwischen zwei weit voneinander entfernten Punkten einer gekrümmten Raumzeit darstellt – ähnlich wie ein Wurmloch in einem Apfel zwei Punkte auf der Oberfläche des Apfels verbindet. Wenn Sie eine solche Abkürzung nehmen könnten, wären Sie rascher am Ziel als ein Lichtstrahl, der allen Krümmungen der Raumzeit folgen müsste. Würden Sie bei Ihrer Ankunft zu Ihrem Ausgangspunkt zurückblicken, könnten Sie sich selbst bei Ihren Aufbruchsvorbereitungen beobachten. Wenn Sie es geschickt anstellen würden, kämen Sie sogar schnell genug zurück, um sich noch von sich selbst zu verabschieden. Die allgemeine Relativitätstheorie lässt außerordentlich verwickelte Lösungen zu: Sie können zu einer Reise aufbrechen, zum Ort und Zeitpunkt Ihres Aufbruchs zurückkehren und Ihrem zur Abreise fertigen Alter Ego die Hand schütteln – ein Szenario, das ich im ersten Kapitel bereits beschrieben habe.

In gewissem Sinne sind wir alle Zeitreisende – wir reisen mit einer Geschwindigkeit von einer Sekunde pro Sekunde in die Zukunft. Man kann sich die Raumzeit als ein Stück Papier vorstellen, auf dem die Zeit in senkrechter Richtung und der Raum in waagerechter Richtung verläuft; Ihre Weltlinie lässt sich als gerade Linie abbilden, die von unten nach oben verläuft, stets in Richtung Zukunft (vgl. Abb. 9). Doch Einsteins Gravitationstheorie zeigt, dass sich die Raumzeit krümmen lässt. Nehmen Sie an, Sie biegen den oberen Rand (die Zukunft) dieses Papierbogens um und kleben ihn mit dem unteren Rand (der Vergangenheit) so zusammen, dass ein Zylinder entsteht (Abb. 9). Dann könnte Ihre senkrechte Weltlinie dorthin zurückkehren, wo sie begann.

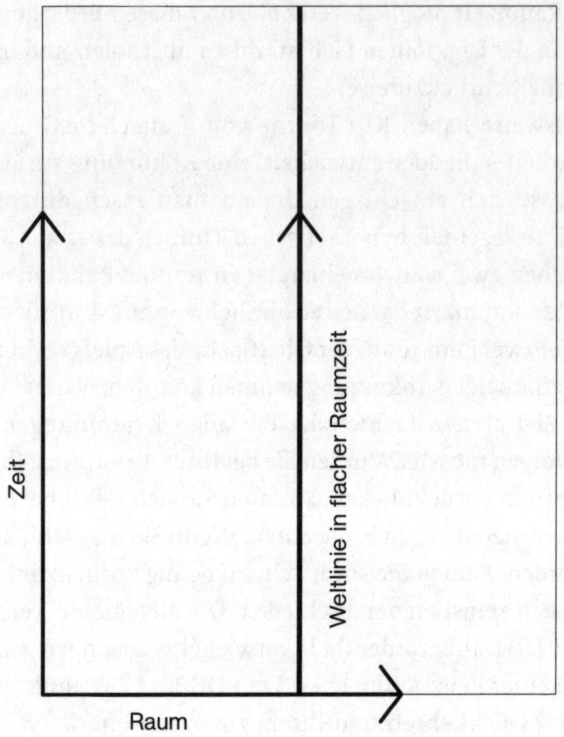

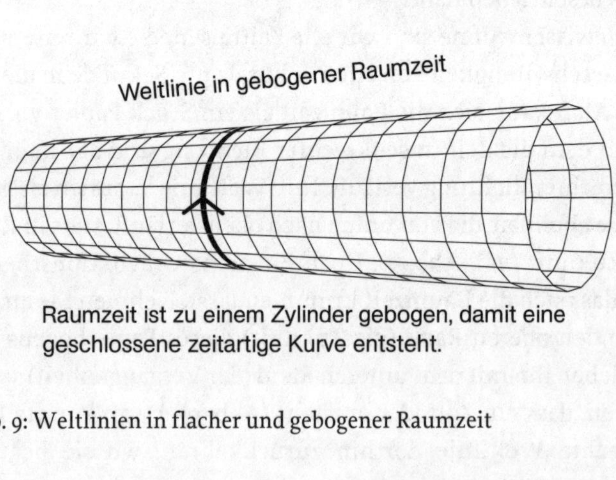

Abb. 9: Weltlinien in flacher und gebogener Raumzeit

Dazu würde sie den Zylinder einmal umkreisen, obwohl sie lokal immer den Eindruck hervorriefe, sich in der Zeit vorwärts zu bewegen. Diese Schleife Ihrer Weltlinie ist das, was Physiker eine *geschlossene zeitartige Kurve* nennen. Auf die gleiche Weise verließ Magellans Mannschaft Europa und segelte auf der gekrümmten Oberfläche der Erde stetig nach Westen, bis sie nach einer vollständigen Umrundung der Erde wieder nach Europa zurückkehrte, wo sie die Reise begonnen hatte. Das hätte nie geschehen können, wenn die Erde flach wäre. Da die Raumzeit gekrümmt sein kann, bietet sich einem Zeitreisenden unter Umständen die Möglichkeit, ein Ereignis in seiner Vergangenheit aufzusuchen, obwohl er aus seiner Sicht den Eindruck hat, ständig in die Zukunft zu reisen.

WARUM IST DIE RAUMZEIT GEKRÜMMT?

Es gibt eine berühmte (aber vielleicht apokryphe) Geschichte über Einstein. Er sei einmal, so heißt es, mit einem Kollegen vom Institute of Advanced Study in Princeton ins Gespräch gekommen. Während der Plauderei zog der Kollege plötzlich ein kleines Heft aus seiner Jackentasche und notierte ein paar Wörter aufs Papier. Einstein fragte: «Was ist denn das?» – «Oh», sagte der Mann, «ein Notizbuch, in dem ich jede gute Idee festhalte, die ich habe, bevor ich sie vergesse.» – «So was habe ich nie gebraucht», erwiderte Einstein. «Ich hatte nur drei gute Ideen.»

Eine davon hatte er 1907 – später nannte er sie die «glücklichste» seines Lebens. Einstein überlegte, dass ein Beobachter auf der Erde und ein Beobachter in einem beschleunigenden Raumschiff im interstellaren Raum die gleichen Schwere-Empfindungen hätten. Warum sich das so verhält, zeigt der folgende Gedankengang: Galilei hat gezeigt, dass ein Beobachter zwei Kugeln von unterschiedlicher Masse, die er auf der Erde fallen lässt, gleichzeitig auf dem Boden aufschlagen sieht. Würde ein Beobachter in einer beschleunigenden Rakete im interstellaren Raum das gleiche Experiment durchführen, würden die beiden Kugeln von unterschiedlicher Masse bewegungslos im Raum schweben – doch da das Triebwerk der Rakete gezündet wäre, stieße der Boden des Raumschiffs nach oben und träfe die beiden Kugeln gleichzeitig. Beide Beobachter würden daher das Gleiche wahrnehmen. In dem einen Fall wäre es das Ergebnis der Gravitation, im anderen wäre die Ursache ein beschleunigender Fußboden ohne Beteiligung von Gravitation. Doch dann stellte Einstein eine sehr kühne Hypothese auf – wenn die beiden Situationen gleich aussähen, müssten sie auch gleich *sein.* Die Gravitation sei nichts anderes als ein beschleunigtes Bezugssystem. Weiter wies Einstein darauf hin, dass Sie, wenn Sie auf der Erde in einen Fahrstuhl steigen und die Halteseile durchschneiden, mit der gleichen Geschwindigkeit wie alles andere, was sich im Fahrstuhl befindet, zur Erde fallen. (Wieder Galilei: Objekte von verschiedener Masse fallen mit gleicher Geschwindigkeit.) Also, wie sehen die Dinge für Sie im fallenden Fahrstuhl aus? Jedes Objekt, mit dem Sie fallen, schwebt gewichtslos im Fahrstuhl – weil Sie, das Objekt und der Fahrstuhl zusammen mit gleicher Geschwindigkeit fallen. Genau dasselbe würden Sie sehen, wenn Sie mit einem Raumschiff im interstellaren Raum schwebten. Alle Objekte im Raumschiff, Sie eingeschlossen, wären gewichtslos. Wenn Sie diese Gewichtslosigkeit erleben möchten, brauchen Sie nur in einen Fahrstuhl zu steigen und das Halteseil durchzuschneiden. (Das klappt natürlich nur so lange, bis der Fahrstuhl den Schachtboden erreicht.)

Einsteins Behauptung, Gravitation und Beschleunigung seien das Gleiche – er nannte sie das *Äquivalenzprinzip* –, war zweifellos von dem vorangehenden Erfolg bestimmt: der Gleichsetzung der Situation eines ruhenden Magneten und einer bewegten Ladung mit der einer ruhenden Ladung und eines bewegten Magneten. Doch wenn Gravitation und beschleunigte Bewegung tatsächlich das Gleiche sind, dann ist Gravitation nichts anderes als beschleunigte Bewegung. Die Erdoberfläche wird einfach nach oben beschleunigt. Das erklärt, warum eine schwere Kugel und eine leichte Kugel, wenn man sie fallen lässt, gleichzeitig auf den Boden schlagen. Wenn man die Kugeln loslässt, schweben sie – gewichtslos. Der Boden (die Erde) kommt nach oben und schlägt gegen sie. Was für eine bemerkenswert unkonventionelle Weise, die Dinge zu betrachten!

Allerdings muss man sich fragen, wie die Erdoberfläche nach oben beschleunigen kann (vom Mittelpunkt der Erde fort), wenn sie nicht jedes Mal ein Stück weiter anschwillt wie ein Ballon. Die Ausgangsbehauptung kann nur dann sinnvoll sein, wenn man davon ausgeht, dass die Raumzeit gekrümmt ist.

Einstein vertrat also die Auffassung, Masse und Energie würden eine Krümmung der Raumzeit bewirken. Acht Jahre brauchte er, um die Gleichungen abzuleiten, die diesen Tatbestand beschreiben. Er musste sich mit der verwirrenden Geometrie gekrümmter höherdimensionaler Räume vertraut machen. Dazu gehörte auch der Riemann'sche Krümmungstensor – ein mathematisches Monster mit 256 Komponenten, die darüber Auskunft geben, wie die Raumzeit gekrümmt sein kann. Das war ein sehr schwieriges mathematisches Gebiet, und Einstein geriet auf viele Holzwege.

Aber er gab nicht auf, weil er großes Vertrauen in seine Idee hatte. Auch Konkurrenz gab es. Im Sommer 1915, als er einen Vortrag hielt, in dem er seine Idee und die mathematischen Probleme beschrieb, befand sich der namhafte deutsche Mathematiker David Hilbert unter den Zuhörern. Hilbert schickte sich an, das Problem seinerseits zu lösen. Mit Hilfe einer komplizierten mathematischen Technik, die Einstein nicht verwendete, fand er die richtigen Gleichungen. Fast gleichzeitig kam Einstein selbst auf die Gleichungen. Unter Wissenschaftshistorikern war eine Zeit lang umstritten, wer die Gleichungen zuerst in ihrer endgültigen Form vorgelegt habe, eine Debatte, die jetzt offenbar zu Einsteins Gunsten entschieden ist. Die Terme der Gleichungen waren komplizierte mathematische Objekte, so genannte Tensoren, doch die Gleichungen selbst waren elegant und einfach. Wenn Sie wissen möchten, wie Einsteins Gleichungen aussehen – hier sind sie, zehn unabhängige Gleichungen, in einer zusammengefasst: $R_{\mu\nu} - 1/2\, g_{\mu\nu} R = 8\pi G T_{\mu\nu}$. Die linke Seite der Gleichung sagt uns, wie die Raumzeit an einem bestimmten Ort gekrümmt ist, während die rechte Seite Energie-Massen-Dichte, Druck, Spannung, Impulsdichte und Energiestrom an diesem Ort beschreibt, alles Faktoren, die an der Krümmung der Raumzeit mitwirken. Einstein hatte gezeigt, dass sich Masse in Energie umwandeln lässt und umgekehrt, dass aber die Gesamtmenge der Masse (mal c^2) plus der Energiemenge eine konstante Größe ist. Aus den Gleichungen der allgemeinen Relativitätstheorie ging nun hervor, dass der Masse-Energie-Erhaltungssatz (Masse und Energie lassen sich nicht aus nichts erzeugen) automatisch in jeder winzigen Region der Raumzeit gilt. Außerdem gehen die Gleichungen unter Bedingungen, unter denen die Raumzeit fast flach ist, näherungsweise in die Newton'sche Beschreibung der Schwerkraft über.

Dass es Einstein gelang, seine Gravitationsgleichungen abzuleiten, obwohl er nur Newtons Gravitationstheorie hatte, an die er sich halten konnte, ist so wunderbar, als hätte Maxwell bei Ableitung seiner Gleichungen des Elektromagnetismus nur die Gesetze der statischen Elektrizität gekannt und sonst gar nichts. Maxwell hatte sehr viel mehr Anhaltspunkte: Er kannte elektrische Felder und konnte sogar auf einige Gleichungen zurückgreifen, die sie beschrieben. Einstein hatte überhaupt keine Hinweise, und die Mathematik war sehr viel schwieriger. Doch er gab nicht auf, probierte immer neue Ideen aus, bis er endlich Erfolg hatte. Über diesen langen, mühevollen Weg sagte Einstein später: «Aber das ahnungsvolle, Jahre währende Suchen im Dunkeln und seiner gespannten Sehnsucht, seiner Abwechslung von Zuversicht und Ermattung und seinem endlichen Durchbrechen zur Klarheit, das kennt nur, wer es selber erlebt hat.» (Einer von denen, die es erlebten, war später der Princeton-Mathematiker

Andrew Wiles, der Fermats letzten Satz – ein lange Zeit ungelöstes Problem der Mathematik – nach sieben Jahren harter Arbeit bewies.)

Als Einstein schließlich seine Formeln gefunden hatte, machte die Theorie einige bemerkenswerte Vorhersagen. Beispielsweise die, dass sich Planeten auf Geodätischen bewegen – den geradestmöglichen Bahnen in gekrümmter Raumzeit. Das machen Sie sich am besten klar, indem Sie an ein Verkehrsflugzeug denken, dass auf einer Großkreis-Route (einer Geodätischen) von New York nach Tokio fliegt. Es schlägt einen geraden Weg ein – der Pilot lenkt es weder nach rechts noch nach links, aber trotzdem ist die Route gekrümmt. Diese Großkreis-Route erkennen Sie, wenn Sie auf einem Globus eine Schnur zwischen den beiden Städten spannen. Sie sollten die Schnur so stramm wie möglich ziehen, und der Weg müsste im Norden an Alaska vorbeiführen. Versuchen Sie es. Wenn Sie die Route des Flugzeugs auf einer Weltkarte nachzeichnen, erhalten Sie eine Kurve. Entsprechend ist die Weltlinie der Erde eine Helix, die die Sonne umkreist (schauen Sie sich noch einmal Abb. 1 an). Trotzdem ist die Weltlinie der Erde so gerade, wie sie es sein kann in der gekrümmten Geometrie, die dadurch entsteht, dass die Sonne die Raumzeit in ihrer Umgebung verformt.

Einsteins Thorie lieferte eine exakte Erklärung für eine Besonderheit, die man schon seit langem in der Bahn des Merkur beobachtet hatte und die berühmt war, weil sie nicht mit Newtons Gravitationstheorie zu vereinbaren war. Der sonnennächste Punkt der elliptischen Bahn des Planeten um die Sonne verschiebt sich langsam (die Astronomen sprechen von einer Präzession). Einen Teil dieser Verschiebung kann die Newton'sche Theorie erklären. Übrig bleibt ein nicht erklärbarer Rest von 43 Bogensekunden pro Jahrhundert (eine Bogensekunde entspricht $1/3600$ Grad). Als Einstein die Geodätische berechnete, die der Umlaufbahn des Merkur entspricht, stellte er eine zusätzliche Verschiebung von 43 Bogensekunden pro Jahrhundert fest. Heureka!

Einstein sagte, seine Entdeckung habe ihn in solche Erregung versetzt, dass er Herzklopfen bekommen habe.

Eine weitere Vorhersage leitete Einstein aus seiner Theorie ab – dass Lichtstrahlen in der Umgebung der Sonne gekrümmt oder abgelenkt werden. Dieser Effekt lässt sich überprüfen. Sie müssen nur während einer totalen Sonnenfinsternis, wenn Sie die Sterne in der Nähe der Sonne sehen können, ein Bild von der Sonne und ihrer Umgebung aufnehmen. Vergleichen Sie dieses Foto mit einem anderen, das Sie ein halbes Jahr zuvor von denselben Sternen aufgenommen haben, als die Sonne möglichst weit von der entsprechenden Himmelsregion entfernt stand. Die beiden Bilder müssten leichte Unterschiede aufweisen, weil das Sternenlicht in unmittelbarer Nähe der Sonne während der Verfinsterung leicht abgelenkt wird. Einsteins Theorie sagte eine Ablenkung von 1,75 Bogensekunden für einen Lichtstrahl in unmittelbarer Umgebung der Sonne voraus, den doppelten Wert der Ablenkung, die sich aus Newtons Theorie für den Fall ergab, dass Photonen genauso wie herkömmliche Materieteilchen (also etwa wie Hochgeschwindigkeitsgeschosse) von der Sonne angezogen werden. (Auch überhaupt keine Ablenkung hätte Newton bestätigt, denn würden sie von der Gravitation gar nicht angezogen, dann würden Photonen sich geradlinig fortbewegen. Dagegen verlangte Einsteins Theorie eine Ablenkung, weil die Photonen in seiner Theorie den denkbar geradesten Wegen folgen, die die gekrümmte Geometrie zulässt.) Für den 29. Mai 1919 war eine totale Sonnenfinsternis vorhergesagt, eine ideale Gelegenheit, die Theorie einem Wirklichkeitstest zu unterziehen – wobei die bereits gemachten Vorhersagen zugrunde gelegt wurden. Wenn das Licht in der Umgebung der Sonne um 1,75 Bogensekunden abgelenkt wurde, hatte Einstein Recht, wenn die Ablenkung null oder 0,875 Bogensekunden betrug, war Newton der Gewinner.

Zwei Expeditionen wurden beauftragt, Messungen an zwei verschiedenen Orten vorzunehmen, an denen die Verfinsterung zu beobachten sein würde: in Sobral, Brasilien, und auf der Insel

Principe vor der afrikanischen Küste. Wie Einsteins Biograph Abraham Pais berichtet, wurden die Ergebnisse der beiden britischen Expeditionen am 6. November 1919 auf einer gemeinsamen Sitzung der Royal Society und der Royal Astronomical Society in London bekannt gegeben. Die Expedition in Sobral hatte 1,98 ± 0,30 Bogensekunden gemessen, und der Wert der Principe-Expedition betrug 1,61 ± 0,30 Bogensekunden. Beide Ergebnisse stimmten im Rahmen der Messgenauigkeit (± 0,30 Bogensekunden) mit Einsteins prognostiziertem Wert von 1,75 Bogensekunden überein, und keiner der beiden vertrug sich mit den Newton'schen Vorhersagen. Der Nobelpreisträger J. J. Thomson, der Entdecker des Elektrons, leitete die Sitzung und erklärte, nachdem er die Ergebnisse vernommen hatte: «Dies ist in Hinblick auf die Gravitationstheorie das wichtigste Ergebnis seit Newtons Zeiten, und es ist nur angemessen, dass das Ergebnis auf der Sitzung einer wissenschaftlichen Gesellschaft bekannt gegeben wird, die so eng mit seinem Namen verbunden ist ... Wir haben es hier mit einer der größten Leistungen des menschlichen Denkens zu tun.» Am folgenden Tag brachte die *London Times* die Geschichte unter der Schlagzeile «Revolution in der Wissenschaft». Zwei Tage später berichtete die *New York Times* darüber. Die Welt schickte sich an, Einsteins Vision zu übernehmen.

GÖDELS UNIVERSUM

Seit Einstein seine Gleichungen 1915 der Öffentlichkeit vorlegte, sucht man nach immer neuen «Lösungen». Eine solche Lösung muss zum einen eine mathematische Beschreibung der beteiligten Geometrie umfassen – wie die Raumzeit aussehen würde – als auch die Verteilung der Masse und Energie beschreiben, die erforderlich wäre, um ebendiese Krümmung hervorzurufen. Viele dieser Lösungen haben bemerkenswerte Eigenschaften. Eine der erstaunlichsten Lösungen fand 1949 Einsteins hochbegabter Kollege am Institute for Advanced Study in Princeton, der Mathematiker Kurt Gödel. Die Lösung ließ Zeitreisen in die Vergangenheit zu.

Gödels bemerkenswerte Lösung der Einstein'schen Gleichungen war ein Universum, das weder expandiert noch sich zusammenzieht, sondern rotiert. Lassen Sie das Universum einen Augenblick außer Betracht und denken Sie stattdessen an sich selbst. Ihr Innenohr sagt Ihnen, ob Sie sich drehen oder nicht. Wenn es sich um eine rasche Drehung handelt, wird Ihnen schwindelig: Dann wird die Flüssigkeit Ihres Innenohrs in ihren halbkreisförmigen Kanälen so stark nach außen gedrückt, dass das Gehirn widersprüchliche Meldungen darüber erhält, wo oben und wo unten ist. Ihr Gehirn sagt: «Oje!», und reagiert mit Schwindelgefühl. Umgekehrt können Sie feststellen, dass sich das Zimmer, in dem Sie sich gerade befinden, nicht dreht, weil ihr Körper relativ zum Zimmer in Ruhe ist und weil Ihnen nicht schwindelig ist. Wenn Sie entführt und in eine Zimmerattrappe gesetzt würden, die auf ein rasch rotierendes Karussell montiert wäre, würden Sie erkennen, dass sich das Zimmer dreht, weil Ihnen, wenn sie den Körper relativ zum Fenster ruhig hielten, schwindelig würde. Die einzige Möglichkeit, solche Schwindelgefühle zu vermeiden, bestünde darin, dass Sie sich entgegengesetzt zur Rotation des Zimmers drehten und dadurch die Zimmerrotation aufhöben. (Wäre Ihr Innenohr sehr viel empfindlicher, könnten Sie mit seiner Hilfe feststellen, dass die Erde rotiert – doch diese Rotation ist viel zu langsam für Ihr Innenohr.)

Zurück zu Gödels Universum. In diesem Universum würde ein Beobachter, dem nicht schwindelig wäre und der folglich nicht rotieren würde, erkennen, dass sich das ganze Universum um ihn dreht. Daraus würde er schließen, dass das Universum rotiert. Außerdem verändern sich in Gödels Universum die Abstände zwischen den Galaxien nicht mit der Zeit. Sie haben ihren festen Platz wie die Speisen auf einem drehbaren Tischaufsatz im Chinarestaurant. Ein nichtschwindeliger Beobachter könnte also zu der Vermutung kommen, Galaxien, die weit genug von ihm entfernt seien, würden sich schneller als das Licht bewegen, während sie ihn auf riesigen Bahnen umkreisten. Das steht nicht im Widerspruch zu den Ergebnissen der speziellen Relativitätstheorie, weil die lediglich besagt, dass die relative Geschwindigkeit von Galaxien, die direkt *aneinander vorbeifliegen*, die Lichtgeschwindigkeit nicht überschreiten können. Die Galaxien in Gödels Universum fliegen nicht aneinander vorbei, sondern behalten stets die gleichen Abstände zueinander. (Man könnte Gödels Universum auch als statisch und nichtrotierend betrachten, wenn erklärtermaßen «nichtschwindelige Beobachter» relativ zum Universum als Ganzem wie tanzende Derwische rotieren würden.)

Ein in Gödels Universum emittiertes Photon würde zwar versuchen, sich geradlinig zu bewegen, würde aber angesichts des rotierenden Universums einen weiten Bogen beschreiben wie ein Bumerang. Gödels Universum hat eine noch seltsamere Eigenschaft. Wenn Sie von Ihrer Galaxie aufbrächen und eine kurze Reise machten, kämen Sie wieder zurück, nachdem Sie aufgebrochen wären. Doch wäre die Reise lang genug und Ihre Reisegeschwindigkeit nahe genug an der Lichtgeschwindigkeit, ohne sie zu erreichen, kehrten Sie zu dem Zeitpunkt zurück, wo sie aufgebrochen sind, oder sogar noch früher. Da das Licht in Gödels Universum schleifenförmigen, bumerangartigen Bahnen folgt, könnten Sie Ihre Rakete ständig so zünden, dass sie die bumerangförmigen Lichtbahnen durchschnitten und den Lichtstrahl überholten. Dehnen Sie Ihre Reise lang genug aus, und Sie wären wie der vorlaute Wicht nachts zuvor schon in Sicht. Gödel war so intelligent, dass er Einsteins Theorie nicht nur begriff, sondern ihr auch eine neue Seite abgewann – die Zeitreise.

Doch unsere Beobachtungen zeigen uns, dass wir offenkundig nicht in dem Universum leben, das Gödel vorgeschlagen hat. Wir erkennen deutlich, dass sich die Galaxien voneinander entfernen – das Universum expandiert. Mit all den Bahnen seiner Planeten, Asteroiden und Kometen bildet das Sonnensystem einen riesigen

Kreisel, an dessen Bewegung wir erkennen können, dass sich die fernen Galaxien relativ zu ihm nicht drehen. Wenn das Universum eine merkliche Rotation hätte, würde die Temperatur der kosmischen Hintergrundstrahlung über den ganzen Himmel systematische Schwankungen aufweisen – etwas, was wir nicht beobachten. Trotzdem ist die Gödel'sche Lösung sehr wichtig, denn sie zeigt, dass Einsteins Gravitationstheorie Zeitreisen in die Vergangenheit prinzipiell zulässt. Wenn es *eine* Lösung gibt, die diese Eigenschaft besitzt, könnte es auch noch weitere geben.

KOSMISCHE STRINGS

Betrachten wir eine andere exakte Lösung der Einstein'schen Gleichungen – eine, die die Geometrie in der Umgebung eines *kosmischen Strings* beschreibt. Dieser Begriff bezeichnet einen dünnen Strang aus extrem dichtem Material, ein mögliches Überbleibsel aus dem frühen Universum. Rund die Hälfte aller Theorien, die vorgeschlagen worden sind, um die verschiedenen Kräfte des Universums zu vereinheitlichen (und damit alle Gesetze der Physik zu erklären), sagen die Existenz kosmischer Strings voraus. Angesichts dieser Prognosen wären wir nicht allzu überrascht, sie tatsächlich zu entdecken. Aber es wäre sicherlich aufregend, sie zu finden! Einer der verheißungsvollsten Kandidaten für die Weltformel, die «Theorie für alles», ist die Superstringtheorie, die, wie im zweiten Kapitel erwähnt, davon ausgeht, dass selbst Elementarteilchen wie Elektronen in Wahrheit winzige Stringschleifen sind. Theoretisch haben Superstrings eine Dicke von null und bilden mikroskopische geschlossene Schleifen, während kosmische Strings eine winzige Dicke (ungleich null) haben und möglicherweise Millionen Lichtjahre lang oder noch länger sind.

Kosmische Strings haben keine Enden und sind daher entweder unendlich lang, in einem unendlichen Universum, oder bilden geschlossene Schleifen. Stellen Sie sich unendliche Spaghetti-

Stränge oder Spaghetti-Ringe vor. Physiker, die die Existenz von kosmischen Strings vorhersagen, erwarten beide Versionen, nehmen aber an, dass der größte Teil ihrer Masse in Form unendlich langer Strings vorliegt. Nach der Ansicht dieser Forscher haben kosmische Strings eine geringere Dicke als ein Atomkern und eine Masse von rund zehn Millionen Milliarden Tonnen pro Zentimeter. Ferner stehen Strings unter Spannung wie gedehnte Gummibänder, was unendlich lange Strings veranlasst, sich im Laufe der Zeit zu entwirren und mit Geschwindigkeiten herumzusausen, die in der Regel größer als die halbe Lichtgeschwindigkeit sind.

Da kosmische Strings derart massereich sind, müssten sie die Raumzeit in ihrer Umgebung krümmen. Aber wie? Alex Vilenkin von der Tufts University fand für Einsteins Gleichungen eine Näherungslösung, die für einen geraden, unendlich langen kosmischen String gilt, wenn die Geometrie der Raumzeit in der Umgebung des Strings annähernd flach ist. Nach Vilenkins Lösung würden Schnitte durch den String wie Kegel und nicht wie Papierbögen aussehen. Dem entnahm ich den entscheidenden Hinweis für die exakte Lösung und ihr Erscheinungsbild. Zu einem früheren Zeitpunkt, 1984, hatte ich mit meinem Studenten Mark Alpert untersucht, wie sich die allgemeine Relativitätstheorie in Flächenland mit seinen beiden räumlichen Dimensionen darstellen würde. Wir hatten herausgefunden, dass es für einen massiven Körper in Flächenland eine exakte Lösung gibt, deren äußere Geometrie die Form eines Kegels aufweist. (Zwei weitere physikalische Arbeitsgruppen – Stanley Deser, Roman Jackiw, Gerard 't Hooft sowie Steven Giddings, J. Abbott und Karel Kuchar – kamen zu ähnlichen Ergebnissen, die sie im selben Jahr veröffentlichten. Der polnische Physiker A. Staruszkiewicz hatte, wie sich herausstellte, schon zwanzig Jahre zuvor einige Aspekte des Problems untersucht.) Ich ging von der Hypothese aus, dass wir, wenn wir eine dritte senkrechte Dimension zu unserer Lösung in Flächenland hinzufügten, eine exakte Lösung für einen kosmischen String erhalten würden.

Ich gab meine Vermutungen über die Form der Raumzeit in die linke Seite der Einstein'schen Gleichungen ein, um herauszufinden, ob sie mir die richtige Stringdichte und -spannung auf der rechten Seite lieferten. Das zwang mich dazu, die Gleichungen sowohl innerhalb als auch außerhalb des Strings zu lösen – Einsteins Gleichungen müssen überall erfüllt sein. Es klappte. Damit hatte ich eine exakte Lösung.

Unabhängig von mir fand William Hiscock von der Montana State University die gleiche Lösung. Ich veröffentlichte mein Ergebnis im *Astrophysical Journal*, Hiscock in der *Physical Review*, und heute gelten wir gemeinsam als Entdecker der Lösung. (Später fügte der französische Physiker Vernard Linet noch einige Einzelheiten hinzu, während der amerikanische Physiker David Garfinkle einige teilchenphysikalische Aspekte beisteuerte.) Als Linet die physikalische Literatur durchsah, entdeckte er, dass seine Geometrie 1959 bereits von L. Marder, Fachbereich Mathematik der University of Exeter, vorgeschlagen worden war, der sie für eine Lösung der Einstein'schen Gleichungen hielt, ohne zu erkennen, dass sie sich auf kosmische Strings anwenden lässt. Tatsächlich erschien Marders Arbeit, bevor kosmische Strings überhaupt vorgeschlagen worden waren. Sein Ergebnis war schon fast vergessen. Was zeigt, dass man schön geformte Raumzeiten gebührend beachten sollte – denn häufig genug erweisen sie sich als physikalisch relevant.

Betrachten wir also, wie wir uns die Lösung für die Geometrie der Raumzeit um einen geraden, unendlich langen kosmischen String vorzustellen haben. Nehmen wir an, der String ist senkrecht. In diesem Fall könnte man naiv vermuten, dass eine waagerechte Ebene, die den String durchschneidet, wie ein flaches Stück Papier aussieht, in dessen Mitte der String als Punkt erscheint. Wir haben jedoch festgestellt, dass eine solche Ebene wie eine Pizza aussieht, aus der schon ein Stück herausgeschnitten worden ist. Wenn ich das in meinen Relativitätskursen in Princeton erkläre, bestelle ich gewöhnlich für alle Teilnehmer eine

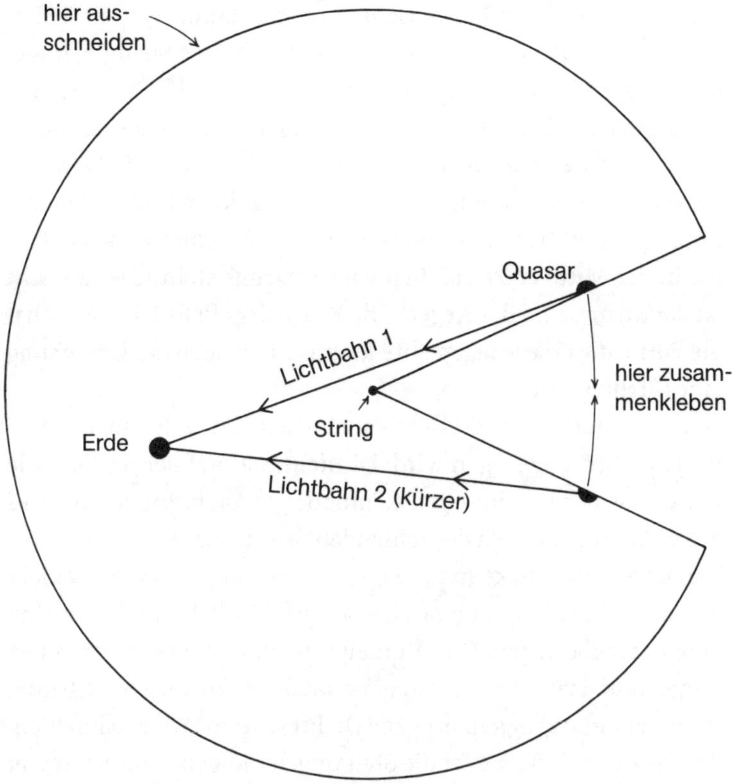

Abb. 10: Raum um einen kosmischen String

Pizza, um den Punkt zu verdeutlichen. Aber falls Sie keine echte Pizza haben, können Sie sich auch eine Papierpizza anfertigen. Kopieren Sie zunächst Abb. 10. Dann schneiden Sie das Stück wie angegeben aus und werfen es weg. Ziehen Sie nun die beiden Kanten, die sich gebildet haben, als Sie das Stück herausgeschnitten haben, vorsichtig aufeinander zu und kleben Sie sie zusammen. Ihr flaches Stück wird zu einem Kegel verformt. Umgekehrt können Sie, wenn Sie schon einen Kegel haben, ihn auf einer beliebigen Linie vom äußeren Rand zur Spitze aufschneiden, öffnen und flach auf den Tisch legen – und da haben Sie sie wieder, eine Pizza, der ein Stück fehlt. Die Geometrie des Raumes in der Umgebung eines kosmischen Strings ist konisch. Der String befindet sich an der Spitze des Kegels – im Mittelpunkt der Pizza. Halten Sie Ihren Kegel so, dass sein kreisförmiger Umfang überall gleich hoch ist. Stellen Sie einen Bleistift senkrecht darauf, und zwar so, dass sich sein Radiergummi auf dem Punkt befindet, den wir *String* genannt haben. (Er sollte aussehen wie eine Fahnenstange, die in der Mitte eines abfallenden Golfgrüns steht.) Der Bleistift ist der String, und der Kegel – die Pizza, der ein Stück fehlt – hat die Form, die eine waagerechte Raumzeitebene in der Umgebung eines Strings annimmt.

Der Umfang eines Kreises (der Rand der Pizza), der um den kosmischen String gezogen wird, ist nicht 2 π mal der Radius, wie wir es aus der euklidischen Geometrie kennen. Vielmehr ist es dieser Wert abzüglich des fehlenden Stücks Pizza. Da die beiden Ränder, die die Lücke in der Pizza begrenzen, zusammengeklebt werden, können sie sich rascher als gewöhnlich um diesen Umfang herumbewegen. Die Winkelgröße des fehlenden Stücks ist proportional zur Masse je Längeneinheit des kosmischen Strings. Je größer diese «längenbezogene Dichte», desto größer das fehlende Stück und desto steiler die Steigung des Kegels. Wenn wir von der Vorhersage ausgehen, dass ein kosmischer String eine Masse von 10 Millionen Milliarden Tonnen pro Zentimeter aufweist, würde das fehlende Stück einen Winkel von 3,8 Bogensekunden haben. Das ist ein sehr schmales Stück. Nur der 340 000. Teil der Pizza würde fehlen. Doch so klein die Verformung des Raums auch ist, sie ließe sich messen.

Nehmen wir an, ein kosmischer String befindet sich ungefähr auf halbem Weg zwischen uns und einem fernen Quasar. (Quasare sind noch in einer Entfernung von 12 Milliarden Lichtjahren zu sehen.) Durchschneiden Sie den Kegel dergestalt, dass der «Quasar-Punkt» auf dem Papier geteilt wird. Ein Teil des Punktes erscheint auf jedem der Ränder, die das fehlende «Pizzastück» einfassen. Beachten Sie die gerade Linie, die sich von jedem der

Quasarbilder zur Erde erstreckt (vgl. Abb. 10). Das sind die Bahnen, denen das Licht in der konischen Raumzeit folgt. Jedes der beiden Bilder des Quasars ist mit der Erde auf dem kürzesten und direktesten Weg verbunden. Die Lichtstrahlen bewegen sich auf diesen beiden Bahnen direkt zur Erde, woraus folgt, dass das Licht des Quasars die Erde aus zwei ein wenig verschiedenen Richtungen erreicht. Infolgedessen erblickt ein Beobachter auf der Erde zwei Bilder des fernen Quasars, einen auf jeder Seite des kosmischen Strings. Bild eins befindet sich links, Bild zwei rechts vom String. Die beiden Bilder liegen in den Richtungen der beiden geraden Bahnen (in der Abbildung als 1 und 2 bezeichnet). Der Winkelabstand, der die beiden Bilder, von der Erde aus gesehen, am Himmel trennt, beträgt ungefähr die Hälfte des Winkels, den das fehlende «Pizzastück» aufweist, also rund 1,9 Bogensekunden. Ihnen ist gerade das Prinzip der Gravitationslinse klar geworden – Lichtstrahlen, die durch die Geometrie der Raumzeit verbogen werden.

Dank diesem Phänomen sind wir in der Lage, nach kosmischen Strings zu suchen. Ein String wäre natürlich so dünn, dass man ihn nicht sehen könnte, aber vielleicht ließe sich ein String durch die Suche nach Doppelbildern von Hintergrundquasaren identifizieren. Paare von Quasaren mit identischen Spektren und gleicher Helligkeit müssten am Himmel stehen wie die Knopfpaare eines Zweireihers. Zwischen den Paaren verliefe ein kosmischer String. Die endgültige Bestätigung würde die Radioastronomie liefern. Radioteleskope könnten die Radiowellen am Himmel erfassen. Da wir erwarten, dass der String sich rasch bewegt, müssten die Photonen der kosmischen Hintergrundstrahlung auf jeder Seite leicht rot- oder blauverschoben sein, denn sie würden auf entgegengesetzten Seiten um den String herumwirbeln. Eine exakte Radiokarte würde zeigen, dass der String, der sich über den Himmel schlängelt, eine Grenze wäre, die eine etwas heißere Region von einer kälteren schiede. Würde man auf diese Weise einen kosmischen String entdecken, hätte das außerordentliche

Bedeutung. Das würde uns nicht nur weitere Hinweise über das sehr frühe Universum liefern, sondern auch der Hoffnung auf die Weltformel neue Nahrung geben.

Ein wichtiger Punkt: Wenn wir zwei Bilder eines fernen Quasars erblicken, könnten die Entfernungen, die das Licht des einen und des anderen Bildes zu uns zurückgelegt haben, leicht voneinander abweichen. Wenn Sie beispielsweise Ihre Kopie von Abb. 10 mit dem Lineal nachmessen, werden Sie feststellen, dass die beiden Linien, die die Erde mit den beiden Quasar-Bildern verbinden, einen kleinen Längenunterschied aufweisen. Die untere Bahn ist etwas kürzer. Da sich das Licht immer mit 300 000 Kilometern in der Sekunde ausbreitet, trifft ein Lichtsignal des Quasars, das die kürzere Bahn nimmt, früher ein.

Zu einem ähnlichen Effekt kommt es, wenn Licht, das sich auf entgegengesetzten Seiten einer massereichen Galaxie vorbeibewegt, abgelenkt wird. Ich war an einem von meinen Princeton-Kollegen Ed Turner, Tomislav Kundić und Wes Colley geleiteten Projekt beteiligt, in dem wir den Gravitationslinsen-Effekt beobachteten, dem der Quasar 0957 unterworfen ist. Es gibt von ihm zwei Bilder, A und B, auf entgegengesetzten Seiten einer solchen Galaxie. Der Quasar weist im Laufe der Zeit erhebliche Helligkeitsschwankungen auf. Wir beobachteten einen jähen Helligkeitsrückgang bei Bild A und sagten unter Berücksichtigung der Linsengeometrie voraus, es werde eine ähnliche Helligkeitsabnahme bei Bild B erfolgen, dessen Licht nach unserer Annahme etwas später eintreffen musste. Wir veröffentlichten unsere Vorhersage und setzten die Beobachtung fort. 417 Tage später gab es den gleichen Helligkeitsrückgang bei Bild B. Dieser Zeitunterschied war ein winziger Bruchteil der gesamten Reisezeit des Lichts – annähernd 8,9 Milliarden Jahre.

Daraus folgt, dass Sie schneller als ein Lichtstrahl sein können. Lichtstrahl A lässt Lichtstrahl B hinter sich, weil er eine Abkürzung durch die Raumzeit nimmt. Ein Raumschiff, das sich mit 99,9999999999 Prozent der Lichtgeschwindigkeit auf Bahn A bewegt, wäre zwar etwas langsamer als der Lichtstrahl auf dieser Bahn gewesen, hätte aber ein Photon, das Bahn B genommen hätte, in einem Wettrennen um 414 Tage besiegt.

Wenn es kosmische Strings gibt, könnten Sie in einem Raumschiff reisen und einen Lichtstrahl hinter sich lassen, indem Sie den kürzeren von zwei Wegen um einen kosmischen String nehmen. Wir haben die Tür zu Zeitreisen in die Vergangenheit ein kleines Stück aufgestoßen.

KOSMISCHE STRINGS UND ZEITREISEN IN DIE VERGANGENHEIT

Mein Vorschlag für eine Zeitmaschine, mit der man die Vergangenheit besuchen kann, gründet sich auf eine exakte Lösung für Einsteins Gleichungen, die ich 1991 veröffentlicht habe. Folgendes Szenario: Erstens, stellen Sie sich zwei unendlich lange, gerade kosmische Strings vor, die parallel zueinander verlaufen, wie zwei Fahnenstangen. Interessanterweise üben sie keine Gravitationsanziehung aufeinander aus – sie bleiben einfach bewegungslos, wo sie sind. Denn während sie im Inneren eine große Massendichte besitzen, stehen sie andererseits unter Spannung wie gedehnte Gummibänder. Diese Spannung, die bestrebt ist, den String zusammenzuziehen, wird durch einen negativen Druck, eine Art Saugwirkung, innerhalb des Strings hervorgerufen. Der negative, abstoßende Gravitationseffekt der negativen Spannung gleicht die Gravitationsanziehung der Massendichte im String exakt aus. Wenn wir also zwei ruhende kosmische Strings unmittelbar nebeneinander legen würden, blieben sie in der gleichen Position.

Um eine anschauliche Vorstellung vom Querschnitt durch die Raumzeit senkrecht zu den beiden Strings zu bekommen, sollten Sie Abb. 11 kopieren und das Muster wie angegeben ausschneiden. Auf Ihrem Papier befinden sich zwei Punkte, die die beiden kosmischen Strings darstellen, aber wie im Pizzabeispiel gehen von jedem String zwei keilförmige Lücken aus. Setzen Sie zwei Bleistifte senkrecht mit den Radiergummis auf die Punkte, die als String 1 und String 2 bezeichnet sind. Die beiden «Strings» ragen wie zwei Fahnenstangen empor, während die Figur einen waagerechten Querschnitt durch die umgebende Geometrie zeigt. Kleben Sie nun die beiden Seiten des oberen V und die beiden Seiten des auf dem Kopf stehenden V zusammen, um die Raumzeit nachzubilden. Das Gebilde ähnelt einem Papierschiff.

Stellen Sie sich zweitens rechts und links von den Strings zwei Planeten A und B vor. Nehmen wir an, Sie leben auf Planet A und möchten Planet B besuchen. Das können Sie tun, indem Sie sich auf direktem Weg zu Planet B begeben, das heißt, Sie wählen Bahn 2 zwischen den beiden kosmischen Strings. Das ist eine geodätische Bahn – ein gerader Weg, auf dem Sie sich zwischen den Planeten A und B bewegen können. Es gibt aber noch einen anderen geraden Weg von A nach B, Bahn 1, die über den kosmischen String 1 hinwegführt. Wenn Sie sorgfältig nachmessen, werden Sie sehen, dass die Gesamtentfernung von Planet A nach Planet B auf Bahn 1 etwas kürzer ist als auf Bahn 2, was an dem fehlenden Keil liegt. Bahn 1 ist eine Abkürzung für die Reise von Planet A nach B. Schicken Sie auf Bahn 2 einen Lichtstrahl von A nach B und steigen Sie dann in das Raumschiff, das 99,999999 Prozent der Lichtgeschwindigkeit erreicht, und Sie werden den Lichtstrahl überholen, wenn Sie um String 1 herum auf Bahn 1 reisen. Wenn Sie auf Planet B ankommen, ist der Lichtstrahl, der Ihre Abreise zeigt, noch nicht eingetroffen. Schauen Sie also auf Bahn 2 zurück zu Ihrem Heimatplaneten, und Sie sehen sich selbst auf Planet A, wie Sie Ihren Aufbruch vorbereiten.

Interessant, oder? Wenn Sie es geschickt anstellen, haben Sie sogar noch Zeit genug, um zurückzukehren und sich selbst zu verabschieden. Tatsächlich gibt es einen Beobachter (nennen wir ihn Cosmo), der in einem Raumschiff mit großer Geschwindigkeit auf Bahn 2 von Planet A nach Planet B unterwegs ist und

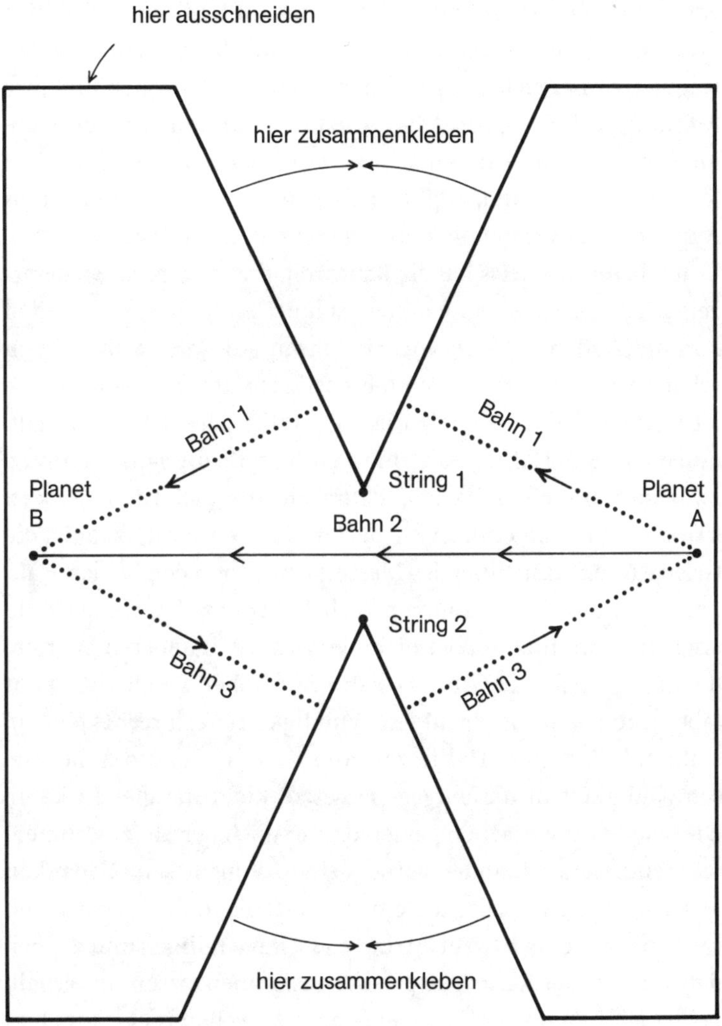

Abb. 11: Raum in der Umgebung zweier kosmischer Strings

denkt, Ihr Start auf A und Ihre Ankunft auf B seien gleichzeitige Ereignisse. Warum? Da Sie den Lichtstrahl, der auf Bahn 2 unterwegs ist, hinter sich gelassen haben, sind Ihr Aufbruch und Ihre Ankunft zwei Ereignisse, die auf Bahn 2 durch mehr Lichtjahre im Raum als Jahre in der Zeit getrennt sind. Das ergibt einen raumartigen Abstand, folglich haben diese Ereignisse in Cosmos Augen einen Abstand im Raum, aber nicht in der Zeit.

Ich bemerkte, dass ich die Raumzeit, die in Abb. 11 wiedergegeben ist, durch einen exakten Schnitt entlang Bahn 2 teilen konnte (stellen Sie sich vor, Sie fahren auf Bahn 2 mit einem scharfen Messer entlang). Verfahren Sie so mit Ihrem Modell, und Sie trennen die Raumzeit in die obere Hälfte, die String 1 enthält, und die untere Hälfte, die String 2 enthält. Da die ganze statische Raumzeit aus einer flachen Raumzeit ausgeschnitten werden kann, indem man einfach die beiden Keile entfernt, ist auch die Grenze (die Schnittlinie des Messers) zwischen den beiden Hälften der Raumzeit vollkommen flach. Die Grenze hat keine intrinsische Krümmung und ist nicht verformt. Mit anderen Worten, die obere Hälfte von Abb. 11 kann mit hoher Geschwindigkeit (aber weniger als der Lichtgeschwindigkeit) nach rechts gleiten, während die untere Hälfte von Abb. 11 mit genauso hoher Geschwindigkeit in die entgegengesetzte Richtung gleiten kann. Die beiden Grenzflächen passen immer noch perfekt zusammen, während sie aneinander vorbeigleiten. Von diesem Gedanken ausgehend, entwickelte ich eine Geometrie, in der String 1 sich rasch nach rechts bewegt, String 2 rasch nach links, und die beiden Hälften der Raumzeit perfekt zusammenpassen. Innerhalb beider Hälften und entlang der Grenze zwischen ihnen sind Einsteins Gleichungen exakt erfüllt. Um sicherzustellen, dass unser Freund Cosmo durch diesen Prozess nicht in zwei Hälften gespalten wird, stellen wir uns vor, dass er ein wenig in die obere Hälfte des Diagramms gerückt wird, sodass er zusammen mit String 1 nach rechts gezogen wird. Tatsächlich bewegen wir die obere Hälfte des Diagramms mit genau der Geschwindigkeit, die erforderlich ist, um Cosmos Anfangsgeschwindigkeit zu kompensieren, sodass er sich in Ruhe befindet.

Nun stellen Sie sich Cosmo vor, wie er auf halbem Weg zwischen den Planeten A und B auf Bahn 2 sitzt. Er sieht String 1 fast mit Lichtgeschwindigkeit nach rechts sausen und String 2 fast mit Lichtgeschwindigkeit nach links jagen. Wenn Sie dann von einem Planeten zum anderen reisen, indem Sie die Abkürzung um String 1 nehmen, sieht Cosmo Sie um zwölf Uhr mittags auf Planet A aufbrechen und auf Planet B zur selben Zeit ankommen. Das Kunststück bringen Sie zustande, weil Sie auf Bahn 1 gegen die Bewegung von String 1 reisen (vgl. Abb. 12). Da String 2 sich in die entgegengesetzte Richtung bewegt, können Sie das Kunststück noch einmal wiederholen, indem Sie auf dem Rückweg Bahn 3 folgend gegen die Bewegung von String 2 nach Planet A reisen. Auf diese Weise können Sie nach den Beobachtungen von Cosmo Planet B um zwölf Uhr mittags verlassen und um zwölf Uhr mittags auf Planet A eintreffen. Da es für Cosmo so aussieht, dass Ihr Aufbruch von Planet A und Ihre Rückkehr dorthin am gleichen Ort (Planet A) und zur gleichen Zeit (zwölf Uhr mittags) stattfinden, sind sie für ihn ein einziges Ereignis.

Wie würde die Reise für Sie aussehen? Sie ist wie die Geschichte, die im ersten Kapitel beschrieben wird. Wenn Sie um zwölf Uhr mittags auf dem Raumhafen von Planet A ankommen, sehen Sie eine etwas ältere Version Ihrer selbst, die Sie mit Handschlag begrüßt und sagt: «Hallo, ich bin einmal um die Strings geflogen!» Sie darauf: «Tatsächlich?» Dann klettern Sie in Ihr Raumschiff und fliegen zu Planet B, indem Sie um den rasch näher kommenden String 1 herum auf Bahn 1 dahinjagen. Anschließend kehren Sie zu Planet A auf Bahn 3 zurück, indem Sie um den rasch näher kommenden String 2 herumsausen. Als Sie um zwölf Uhr mittags wieder auf Planet A eintreffen, verabschieden Sie Ihr etwas jüngeres Ich, schütteln ihm die Hand und sagen: «Hallo, ich bin einmal um die Strings geflogen!» Sie haben eine Zeitreise zu einem Ereignis in Ihrer Vergangenheit absolviert.

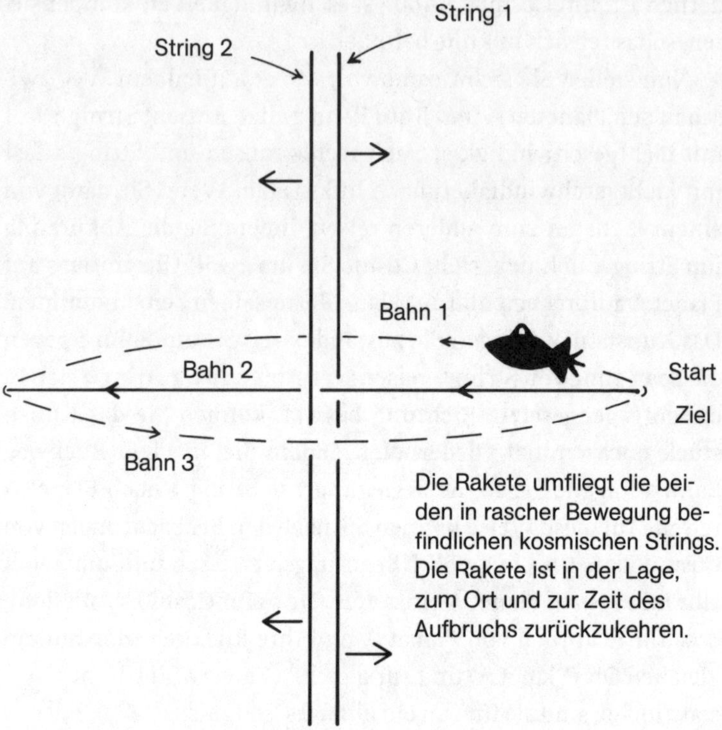

Abb. 12: Zu einem vergangenen Ereignis zurückreisen

Die Lösung der bewegten kosmischen Strings ist so raffiniert, dass Sie gegen den Uhrzeigersinn um die beiden bewegten kosmischen Strings herumreisen können, stets in Richtung Zukunft, und dennoch zum Zeitpunkt Ihres Aufbruchs ankommen. Das ist nur möglich, weil die Raumzeit gekrümmt ist und nicht den Gesetzen der euklidischen Geometrie gehorcht. Die Situation erinnert mich an die Escher-Zeichnung *Treppauf, Treppab*, die Mönche auf einer Treppe über ihrem Kloster zeigt (Abb. 13). Die Mönche, die im Uhrzeigersinn auf ihrer Treppe wandeln, steigen sie stets empor. Jede Stufe ist höher als die vorangehende. Doch nachdem sie den Innenhof einmal umkreist haben, befinden sie sich wieder exakt an ihrem Ausgangspunkt. Normalerweise wäre eine solche Treppe eine Helix, die sich nicht wieder treffen würde, doch Escher sorgt durch einen perspektivischen Trick dafür, dass die Treppe zu sich selbst zurückkehrt. Prüfen Sie, ob er auch Sie damit hinters Licht geführt hat. Beachten sie, dass die Treppe in vier rechtwinkligen Wendungen um den Innenhof führt, wodurch suggeriert wird, dass auch der Innenhof rechtwinklig ist. Tatsächlich aber ist die obere linke Seite des Hofs viel kürzer als die untere rechte Seite. Eschers Innenhof gehorcht nicht den Gesetzen der euklidischen Geometrie, nach der die gegenüberliegenden Seiten eines Rechtecks gleich lang sein müssen. Was Escher durch einen perspektivischen Trick erreicht, gelingt den kosmischen Strings dadurch, dass sie die Geometrie der Raumzeit verformen.

Um Zeitreisen in die Vergangenheit zu ermöglichen, müssen kosmische Strings mit einer Masse pro Längeneinheit von ungefähr 10 Millionen Milliarden Tonnen pro Zentimeter in entgegengesetzte Richtungen mit mindestens 99,999999996 der Lichtgeschwindigkeit dahinjagen. Wir haben beobachtet, dass sich hochenergetische Protonen mindestens so schnell durchs Universum bewegen, daher wissen wir, dass solche Geschwindigkeiten möglich sind.

Als ich diese Lösung fand, war ich ziemlich aufgeregt. Die Lösung beruhte nur auf Materie von positiver Dichte, die sich langsamer als das Licht bewegt. Dagegen sind Wurmlöcher auf exotische Materie von negativer Energiedichte angewiesen (Stoff, der weniger als nichts wiegt). Ich überprüfte die Lösung mehrere Male, schrieb sie auf und schickte sie an die *Physical Review Letters*, eine der weltweit angesehensten physikalischen Zeitschriften für schnelle Veröffentlichungen. Allerdings erzählte ich niemandem etwas davon, sondern wartete auf die Antwort der Gutachter. Zwei Berichte kamen zurück, billigten meine Arbeit und schlugen nur zwei kleinere Zusätze vor. Schließlich erschien der Artikel am 4. März 1991. Ich ging in das Institute for Advanced Study,

Abb. 13: *Treppauf, Treppab* (1960), von M. C. Escher.

Einsteins alte Wirkungsstätte, um den Zeitschriftenartikel zu kopieren, weil das Institut aus irgendeinem unerfindlichen Grund die Zeitschriften ein oder zwei Tage vor der Physikbibliothek der Princeton University bekommt. Anschließend begab ich mich zu

John Wheeler, dem Princeton-Physiker, der den Begriff *black hole*, Schwarzes Loch, erfunden hat, und zeigte ihm die Kopie. Zufällig war Kip Thorne in Princeton, weil er in dieser Woche einen Vortrag über die Zeitreisenforschung mittels Wurmlöcher halten wollte. Daher zeigte ich auch ihm den Artikel. In Filmen erklären Wissenschaftler sich ihre Ideen immer, indem sie Gleichungen auf Wandtafeln kritzeln. Ich hingegen schnitt Papierfiguren aus, um meine Lösung zu erläutern.

An diesem Tag erwähnte Thorne am Ende seines Vortrags mein neues Ergebnis. In den Fluren und Cafeterien der naturwissenschaftlichen Fachbereiche werden Ideen und Forschungsberichte ständig diskutiert. Zwar wurde mein Bericht allgemein als eine bemerkenswerte Lösung für Einsteins Gleichungen anerkannt, er verursachte aber natürlich auch beträchtliche Unruhe und eine gewisse Skepsis bei Leuten, die bezweifelten, dass solche Zeitreisen tatsächlich in unserem Universum stattfinden können. Alex Vilenkin von der Tufts University lud mich zu einem Vortrag vor der gemeinsamen Relativitäts-Gruppe der Tufts University, der Harvard University und des MIT ein. Zu meiner großen Freude drängten sich in dem Saal viele namhafte Wissenschaftler. Bill Press war von der Harvard University herübergekommen, und Alan Guth hatte seine Kollegen Edward Farhi und Sean Carroll vom MIT mitgebracht.

(Am gleichen Tag brachte Michael Lemonick im *Time Magazine* einen Artikel über meine Arbeit. Dort halte ich auf einem Foto zwei Schnüre – *Strings* – hoch und führe ein kleines Raumschiff um sie herum, das ich von meiner siebenjährigen Tochter hatte. Jahre zuvor hatte *Newsweek* ein Bild von mir veröffentlicht, auf dem ich eine Schnur in die Höhe hielt – um die Ein-String-Lösung zu illustrieren. Das erklärt den an sich komischen Tatbestand, dass es in *Newsweek* ein Bild von mir gibt, auf dem ich eine Schnur hochhalte, und in *Time* eines, auf dem ich zwei emporhalte.)

Guth und seine beiden MIT-Kollegen entdeckten später einige interessante Eigenschaften meiner Lösung, unter anderem, dass sich Ihre Rakete zu dem Zeitpunkt, da sie zu Planet A zurückkehren würde, um 360 Grad gedreht und an Geschwindigkeit gewonnen hätte. Kip Thorne berichtete am Caltech-Institut von meiner Lösung, woraufhin Curt Cutler, einer seiner Studenten, auf eine noch interessantere Eigenschaft stieß. Cutler wollte herausfinden, ob *jedes* Ereignis in meiner Raumzeit von einem Zeitreisenden zweimal aufgesucht werden konnte. Alle Ereignisse, die ein Zeitreisender zweimal besuchen kann, wie zum Beispiel Ihr Aufbruch von Planet A, gehören zu einer geometrischen Region, die wir die Zeitreiseregion nennen wollen. Der Rest der Raumzeit wird durch all diejenigen Ereignisse gebildet, zu denen kein Zeitreisender jemals zurückkehren kann. Wie Cutler feststellte, umfasst meine Raumzeit beide Arten: Eine um die Strings kreisende Region, in der Zeitreisen in die Vergangenheit möglich sind, umgibt eine sanduhrförmige Raumzeitregion, in der Zeitreisen in die Vergangenheit unmöglich sind (vgl. Abb. 14). In diesem Raumzeitdiagramm sind zwei Dimensionen des Raums waagerecht abgebildet, während die Zeit als senkrechte Dimension wiedergegeben ist. Aufwärts geht es in Richtung Zukunft. String 1 bewegt sich mit der Zeit nach rechts, und die Weltlinie, die er beschreibt ist als schräg nach oben und rechts verlaufende Diagonale zu erkennen. Je weiter wir in die Zukunft blicken, desto weiter rechts sehen wir String 1. String 2, der sich in die entgegengesetzte Richtung bewegt, hat eine Weltlinie, die nach oben und links verläuft. In der fernen Vergangenheit (dem unteren Rand der Abbildung) befindet sich String 1 links von String 2. Sie kreuzen sich in der Mitte, und in der fernen Vergangenheit (dem oberen Rand der Abbildung) liegt String 1 rechts von String 2. Die Fläche, die die Zeitreiseregion von der Region trennt, in der Zeitreisen in die Vergangenheit unmöglich sind, sieht aus wie ein Lampenschirm, den man mit einem zweiten auf dem Kopf stehenden Lampenschirm zusammengeklebt hat. Diese Fläche bezeichnet man als *Cauchy-Horizont.* (Sie ist nach Augustin-Louis Cauchy benannt, einem französischen Mathematiker aus dem 19. Jahrhundert, der

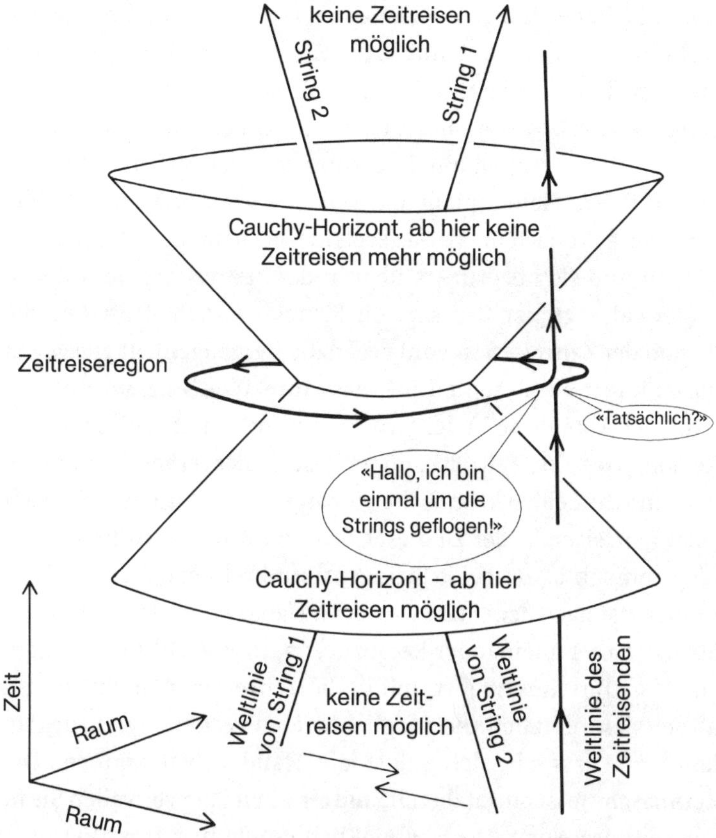

Abb. 14: Die Zeitreiseregion in der Umgebung zweier kosmischer Strings

die Ausbreitung von Wellen untersucht und dabei mathematische Konzepte entwickelt hat, die auch für die allgemeine Relativitätstheorie von großer Bedeutung sind.) Ereignisse innerhalb der Sanduhrform können nicht noch einmal besucht werden. Ereignisse in der Region außerhalb der die Strings umgebenden Sanduhr können von einem Zeitreisenden erneut aufgesucht werden.

Die Weltlinie für Sie – den Zeitreisenden – ist ebenfalls dargestellt. Sie beginnen unten rechts im Diagramm, in behaglicher

Ruhe auf Planet A. Ihre Weltlinie steigt senkrecht an, weil Sie sich nicht im Raum, sondern nur in der Zeit vorwärts bewegen. Dann brechen Sie auf und umkreisen die Strings – der abgebildete waagerechte Kreis. Wenn Sie zu Planet A zurückkehren, sagen Sie: «Hallo, ich bin einmal um die Strings geflogen!» Danach bleiben Sie auf Ihrem Heimatplaneten, und Ihre Weltlinie verläuft wieder senkrecht nach oben. Das Ereignis, bei dem Sie sich selbst begegnen und sich begrüßen, liegt in der Zeitreiseregion. Interessanterweise grenzt der sanduhrförmige Cauchy-Horizont die Region der Zeitreisen sowohl gegen die Vergangenheit wie gegen die Zukunft ab. Beachten Sie, dass Ihre Weltlinie am unteren Rand der Abbildung in der fernen Vergangenheit beginnt, in der Region, wo keine Zeitreise möglich ist. In der fernen Vergangenheit sind die beiden kosmischen Strings so weit auseinander, dass jeder Zeitreisende, der zu dieser Zeit von Planet A aufbräche, zu lange bräuchte, um beide Strings zu umkreisen, daher würde er immer erst nach dem Start wieder zu Hause eintreffen. Wenn die Strings näher aneinander heranrücken, Ihre Weltlinie den Cauchy-Horizont durchbohrt und in die Zeitreiseregion eintritt, eröffnet sich plötzlich die Möglichkeit, so rechtzeitig zurückzukommen, dass Sie sich selbst die Hand geben können. Die Zeitmaschine ist einsatzbereit, und eine Zeit lang verweilen Sie in der Zeitreiseregion. Doch schließlich durchquert Ihre Weltlinie wieder die obere, umgekehrte Lampenschirmfläche, und damit ist für Sie die Möglichkeit von Zeitreisen vorbei. Die Zeitmaschine ist vernichtet. Die Strings sind jetzt zu weit auseinander. Um sie zu umrunden, würden Sie so lange brauchen, dass Sie stets nach Ihrem Aufbruch zurückkehren würden. Zeitreisen sind nur möglich, solange die Zeitmaschine existiert.

Das beantwortet Stephen Hawkings berühmte Frage: «Warum sind wir dann nicht von Touristen aus der Zukunft überlaufen?» Ganz einfach, weil bisher noch niemand eine Zeitmaschine gebaut hat. Verständlich gesagt: Wenn man im Jahr 3000 eine Zeitmaschine bauen würde, könnte ein Zeitreisender mit ihrer Hilfe vielleicht aus dem Jahr 3002 in das Jahr 3001 zurückreisen, aber nicht in das Jahr 2001, weil die Zeitmaschine zu diesem Zeitpunkt noch nicht gebaut wäre. Zeitmaschinen wie meine String-Lösung und Kip Thornes Wurmloch-Lösung, die auf Raumzeitkrümmungen beruhen, kennen Raumzeitregionen, in denen Zeitreisen nicht möglich sind. Wenn noch keine Zeitmaschinen gebaut sind, können wir auf der Erde die Vergangenheit auch nicht besuchen. Weiterhin liegen alle Ereignisse, von denen wir gegenwärtig Kenntnis haben, innerhalb unseres Rückwärtslichtkegels, also vor der Zeitreiseregion. Daher sehen wir keine Zeitreisenden beim Kennedyattentat im Jahr 1963. So wichtig das Ereignis auch war, es fällt, wie wir, in einen Zeitraum, zu dem es keine Zeitmaschinen gab, daher kann es von keinem Zeitreisenden aufgesucht werden. Doch Cutlers Studie zeigt, dass Beobachter, die ihre eigene Vergangenheit sehr sorgfältig untersuchen und keinen Anhaltspunkt für Zeitreisende entdecken, daraus nicht schließen dürfen, sie würden auch keinen Zeitreisenden in der Zukunft begegnen. Ein Beobachter kann jederzeit einen Cauchy-Horizont durchqueren und plötzlich in eine Zeitreiseregion eindringen, wo sich überraschend Zeitreisende aus der Zukunft zeigen und ihn begrüßen können.

KOSMISCHE STRINGSCHLEIFEN UND SCHWARZE LÖCHER

Nehmen Sie an, Sie möchten eine Zeitmaschine bauen, die auf kosmischen Strings basiert, aber es ist Ihnen nicht beschieden, zwei unendlich lange kosmische Strings zu finden, die in unserem Universum mit der erforderlichen hohen Geschwindigkeit aneinander vorbeigleiten. Nehmen wir an, stattdessen entdecken Sie im All eine große Stringschleife. Eine derartige Schleife wäre wie ein riesiges, schwingendes Gummiband, das unter solcher Spannung stünde, dass es plötzlich zuschnappen könnte. Eine

Superzivilisation könnte eine Schleife dieser Art gravitativ manipulieren, indem sie massereiche Raumschiffe in seine Nähe lenkte, bis die Schleife die gewünschte Form hätte und sich in geeigneter Weise bewegte. Wenn die ursprüngliche Schleife in der richtigen Weise geformt würde – zu einer leicht gekrümmten rechtwinkligen Figur, wie der Rahmen eines Liegestuhls –, fiele die Schleife in sich zusammen, und dabei würden zwei gerade Abschnitte der Schleife mit einer Geschwindigkeit aneinander vorbeigleiten, die hoch genug wäre, um eine Zeitmaschine zu erzeugen.

Eine in sich zusammenstürzende Stringschleife, deren Größe Ihnen gestatten würde, sie einmal zu umkreisen und ein Jahr in der Zeit zurückzureisen, besäße mehr als die halbe Massenenergie einer ganze Galaxie. Aber es gibt noch ein größeres Problem – eine solche massereiche Stringschleife würde bei ihrem Kollaps so kompakt werden, dass sie Gefahr liefe, ein Schwarzes Loch zu bilden.

Ein Schwarzes Loch ist ein kosmisches *Hotel California*: Sie können einchecken, aber nicht auschecken. Wenn Sie einen Ball in die Luft werfen, fällt er normalerweise wieder zur Erde zurück. Aber werfen Sie Ihren Ball mit einer Geschwindigkeit von mehr als 40 000 Stundenkilometern in die Luft, der Fluchtgeschwindigkeit auf der Erde, entschwindet er auf Nimmerwiedersehen. Astronauten, die auf den Mond gelangen wollten, mussten diese Geschwindigkeit erreichen. Die Fluchtgeschwindigkeit ist der Schlüssel zum Verständnis Schwarzer Löcher. Wenn Sie die Masse der Erde auf eine kleinere Größe zusammenstauchen, steigt ihre Fluchtgeschwindigkeit. Pressen Sie die Erde zusammen, bis ihr Umfang weniger als 5,9 Zentimeter ausmacht, wird ihre Fluchtgeschwindigkeit größer als die Lichtgeschwindigkeit. Da nichts schneller als das Licht sein kann, vermag der solchermaßen zusammengepressten Erde nichts mehr zu entkommen – sie hätte sich in ein Schwarzes Loch verwandelt. Unter diesen Umständen würde die Gravitation dafür sorgen, dass die Erde ihren

Kollaps fortsetzen und schon bald eine *Singularität* bilden würde – einen Punkt von unendlicher Dichte und Krümmung. Tatsächlich könnten Quanteneffekte die Dichte der Singularität auf ungefähr 5×10^{93} Gramm pro Kubikzentimeter beschränken. Umgeben wäre diese winzige Singularität lediglich von gekrümmtem, leerem Raum. Ein kugelförmiger *Ereignishorizont* würde die Singularität umschließen. Alles, was im Inneren dieser Kugel vom Umfang 5,9 Zentimeter geschähe, bliebe für draußen befindliche Beobachter auf immer verborgen, weil kein Licht, das drinnen emittiert würde, nach außen gelangen könnte. (Die Größe des Ereignishorizonts eines Schwarzen Lochs hängt von seiner Masse ab. Ein Schwarzes Loch mit einer Masse, die drei Milliarden Mal größer als die der Sonne ist – ein solches Schwarzes Loch hat man mit dem Hubble-Weltraumteleskop im Kern der Galaxie M87 beobachtet –, besitzt einen Ereignishorizont, der einen Umfang von 56 Millionen Kilometern oder rund 52 Lichtstunden aufweist.)

Nehmen wir an, ein Professor wollte ein nichtrotierendes Schwarzes Loch von dreimilliardenfacher Sonnenmasse untersuchen. Der Professor könnte sicheren Abstand zum Schwarzen Loch halten, 34,2 Lichtjahre, und seinen Doktoranden hineinschicken. Während der unglückliche Doktorand hineinfällt, sendet er über Funk seine Beobachtungen hinaus. Seine Nachricht: «Die Sache geht schief!» Der Doktorand sendet das Wort *geht* genau in dem Augenblick, als er den Ereignishorizont überquert – bis dahin ist noch nichts schief gelaufen. Nach seiner eigenen Uhr braucht der Doktorand achtzehn Monate, um den Horizont zu erreichen. Als er ihn durchquert, bemerkt er nichts Ungewöhnliches. Es sind keine Warnschilder aufgestellt. Doch sobald er den Ereignishorizont durchquert hat, muss er alle Hoffnung auf Rückkehr fahren lassen. Egal, was er aus den Triebwerken seiner Rakete herausholt, er wird unaufhaltsam zur Singularität im Mittelpunkt des Schwarzen Loches gezogen. Die Raumzeit im Inneren des Schwarzen Lochs ist so gekrümmt, dass die Zukunft des armen Doktoranden vollkommen von der Singularität beherrscht wird. Er kann sie ebensowenig vermeiden wie Sie den nächsten Dienstag. Sind seine Füße beim Sturz in das Schwarze Loch näher an dessen Mittelpunkt als sein Kopf, dann werden die Füße stärker nach innen gezogen als der Kopf. Er wird in die Länge gestreckt wie auf einer Folterbank. Da jede Schulter auf direktem Weg in das Loch fallen will, werden seine Schultern umso stärker zusammengepresst, je weiter er sich dem Mittelpunkt nähert – als würde er noch zusätzlich in eine eiserne Jungfrau gesteckt. Die Gezeitenkraft, die ihn streckt und staucht, wird immer stärker. Bei weiterer Annäherung an die Singularität zieht ihn die fast unendliche Raumzeitkrümmung wie ein Stück Spaghetti auseinander und reißt seinen Körper entzwei. Seine sterblichen Reste werden dann der Singularität im Zentrum einverleibt. Damit hat das Schwarze Loch seiner Masse die Masse eines unglücklichen Doktoranden hinzugefügt. Auf der Uhr des Doktoranden sind ungefähr 5,5 Stunden verstrichen von dem Zeitpunkt, da er durch den Ereignishorizont gefallen ist, bis zu dem Augenblick, wo sein Körper zerrissen wird und seine Einzelteile in der Singularität landen.

Derweilen kämpfen sich die Photonen der Funknachricht, die der Doktorand dem Professor beim Sturz ins Schwarze Loch übermittelt hat, mehr oder minder mühsam nach draußen. Das Wort *Die*, das ein gutes Stück vor dem Schwarzen Loch gesendet wurde, wird rasch von dem Professor empfangen. Das Wort *Sache*, das kurz vor dem Ereignishorizont das Funksprechgerät verließ, braucht möglicherweise Jahrtausende, um hinauszuklettern. Das Wort *geht*, das der unglückliche Student direkt am Ereignishorizont eingegeben hat, bewegt sich natürlich auch mit Lichtgeschwindigkeit nach draußen, kommt aber – wie ein Kind, das eine abwärts fahrende Rolltreppe nach oben steigt – nicht voran. Das Wort bleibt einfach am Ereignishorizont und tritt auf der Stelle. Und das Wort *schief*, das im Inneren des Schwarzen Lochs ausgesandt wurde, bevor den Studenten sein scheußliches Schicksal ereilte, verhält sich wie ein Kind, das versucht, eine superschnelle abwärts fahrende Rolltreppe emporzulaufen. Obwohl das Wort «nach oben» läuft, wird es weitaus schneller nach unten befördert und schließlich, wie der Doktorand, in die Singularität gezogen. Die Nachricht, die der Professor empfängt, lautet: «Die S...a...c...h...e...» Er findet nie heraus, was dem Studenten im Inneren des Schwarzen Lochs zugestoßen ist. Daher der Name Horizont – man kann ihn nicht überschreiten. Wenn der Professor später dem Doktoranden in das Schwarze Loch folgt, wird er dem Signal *laufen* in dem Augenblick begegnen, da er den Ereignishorizont durchquert – es befindet sich natürlich noch dort. Der Professor sieht es, in Übereinstimmung mit der speziellen Relativitätstheorie, genau mit Lichtgeschwindigkeit an sich vorbeirasen.

Nachdem Sie nun wissen, welchen Gefahren Astrophysikstudenten ausgesetzt sind, die Feldstudien an Schwarzen Löchern vornehmen, wollen wir ergründen, was das für meine Stringschleifenzeitmaschine bedeutet. Wie mein Artikel in den *Physical Review Letters* über bewegte Stringschleifen darlegt, wird in dem Augenblick, da die in sich zusammenstürzende Stringschleife die Geschwindigkeit erreicht, die erforderlich ist, um Zeitreisen zu ermöglichen, ihr Umfang, gemessen an ihrer Masse, so klein, dass sie Gefahr läuft, ein rotierendes Schwarzes Loch zu bilden. Hier habe ich ein Kriterium verwendet, das als *Reifen-Vermutung* bezeichnet wird und von dem Caltech-Physiker Kip Thorne vorgeschlagen wurde. Thorne hatte die Auffassung vertreten, dass ein Masseklumpen, der so weit zusammengepresst würde, dass sein Umfang in jeder Richtung kleiner wäre als der Umfang eines Schwarzen Lochs von gleicher Masse, in jedem Fall selbst zu einem Schwarzen Loch zusammenstürzen würde (ihren Namen leitet die Vermutung daher ab, dass ein solcher Masseklumpen, egal wie Sie ihn drehen und wenden, immer durch einen Hula-Hoop-Reifen passt, dessen Radius derselbe ist wie der des Schwarzen Lochs gleicher Masse). Das ist zwar kein Beweis dafür, dass sich in diesem Fall tatsächlich ein Schwarzes Loch bilden würde, aber ein gutes Argument, und bislang wurde noch keine Ausnahme von Thornes Hoop-Conjecture entdeckt. Durch die Art und Weise, wie die beiden Stringabschnitte aneinander vorbeigleiten, hat die Stringschleife einen gewissen Drehimpuls, daher muss sie ein rotierendes Schwarzes Loch bilden. Wenn wie erwartet ein Schwarzes Loch entsteht, kann jede denkbare Zeitreiseregion im Inneren des Schwarzen Lochs gefangen sein. Es werden drei Möglichkeiten aufgezählt, wie das aussehen könnte:

1. Man könnte in das rotierende Schwarze Loch fallen und umkommen (von der fast unendlichen Raumzeitkrümmung zerrissen werden), bevor man in der Lage wäre, irgendeine Zeitreise in die Vergangenheit zu unternehmen.

2. Man könnte in das rotierende Schwarze Loch fallen und in der Zeit zurückreisen, aber nicht in der Lage sein, vor Freunden damit zu prahlen, weil man nicht zurückkäme. Später würde der Zeitreisende von der fast unendlichen Raumzeitkrümmung zerrissen.

3. Man könnte in das rotierende Schwarze Loch fallen, in der Zeit zurückreisen und später in einem anderen Universum zum Vorschein kommen. Vielleicht wäre das besser – aber mit dem Prahlen vor alten Freunden wäre es wieder nichts.

1999 entdeckten die Physiker Sören Holst von der Universität Stockholm und Hans-Jürgen Matschull von der Johann-Gutenberg-Universität Mainz eine exakte Lösung der Einsteingleichungen in einem niederdimensionalen Fall – Flächenland –, für den diese dritte Möglichkeit zutrifft. Verborgen in einem Schwarzen Loch kann sich eine Zeitmaschine meines Typs bilden; ein Flächenländler könnte innerhalb des Schwarzen Lochs in der Zeit zurückreisen und später in einem anderen Universum wieder hervorkommen.

Wenn Sie trotz des Umstands, dass Sie danach nicht damit prahlen können, eine Zeitmaschine bauen möchten, die Ihnen erlaubt, die Stringschleife einmal zu umkreisen und um rund ein Jahr in der Zeit zurückzureisen, brauchen Sie eine enorme kosmische Stringschleife mit einer Masse von mehr als der Hälfte der Masse unserer gesamten Galaxie. Nehmen wir an, Ihre Superzivilisation hat die Schleife manipuliert, bis sie eine leicht gewundene, annähernd rechtwinklige Geometrie aufweist, deren waagerechte Seiten ungefähr 54 000 Lichtjahre lang und deren senkrechte Seiten rund 0,01 Lichtjahre hoch sind. Das Rechteck schrumpft, wenn die senkrechten Seiten einander angenähert werden, wodurch sie sich verlängern. Wenn die senkrechten Seiten 27 000 Jahre nach dem Start ein halbes Lichtjahr hoch sind, werden sie oben und unten durch waagerechte Abschnitte verbunden, die nur etwa drei Meter lang sind. Die beiden relativ geraden senkrechten Seiten nähern sich einander an und gleiten in einem Abstand von drei Metern mit mehr als 99,999999996 Prozent der Lichtgeschwindigkeit aneinander vorbei. Folgen Sie einem der geraden Stringabschnitte mit dieser Geschwindigkeit, und Sie werden während der 27 000 Jahre dauernden Reise nur um drei Monate altern.

In dem Augenblick, da die beiden Stringabschnitte einander passieren, werden Sie, wenn Möglichkeit zwei zutrifft, in der Lage sein, die beiden vorbeijagenden kosmischen Stringabschnitte zu umkreisen und rund ein Jahr in der Zeit zurückzureisen. Doch zu diesem Zeitpunkt befinden Sie sich bereits im Inneren des Ereignishorizontes des Schwarzen Lochs, das sich bildet, während die Schleife vollständig in sich zusammenstürzt. Daher ist Ihnen der Rückweg versperrt.

Jetzt sollten Sie vor allem zusehen, die Singularität zu meiden. Daher werden Sie versuchen, die Zeitreise in die Vergangenheit fortzusetzen, während Sie sich im Schwarzen Loch befinden. Sagen wir, Sie umkreisen den String elfmal, bevor Sie aufgeben. Wie wird die ganze Reise für Sie aussehen? Wenn Sie das erste Mal dort eintreffen, gerade als die beiden Seiten der Stringschleife aneinander vorbeischießen, sehen Sie elf ältere Versionen Ihrer selbst, die dort warten, um Sie zu verabschieden. Die erste, die ein Jahr älter aussieht als Sie, sagt: «Hallo, ich bin einmal um die

Strings geflogen!» Das zweite Selbst, das zwei Jahre älter aussieht, sagt: «Hallo, ich bin zweimal um die Strings geflogen!» – und so fort. Nachdem Sie die Begrüßung elfmal haben über sich ergehen lassen, machen Sie sich auf die Reise um die Strings, und wenn Sie zurückkehren, hören Sie sich selbst diese Äußerung tun. Sie setzen ihre Rundreisen fort, kehren zum elften Mal zurück und sagen: «Hallo, ich bin elfmal um die Strings geflogen!» Als Ihnen dann klar wird, dass das nicht ewig so weitergehen kann – im Schwarzen Loch ist kein Platz für eine unendliche Zahl von Kopien Ihrer selbst –, und da Sie wissen, dass Sie nicht wieder zurückkehren können, geben Sie das Umkreisen der Strings auf und wenden sich der Zukunft zu, die untrennbar mit dieser Singularität verknüpft ist.

Das Ergebnis ruft eine interessante Parallele ins Gedächtnis. Lange vor meinem Artikel hatte der britische Physiker Brandon Carter die Geometrie in einem einfachen Schwarzen Loch untersucht, das rotiert und keinen Störungen unterliegt, in einem Schwarzen Loch, wie es sich etwa nach dem Kollaps eines rotierenden Sterns bilden könnte. In diesem Fall ist die Singularität kein Punkt, sondern ein kleiner Ring, der nach Einsteins Gleichungen wiederum in andere Universen führt. Mit anderen Worten, wenn Sie sich ins Innere eines solchen rotierenden Schwarzen Lochs begäben, könnten Sie durch den Ring springen und in ein anderes Universum gelangen. Sie könnten auch den Weg durch den Ring vermeiden, trotzdem Ihr Universum verlassen und in einem wieder anderen neuen Universum herauskommen. Das wäre, als würden Sie in einen Fahrstuhl steigen, der nur nach oben fährt. Sie steigen ein, und die Fahrstuhltüren schließen sich hinter Ihnen – keine Rückkehr zu den Freunden im Erdgeschoss-Universum. Bei der Fahrt in den ersten Stock würden Sie die ganze zukünftige Geschichte des Erdgeschoss-Universums beobachten können. Sie haben die Möglichkeit, den Fahrstuhl zu verlassen und das Erste-Stock-Universum zu besichtigen – es ist anders als das, in dem Sie Ihre Reise begonnen haben. Wenn Sie in den Fahrstuhl zurückkehren (sich wieder ins Schwarze Loch begeben), können Sie das Zweite-Stock-Universum besuchen und so fort. Im Prinzip können Sie eine unendliche Zahl von verschiedenen Universen besuchen.

Doch Carter hat noch mehr entdeckt. (Diese Lösungen zu untersuchen, ist wie die Anfertigung einer Patchworkdecke: Unablässig nähen Sie Stücke zusammen, folgen dem Muster und betrachten staunend, was da unter Ihren Händen entsteht.) Im Inneren des rotierenden Schwarzen Lochs, nahe der Ringsingularität, ist die Raumzeit so verformt, dass Sie durch den Ring springen, parallel zu seinem Umfang um ihn herumfliegen und in der Zeit zurückreisen könnten. Das bedeutet, es gibt eine Zeitreiseregion, die im Schwarzen Loch gefangen ist – noch eine weitere Möglichkeit von Zeitreisen, die Einsteins Gleichungen zulassen.

Doch es gibt noch ein weiteres Problem: Die Photonen, die aus unserem Universum in das Schwarze Loch fallen, werden stark blauverschoben und damit sehr energiereich. Wenn Sie diesen Photonen in dem Moment begegnen, wo Sie sich anschicken, durch die Ringsingularität zu springen, kann das für Sie tödlich enden. Und es kommt noch schlimmer: Durch die extreme Verzerrung der Zeitverhältnisse im Schwarzen Loch müssten Sie theoretisch nicht nur auf diejenigen Photonen treffen, die kurz nach Ihnen ins Schwarze Loch gefallen sind, sondern auf alle Photonen, die bis in die fernste Zukunft jemals in das Loch fallen werden! Diese Photonen, die extrem blauverschoben sind, könnten ausreichen, um eine eigene Singularität zu erzeugen und Ihnen dadurch den Weg in die Zeitreiseregion endgültig zu versperren. Doch die Arbeit der Physiker Amos Ori vom Caltech-Institut und Lior Burko vom Technion-Israel Institute of Technology zeigt, dass man *vielleicht* doch durch diese Singularität zur Zeitreiseregion gelangen könnte, denn die durch die eintretenden Photonen gebildete Singularität wäre schwach. Erstens wäre zu erwarten, dass alle Unendlichkeiten in der Krümmung durch Quanteneffekte «verschmiert» wären, daher würde die Krümmung auf einen zwar sehr hohen, aber endlichen Wert klettern. (Wir nennen das «fast unendlich».) Zweitens baut sich die Krümmung so rasch auf, dass die mit ihr verknüpften Gezeitenkräfte Sie möglicherweise nicht zerreißen; diese Kräfte hätten einfach keine Zeit, längere Zeit an Ihrem Kopf und Ihren Füßen zu ziehen, während Sie vorbeiflögen. Es wäre etwa so, als führen Sie mit Ihrem Auto sehr schnell über eine Temposchwelle: Es gäbe einen gewaltigen Schlag, aber Sie würden es überleben. Um die genauen Einzelheiten dieses Prozesses in Erfahrung zu bringen, brauchen wir eine Theorie der Quantengravitation, die wir noch nicht entdeckt haben. In *Black Holes and Time Warps* sagt Kip Thorne: «Ein Astronaut wird fast unversehrt bleiben, bis er an den Rand der von Wahrscheinlichkeit und Quantengravitation beherrschten Singularität gelangt. Erst dort, Auge in Auge mit den Gesetzen der Quantengravitation, wird der Astronaut getötet – und wir können noch nicht einmal absolut sicher sein, dass er dann auch wirklich getötet wird, weil wir die Gesetze der Quantengravitation und ihre Konsequenzen nicht recht verstehen.»

Es gibt noch eine andere Möglichkeit der Zeitreisen. 1976 entdeckte der Physiker Frank Tipler, der heute an der Tulane University lehrt, dass Sie mit einem unendlich hohen Zylinder, der an seiner Oberfläche fast mit Lichtgeschwindigkeit rotiert, in der Zeit zurückreisen könnten, indem Sie um den Zylinder herumflögen. Diese Lösung erinnert an meinen Vorschlag mit den beiden unendlichen kosmischen Strings, die aneinander vorbeigleiten.

Tipler und – später – Hawking bewiesen einige Theoreme, die darauf schließen lassen, dass man in bestimmten Fällen Singularitäten erzeugen würde, wenn man versuchte, in einer endlichen Region eine Zeitmaschine herzustellen, wo vorher noch keine war. (Tipler vertrat die Ansicht, dass Menschen, auch wenn das Universum unendlich wäre, nur eine endliche Region kontrollieren könnten.) Wenn man eine Zeitmaschine herstellen wollte, wo es vorher noch keine gab, müsste man, wie Tipler erkannte, einen Cauchy-Horizont durchqueren, um in die Zeitreiseregion zu gelangen. Tipler untersuchte, wie dieser Cauchy-Horizont beschaffen wäre, wenn die Massen-Energie-Dichte niemals negativ wäre. Dehnt sich der Cauchy-Horizont unendlich aus, gibt es kein Problem. Doch ist der Horizont endlich, muss er, wie Tipler nachwies, irgendwo in der Vergangenheit in einer Singularität enden. Wenn Sie also den Cauchy-Horizont durchquerten, könnten Sie entlang seiner Ausdehnung in die Vergangenheit blicken und eine Singularität erkennen. Allgemein wurde angenommen, dass eine solche Singulariät im Prinzip alle Arten von Elementarteilchen ausspeien und sie dadurch umbringen könnte, doch das Argument hat eine Lücke: Wie wir bereits gesehen haben, gibt es eine Singularität, die Sie bei dem Blick in die Vergangenheit nicht umbringt – die Urknallsingularität am Anfang des Universums. Zu dieser Singularität zurückzublicken, muss nicht unbedingt tödlich enden.

Faszinierend.

Doch die Singularität zu sehen, ist nur ein Problem. Gäbe es nur die normale Materie von positiver Dichte (also den Stoff, an dessen Anblick wir gewohnt sind – etwa Protonen, Neutronen, Elektronen oder elektromagnetische Strahlung), dann erschiene der Cauchy-Horizont instabil. Das hieße, dass jede Störungswelle, die am Cauchy-Horizont entlangliefe, an Intensität zunähme, bis die Bedingungen weitgehend unvorhersagbar würden. Eine Superzivilisation könnte versuchen, die Instabilität durch gezielte Einwirkung in den Griff zu bekommen. (Beispielsweise ist ein Bleistift, der auf seiner Spitze balanciert, instabil, doch wenn Sie schnell und geschickt sind, können Sie den Bleistift auf Ihrer Hand aufrecht halten, indem Sie sie entsprechend vor, zurück und zur Seite bewegen. Einige moderne Kampfjets sind so konstruiert, dass sie in der Flugphase instabil sind; dadurch erhöht man ihre Manövrierfähigkeit, während man ihre Instabilität durch Computersteuerung unter Kontrolle hält.) Im Fall des Schwarzen Lochs ließe sich das in der Praxis schwer verwirklichen. Träte eine Instabilität auf, könnte eine Singularität dem Zeitreisenden tatsächlich den Weg durch den Cauchy-Horizont versperren – er würde nicht nur eine Singularität (aus der Ferne) erblicken, sondern tatsächlich auf sie stoßen. Wie oben erwähnt, brauchten wir eine Theorie der Quantengravitation, um entscheiden zu können, ob unser Astronaut in der Lage wäre, unbeschadet über die Temposchwelle der Singularität in eine Zeitreiseregion zu gelangen. Auf jeden Fall sieht es nach einer gefährlichen Reise aus.

Doch es gibt noch weitere Möglichkeiten, Zeitmaschinen herzustellen, Möglichkeiten, durch die sich einige dieser Schwierigkeiten umgehen lassen.

WURMLÖCHER

1988 hat Kip Thorne zusammen mit Mike Morris und Ulvi Yurtsever, seinen Kollegen vom Caltech-Institut, gezeigt, wie man Zeitreisen mit Hilfe von Wurmlöchern durchführen könnte. Wie im ersten Kapitel dargelegt wurde, sind Wurmlöcher Tunnel, die zwei weit auseinander liegende Raumzeitregionen miteinander verbinden. Stellen Sie sich ein Wurmloch in einem Apfel vor. Der Wurm kann rascher von einer Seite des Apfels zur anderen gelangen, indem er den direkten Weg durch das Wurmloch nimmt, statt auf der gekrümmten Oberfläche des Apfels entlangzukriechen.

Wir könnten ein Wurmloch finden, dessen eine Öffnung in der Nähe der Erde und dessen andere Öffnung in der Nähe von Alpha Centauri läge (Abb. 15 oben). Dann gäbe es zwei Möglichkeiten, auf einen Planeten in der Nähe von Alpha Centauri zu gelangen: Erstens könnten wir den üblichen langen Weg nehmen, der sich über vier Lichtjahre durch den gewöhnlichen Raum erstreckt, oder zweitens durch das Wurmloch springen, was vielleicht auf einen Weg von drei Metern hinausliefe.

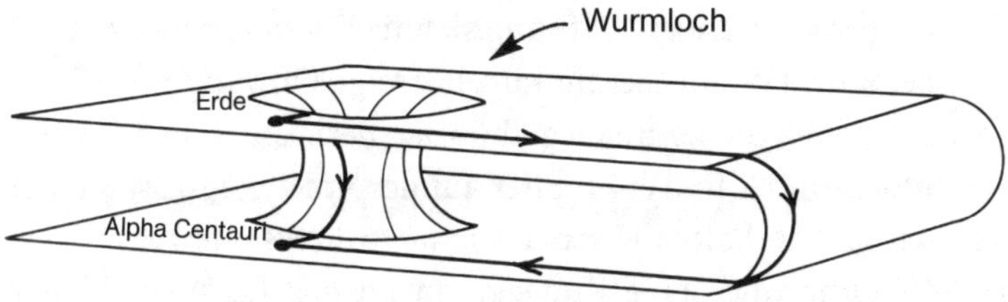

Ein Wurmloch erzeugt eine Abkürzung zwischen Erde und Alpha Centauri.

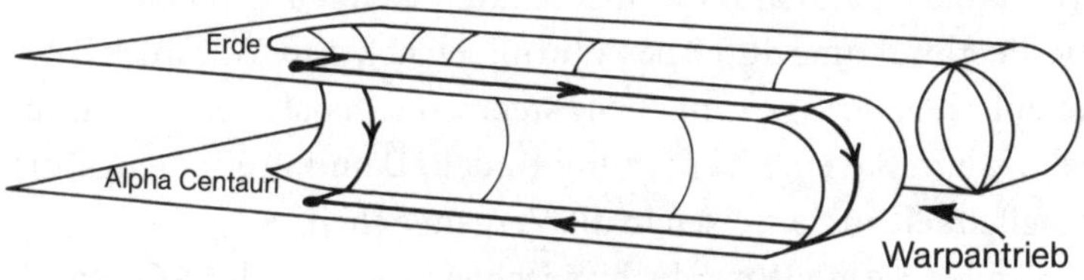

Ein Warpantrieb erzeugt eine U-förmige Verformung der Raumzeit, ebenfalls eine Abkürzung zwischen der Erde und Alpha Centauri.

Abb. 15: Wurmloch- und Warpantriebsgeometrie

Wie wäre dieses Wurmloch beschaffen? Ein Schwarzes Loch sieht wie eine große schwarze Bowlingkugel aus (springen Sie in diese Kugel hinein, kommen Sie nicht wieder heraus), doch das Wurmloch (vorausgesetzt, sein Tunnel ist kurz) sieht aus wie eine dieser Spiegelkugeln, die es in manchen Gärten gibt und die die ganze Landschaft spiegeln. Allerdings wäre es nicht Ihr «irdischer Garten», den Sie in der Wurmlochkugel erblickten, sondern einer, der sich in der Nähe von Alpha Centauri befände. Sprängen Sie in diese Kugel, so würden Sie wie Alice im Wunderland ganz woanders hinauspurzeln – in einen Garten auf einem Planeten in der Nähe von Alpha Centauri. Von dort aus würden Sie bei einem Blick in die Kugel Ihren irdischen Garten sehen. Das Wurmloch ist ein Zwei-Wege-Portal. Ein erstaunlicher Druck von Escher (Abb. 16) zeigt, wie eine Wurmloch-«Öffnung» im All aussehen könnte, wenn die andere Öffnung sich in einem Zimmer auf der Erde befände. (Wenn Sie die kugelförmige Öffnung im All betrachten, sehen Sie kein Spiegelbild, sondern durch den kurzen Wurmlochtunnel in das Zimmer auf der Erde, von dem Sie ein verzerrtes Bild erhalten.) Escher zeichnete dieses Bild 1921, lange bevor Thorne und seine Kollegen an kosmische Wurmlöcher dachten.

Ein Lichtstrahl braucht ungefähr vier Jahre, um Alpha Centauri von der Erde aus zu erreichen, wenn er den Weg durch den gewöhnlichen Raum nimmt, aber Sie können ihn überholen, indem Sie die Abkürzung durch das Wurmloch nehmen. Wie im Fall der kosmischen Strings können Sie stets schneller als ein Lichtstrahl sein, wenn Sie eine Abkürzung finden. Damit eröffnet sich die Möglichkeit zu Zeitreisen in die Vergangenheit.

Fänden Sie ein Wurmloch zwischen Erde und Alpha Centauri, könnten Sie im Jahr 3000 hineinschlüpfen und auf Alpha Centauri herauskommen. Aber wann? Möglicherweise träfen Sie dort nicht 3000, sondern vielleicht 2990 ein. Kämen Sie 2990 nach Alpha Centauri, könnten Sie mit 99,5 Prozent der Lichtgeschwindigkeit zur Erde zurückkehren und dort rund vier Jahre später eintreffen – im Jahr 2994. Auf diese Weise kämen Sie, sechs Jahre bevor Sie aufgebrochen wären, wieder zur Erde zurück. Sie könnten sechs Jahre auf der Erde warten und dann Ihrem jüngeren Ich die Hand schütteln, bevor es im Jahr 3000 zu Alpha Centauri aufbräche. Sie hätten eine Zeitreise zu einem Ereignis in Ihrer eigenen Vergangenheit absolviert.

Doch nehmen wir an, die beiden Öffnungen wären synchronisiert. (Da Alpha Centauri und die Erde sich relativ zueinander nicht mit sehr großer Geschwindigkeit bewegen, könnten Beobachter an den beiden Orten ihre Uhren abgleichen und sich über die Zeit einigen.) Sprängen Sie also am 1. Januar 3000 in das Wurmloch, kämen Sie auch am 1. Januar 3000 bei Alpha Centauri heraus. Insoweit keine Zeitreise. Doch Thorne und seine Kollegen zeigten, dass sich die beiden Öffnungen desynchronisieren

Abb. 16: *Die Kugel* (1921), von M. C. Escher. Wie eine Wurmlochöffnung im All aussehen könnte.

lassen, indem man die Wurmlochöffnung in der Nähe der Erde fast mit Lichtgeschwindigkeit bewegt. Das könnte geschehen, indem man ein massereiches Raumschiff in die Nähe der Öffnung brächte und die Öffnung einfach unter dem Einfluss der Schwerkraft in Richtung Raumschiff stürzen ließe. Würde man dann die Triebwerke der Rakete zünden, folgte die Wurmlochöffnung dem Raumschiff wie eine Marionette. Auf diese Weise zwänge man die Öffnung, sich mit einer Geschwindigkeit von bis zu 99,5 Prozent der Lichtgeschwindigkeit zu bewegen. Am 1. Januar 3000 nähme man also die Wurmlochöffnung auf eine Hin- und Rückreise mit zu einem Punkt, der 2,5 Lichtjahre entfernt läge, wobei die Reisegeschwindigkeit 99,5 Prozent der Lichtgeschwindigkeit betrüge. Für Beobachter auf der Erde würde diese Reise etwas mehr als fünf Jahre dauern – die Öffnung träfe also am 10. Januar 3005 wieder an ihrem Ausgangspunkt ein.

Stellen wir uns nun einen Astronauten vor, der mitten in dem Wurmlochtunnel mit einer Uhr sitzt. Beobachter auf der Erde würden seine Uhr sehr langsam ticken sehen – zehnmal so langsam wie ihre, denn sie würden beobachten, dass er den Hin- und Rückweg, wie die Öffnung, mit 99,5 Prozent der Lichtgeschwindigkeit zurücklegte. (Erinnern wir uns, dass solche bewegten Uhren langsamer ticken. Eine Uhr, die sich mit 99,5 Prozent der Lichtgeschwindigkeit bewegt, tickt nur ein Zehntel so schnell wie auf der Erde, weil Einsteins Faktor $\sqrt{[1-(v/c)^2]}$ in diesem Fall rund ein Zehntel ist.) Wenn das Wurmloch zur Erde zurückkehrt, ist der Astronaut seit dem Start nur um ein Jahr gealtert – fünf Jahre geteilt durch zehn. In der Zwischenzeit hat sich die Wurmlochöffnung in der Nähe von Alpha Centauri nicht bewegt, da keine Kraft auf sie eingewirkt hat. Des Weiteren hätte sich durch diese ganze Reise die Länge des Wurmlochtunnels nicht verändert – er wäre immer noch drei Meter lang. Da Masse und Energie im Wurmlochtunnel gleich bleiben, verändert sich auch, wie wir aus Einsteins Gleichungen wissen, seine Geometrie nicht. Er behält seine Länge – nur die Orte, die er verbindet, verändern sich.

Warten Sie, bis die Wurmlochöffnung wieder in die Nähe der Erde zurückkehrt – wir schreiben hier jetzt den 10. Januar 3005. Sie springen in das Wurmloch, legen anderthalb Meter zurück und stoßen auf den Astronauten, der in der Mitte sitzt. Er ist während der Reise nur um sechs Monate gealtert, daher zeigt seine Uhr den 1. Juli 3000 an. Wenn Sie dann die restlichen anderthalb Meter des Tunnels zurücklegen, verlassen Sie ihn bei Alpha Centauri und stellen fest, dass auch dort der 1. Juli 3000 ist. Warum? Weil sich der Astronaut, vom Alpha-Centauri-Ende aus betrachtet, nicht bewegt und weil seine Uhr, die seit dem Start den Ablauf von sechs Monaten registriert hat, noch immer mit den Uhren auf Alpha Centauri synchron ist. Nachdem Sie am 1. Juli 3000 bei Alpha Centauri aus dem Tunnel geklettert sind, können Sie sich an Bord eines regulären Raumschiffs begeben und auf dem üblichen Weg und durch den gewöhnlichen Raum zur Erde zurückkehren. Wenn Sie mit 99,5 Prozent der Lichtgeschwindigkeit reisen, treffen Sie dort in etwas mehr als vier Jahren ein. Am 8. Juli 3004 betreten Sie also wieder die Erde. Damit sind Sie fast sechs Monate vor Antritt Ihrer Reise zurückgekehrt. Warten Sie bis zum 1. Januar 3005 geduldig auf der Erde, und Sie können sich selbst zum Abschied die Hand geben – Sie haben die Möglichkeit, ein Ereignis in Ihrer eigenen Vergangenheit aufzusuchen.

Auch hier gibt es, wie im Fall der bewegten kosmischen Strings, eine Epoche, vor der es keine Zeitreisen geben kann. Wenn Sie im Jahr 3005 lebten, könnten Sie mit Hilfe der Zeitmaschine die Erde im Jahr 3004 besuchen, aber nicht im Jahr 2001, weil dieses Datum vor der Herstellung der Zeitmaschine liegt. Jemand, der 2001 auf der Erde lebte, könnte keine Zeitreisenden sehen, während ein Beobachter solchen Abgesandten der Zukunft im Jahr 3004 durchaus auf der Erde begegnen könnte. Sobald die Wurmlochöffnungen hinreichend desynchronisiert wären, könnte man Zeitreisen antreten. Noch später, sagen wir im Jahr 3500, hätten wir die Möglichkeit, durch eine entsprechende Bewegung der Wurmlochöffnung bei Alpha Centauri die beiden Öffnungen wieder zu synchronisieren und auf diese Weise die Epoche der Zeitreisen zu beenden. So könnten wir die Zeitmaschine, die wir gebaut hätten, wieder zerstören. Eine Zeitmaschine lässt sich natürlich nur so lange verwenden, wie es sie gibt.

Um ein Wurmloch offen zu halten, damit ein Zeitreisender hindurchkann, braucht man so genannte exotische Materie. Lichtstrahlen, die in der Wurmlochöffnung auf der Erde zusammenlaufen, passieren das Wurmloch und laufen wieder auseinander, wenn sie das Wurmloch bei Alpha Centauri verlassen. Daran erkennt man die Abstoßungseffekte von Materie mit negativer Energiedichte. Man müsste solcher Materie herkömmliche Energie hinzufügen, um zum Zustand mit Energiedichte null zurückzukehren. Überraschenderweise gibt es Quanteneffekte, die tatsächlich eine negative Energiedichte hervorrufen. So hoffen Thorne und seine Mitarbeiter, eine zukünftige Superzivilisation werde in der Lage sein, eine Wurmlochöffnung mit Hilfe solcher Quanteneffekte offen zu halten. Ein anderes Problem, das in diesem Zusammenhang zu lösen wäre, ist die Frage, wie man Wurmlochöffnungen dort anbringt, wo man sie haben möchte. Vielleicht gibt es bereits mikroskopische Wurmlochöffnungen mit einem Durchmesser von 10^{-33} Zentimetern, die viele Orte und Zeiten in der Raumzeit miteinander verbinden. Eine Superzivilisation könnte in der Lage sein, eines dieser mikroskopischen Wurmlöcher so zu vergrößern, dass ein Raumschiff hindurchginge.

Da Wurmlöcher durch Materie mit negativer Energiedichte offen gehalten werden, sind sie stabil, vermeiden die Singularitäten, die Tiplers Theorem vorhersagt, und können Zeitmaschinen hervorbringen, die nicht Gefahr laufen, Schwarze Löcher zu bilden. Trotzdem sind auch sie Quanteneffekten unterworfen, die sich sehr störend auswirken könnten, ein Punkt, auf den ich im vierten Kapitel zurückkommen werde.

WARPANTRIEB

Es gibt eine Zeitreisemöglichkeit, die eng verwandt ist mit derjenigen der Wurmlöcher: den Warpantrieb. In *Star Trek* verändert die Besatzung der *Enterprise* mit Hilfe des Warpantriebs den Raum, sodass das Raumschiff zwischen den Sternen schneller als das Licht verkehren kann. Der mexikanische Physiker Miguel Alcubierre nahm diese Idee ernst und zeigte, wie ein Warpantrieb funktionieren könnte, wenn man die Prinzipien der allgemeinen Relativitätstheorie zugrunde legt. In diesem Fall könnten Sie eine Vierjahresroute von der Erde nach Alpha Centauri nehmen und den Raum so verformen, dass die Entfernung durch die dadurch gebildete Röhre nur drei Meter lang wäre.

Stellen Sie sich das folgendermaßen vor: Sie sind eine Ameise, die oben auf der Tischplatte eines Esstischs lebt. Sie möchten eine andere Ameise besuchen, die auf der Unterseite der Tischplatte lebt. Um Ihren Freund zu besuchen, könnten Sie sechzig Zentimeter bis zur nächsten Kante krabbeln, anderthalb Zentimeter am Rand hinunterkriechen und dann wieder sechzig Zentimeter bis zum Mittelpunkt der Plattenunterseite zurücklegen. Die Gesamtentfernung, die Sie auf diese Weise absolviert hätten, betrüge 121,5 Zentimeter. Eine andere Möglichkeit wäre, dass Sie ein Loch durch die Tischplatte bohrten und anderthalb Zentimeter durch das Loch krabbelten, um Ihren Freund auf direktem Weg aufzusuchen – ein echtes Wurmloch. Schließlich könnten Sie noch eine Laubsäge nehmen und die Platte zwischen Rand und Mitte 60 Zentimeter weit aufsägen. Auf diese Weise bräuchten Sie auch nur anderthalb Zentimeter hinunterzukrabbeln, dieses Mal durch den Schlitz, um Ihren Freund zu besuchen. Auch unter diesen Bedingungen wäre Ihre Reise anderthalb Zentimeter lang. Für andere Ameisen, die auf der Tischplatte herumlaufen, sieht die Tischplatte unverändert aus, solange sie nicht in die Nähe des Schlitzes kommen. Wäre die Tischplatte aus weichem Gummi, ließe sich ein Schlitz auch ohne Sägen durch Verformen oder Verbiegen anlegen. Drücken Sie einfach sehr kräftig gegen den Rand der Gummitischplatte, bis Sie sechzig Zentimeter weit zur Mitte des Tisches vorgedrungen sind. Ohne die Topologie der Platte zu verändern (Sie haben keine Löcher hineingebohrt), haben Sie der Tischplatte durch Verbiegen eine andere Form gegeben. So ist der Warpantrieb zu seinem Namen gekommen (*warp* heißt, wie erwähnt, «verbiegen» oder «verformen»).

Wenn Sie sich Abb. 15 anschauen, erkennen Sie die Ähnlichkeit zwischen der Wurmlochgeometrie (oben) und der Warpantriebsgeometrie (unten). Um die Geometrie zu erzeugen, die für eine mittels Warpantrieb bewirkte Abkürzung der Strecke von der Erde nach Alpha Centauri erforderlich ist, braucht man, wie Alcubierre herausfand, gewöhnliche Materie mit positiver Energiedichte und exotische Materie mit negativer Energiedichte. Mit seiner Lösung, einer röhrenförmigen Bahn, die durch Verformung in die Raumzeit praktiziert wird, würden Sie rasch zu Alpha Centauri gelangen, und eine weitere Verformung würde Ihnen die ebenso rasche Rückkehr zur Erde gestatten. Sie könnten nach Alpha Centauri fahren und am selben Tag rechtzeitig zum Mittagessen wieder zurück sein. Da diese Warpantriebslösung die Möglichkeit bietet, schneller als ein Lichtstrahl unterwegs zu sein, war Alcubierre klar, dass sich durch entsprechende Ergänzungen wohl auch eine Lösung für Zeitreisen in die Vergangenheit finden ließ. Ausgearbeitet, wie dies zu bewerkstelligen sei, hatte er allerdings nicht. Von einem ähnlichen Argument ausgehend, wie ich es für die kosmischen Strings verwendet hatte, zeigte Allen Everett wenig später, dass er zwei bewegte Warpantriebs-Abkürzungen konstruieren konnte, mit denen man in die Vergangenheit reisen könnte.

Es sieht also so aus, als hätte Gene Roddenberry, der Schöpfer von *Star Trek*, durchaus Recht gehabt, als er die vielen Zeitreise-Episoden eingebaut hat! Leider hat der russische Physiker Sergej Krasnikow jedoch den Nachweis erbracht, dass die *Enterprise* in Wirklichkeit nicht dort, wo sie gerade flöge, Warpantriebsbahnen erzeugen könnte, wie es in der Serie der Fall ist. Die Bahn müsste vorher von Raumschiffen angelegt werden, die sich langsamer als das Licht fortbewegen. Die *Enterprise* hätte also mehr Ähnlichkeit mit einem Zug, der auf Schienen führe, als mit einem Allradfahrzeug, das sich in freiem Gelände seinen eigenen Weg sucht. Eine künftige Superzivilisation könnte es wünschenswert finden, Warpantriebsbahnen zwischen Sternen anzulegen, denen die Raumschiffe dann folgen könnten, genauso wie sie Wurmlöcher bauen könnte. Ein Verkehrsnetz aus Warpantriebsbahnen wäre vielleicht sogar leichter zu realisieren als eines aus Wurmlöchern, weil Warpantriebe nur eine Veränderung des vorhandenen Raums verlangten und nicht die Schaffung neuer Löcher, die ferne Regionen miteinander verbänden.

PROBLEME DER ZEITREISEN IN DIE VERGANGENHEIT

Da alle vorgeschlagenen Methoden für Reisen in die Vergangenheit ihre besonderen Schwierigkeiten besitzen, wollen wir noch eine weitere Idee für die Kommunikation mit der Vergangenheit erörtern: Tachyonen. Das sind hypothetische Teilchen, die schneller als das Licht sind.

Was!? Wir haben uns doch schon darauf geeinigt, dass nichts schneller als das Licht sein kann. Richtig, normale Teilchen wie die, aus denen Sie und ich bestehen (Protonen, Neutronen und Elektronen), müssen langsamer als Licht sein. Sonst wäre es ein Verstoß gegen Einsteins Postulat, dass alle Beobachter annehmen können, sie seien in Ruhe. Photonen breiten sich immer mit Lichtgeschwindigkeit im leeren Raum aus.

Doch stellen wir uns vor, wie es die Physiker S. Tanaka, O. M. P. Bilaniuk, V. K. Deshpande und E. C. G. Sudarshan Anfang der sechziger Jahre taten, dass es ein Teilchen gebe, das sich immer schneller als das Licht bewege. Der amerikanische Physiker

Gerald Feinberg nannte ein solches Teilchen ein Tachyon, nach dem griechischen Wort *tachys*, das «schnell» bedeutet. Da Tachyonen rascher als ein Lichtstrahl sind, könnte man mit der Hilfe eines befreundeten Astronauten Tachyonen dazu verwenden, ein Signal in die eigene Vergangenheit zurückzuschicken. Das war die Idee, die Gregory Benford 1980 seinem Science-Fiction-Roman *Timescape* zugrunde legte. Könnte es tatsächlich klappen?

Tachyonen lassen sich mit der speziellen Relativitätstheorie vereinbaren, doch mit den Gleichungen der allgemeinen Relativitätstheorie gibt es Probleme. Ein Tachyon müsste von Gravitationswellen begleitet sein, so wie ein Flugzeug, das die Schallgeschwindigkeit überschreitet, einen Schallknall erzeugt. Ausgehend von einem Ergebnis, zu dem F. C. Jones 1972 kam, und von einer eigenen Lösung der Einstein'schen Feldgleichungen für ein Tachyon in einem anderen Zusammenhang, fand ich 1974 heraus, dass ein Tachyon einen Kegel von Gravitationsstrahlung hinter sich herschleppen würde. Durch die Emission verlöre das Tachyon an Energie, was aufgrund seiner hypothetischen Beschaffenheit dazu führen würde, dass es auf noch höhere Geschwindigkeiten beschleunigte. Aus Jones' Studie geht hervor, dass die Weltlinie des Teilchens in der Raumzeit wie ein ausgedehnter Bogen gekrümmt wäre. Wir sähen die beiden ansteigenden Seiten des Bogens als Tachyon und Antitachyon, die sich mit etwas mehr als der Lichtgeschwindigkeit einander annäherten. Je größer ihre Nähe, desto höher ihre Geschwindigkeit, bis sie schließlich in dem Augenblick, da sie sich oben auf dem Bogen träfen und gegenseitig vernichteten, unendliche Geschwindigkeit erreicht hätten. Damit wäre es aus mit den Tachyonen. Da sich die Weltlinien von Tachyonen stets in dieser Weise krümmen würden, kämen sie die meiste Zeit über nur mit wenig mehr als der Lichtgeschwindigkeit voran. Daher könnte man Tachyonen nicht dazu verwenden, Energie oder Information über makroskopische Entfernungen schneller als das Licht zu verschicken.

Ein letzter Vorschlag für Zeitreisen in die Vergangenheit stützt sich auf Antiteilchen.

Eines späten Abends rief John Wheeler in Princeton Richard Feynman an und rief aus: «Ich weiß jetzt, warum alle Elektronen die gleiche Masse haben – sie sind alle dasselbe Elektron!» Wheeler hatte die Idee, dass man sich ein Positron (das «Antiteilchen» – Teilchen von identischer Masse, aber entgegengesetzter Ladung –, das mit dem Elektron gepaart ist) als ein Elektron vorstellen könne, das sich in der Zeit rückwärts bewege. Möchten Sie diesen Gedanken verstehen, dann stellen Sie sich den Großbuchstaben N in einem Raumzeitdiagramm vor, in dem die Zukunft oben, die Vergangenheit unten und der Raum waagerecht ist. Beginnen Sie unten links und bewegen Sie Ihren Finger auf dem ersten Strich des N nach oben. Das ist die Bahn eines Elektrons, das sich in die Zukunft bewegt. Fahren Sie anschließend mit dem Finger diagonal abwärts, auf der Bahn eines Positrons entlang, ein Elektron, so könnte man interpretieren, das sich in der Zeit rückwärts bewegt. Auf der letzten Linie fahren Sie erneut aufwärts. Das ist wieder ein Elektron. Diese N-förmige Weltlinie in der Raumzeit liefert uns folgenden Film: Wenn wir ein Lineal langsam vom unteren zum oberen Rand des N schieben, sehen wir links ein ruhendes Elektron und rechts die Entstehung eines Elektronen-Positronen-Paars. Das Positron bewegt sich von rechts nach links und trifft schließlich mit dem Elektron auf der linken Seite zusammen, was zu ihrer gegenseitigen Vernichtung führt. Natürlich können wir das N einfach als drei Teilchen interpretieren – zwei Elektronen und ein Positron –, die sich alle in der Zeit vorwärts bewegen. Wheeler hatte sich überlegt, dass alle Elektronen des Universums Teil einer langen Weltlinie sein könnten, die zickzackförmig viele Male in der Zeit vorwärts und rückwärts lief. Jedes «Zick» würde wie ein weiteres Elektron und jedes «Zack» wie ein Positron aussehen. Die Ecken zwischen den Zicks und Zacks wären entweder die Entstehung oder die Vernichtung eines Elektron-Positron-Paars.

Diese Idee könnte nur stimmen, wenn die Zahl der Positronen und Elektronen im Universum zu jedem Zeitpunkt fast gleich wäre. Leider scheint es gegenwärtig weit mehr Elektronen als Positronen im Universum zu geben. Trotzdem scheint die Idee, dass Positronen als Elektronen betrachtet werden können, die sich in der Zeit rückwärts bewegen, gültig zu sein und wurde später von Feynman in seinen Diagrammen der Quantenelektrodynamik verwendet, für die er den Nobelpreis erhielt.

Sie könnten diese Methode nur dann für Zeitreisen verwenden – nur dann eine N-förmige Weltlinie für sich anlegen –, wenn extrem unwahrscheinliche Ereignisse einträten. Erstens, in der Nähe Ihres Aufenthaltsortes müsste mit der Energie mehrerer tausend H-Bomben ein «Sie-Anti-Sie»-Paar geschaffen werden – ein hoch organisierter und daher sehr unwahrscheinlicher Zustand der vielen beteiligten Elementarteilchen. Diese beiden Doppelgänger – das «Anti-Sie», das Ihr Rückwärts-Zack in der Zeit darstellte, und das andere «Sie», das der Wiederaufnahme Ihrer Vorwärtsbewegung in der Zeit entspräche – müssten bis hinab auf die atomare Ebene exakte Repliken von Ihnen sein. Dann müssten Sie und das «Anti-Sie» sich finden. Dafür Sorge zu tragen, dass jedes Teilchen im «Anti-Sie» jedes entsprechende Teilchen in Ihnen vernichtet, damit sich die freigesetzte Energie nicht auf die Strukturen Ihres Körpers auswirken könnte, bevor der Vernichtungsvorgang abgeschlossen wäre, dürfte unüberwindliche Schwierigkeiten bereiten. Sollten Sie also eine Antimaterie-Version Ihrer selbst auf sich zulaufen sehen, überlegen Sie sich gut, ob Sie sie umarmen.

Zeitreisen in die Vergangenheit scheinen, um es vorsichtig auszudrücken, schwierig zu sein, also rufen Sie lieber noch nicht im Reisebüro an. Extreme Bedingungen sind erforderlich, um ein solches Projekt auch nur zu versuchen. Zeitmaschinen zur Reise in die Vergangenheit werden sich kaum in einer Garage bauen lassen wie der erste *Apple*-Computer. Sie sind, wie Kip Thorne zutreffend gesagt hat, bestenfalls Projekte für Superzivilisationen der Zukunft.

Doch Physiker haben im Prinzip einen sehr guten Grund, sich mit den Möglichkeiten von Zeitreisen zu befassen: Wie bereits erwähnt, sind wir daran interessiert, die physikalischen Gesetze unter extremen Bedingungen zu testen. Wie Physiker häufig betonen (vor allem, wenn man ihnen das Geld zum Bau eines neuen Teilchenbeschleunigers verweigert), war das Universum in seinen ersten Augenblicken selbst ein Teilchenbeschleuniger. Wenn wir nach Orten suchen, an denen extreme Bedingungen herrschen, können wir ins Innere von Schwarzen Löchern blicken – oder zurück zum Anfang des Universums. Am Anfang seiner wissenschaftlichen Laufbahn hat Stephen Hawking gezeigt, dass einige Theoreme über die Singularitäten, die in den Zentren Schwarzer Löcher auftreten, gleichfalls auf das frühe Universum anwendbar sind. Aus Untersuchungen der modernen Inflationskosmologien wissen wir jetzt, dass auch das frühe Universum Ereignishorizonte gehabt haben muss, genau wie Schwarze Löcher. Diese Ereignishorizonte trennen uns von fernen Regionen, die auf immer unserem Blick entzogen sind. Wenn wir lernen, die physikalischen Parameter Schwarzer Löcher besser zu verstehen, können wir vielleicht auch besser beurteilen, was im frühen Universum geschehen ist.

Eine ähnliche Logik gilt für Zeitmaschinen. Wenn wir herausfinden wollen, ob die physikalischen Gesetze Zeitreisen in die Vergangenheit zulassen, könnte es durchaus sinnvoll sein, Extremsituationen eingehender zu untersuchen. Ein Ort, an dem wir nach natürlich vorkommenden Zeitmaschinen suchen könnten, ist möglicherweise das Innere von Schwarzen Löchern. Auch zu Anfang des Universums war die Krümmung der Raumzeit extrem – hat es dort auch eine Zeitmaschine gegeben? Wenn ja, könnte sie vielleicht erklären, wie das Universum begonnen hat.

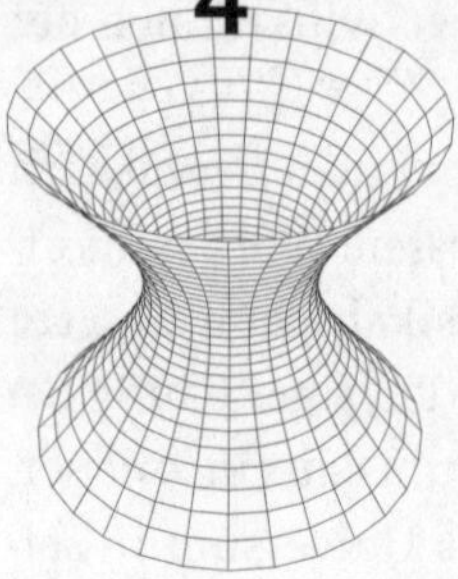

4 Zeitreisen und der Anfang des Universums

> Woraus diese Schöpfung entstanden ist – ob aus sich selbst oder nicht –, das weiß nur der eine, der aus dem höchsten Himmel auf sie herabsieht – oder vielleicht auch nicht.
>
> *Der Rigveda*
> *(nach der Übersetzung von Wendy Doniger O'Flaherty)*

EIN BRIEF VON LI-XIN LI

Eines Tages öffnete ich in meinem Büro in der Princeton University einen Brief. Er war von Li-Xin Li, einem Studenten aus China. Er bekundete sein Interesse daran, nach Princeton zu kommen und bei mir über ein Projekt aus dem Bereich der Zeitreisen zu promovieren. Beigefügt hatte er eine Arbeit, die er über das Thema geschrieben hatte. Es ist nicht unüblich, dass Studenten, die sich für eine Promotion bewerben, Briefe oder auch Arbeiten schicken. In der Regel leite ich sie an die zuständige Stelle unseres Fachbereichs weiter, damit dort über die Zulassung entschieden wird. Doch dieser Fall lag anders, weil mir Li-Xin Lis Arbeit bereits wohlvertraut war. Ich hatte sie gelesen und großen Gefallen an ihr gefunden, als sie in *Physical Review* veröffentlicht worden war. Sie beschäftigte sich mit einer Frage, die Stephen Hawking aufgeworfen hatte – ob Quanteneffekte möglicherweise immer darauf hinwirken, Zeitreisen zu verhindern. Das besondere Beispiel betraf Zeitreisen mit Hilfe eines Wurmlochs. Wellen, die durch die beiden Wurmlochöffnungen wieder und wieder im Kreise liefen, könnten sich im Quantenzustand zu unendlicher Dichte – einer Singularität – aufbauen und damit die Zeitmaschine unwirksam machen, bevor sie noch ihren Betrieb aufgenommen hätte. Li-Xin Li machte den fabelhaften Vorschlag, eine reflektierende Kugel zwischen die beiden Wurmlochöffnungen zu bringen, um die Wellen zu reflektieren und den unendlichen Energieaufbau zu unterbinden. Einen so wichtigen Artikel hatte ich noch nie von einem potenziellen Studenten bekommen. Diese Arbeit bewies, dass er zu den wenigen Dutzend Menschen in der Welt gehörte, die in der Lage sind, komplizierte Quantenberechnungen vorzunehmen – und darüber hinaus, dass er eigene Ideen hatte. Und schließlich und vor allem war er an Zeitreisen interessiert.

Das erinnerte mich an die Geschichten, die ich 1975 als Postdoc an der Cambridge University von Professor G. H. Hardy gehört hatte, der eines Tages einen Brief von einem jungen Mann namens S. Ramanujan aus Indien erhielt. Der Inder hatte seinem Brief einige bemerkenswerte Theoreme beigefügt, die er bewiesen hatte. Diese Geschichten erzählte mir Hardys Freund, der namhafte Mathematiker J. E. Littlewood, der damals schon über neunzig und damit ältester Fellow des Trinity College war – Isaac Newtons College. Es ist ein höchst geschichtsträchtiger Ort. Sie gehen den Flur entlang, auf dem der junge Newton rhythmisch in die Hände klatschte, um durch das Echo am Ende des Flurs die Schallgeschwindigkeit zu bestimmen. Jeden Abend wird das Diner in der Great Hall eingenommen, woraufhin die Fellows sich in das obere Stockwerk begeben, um Portwein zu trinken, Zigarren zu rauchen und die Schnupftabakdose herumgehen zu lassen – eine Erfahrung, die mit einer Vergangenheitsreise mittels Zeitmaschine durchaus zu vergleichen ist. Die älteren Fellows unterhalten ihre jüngeren Kollegen mit Anekdoten über ehemalige Trinity-Angehörige, zu denen im Laufe der langen Geschichte unter anderem Alfred Lord Tennyson, Lord Byron und James Clerk Maxwell gehört haben. Als junger Student hielt Byron einen zahmen Bären, den er am Brunnen im Trinity-Hof angebunden hatte, und Newton verließ das Trinity während der Pestjahre, eine Zeit, die er dazu nutzte, die Integral- und Differenzialrechnung zu entwickeln und erstmals den Gedanken zu erwägen, dass die Schwerkraft auch etwas mit der Bahn des Mondes zu tun haben könnte.

Hardy zeigte Ramanujans Brief Littlewood und meinte, derartige Theoreme müssten von einem Mathematiker ersten Ranges stammen. Daher wurde Ramanujan zu einem Besuch des Trinity College eingeladen. In gemeinsamer Arbeit entwickelten Hardy und Ramanujan dann ein höchst bemerkenswertes zahlentheoretisches Theorem: eine Formel, mit der sich exakt abschätzen lässt, auf wie vielen verschiedenen Wegen eine gegebene Summe errechnet werden kann. (Als Ramanujan einmal krank war, besuchte Hardy ihn. Um ihn aufzuheitern, sagte Hardy: «Ich bin gerade in dem Taxi Nr. 1729 angekommen. Was für eine langweilige Zahl!» – «Keineswegs», erwiderte Ramanujan, «es ist eine höchst interessante Zahl: Sie ist die kleinste Zahl, die die Summe von je zwei verschiedenen Paaren von Kubikzahlen ist.» Es stimmt: $1729 = 1^3 + 12^3 = 10^3 + 9^3$. Verblüffend.)

Als ich Li-Xin Lis Brief gelesen hatte, fragte ich mich, ob er vielleicht ein ähnlich bemerkenswerter junger Mann war. In den langen Jahren, in denen ich das Gutachtergremium des Westinghouse- und Intel-Science Talent Search geleitet habe, des ältesten und angesehensten High-School-Förderprogramms im Bereich der Naturwissenschaften, habe ich gelernt, dass der beste Vorhersagefaktor für künftige Erfolge in der Forschung gute Ergebnisse in bisherigen Forschungsarbeiten sind. Besser als Schulleistungstest, Notendurchschnitt oder Empfehlungsschreiben. Li-Xin Li hatte gewiss eine große Zukunft vor sich. Daher empfahl ich ihn mit wärmsten Worten meinen Kollegen von der Zulassungskommission, und – um es kurz zu machen – er bekam ein Stipendium für den Fachbereich Astrophysik an der Princeton University.

Ich hatte eine gute Idee für sein Forschungsprojekt: die Frage, wie sich mit Hilfe von Zeitreisen der Ursprung des Universums erklären lässt. Allerdings galt es, ein wichtiges Problem zu lösen. Ließ sich überhaupt ein sinnvoller Quantenzustand für das frühe Universum finden, in dem Zeitreisen eine Rolle spielten?

Li-Xin Li traf einige Monate früher ein, und obwohl er noch nicht offiziell als Student eingeschrieben war, sahen wir keinen Grund, uns nicht sofort an die Arbeit zu machen. Wenn Sie ein wirklich wichtiges Forschungsprojekt haben, sind Sie meistens gut beraten, wenn Sie bis zu seinem Abschluss nichts darüber verlauten lassen. Li-Xin Li und ich trafen uns einmal die Woche zum Mittagessen, und wir erzählten niemandem, woran wir arbeiteten. Das waren denkwürdige Treffen. Wir probierten mehrere Restaurants am Ort aus, bevor wir den Orchid Pavilion zu unserem Stammlokal erkoren. Bei einem Essen, ziemlich zu Beginn des Projekts, waren wir vollkommen in unsere Theorie über den Ursprung des Universums vertieft, als wir einen Glückskeks erhielten, in dem es hieß: «Vertrauen Sie Ihrer Intuition. Das Universum lenkt Ihre Geschicke.» Wir nahmen das als Zeichen der Ermutigung.

VAKUUM UND CHRONOLOGIESCHUTZ

Bevor ich Ihnen den Rest dieser Geschichte erzählen kann, muss ich Sie über verschiedene Vakuumformen informieren, denn sie spielen eine Schlüsselrolle in Li-Xin Lis und meiner Arbeit. Es geht um jenes Vakuum, das vorliegt, wenn Sie einen Raum von allem geleert haben, was darin war – Menschen, Möbeln, Luft. Befreien Sie ihn von allen Elementarteilchen, auch den Photonen. Dann bleibt nur noch leerer Raum – ein Vakuum. Ein *normales Vakuum* dürfte eigentlich überhaupt keine Dichte und überhaupt keinen Druck besitzen. Doch die Quantenmechanik sagt uns, dass der leere Raum nicht unbedingt immer ein Vakuum mit einem Druck von null ist. 1948 konnte der holländische Physiker Hendrik Casimir zeigen, dass der leere Raum zwischen zwei elektrisch leitenden Platten (zum Beispiel Silberplatten), die man in geringem Abstand voneinander positioniert, ein Vakuum mit negativer Energie ist – das heißt, die Energiemenge, die ein solches Vakuum pro Volumeneinheit enthält, ist weniger als null. Sie müssten diesem Vakuum sogar noch Energie *hinzufügen*, um auf null zu kommen! Das *Casimir-Vakuum* ist in Abb. 17 zusammen mit anderen Vakuen dargestellt. Dabei wird die Energiedichte durch eine Kugel wiedergegeben. Eine hell schattierte Kugel stellt negative Energiedichte dar, eine dunklere Kugel positive Energiedichte. Der Druck in verschiedene Richtungen ist durch Pfeile bezeichnet. Dunklere Pfeile, die nach außen gerichtet sind, stehen für positiven Druck, den Druck zum Beispiel, der in Autoreifen herrscht. Hellere Pfeile, die nach innen weisen, geben negativen Druck oder Sog an. Das *Casimir-Vakuum* hat einen positiven Druck in die beiden Richtungen parallel zu den Platten, aber einen hohen negativen Druck entlang der Linie, welche die beiden Platten verbindet, einen Druck, der die beiden Platten durch Sog aufeinander zubewegt. Diese Kraft wurde im Labor gemessen (zuerst 1958 von M. J. Sparnaay und zuletzt und am genauesten 1997 von S. K. Lamoreaux). Wir wissen also, dass das *Casimir-Vakuum* existiert. Je näher man die Platten zusammenbringt, desto negativer ist die Energiedichte im Raum zwischen ihnen.

Negative Energiedichte ist schon ein sehr sonderbares Phänomen. Sie ermöglicht Lösungen in der allgemeinen Relativitätstheorie, die von Wurmlöchern bis zum Warpantrieb reichen. So haben Morris, Thorne und Yurtsever ein Wurmloch entworfen, dessen Tunnel mit Hilfe des Casimir-Effekts offen gehalten wird. Allerdings müsste ein Wurmlochtunnel, um seine Aufgabe zu erfüllen, einen Umfang von fast einer Milliarde Kilometern haben. Jede Wurmlochöffnung wäre von einer elektrisch geladenen kugelförmigen Casimir-Platte bedeckt. Die Platten wären nur über eine Entfernung von 10^{-10} Zentimeter durch einen kurzen Wurmlochtunnel getrennt, der die beiden Öffnungen miteinander verbände. (Das entspricht einem Grenzwert, den L. H. Ford und Thomas A. Roman entdeckt haben; danach muss die negative Energiedichte in solchen Wurmlochlösungen auf eine sehr schmale Schicht im Wurmlochtunnel beschränkt sein.) Der Bau dieses Wurmlochs wäre eine technische Meisterleistung allerersten Ranges, um es vorsichtig auszudrücken. Die Gesamtmasse wäre 200 Millionen Mal so groß wie die der Sonne. Astronauten, die das Wurmloch durchquerten, müssten aufpassen, dass sie

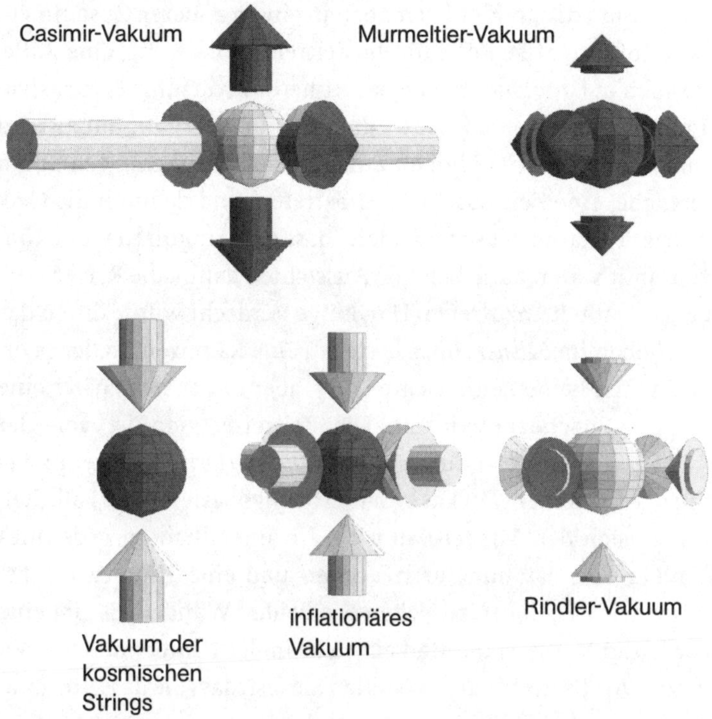

Abb. 17: Verschiedene Vakuumarten

nicht der blauverschobenen Strahlung zum Opfer fielen, die auf die Platten träfe, und nacheinander Falltüren in den beiden Platten öffnen, um hindurchzukommen. Nicht leicht – aber das Casimir-Vakuum eröffnet zumindest im Prinzip die Möglichkeit.

Vakuen sind auch für kosmische Strings wichtig. Im Inneren eines kosmischen Strings müsste ein Vakuumzustand mit positiver Energiedichte und negativem Druck entlang des Strings herrschen (vgl. Abb. 17), der den String ähnlich einem gestreckten Gummiband unter Spannung setzen würde. Im Inneren eines kosmischen Strings herrscht ein ungewöhnlich energiereicher Vakuumzustand.

Vakuumzustände spielen noch in einem anderen Zusammenhang eine wichtige Rolle für die Zeitreisenforschung, eine Rolle, die auch in Untersuchungen des frühen Universums Berücksichtigung findet. Stephen Hawking glaubte, der Vakuumzustand könne sich zu extrem hohen Energien aufschaukeln, wenn man versuche, eine Zeitmaschine zu betreten, und dadurch die Geometrie der Raumzeit so verändern, dass eine Singularität entstünde. Damit wären natürlich alle Aussichten dahin, die Reise in die Vergangenheit anzutreten. Hawkings Verdacht wurde durch das Geschehen im *Misner-Raum* bestärkt, eine Raumzeit, in der es ursprünglich keine Zeitmaschine gibt, aber in der sich später eine Zeitreise-Epoche entwickelt. Die Zeitreiseregion ist von der Nicht-Zeitreiseregion durch einen *Cauchy-Horizont* getrennt, genau wie in meinem auf kosmischen Strings basierenden Fall. Stellen Sie sich den Misner-Raum als ein unendlich ausgedehntes Zimmer vor, das nur durch Vorder- und eine Hinterwand begrenzt wird. Sie leben zwischen den beiden Wänden. Es gibt eine Tür in der Vorderwand und eine Tür in der Hinterwand. Gehen Sie zur Vordertür hinaus, so stellen Sie fest, dass Sie dasselbe Zimmer augenblicklich wieder durch die Hintertür betreten. Aha: Der *Misner-Raum* ist in Wirklichkeit wie eine Art verallgemeinerter Zylinder aufgerollt – seine Vorder- und Hinterwand sind «zusammengeklebt».

Falls Ihnen dieser Raum schon klaustrophobische Gefühle einflößt, darf ich Ihnen versichern: Es kommt noch schlimmer. Sie bemerken, dass die beiden Wände sich einander annähern. Tatsächlich bewegen sie sich mit konstanter Geschwindigkeit und werden sich in der Zukunft treffen – sagen wir, in einer Stunde. Es ist, als wären Sie in der riesigen Müllpresse aus dem *Krieg der Sterne* gefangen – die Wände bewegen sich aufeinander zu, und Sie sind zwischen ihnen gefangen. Doch im *Misner-Raum* ist ein echtes Entkommen möglich. Gehen Sie zur Vordertür hinaus. Wie Sie wissen, kommen Sie zur Hintertür wieder herein. Gehen Sie wieder zur Vordertür hinaus, und wiederholen Sie diesen Vorgang. Da die Wände sich aufeinander zubewegen, wächst ihre Geschwindigkeit relativ zu den Wänden jedes Mal an, wenn Sie sich durch das Zimmer bewegen. Immer wieder, immer schneller passieren Sie das Zimmer. Schon bald nähert sich Ihnen die Vorderwand fast mit Lichtgeschwindigkeit. Da sich das ganze Zimmer relativ zu Ihnen immer schneller bewegt, wird es Ihnen gemäß der speziellen Relativitätstheorie bei jedem neuen Durchgang immer enger erscheinen. Abgesehen davon, rücken die Wände auch tatsächlich mit jedem Mal näher zusammen. Aufgrund dieser Effekte können Sie in endlicher Zeit auf Ihrer Uhr das Zimmer unendlich viele Male durchqueren. Wohin gehen Sie dann? Sie durchqueren dann einen *Cauchy-Horizont* in eine Zeitreiseregion. Sie sind nicht mehr in dem Zimmer, Sie sind nicht mehr in Kansas (um Dorothys Worte aus *Der Zauberer von Oz* zu verwenden). Sie haben ein spezielles Raumzeit-Oz betreten. Die neue Region ähnelt einem aufgerollten Stück Papier – die Vergangenheit befindet sich unten auf dem Blatt und die Zukunft oben, und Sie rollen es zusammen und verkleben den oberen mit dem unteren Rand (vgl. Abb. 9). So können Sie dieselben Ereignisse immer wieder aufsuchen. Der *Misner-Raum* ist zweifellos seltsam – doch auszurechnen, was in ihm geschieht, ist relativ einfach. Häufig führt man ihn als archetypisches Beispiel für eine Raumzeit an, in der eine Zeitmaschine entsteht (wie es auch bei Wurmlöchern und kosmischen Strings der Fall ist).

Die Physiker William Hiscock und Deborah Konkowski von der Montana State University haben berechnet, welche Form des Vakuums für den *Misner-Raum* gelten würde. Sie begannen mit einem Quantenzustand, der dem normalen Vakuum entspricht, und fragten sich, wie er sich wohl verändern würde, wenn man ihn in ein Zimmer versetzte, dessen Vorder- und Hinterwand miteinander verklebt wären. Die zusammengeklebten Wände würden wie parallele Casimir-Platten wirken, daher kamen Hiscock und Konkowski zu dem Ergebnis, dass im Inneren des Zimmers ein *Casimir-Vakuum* mit negativer Energiedichte herrschen würde. Wie oben erörtert, könnten Sie dieses Zimmer vorne verlassen und würden es automatisch von hinten wieder betreten. Während sie stets aufs Neue durch das Zimmer flögen, würde es immer enger werden. Der Abstand zwischen Vorder- und Hinterwand, der Umfang des Zylinders, würde immer kleiner. Je näher die Wände aneinander rückten, desto dünner würde der Zylinder und desto negativer die Energiedichte des Vakuums. Schließlich – Sie stünden gerade im Begriff, in die Zeitreiseregion zu entkommen – würde die negative Energiedichte gegen negativ unendlich gehen. Das riefe eine unendliche Raumzeitkrümmung hervor – eine Singularität – und könnte Sie daran hindern, jemals in die Zeitreiseregion zu gelangen.

Dieses Ergebnis veranlasste Stephen Hawking, seine *Chronologieschutzthese* vorzuschlagen – die Vermutung, dass die Gesetze der Physik immer darauf hinwirken, Zeitreisen in die Vergangenheit zu verhindern. Wenn sich das Quantenvakuum aufschaukelt und eine Singularität erzeugt, sobald Sie sich einer Zeitreiseregion nähern, könnte dieser Umstand zusammen mit den anderen unangenehmen Effekten, von denen oben die Rede war, stets dafür sorgen, dass Ihnen die Regionen versperrt bleiben, in denen Zeitreisen stattfinden.

Doch ich wollte noch einmal einen genaueren Blick auf die Berechnungen von Hiscock und Konkowski werfen. Vielleicht gab es ja eine Möglichkeit, die Schwierigkeiten zu umgehen – genauso, wie Stephen Hawkings Entdeckung jener Emission, die heute als Hawking-Strahlung bezeichnet wird, ähnliche Probleme mit Unendlichkeiten des Vakuums in der Nähe von Ereignishorizonten Schwarzer Löcher löste.

Zunächst bat ich Li-Xin Li, den Vakuumzustand in einer einfacheren Raumzeit mit der Möglichkeit von Zeitreisen zu berechnen, die ich *Murmeltier-Raumzeit* getauft habe. In dem Film *Und täglich grüßt das Murmeltier* durchlebt, wie im ersten Kapitel erwähnt, der Fernsehjournalist, der von Bill Murray verkörpert wird, den gleichen Tag immer wieder, der zufälligerweise der festlich begangene Murmeltiertag ist. Jeden Abend legt er sich schlafen, bis ihn der Wecker um sechs Uhr morgens aus dem Schlaf reißt. Zu seinem Entsetzen entdeckt er, dass es wieder sechs Uhr am Morgen des Murmeltiertags ist und dass er wieder auf seinen Ausgangspunkt zurückgeworfen ist. Die Murmeltier-Raumzeit erzeugt man einfach dadurch, dass man sechs Uhr morgens Dienstag und sechs Uhr morgens Mittwoch zusammenklebt, sodass ein Zylinder entsteht (vgl. Abb. 9.) Wenn Sie in dieser Raumzeit zu sechs Uhr morgens Mittwoch gelangen, landen Sie einfach wieder bei sechs Uhr morgens Dienstag. Ihre Weltlinie könnte dann eine Helix sein, die sich immer wieder um den Zylinder windet, während Sie den gleichen Tag immer aufs Neue erleben. Würden Sie achtzig Jahre (29 220 Tage) leben, würde sich Ihre Weltlinie 29 220-mal um den Zylinder winden, und im Zuge des Alterns würden Sie 29 219 Kopien Ihrer selbst begegnen, vom Baby bis zum betagten Senior.

In diesem Raumzeitszenario könnten Sie gegen sich selbst Fußball spielen – tatsächlich könnten Sie in beiden Mannschaften jede Position besetzen und obendrein noch alle Zuschauer stellen. Sie könnten ins Stadion gehen und Verteidiger in der einen Mannschaft spielen, in der Zeit zurückgehen und als Verteidiger der anderen Mannschaft aufs Feld laufen und so fort, um schließlich als Zuschauer das Stadion zu betreten und sich jedes Mal auf einen anderen Platz zu setzen. Sie hätten den Eindruck, es wären viele Tage, tatsächlich würden Sie immer wieder das gleiche Ereignis erleben. Das Fußballspiel hätte immer das gleiche Ergebnis – weil es ein und dasselbe Spiel wäre.

Wie Li-Xin Li herausfand, hätte ein normales Vakuum, das auf den zylindrischen Murmeltiertag übertragen wäre, eine positive Energiedichte und einen positiven Druck (Abb. 17). Die Energiedichte und der Druck wären klein und würden daher die Geometrie nicht erheblich verändern. Es würde kein unendliches Aufschaukeln der Energiedichte erfolgen. Das scheint für Situationen, in denen Zeitreisen schon immer möglich waren, typisch zu sein. Die Murmeltier-Raumzeit lässt durchgehend Zeitreisen zu – jedes Ereignis kann erneut aufgesucht werden. Es gibt keinen Cauchy-Horizont, der eine Zeitreiseregion von einer Nicht-Zeitreiseregion trennt. Doch das Vakuum, das Li-Xin Li für die Murmeltier-Raumzeit ermittelte, hatte große Ähnlichkeit mit dem, das Hiscock und Konkowski innerhalb der Zeitreiseregion des Misner-Raums entdeckt hatten.

Dann bat ich Li-Xin Li, das normale, auf den Misner-Raum übertragene Vakuum zu untersuchen, wie es Hiscock und Konkowski getan hatten. Er gelangte zum gleichen Ergebnis wie sie. Gab es irgendeine Zeitreiselösung mit Aussicht auf Erfolg?

Bei unserem nächsten Mittagessen sagte Li-Xin Li: «Ich habe die Antwort.» Ihm war klar geworden, dass man in einer gegebenen Geometrie unter mehr als einem Vakuumzustand auswählen kann. Statt mit einem normalen Vakuum zu beginnen, konnte man ebenso gut von einer anderen Art Vakuum ausgehen, die *Rindler-Vakuum* genannt wird.

Das Rindler-Vakuum ist der Vakuumzustand, der von beschleunigten Beobachtern gemessen wird. Um das zu verstehen, müssen wir uns zunächst klar machen, dass ein beschleunigender Astronaut, der die Triebwerke seines Raumschiffs im leeren Raum mit normalem Vakuum zündet, überraschenderweise überall um sich herum Photonen entdeckt. Diese Wärmestrahlung bezeichnet man als *Unruh-Strahlung.* Sie sehen sie nicht, wenn Sie nicht beschleunigen, doch der beschleunigende Astronaut erblickt sie. Woher kommen die Photonen? Ganz einfach, sie borgen ihre Energie beim normalen Vakuum aus, wie jemand, der sich Geld in die Tasche steckt, nachdem er einen Kredit aufgenommen und sich verschuldet hat. Die vom Vakuum geborgte Energie sorgt dafür, dass der Astronaut ein Vakuum beobachtet, dessen Energiedichte unter null liegt – ein Vakuumzustand, den man als Rindler-Vakuum bezeichnet. Das Rindler-Vakuum hat negative Energiedichte und negativen Druck (vgl. Abb. 17). Das gleicht die positive Energiedichte und den positiven Druck der

Unruh-Strahlung, die der Astronaut beobachtet, genau aus und bewirkt, dass sich die Energiedichte und der Druck insgesamt zu null addieren und damit mit dem normalen Vakuumzustand übereinstimmen, den ein nicht beschleunigender Beobachter wie Sie wahrnimmt. Der Astronaut entdeckt Photonen, Sie nicht. Er und Sie sind sich nicht darüber einig, um was für einen Vakuumzustand es sich handelt und ob Photonen vorhanden sich, aber Sie erzielen Einigung hinsichtlich der Gesamtenergiedichte. Das normale Vakuum, das Sie sehen, ist gleich dem Rindler-Vakuum, das er erblickt, plus der Unruh-Strahlung, die er wahrnimmt. Wenn der beschleunigende Beobachter keine Strahlung sähe, schlösse er daraus, dass die Energiedichte tatsächlich geringer als null wäre und er in einem Universum mit einem reinen Rindler-Vakuum lebte. Das Rindler-Vakuum ist (zumindest den Physikern) wohlbekannt; sie brauchen es, um den Vakuumzustand für beschleunigte Beobachter zu beschreiben. (Zu einer eingehenden Beschreibung dieses Vakuums vgl. die Anmerkungen.)

Ein Rindler-Vakuum in der Zeitreiseregion bewirkt eine negative Energiedichte und einen negativen Druck. Doch dann wird, weil die Raumzeit in Zeitrichtung eingerollt ist, positive Energiedichte und positiver Druck hinzugefügt (wie in der Murmeltier-Raumzeit). Bei entsprechenden Parametern heben sich die beiden Effekte exakt auf und hinterlassen ein Vakuum mit einer Energiedichte und einem Druck von null, was genau dem normalen Vakuum entspricht. Diese Aufhebung findet statt, wenn sich Vorder- und Rückwand des Misner-Raums einander genau mit 99,9993 Prozent der Lichtgeschwindigkeit annähern.

Das war eine schöne Lösung. Li und ich schüttelten uns die Hände. Diese andere Art Vakuum, das Rindler-Vakuum, hatte eine Energiedichte und einen Druck von null im gesamten Misner-Raum – sowohl in Zeitreise- als auch in Nicht-Zeitreiseregionen – und erfüllte daher exakt Einsteins Gleichungen. Es war eine selbstkonsistente Lösung: Die Geometrie, die Zeitreisen einschloss, führte in geeigneter Weise zur Entstehung des Quantenvakuums, und dieser Quantenvakuumzustand erzeugte seinerseits, über die Einstein-Gleichungen, die Geometrie, von der wir ausgegangen waren. Diese Lösung lieferte ein wichtiges Gegenbeispiel zur Chronologieschutzthese, denn sie betraf genau den Fall, der ursprünglich zur Entwicklung dieser Hypothese geführt hatte.

Li-Xin Li und ich erkannten sofort, dass sich mit Hilfe dieser Lösung ein selbstkonsistenter Zustand für jenes Modell des frühen Universums einschließlich Zeitreisen herstellen ließ, an dem wir arbeiteten. Als Nächstes galt es, zu zeigen, dass es funktionierte. Das war der Fall. Für unseren kosmologischen Artikel würden wir noch Monate brauchen, daher beschlossen wir, einen gesonderten Aufsatz über den Misner-Raum zu schreiben und ihn rasch an die *Physical Review Letters* zu schicken. Li-Xin Li wurde als erster Autor genannt, weil ihm die entscheidende Entdeckung gelungen war. Wir sandten unseren Artikel am 5. September 1997 ab, nachdem wir noch den geheimnisvollen Satz eingeflochten hatten, wir hätten auch eine selbstkonsistente Lösung für eine gewisse Art mehrfach zusammenhängender De-Sitter-Raumzeit gefunden – eine Aussage, aus der ein Experte hätte herauslesen können, dass wir Lösungen zur Beschreibung des frühen Universums entwickelten, in denen Zeitreisen eine Rolle spielen. Wir hofften, uns mit diesem Satz einerseits die Priorität für solche Untersuchungen zu sichern, ohne dabei zu viele Einzelheiten unserer Idee preiszugeben. Inzwischen arbeiteten wir fieberhaft, um die Berechnungen für unseren Aufsatz über die Entstehung des Universums abzuschließen.

In der Novemberausgabe von *Classical and Quantum Gravity* erschien ein neuer Aufsatz von Michael J. Cassidy, einem Studenten von Stephen Hawking. Er hatte bewiesen, dass es für einen Misner-Raum einen Quantenzustand geben muss, der überall eine Dichte und einen Druck von null hat. Das hatte er aus dem Vakuum abgeleitet, das in der Umgebung eines kosmischen Strings existiert. Cassidy wusste nicht, was das für ein Zustand war, er wusste lediglich, dass es ihn geben und dass er anders sein musste als derjenige, den Hiscock und Konkowski verwendet hatten. Außerdem hatte er festgestellt, dass dieser Zustand auftrat, wenn Vorder- und Rückwand einander mit 99,9993 Prozent der Lichtgeschwindigkeit näherten. Der Quantenvakuumzustand, von dem Cassidy nachgewiesen hatte, dass es ihn geben musste, war ganz eindeutig derjenige, den wir bereits gefunden hatten! Und er hatte dieses Ergebnis vor uns veröffentlicht. Jetzt waren wir davon überzeugt, dass es nur eine Frage der Zeit war, bis ein anderer unsere Lösung fand, daher setzten wir unseren Misner-Raum-Aufsatz sofort auf die Website für astrophysikalische Vorabdrucke (URL:http://arXiv.org/archive/astro-ph), sodass jeder ihn lesen konnte. Anschließend verdoppelten wir unsere Anstrengungen, das Kosmologiepapier so rasch wie möglich fertig zu stellen. Außer dem ersten Weihnachtsfeiertag gönnten wir uns keine Pause. Online reichten wir es bei *Physical Review* ein und stellten es am nächsten Tag, genau zum Jahresende – am 30. Dezember 1997 –, ins Internet. Unser Misner-Raum-Artikel erschien am 6. April 1998 in den *Physical Review Letters*, und unser Kosmologieaufsatz – mit dem Titel «Can the Universe Create Itself?» – wurde am 29. Mai 1998 in der Online-Version von *Physical Review* veröffentlicht, in der Druckversion am 15. Juli 1998. In unserem Kosmologiepapier gingen wir mit Hilfe des Zeitreisekonzepts eines der ältesten und verwirrendsten Probleme der Kosmologie an – die Frage nach der *causa prima*, der ersten Ursache.

DIE FRAGE NACH DER ERSTEN URSACHE

Das Dilemma der ersten Ursache beschäftigt Philosophen und Naturwissenschaftler seit mehr als zweitausend Jahren. Ursachen gehen Wirkungen voran. Wenn Sie eine erste Ursache für das Universum benennen, könnte ein Skeptiker fragen: «Und was hat die verursacht? Was geschah davor?» Aristoteles hat gemeint, die Existenz des Universums sei ewig in der Vergangenheit und in der Zukunft – also brauche man auch diese komplizierten Fragen nicht zu stellen. Dieses Modell fanden auch moderne Naturwissenschaftler verlockend. Newton stellte sich ein Universum vor, das unendlich im Raum (sonst, so dachte er, müsse es zu einer einzigen Masse zusammenstürzen) und ewig in der Zeit war. Als Einstein die allgemeine Relativitätstheorie entwickelte und sie auf die Kosmologie anwendete, war sein erstes kosmologisches Modell ein statisches Universum, das ebenfalls von ewiger Dauer war, ohne Anfang und ohne Ende.

In Einsteins statischem Universum war das Raumvolumen allerdings endlich, weil sich der Raum in sich selbst zurückkrümmte. Das können wir am besten verstehen, indem wir an eine analoge Situation denken: die Erdoberfläche, die sich ebenfalls zu einer Fläche endlicher Ausdehnung krümmt. Die Oberfläche der Erde ist zwar eine endliche Fläche, hat aber keinen Rand. Columbus bewies, dass man nach Westen segeln kann, ohne vom Rand der Erde zu fallen, und Magellans Mannschaft zeigte, dass man ganz um die Erde fahren und an seinen Ausgangspunkt zurückkehren kann.

Die Erdoberfläche ist eine zweidimensionale Fläche, Länge und Breite genügen, um eine Position eindeutig anzugeben. Stellen Sie sich einen Flächenländler vor, der auf der Oberfläche einer Kugel lebt. Er wäre nicht in der Lage, über die Oberfläche der Kugel hinauszusehen, trotzdem könnte er erkennen, dass er auf der Oberfläche einer Kugel lebt und nicht auf einer flachen Ebene, weil er jedes Mal, wenn er auf eine Reise ginge, deren Route er für eine Gerade hielte, an seinen Ausgangspunkt zurückkehrte. Bei Verwendung von Vermessungsgeräten würde er zudem feststellen, dass die Winkelsumme im Dreieck größer als 180 Grad wäre. Mit anderen Worten, seine Welt würde nicht den Gesetzen der euklidischen Geometrie gehorchen. Der Flächenländler könnte sogar ein Dreieck mit drei rechten Winkeln konstruieren, indem er den Nordpol durch eine Nordsüdlinie mit einem Punkt auf dem Äquator verbände, dann eine Viertelumrundung seiner Kugel auf dem Äquator absolvierte und sich schließlich wieder nach Norden wenden würde, um zum Nordpol zurückzukehren. Ein solches Dreieck wäre auf einer flachen Ebene unmöglich. Unser Flächenländler könnte entdecken, dass er nicht in Flächenland, sondern in Sphärenland lebte (Gegenstand des Romans *Sphereland* von D. Burger). Entsprechend könnte ein eindimensionaler Linienländler herausfinden, dass er nicht in Linienland, sondern in Kreisland lebt. Er würde immer nach rechts reisen, aber nachdem er den Umfang des Kreises einmal abgeschritten hätte, käme er wieder zu seinem Ausgangspunkt zurück.

Ein Kreis ist die eindimensionale Version einer Kugel oder Sphäre. Manchmal bezeichnen Mathematiker ihn als *Eins-Sphäre.* Eine gewöhnliche Kugelfläche, etwa die Oberfläche einer Blase, ist eine *Zwei-Sphäre,* weil sie zweidimensional ist. In Einsteins statischem Universum ist die Raumgeometrie eine Drei-Sphäre – das dreidimensionale Gegenstück der Zwei-Sphäre. In einer Drei-Sphäre können Sie leicht feststellen, dass Sie in einem dreidimensionalen Raum leben, der sich in sich selbst zurückkrümmt. Wenn Sie mit Ihrem Raumschiff immer geradeaus fliegen und diesen Kurs eisern beibehalten, landen Sie schließlich wieder auf Ihrem Heimatplaneten – und zwar von der entgegengesetzten Seite kommend. Was Sie für eine gerade Linie in Vorwärtsrichtung halten, ist in Wirklichkeit ein Kreis mit einem endlichen Umfang. Reisen Sie in Ihrem Raumschiff direkt nach rechts, und Sie kehren irgendwann von links auf Ihren Heimatplaneten zurück. Wenden Sie sich direkt nach oben, und Sie kommen von unten zurück. Unabhängig davon, welche Richtung Sie wählen, Sie kehren nach Hause zurück, nachdem Sie eine Entfernung zurückgelegt haben, die gleich dem Umfang der Drei-Sphäre ist. Dieses Drei-Sphären-Universum könnte allerdings sehr groß sein und einen Umfang von vielleicht 10 Milliarden Lichtjahren aufweisen. Dann würden Sie, wenn Sie mit einer Geschwindigkeit reisten, die geringer als die des Lichts wäre, mehr als zehn Milliarden Jahre brauchen, um das Universum einmal zu durchmessen und nach Hause zurückzukehren.

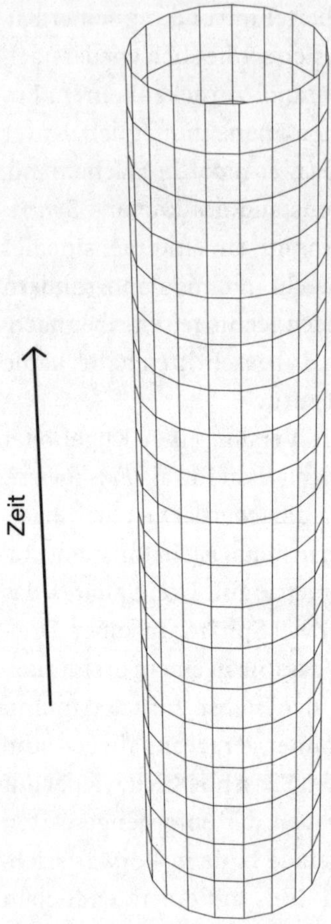

Abb. 18: Einsteins statisches Universum

Einsteins statisches Universum ist im Raumzeitdiagramm von Abb. 18 dargestellt. Neben der Dimension der Zeit zeigt es nur eine der drei Dimensionen des Raums. Einsteins statisches Universum sieht wie die Fläche eines Zylinders aus. In dem Diagramm geht die Zeit aufwärts in Richtung Zukunft, und eine Dimension des Raumes folgt dem Umfang. Wenn Sie wissen möchten, wie das Universum zu einem gegebenen Zeitpunkt aussieht, müssen Sie einen Querschnitt durch diese Fläche legen – Sie erhalten einen Kreis, der, betrachtet man nun wieder alle drei Raumdimensionen, ein Großkreis auf der Drei-Sphäre ist. Wenn Sie sich einen Film anschauen möchten, der zeigt, wie sich dieses Universum mit der Zeit entwickelt, dann stellen Sie sich eine horizontale Ebene vor, die den Zylinder durchschneidet und mit der Zeit nach oben wandert. Sie sehen dann einen Kreis, dessen Größe im Laufe der Zeit konstant bleibt. Das Drei-Sphären-Universum ist statisch. Weder expandiert es noch zieht es sich zusammen – sein Umfang ist immer derselbe. Der Zylinder dehnt sich unendlich in die Vergangenheit und in die

Zukunft aus. Wie Aristoteles es wünschte, wird dieses Universum weder geschaffen noch vernichtet. Es existiert von Ewigkeit zu Ewigkeit.

Doch anders als in Newtons Universum ist der Raum in Einsteins Universum nicht unendlich – der Raum schließt sich in sich selbst und ist endlich. Nur die Oberfläche des Zylinders ist real. Das Innen und das Außen des Zylinders gibt es nicht. Dass wir den Zylinder in einen umgebenden Raum einbetten, dient lediglich der Veranschaulichung. Die Weltlinien der Galaxien (dieses Universum besitzt eine endliche Zahl von Galaxien) sind die geraden senkrechten Linien, die vom unteren Rand des Zylinders zu seinem oberen führen. Das sind ihre Weltgeschichten in der Zeit. Die Galaxien bleiben in konstantem Abstand zueinander. Wenn Sie zu einem gegebenen Zeitpunkt den Abstand zwischen zwei Galaxien messen und ihn zu einem späteren Zeitpunkt erneut überprüfen, ist der Abstand gleich geblieben. Interessanterweise nimmt keine Galaxie eine herausgehobene Position ein. Wie alle Punkte auf einer Kugel äquivalent sind, so sind auch alle Punkte auf einer Drei-Sphäre äquivalent. Es gibt keine spezielle Galaxie, die sich selbst als «Mittelpunkt des Universums» bezeichnen kann.

Um dieses Modell zu entwickeln, musste Einstein die Gleichungen der allgemeinen Relativitätstheorie verändern. In seiner Theorie ziehen Sterne einander an, das heißt, selbst wenn man mit einem Universum im Ruhezustand beginnen würde, finge es augenblicklich an, in sich zusammenzustürzen. Ein statisches Modell, wie es Isaac Newton propagierte, war nicht möglich. Newton hatte die Auffassung vertreten, in einem unendlichen Universum zögen zwar alle Sterne einander an, doch da es für jeden Stern die gleiche Anzahl von anderen Sternen gebe, die ihn in alle denkbaren Richtungen zögen, blieben alle Sterne an ihrem Ort. (Weder Newton noch Einstein wussten, dass es Galaxien gibt, doch das Argument bleibt unverändert, gleichgültig, ob man von Sternen oder Galaxien spricht.) Das war ein (heute infrage gestellter) Kunstgriff, der in Newtons Theorie möglich erschien, weil er von einem absoluten Raum und einer absoluten Zeit ausging. Diese Möglichkeit hatte Einstein nicht. Seine Gleichungen stellten eindeutig unter Beweis, dass es das von Newton vertretene unendliche statische Universum mit Sternen (und Galaxien) von ewiger Dauer nicht geben kann. Tatsächlich war kein statisches Modell möglich.

Also fügte Einstein zu seiner Gleichung einen neuen Term hinzu, den er *kosmologische Konstante* nannte. Mit diesem Term beschrieb Einstein eine zusätzliche Krümmung, die die leere Raumzeit selbst dann aufweisen sollte, wenn gar keine Materie vorhanden wäre. Das wäre in moderner Terminologie gleichbedeutend mit einem Quantenvakuumzustand von positiver Energiedichte und negativem Druck. Heute würden wir das einen *inflationären Vakuumzustand* nennen (vgl. Abb. 17). Einstein wusste natürlich, dass in der Kosmologie ein Vakuumzustand für alle Beobachter, die ihn mit verschiedenen Geschwindigkeiten, aber stets langsamer als das Licht, durchquerten, gleich aussehen musste, dass sich also aus dem Vakuumzustand kein Begriff der absoluten Ruhe ableiten ließ. Daraus folgte, dass der leere Raum, wenn er eine positive Energiedichte besaß, einen negativen Druck von gleicher Größe haben musste. Dieser negative Druck ist eine Art universeller Sog. Wenn Sie Ihre Autoreifen mit diesem inflationären Vakuumzustand füllen würden, fielen sie in sich zusammen – von dem negativen Druck nach innen gezogen. Doch wäre der ganze Raum von einem konstanten negativen Druck durchdrungen, gäbe es keine Druckunterschiede, die auf die Dinge einwirken und sie in Bewegung versetzen könnten – Sie würden ihn nicht bemerken. Beispielsweise herrscht in dem Raum, in dem Sie sitzen, ein Luftdruck von rund 100 000 Newton pro Quadratmeter, doch da er gleichförmig ist, bemerken Sie ihn nicht.

Ein solcher gleichförmiger Druck hat jedoch einen Effekt. Einsteins Gleichungen entnehmen wir, dass Druck Gravitationseffekte hervorruft (etwas, das Newton nicht vorhergesehen hatte).

Ein positiver Druck, wie er etwa in einem Stern auftritt, erzeugt Gravitationsanziehung, daher muss ein negativer Druck Gravitationsabstoßung bewirken. Da es drei räumliche Dimensionen gibt, wirkt der negative Druck des inflationären Vakuums in drei Richtungen, was zur Folge hat, dass der gravitative Abstoßungseffekt des negativen Drucks dreimal so groß ist wie die Anziehung, die durch die Energiedichte des Vakuums hervorgerufen wird. Daher erzeugt der inflationäre Vakuumzustand insgesamt eine Gravitationsabstoßung.

Diese Abstoßung könnte der Gravitationsanziehung der Sterne und Galaxien entgegenwirken und dadurch ein statisches Universum ermöglichen. Wenn übrigens die durchschnittliche Dichte der gewöhnlichen Materie des Universums (Sterne und Galaxien) gering wären, hätte auch die Energiedichte im Vakuum einen niedrigen Wert, während der Umfang des Drei-Sphären-Universums groß wäre. Wenn beispielsweise die mittlere Dichte der Sterne und Galaxien auf den gesamten Raum verteilt ungefähr 280 Wasserstoffatome pro Kubikmeter wäre, hätte Einsteins statisches Universum einen Umfang von rund zehn Milliarden Lichtjahren. Das ist so groß, dass die Effekte der Krümmung lokal nicht wahrzunehmen wären – genauso wie ein kleiner Ausschnitt der Erdoberfläche annähernd flach erscheint. In einem solchen Fall könnten wir anfangs zu der Überzeugung gelangen, unser Universum gehorche den Gesetzen der euklidischen Geometrie, obwohl es sich in Wirklichkeit um ein geschlossenes, gekrümmtes Universum handelt – nicht anders als unsere Vorfahren, die meinten, die Erde sei flach, später aber entdeckten, dass sie eine Kugel ist.

Einsteins Modell warf jedoch Probleme auf. Es war instabil, wie ein Bleistift, der auf seiner Spitze balanciert. Ein solcher Balanceakt lässt sich nicht ewig aufrechterhalten. Durch ihre Verbrennungsprozesse erzeugen Sterne Strahlung, der Gesamtdruck im Universum wächst, das Modell gerät aus dem Gleichgewicht und taumelt dem Zusammensturz entgegen.

Und damit nicht genug der Probleme. Im Jahr 1929 wies Edwin

Hubble nach, dass das Universum expandiert. Als Einstein von Hubbles Entdeckung hörte, nannte er die Einführung der kosmologischen Konstante die «größte Eselei» seines Lebens. Warum? Weil seine Theorie, wäre er bei ihrer ursprünglichen Version ohne die kosmologische Konstante geblieben, noch vor Hubbles Beobachtungen vorhergesagt hätte, dass das Universum entweder expandiert oder sich zusammenzieht. In diesem Fall wäre Hubbles Entdeckung die krönende Bestätigung der Einstein'schen Gravitationstheorie gewesen. Das wäre eine experimentelle Verifikation auf kosmischer Größenskala gewesen, noch viel eindrucksvoller als die Vorhersage der Lichtablenkung in der Umgebung der Sonne. Tatsächlich ging eine solche kosmologische Vorhersage den Hubble'schen Beobachtungen voran, denn Alexander Friedmann, ein junger russischer Mathematiker und Meteorologe, hatte 1922 und 1924 auf der Grundlage von Einsteins ursprünglicher Gravitationstheorie – ohne kosmologische Konstante – die richtigen kosmologischen Modelle veröffentlicht. Doch vor Hubbles Entdeckung nahmen nur wenige Menschen Friedmanns Lösungen zur Kenntnis. Hätte allerdings Einstein selbst diese Lösungen, sagen wir, 1917 entdeckt und bekannt gegeben, hätte jeder aufgehorcht, und man hätte Einstein nach Bekanntwerden von Hubbles Entdeckung begeistert gefeiert. Doch zu Einsteins Pech nahm die Geschichte einen anderen Verlauf, und so wollen auch wir uns nun Hubble und Friedmann zuwenden.

DER URKNALL

Edwin Hubble machte mit seinem Teleskop von 2,5 Metern Durchmesser auf dem Mount Wilson in Kalifornien nicht eine, sondern zwei bahnbrechende Entdeckungen. Erstens stellte er fest, dass unsere Galaxie, eine rotierende Spiralscheibe mit rund 400 Millionen Sternen, nicht allein im Universum ist. Er führte den Nachweis, dass es sich bei vielen spiralförmigen Nebeln, von denen man vorher gemeint hatte, es seien leuchtende Gaswolken in unserer eigenen Galaxie, in Wirklichkeit um andere Galaxien wie die unsere handelte. Er bewies seine Behauptung, indem er schwache veränderliche Sterne im Andromeda-Nebel identifizierte, die dieselben Eigenschaften aufwiesen wie bestimmte veränderliche Sterne in unserer eigenen Galaxie. Dass die veränderlichen Sterne im Andromeda-Nebel trotzdem so viel lichtschwächer erschienen als ihre Verwandten in der Milchstraße, musste daran liegen, dass sie sehr viel weiter entfernt waren. Unsere Galaxie, die Milchstraße, hat einen Durchmesser von ungefähr 100 000 Lichtjahren. Andromeda, der etwas größere Zwilling unserer Galaxie, ist rund zwei Millionen Lichtjahre entfernt. Die Milchstraße bildet zusammen mit Andromeda und zwei Dutzend weiteren kleineren Galaxien die so genannte lokale Galaxiengruppe. Hubble stellte fest, dass die Galaxien dahinter über den ganzen Raum verstreut waren, soweit sein Teleskopauge reichte. Er klassifizierte sie nach ihrem Erscheinungsbild – spiralförmig, elliptisch und unregelmäßig –, wie ein Biologe, der das Glück hat, eine Gruppe von Lebewesen als Erster katalogisieren zu können. Wie Leeuwenhoek die mikroskopische Welt, so entdeckte Hubble das makroskopische Universum.

Dann trafen weitere Nachrichten ein, die Einsteins Vorstellung vom Universum erschütterten. Vesto M. Slipher vom Lowell Observatory in Flagstaff, Arizona, maß die Geschwindigkeit von mehr als 40 Galaxien und gelangte zu dem Ergebnis, dass sich die meisten von uns entfernen. Solche Bewegungen lassen sich folgendermaßen messen: Mit Hilfe eines Prismas kann man das Licht einer Galaxie in das Spektrum der verschiedenen Farben zerlegen. In dem Spektrum treten Linien auf, die den charakteristischen Wellenlängen entsprechen, bei denen bestimmte chemische Elemente Licht absorbieren und aussenden. Allerdings sind die charakteristischen Spektrallinienmuster, die sich in den Spektren der Galaxien nachweisen lassen, im Vergleich zu Messungen derselben Linien im irdischen Labor in der Regel etwas verschoben. Sind sie leicht zum roten (langwelligen) Ende des Spektrums hin verschoben (eine Dopplerverschiebung), dann bewegt sich die Galaxie von uns fort: Wellen, die von einer zurückweichenden Galaxie eintreffen, werden gedehnt oder verlängert (zum roten Ende des Spektrums verschoben), weil sich der Abstand zur Galaxie ständig verlängert. Eine Verschiebung zum blauen Ende hin bedeutet dagegen, dass die Galaxie sich uns nähert. Während die Andromeda-Galaxie eine Blauverschiebung zeigt – in einer langen, langsamen Bahn kommt sie uns näher –, beobachtete Slipher, dass die rotverschobenen Galaxien die blauverschobenen zahlenmäßig bei weitem übertrafen. Das untersuchte Hubble eingehender und stellte fest, dass zudem die fernen Galaxien rascher enteilten. 1931 entdeckte er zusammen mit seinem Kollegen Milton Humason eine Galaxie, die mit der erstaunlichen Geschwindigkeit von fast 20000 Kilometern pro Sekunde entwich. Die Geschwindigkeit, mit der sich eine Galaxie von uns entfernt, ist annähernd proportional zu ihrer Entfernung von uns, eine Beziehung, die Hubble 1929 zum ersten Mal erwähnte und 1931 mit weit spektakuläreren Daten für viel größere Entfernungen untermauerte. Je weiter eine Galaxie entfernt ist, desto kleiner erscheint sie am Himmel, und desto schneller ist die Geschwindigkeit, mit der sie entweicht. Nach einem oft zitierten Vergleich sind diese Galaxien wie Rosinen in einem riesigen Rosinenbrot, das im Ofen gebacken wird. Während sich das Brot ausdehnt, entfernt sich jede Rosine von der anderen. Wären Sie eine Rosine in einem solchen Brot, würde sich eine ferne Rosine von Ihnen rascher entfernen als eine nahe. Hubble hatte entdeckt, dass das gesamte Universum expandiert – eines der bedeutendsten und erstaunlichsten Ergebnisse naturwissenschaftlicher Forschung.

Das Modell des Einstein'schen Universums enthielt also eine Vorhersage, die damit widerlegt war. In Einsteins Modell behielten die Galaxien ewig den gleichen Abstand – sie bewegten sich nicht auseinander.

Inzwischen hatte Alexander Friedmann bereits die Antwort gefunden. Er konstruierte eine exakte Lösung für Einsteins ursprüngliche Gleichungen – ohne die kosmologische Konstante –, indem er eine wichtige Annahme zugrunde legte: Es gibt keine «besonderen» Punkte im Raum. Mit anderen Worten, jeder Punkt im Raum ist so gut wie jeder andere. Soweit es die Krümmung des Raums betrifft, nimmt also kein Ort eine Sonderstellung ein; die Krümmung muss überall gleich sein.

So galt es nur noch zu klären, ob die Krümmung positiv ist (wie die der Oberfläche einer Kugel), null (wie auf einer flachen Tischplatte) oder negativ (wie die der Oberfläche eines Westernsattels). Es gab nur diese drei Möglichkeiten:

1. *Ein geschlossenes, positiv gekrümmtes Drei-Sphären-Universum* mit einer räumlichen Geometrie, wie sie Einstein vorgeschlagen hat. In diesem Universum ist die Winkelsumme in jedem Dreieck größer als 180 Grad. Das Universum ist in sich geschlossen, mit einem endlichen Umfang in allen Richtungen. Es hat eine endliche Zahl von Galaxien, aber keine Grenze. Friedmann hat diesen Fall 1922 untersucht.

2. *Ein flaches Universum mit der Krümmung null*, in dem sich der Raum in alle Richtungen unendlich ausdehnt und den Gesetzen der euklidischen Geometrie gehorcht – Dreiecke haben immer eine Winkelsumme von 180 Grad. Dieses Universum hat eine unendliche Zahl von Galaxien. 1929 beschrieb Howard P. Robertson von der Princeton University diesen Fall, der gewissermaßen die Zwischenstufe bildet.

3. *Ein offenes, negativ gekrümmtes Universum*, in dem jedes Dreieck eine Winkelsumme von weniger als 180 Grad hat. Auch dieses negativ gekrümmte Universum würde sich unendlich ausdehnen und hätte eine unendliche Zahl von Galaxien. Diesen Fall hat Friedmann 1924 untersucht.

Dann entdeckte Friedmann, dass in der ursprünglichen Version der Einstein'schen Theorie – ohne kosmologische Konstante – jedes dieser Modelle eine Entwicklung oder Veränderung in der Zeit durchlaufen muss. Das geschlossene Drei-Sphären-Universum müsste mit der Größe null beginnen. Das wäre der Augenblick des Urknalls. Dann würde es expandieren wie die Oberfläche eines Ballons, der aufgeblasen wird, um einen Vergleich zu verwenden, den Sir Arthur Eddington verwendet hat. Die Galaxien wären wie Punkte auf diesem expandierenden Ballon. Während der Ballon sich ausweitete, würden sich die Punkte auseinander bewegen, wobei sich der Abstand zwischen zwei beliebigen Punkten mit der Zeit vergrößerte. Schließlich würde das Drei-Sphären-Universum eine maximale Größe erreichen und wieder zu schrumpfen beginnen, bis es die Größe null erreicht hätte und im Großen Endkollaps endete. Dieses Universum ist endlich in Raum und Zeit. Auch das flache und das negativ gekrümmte Modell beginnen mit einem Urknall, setzen ihre Expansion aber ewig fort. Sie sind unendlich in ihrer räumlichen Ausdehnung, aber auch unendlich in der Zeit, in Richtung der Zukunft.

Was bedeutete das für die Bewegung der Galaxien? Galaxien ziehen sich durch die Gravitation an und bewegen sich heute dennoch mit großer Geschwindigkeit voneinander fort. Haben sie genügend Tempo, um sich ihrem gegenseitigen gravitativen Zugriff ewig zu entziehen und ihre Fluchtbewegung fortzusetzen, oder wird sich ihre wechselseitige Gravitationsanziehung am Ende doch als stärker erweisen und sie veranlassen, aufeinander zuzufallen? Wenn es, wie Friedmann in seinen Modellen voraussetzt, keine kosmologische Konstante gibt, hängt die Antwort von der gegenwärtigen Dichte der Masse im Universum ab. Ist sie größer als ein kritischer Wert, dann wird das Universum am Ende in sich zusammenstürzen, und das geschlossene Drei-Sphären-Urknall-Großer-Endkollaps-Modell ist gültig. Entspricht die tatsächliche Dichte genau der kritischen Dichte, dann gilt das flache Modell. Die Expansion des Universums wird sich immer mehr verlangsamen und den Kollaps gerade noch vermeiden. Ist die tatsächliche Dichte geringer als diese kritische Dichte, gilt das negativ gekrümmte Modell, und das Universum wird seine Expansion ewig fortsetzen. Gemessen an der gegenwärtig beobachteten Fluchtgeschwindigkeit der Galaxien beträgt diese kritische Dichte annähernd 8×10^{-30} Gramm pro Kubikzentimeter. Das entspricht etwa fünf Wasserstoffatomen pro Kubikmeter. Wenn die durchschnittliche Materiedichte des heutigen Universums diesen kritischen Wert übersteigt, wird das Universum nach Friedmanns Modellen in sich zusammenstürzen, sonst wird es bis in alle Ewigkeit expandieren.

Hubble stellte fest, dass das Universum großräumig in allen Richtungen gleich aussah, genauso wie es Friedmanns Modell vorhersagte. Galaxienhaufen und -gruppen waren, gleichgültig, wohin er blickte, ähnlich verteilt. Die Zählung lichtschwacher Galaxien in verschiedenen großen Regionen des Himmels ergab ungefähr gleiche Zahlen. Außerdem entfernten sich diese Galaxiengruppen und -haufen alle von uns. Das könnte den Eindruck erwecken, wir befänden uns im Mittelpunkt einer endlichen Explosion, doch seit Kopernikus sind wir gegen diese Annahme gefeit. Der hat überzeugend nachgewiesen, dass die Erde nicht der Mittelpunkt des Universums ist, wie die Menschheit vor ihm glaubte. Obwohl es den Anschein hat, als wären wir der Mittelpunkt einer gewaltigen Explosion, deren Trümmer sich gleichmäßig von uns entfernen, stellt sich natürlich die Frage, warum ausgerechnet wir die Glücklichen sein sollen, die den Mittelpunkt bilden, während alle anderen zu einer Randexistenz verurteilt sind. Wenn das Universum für uns in alle Richtungen gleich aussieht, dann muss es Beobachtern in allen anderen Galaxien ebenso erscheinen – sonst hätten wir eine Sonderstellung. Die Idee, dass wir keine Sonderstellung einnehmen, bezeichnet man als *kopernikanisches Prinzip*. Sie war eine der erfolgreichsten Hypothesen in der Wissenschaftsgeschichte. Hubbles Beobachtung, dass das Universum in allen Richtungen gleich aussieht, zwang in Verbindung mit der Annahme, dass wir keine Sonderstellung haben, zu der Schlussfolgerung, dass Friedmanns Hypothese richtig sein müsse. Wenn das Universum von allen Galaxien betrachtet in allen Richtungen gleich aussah, gab es keine bevorzugte Richtung und keinen bevorzugten Ort. Damit wurde Friedmanns hellsichtige Annahme zur Notwendigkeit, wie Howard P. Robertson von der Princeton University und Arthur G. Walker aus Großbritannien darlegten. Und Friedmanns bemerkenswerte Vorhersage, dass das Universum entweder expandieren oder sich zusammenziehen müsse, wurde bestätigt. (Leider erlebte er das nicht mehr. Friedmann starb 1925, vier Jahre bevor Hubble seine Entdeckung bekannt gab.)

Aus Friedmanns Modell ergab sich der Schluss, dass das Universum, unabhängig von seiner Krümmung, in der endlichen Vergangenheit mit einem Urknall begonnen hat. Im Augenblick des Urknalls liegt ein Zustand von unendlicher Dichte und unendlicher Krümmung vor – eine Singularität. Das ist eine erste Ursache.

Das einfachste der Friedmann'schen Urknallmodelle ist das geschlossene Drei-Sphären-Universum, das mit einem Urknall beginnt und mit einem großen Endkollaps endet. Seine Raumzeitgeometrie (vgl. Abb. 19) gleicht einem amerikanischen Football. Der Urknall ist der Punkt ganz unten und der Große Endkollaps der Punkt ganz oben. Wie in der Zeichnung dargestellt, verläuft die Zeit aufwärts in die Zukunft. Die zweidimensionale Oberfläche des Footballs, die im Diagramm gezeigt wird, enthält aus Gründen der Einfachheit nur eine Dimension des Raums (seinem Umfang folgend) und eine Dimension der Zeit (von unten nach oben). Beachten Sie dass Innere und die Region außerhalb des Footballs überhaupt nicht – sie sind nicht real. Wenn Sie wissen möchten, wie dieses Universum abhängig von der Zeit aussieht, legen Sie einfach einen waagerechten Schnitt durch den Football und bewegen die Schnittebene aufwärts in der Zeit. Das Universum beginnt in einem Punkt (dem Urknall) und wird dann ein wachsender Kreis. Der Kreis stellt den Umfang des Drei-Sphären-Universums dar. Das Universum expandiert. Wenn der «Äquator» des Footballs erreicht ist, ist der Kreis auf seine maximale Größe angewachsen. Je weiter die Schnittebene von nun an nach oben wandert, desto kleiner wird der Kreis, bis er schließlich in einem Punkt (dem Großen Endkollaps) endet.

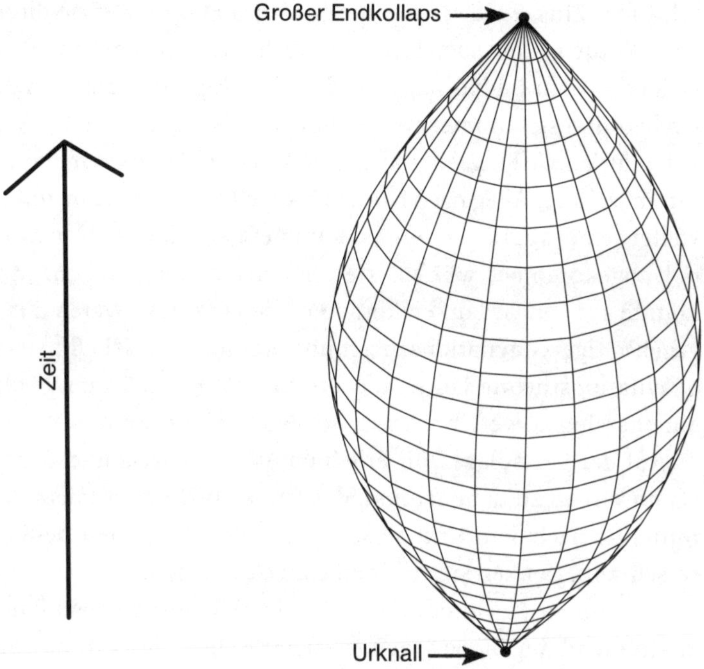

Abb. 19: Friedmanns geschlossenes Drei-Sphären-Universum

Die Weltlinien der Galaxien sind Geodätische, die so gerade wie möglich entlang der Meridiane des Footballs verlaufen und den Urknall mit dem Großen Endkollaps verbinden. Anfangs gehen diese Linien auseinander, doch da die Fläche gekrümmt ist, bewegen die Meridiane sich schließlich wieder aufeinander zu. Am Äquator des Footballs hören die Weltlinien auf, auseinander zu laufen, und konvergieren wieder. Schließlich treffen sie sich im Großen Endkollaps. Das zeigt sehr anschaulich, was Einsteins Gravitationstheorie beschreibt. Die in den Galaxien enthaltene Masse veranlasst die Raumzeit, sich zu krümmen, und führt die Galaxien so auf möglichst geraden Bahnen am Ende wieder zusammen.

Nicht anders wäre es, wenn wir am Südpol der Erde ein Geschwader Flugzeuge starten ließen. Jedes Flugzeug flöge direkt nach Norden, ohne nach links oder rechts von seinem Kurs abzuweichen. Vom Südpol aus würden die Flugzeuge auseinander streben und sich immer weiter voneinander entfernen. Schließlich würden die Flugzeuge aber den Äquator überqueren und auf ihrem weiteren Weg nach Norden feststellen, dass sie, obwohl sie weiter geradeaus flögen, einander immer näher kämen. Am Nordpol angekommen, würden sie alle ineinander krachen. Man könnte auf den Gedanken kommen, die Flugzeuge wären durch gegenseitige Gravitationsanziehung kollidiert. Nach Einsteins Gravitationstheorie laufen die Weltlinien der Galaxien wieder aufeinander zu, weil ihre Masse die Raumzeit krümmt.

Auf der Grundlage von Friedmanns Arbeit gelangte George Gamow 1948 zu dem Schluss, das frühe Universum müsse unmittelbar nach dem Urknall sehr dicht und daher sehr heiß gewesen sein. Denken sie an einen Fahrradreifen, den Sie aufpumpen: Wenn Sie eine große Zahl von Molekülen auf engem Raum zusammendrängen, bewegen sie sich rascher; die Luft im Inneren des Reifens erwärmt sich. Daraus schloss Gamow, das heiße frühe Universum sei mit Strahlung angefüllt gewesen, die sich abgekühlt hätte, als das Universum expandierte und weniger dicht wurde. Stellen Sie sich das Universum zur Verdeutlichung als expandierenden Kreis vor und betrachten Sie eine kontinuierliche Welle elektromagnetischer Strahlung, die entlang des Kreises verläuft. Sie sähe wie ein Wellenkreis mit einer endlichen Zahl von Wellenkämmen aus. Die Zahl der Wellenkämme verändert sich nicht, während der Kreis anwächst. Daher werden die Wellenlängen zwischen den Kämmen größer. Langwelligere Strahlung hat weniger Energie und entspricht einer niedrigeren Temperatur. Während das Universum expandiert, verliert die Strahlung folglich an Energie und Temperatur.

Gamow berechnete auch die Zahl der Kernreaktionen, die bei der Expansion und Abkühlung des Universums stattfänden. In seinem Szenario enthält das Universum, das aus einer extrem heißen Phase hervorgeht, überwiegend Wasserstoff (Kern aus einem Proton), rund 24 bis 25 (Gewichts-)Prozent Helium (Kern aus zwei Protonen und zwei Neutronen) sowie geringe Mengen Deuterium (schwerer Wasserstoff mit einem Kern aus einem Proton und einem Neutron), und winzige Mengen Lithium werden erzeugt. Schwerere Elemente wie Kohlenstoff, Stickstoff, Sauerstoff bis hinauf zum Uran werden später, nach dem Urknall, in den Sternen erzeugt. Nach Gamows Berechnungen konnte auch Helium in den Sternen hergestellt werden, aber es war keine Möglichkeit bekannt, wie Deuterium in den Sternen hätte entstehen können. Die Kernreaktionen in Sternen verbrennen das Deuterium und erzeugen noch mehr Helium. Aber Gamow wusste, dass man kleine Mengen Deuterium im Universum beobachtet hatte. Der heiße Urknall schien die einzige mögliche Ursache dafür zu sein. Da Gamow ungefähr wusste, wie viel Deuterium es heute gibt, konnte er bestimmen, wie viel Wärmestrahlung in der Frühzeit vorhanden gewesen sein musste. Er fand heraus, dass das Deuterium, das wir heute beobachten, wenige Minuten nach dem Urknall entstand, als das Universum eine Milliarde Mal kleiner als heute war. Im Jahre 1948 berechneten Gamows Kollegen Ralph Alpher und Robert Herman, was mit dieser Strahlung geschähe, wenn das Universum zur heutigen Größe expandieren würde. Ihr Ergebnis: Heute müsste die Temperatur sich auf rund fünf Grad über dem absoluten Nullpunkt auf der Kelvinskala abgekühlt haben. (Null Grad Kelvin entsprechen –273 Grad Celsius.) Diese Temperatur zeigt an, in welchem Wellenlängenbereich sich diese Strahlung heutzutage nachweisen lassen sollte. Alpher und Herman sagten Strahlung mit Wellenlängen im Millimeterbereich voraus – Mikrowellen.

Anfang der sechziger Jahre kam Robert Dicke von der Princeton University unabhängig davon zu dem Schluss, das frühe Universum müsse sehr heiß gewesen sein. Gamows Aufsatz war inzwischen in Vergessenheit geraten. Dicke ließ Jim Peebles, einen begabten jungen Kollegen, die Kernreaktionen berechnen, um herauszufinden, wie heiß das Universum heute sein müsste, womit die Rechnungen von Herman und Alpher unwissentlich wiederholt wurden. Dicke, der sich meisterhaft auf den Bau von Mikrowellenempfängern verstand, glaubte, er könne ein Radioteleskop bauen, das in der Lage sei, die Strahlung zu empfangen, auch wenn sie sehr schwach sein sollte. Zusammen mit David Wilinson und P. G. Roll, ebenfalls Princeton University, machte er sich an den Bau des hornförmigen Teleskops, das, als es fertig war, eher wie eine Trompete aussah. Da das Horn direkt auf den Himmel gerichtet war, würde der Empfang nur wenig durch die Strahlung irdischer Radiowellen gestört werden. Herkömmliche Radioteleskope, mit ihren riesigen, nach oben zeigenden Radioschüsseln und einem darüber angebrachten Empfänger, sind in dieser Hinsicht weitaus anfälliger. Dicke glaubte, er habe das einzige Radioteleskop der Erde gebaut, das in der Lage sei, die vom Urknall übrig gebliebene Strahlung aufzufangen. Er täuschte sich.

Nur 55 Kilometer weiter in den Bell Laboratories in Holmel, New Jersey, hatten Arno Penzias und Robert Wilson bereits eine noch größere Hornantenne in Betrieb. Sie war entwickelt worden, um die Mikrowellensignale zu empfangen, die ein neuer Echo-Satellit mit einem Durchmesser von 30 Metern in 1600 Kilometern Höhe zurückwarf. Zu ihrer Überraschung stellten Penzias und Wilson fest, dass sie aus allen Richtungen des Himmels eine Mikrowellenstrahlung empfingen, die einer Temperatur von drei Grad über dem absoluten Nullpunkt auf der Kelvinskala entsprach. Dieses Signal hatte keinerlei Ähnlichkeit mit irgendeiner anderen astronomischen Quelle. Zunächst glaubten die beiden Forscher, das Signal werde durch Taubendreck im Inneren der Antenne verursacht. Doch nach sorgfältiger Reinigung erhielten sie ein unverändertes Ergebnis.

Penzias rief seinen Freund, den Radioastronomen Bernie Burke, an und fragte, ob Burke irgendeine astronomische Quelle kenne, die eine Drei-Grad-Strahlung gleichmäßig über den ganzen Himmel verteile. Zufällig hatte Burke gerade einen Vortrag von Jim Peebles gehört, in dem dieser angekündigt hatte, die Princeton-Gruppe habe vor, nach genau solcher Strahlung zu suchen. Er schlug Penzias vor, sich mit Dicke in Verbindung zu setzen. Die Princeton-Gruppe wurde in die Bell Labs eingeladen, wo ihre Mitglieder zu ihrer Überraschung das einzige *andere* Radioteleskop der Welt erblickten, das in der Lage war, die Strahlung zu entdecken. Man war ihnen zuvorgekommen. Seite an Seite veröffentlichten Penzias und Wilson sowie die Princeton-Gruppe ihre Berichte im *Astrophysical Journal*, um die Beobachtungen und die Theorie zu erklären. Das war 1965.

Fünf Jahre später hatte ich das Privileg, mit Penzias und Wilson an ebendiesem Hornteleskop zusammenzuarbeiten. Wir führten Beobachtungen durch, die eher Routine waren und die Aufgabe hatten, die Lichtstärke einiger bekannter Radioquellen zu eichen, trotzdem war es aufregend, denn ich konnte mich mit eigenen Augen davon überzeugen, wie sorgfältig sie zu Werke gingen und wie gut sie als Team zusammenarbeiteten. Arno war der Temperamentvollere der beiden, Bob der Ruhigere. Einmal stellte Arno fest, eine bestimmte Leiterplatte müsse einen Fehler haben. Im Handumdrehen hatte Bob sie herausgenommen, ein paar Kontakte mit einem Messgerät überprüft, das kaputte Element ersetzt und die funktionierende Platte wieder eingesetzt. Diese reibungslose Teamarbeit hatte zu ihrer großen Entdeckung geführt. Sie waren sich sicher gewesen, dass sie alle anderen Störungsquellen ausgeschaltet hatten. Das auffällige Signal musste aus dem Kosmos kommen.

Viele Nächte hindurch habe ich das Horn bedient und war natürlich begeistert, dass ich als Doktorand das Teleskop handhaben durfte, mit dem die Menschheit weiter ins All geblickt hatte als mit irgendeinem anderen Gerät. Die kosmische Hintergrundstrahlung, die Wärmestrahlung, die mit ihm entdeckt wurde, hat zuletzt vor rund dreizehn Milliarden Jahren, 300 000 Jahre nach dem Urknall, an Elektronen und Protonen gestreut.

Als ich dort arbeitete, entdeckte ich einen Brief von George Gamow, der an Penzias' Pinnwand geheftet war. Gamow gratulierte Penzias zu dem kürzlich erschienenen Forschungsüberblick zu dem Thema, beklagte aber, dass er die frühe Geschichte des Feldes nicht ausreichend behandle. 1948 habe er, Gamow, die Strahlung vorhergesagt, während seine Kollegen Alpher und Herman ihre gegenwärtige Temperatur auf fünf Grad geschätzt hätten. Anschließend führte er die Artikel auf, in denen sie ihre Erkenntnisse veröffentlicht hatten.

Auf dem Briefkopf stand als Adresse die Gamow-Datscha in Boulder, Colorado. Damit schloss sich der Kreis für mich. In meiner Jugend hatte ich alle Bücher von Gamow gelesen und war immer ein Befürworter seines heißen Urknalls gewesen. Meine Mutter hatte eine Freundin, deren beste Freundin Gamows Frau war. Als ich im Sommer 1967 am Joint Institute for Laboratory Astrophysics in Boulder arbeitete, setzte sie die Gamows von meiner Anwesenheit in Kenntnis. Liebenswürdigerweise luden sie mich bei sich zum Diner ein. Dr. Gamow holte mich in seinem Rolls-Royce ab. Er sah älter aus als auf den Fotos der Bucheinbände, aber noch immer genauso flott.

Während des Diners stellte er amüsante Denksportaufgaben. Im Keller hatte er eine ganze Wand mit seinen eigenen Büchern, die in viele Sprachen übersetzt worden waren. Er berichtete, wie sehr es ihn befriedigt habe, dass Penzias und Wilson die kosmische Hintergrundstrahlung entdeckt hätten, die seine Kollegen und er vor so vielen Jahren vorausgesagt hätten. Die Vorhersage dieser Strahlung nebst der Bestimmung ihrer Temperatur innerhalb eines Faktors von zwei waren bemerkenswerte Leistungen – als hätte man prophezeit, dass eine fliegende Untertasse von 15 Metern Durchmesser auf dem Rasen des Weißen Hauses landen würde, und als wäre dann tatsächlich eine von acht Meter Breite gekommen. Man könnte sie mit gutem Recht die erstaunlichste wissenschaftliche Vorhersage nennen, die jemals empirisch verifiziert worden ist.

Durch ihre Entdeckung, für die sie den Nobelpreis erhielten, entschieden Penzias und Wilson die wissenschaftliche Debatte im Wesentlichen zugunsten des Urknallmodells. Dreißig Jahre später maß der Cosmic-Background-Explorer-Satellit (COBE) die kosmische Hintergrundstrahlung bei vielen Wellenlängen mit außerordentlicher Exaktheit und stellte fest, dass ihre Temperatur 2,726 Grad über dem absoluten Nullpunkt auf der Kelvinskala liegt. Diese Beobachtungen stimmten derart genau mit der von Gamow, Herman und Alpher vorhergesagten Wärmestrahlung überein, dass die Physiker und Astronomen, die 1992 in Princeton zusammengekommen waren, um sich über die COBE-Resultate zu informieren, spontan applaudierten, als David Wilkinson eine Grafik der COBE-Messungen auf die Leinwand projizierte.

Später entdeckte COBE bei seinen Beobachtungen in verschiedenen Richtungen des Himmels kleine Fluktuationen in der Temperatur der Wärmestrahlung – Variationen in der Temperatur, die nur rund ein Hunderttausendstel des Mittelwerts ausmachen. Diese Fluktuationen in der Strahlung und Materiedichte des frühen Universums ähneln winzigen Kräuselwellen auf einem stillen Teich, können sich aber später zu gewaltigen Wogen entwickeln. Regionen mit etwas überdurchschnittlicher Dichte üben stärkere Gravitation als die umgebenden Regionen aus und ziehen daher noch mehr Materie an. Durch diesen Prozess können sich die Fluktuationen in der Dichte des frühen Universums, auf die unsere Beobachtungen der kosmischen Hintergrundstrahlung schließen lassen, zu den Galaxien und Galaxienhaufen entwickeln, die wir heute beobachten.

Mit der Vorherrschaft des Urknallmodells konzentrierte sich die Aufmerksamkeit auf die Urknallsingularität selbst. Stephen Hawking und Roger Penrose bewiesen einige Theoreme, die Folgendes zeigten: Wenn die Energiedichte im Universum immer so positiv und der Druck nie so negativ ist, dass insgesamt ein abstoßender Gravitationseffekt hervorgerufen wird, dann lässt sich –

Quantengravitationseffekte und geschlossene zeitartige Kurven ausgeklammert – aus der gleichförmigen Expansion, die wir heute beobachten, der Schluss ziehen, dass es eine Anfangssingularität gegeben haben muss. Mit anderen Worten, Anfangssingularitäten sind auch in Modellen vorhanden, die inhomogene Universen beschreiben. Diese Anfangssingularität wurde als erste Ursache des Universums angesehen. Allerdings forderte diese Schlussfolgerung weitere Fragen heraus: Was verursachte die Singularität? Was geschah davor? Die Standardantwort auf die Frage nach dem Geschehen vor der Urknallsingularität besagte, dass die Zeit zusammen mit dem Raum an der Singularität entstanden sei (am Fuße des Footballs in Abb. 19), dass es daher vor dem Urknall keine Zeit gegeben habe und dass folglich vorher nichts geschehen sein könne. Wer danach frage, was vor dem Urknall geschehen sei, könne ebenso gut fragen, was südlich des Südpols sei. Eine klare Antwort.

Trotzdem bleibt eine schwierige Frage: Was war die Ursache dafür, dass die Anfangssingularität zwar nicht ganz, aber doch fast homogen war und dass daher die kosmische Hintergrundstrahlung in verschiedenen Himmelsbereichen keine großen Temperaturschwankungen zeigt?

Ein anderes Problem liegt darin, dass Singularitäten im Allgemeinen durch Quanteneffekte «verschmiert» sind. Nach Heisenbergs Unschärferelation lassen sich die Dinge nicht genau lokalisieren. Das müssen Sie sich so vorstellen, als würden Sie einen Füller nehmen und einen Punkt machen, ihn dann aber auswischen und die Tinte über die Seite verschmieren. Diese Quantenunschärfe könnte verhindern, dass die Dichte einen unendlichen Wert erreicht. Wenn wir in der Zeit bis zur Anfangssingularität zurückgehen, gelangen wir zunächst zu einer Epoche, in der die Dichte so groß wird, dass Quanteneffekte die Gesetze der allgemeinen Relativitätstheorie außer Kraft setzen. Bei dieser Dichte (5×10^{93} Gramm pro Kubikzentimeter) gewinnen Quantenungewissheiten in der Geometrie der Raumzeit an Bedeutung. Die

Raumzeit ist nicht mehr homogen, sondern wird zu einem komplizierten schwammähnlichen Raumzeitschaum. Daher zeichnet sich kein klar erkennbarer Weg bis zurück zum Zustand unendlicher Dichte ab. Wir können lediglich sagen, dass wir schließlich an einen Ort kämen, wo Quanteneffekte bedeutsam würden und wo die klassische allgemeine Relativitätstheorie (die von Hawking und Penrose vorausgesetzt wurde, als sie ihre Theoreme ableiteten) ihre Gültigkeit verlöre. Gegenwärtig haben wir keine Theorie der Quantengravitation, keine allumfassende «Theorie für alles», keine Weltformel (das heißt keine Theorie, die Gravitation, die schwache und die starke Kernkraft, den Elektromagnetismus und die Quantenmechanik vereinheitlicht). Vielmehr müssen wir eingestehen, dass wir von einem bestimmten Zeitpunkt an nicht mehr wissen, was geschah – ähnlich wie die Geographen früherer Zeiten auf ihren Karten *Terra incognita* vermerken mussten. Wir können nicht genau sagen, wie unser Universum entstanden ist.

EIN OSZILLIERENDES UNIVERSUM

In den sechziger Jahren spekulierten einige Physiker, dass Quanteneffekte eine Kosmologie ermöglichen könnten, in der das Universum auf den Großen Endkollaps zustürzt, dann aber «abprallt» und mit einem neuen Urknall beginnt. Das könnte zu einem oszillierenden Universum führen, zu einer endlosen Folge von Urknallen und Großen Endkollapsen. Das oszillierende Modell vermeidet das *Prima-Causa*-Problem durch die «Es-folgt-eine-Schildkröte-auf-die-andere»-Lösung, von der Carl Sagan in einem Kapitel seines Buchs *Broca's Brain* berichtet. Das Kapitel hat die Überschrift «Gott and the Turtles» und beschreibt eine Forschungsarbeit, die ich zusammen mit meinen Kollegen Jim Gunn, Beatrice Tinsley und David Schramm durchgeführt habe. Dort vertraten wir die Auffassung, das Universum werde ewig expandieren und nicht oszillieren. In diesem Kapitel erzählte Sagan die Geschichte eines Reisenden aus alten Zeiten, der einem großen Philosophen begegnete und ihn bat, ihn «über das Wesen der Welt aufzuklären».

«Sie ist eine große Kugel, die auf dem Rücken der Weltschildkröte ruht.»
«Aha, aber worauf steht die Weltschildkröte?»
«Auf dem Rücken einer noch größeren Schildkröte.»
«Gut, aber worauf steht die?»
«Eine sehr kluge Frage, Herr, aber völlig überflüssig, denn es folgt eine Schildkröte auf die andere.»

Im oszillierenden Modell lautet also die Antwort auf die Frage nach der Ursache unseres Universums: «Der Kollaps des vorangehenden Universums.» Was war die Ursache dieses Universums? Ganz einfach, das Universum davor, und – keine Sorge – es folgt ein Universum auf das andere. In diesem Modell bildet eine unendliche Zahl von Expansions-Kontraktions-Zyklen das UNIVERSUM (beachten Sie, dass ich das Wort in Großbuchstaben schreibe – damit bezeichne ich die Gesamtheit der kausal verknüpften Universen, die gelegentlich auch als *Multiversum* bezeichnet werden – oder, in Timothy Ferris Worten, als «der ganze Kram»). Das UNIVERSUM besteht also aus einer unendlichen Zahl von geschlossenen Urknallmodellen, die sich in der Zeit aneinander reihen wie Perlen an einer Kette (vgl. Abb. 20). Es gibt keine erste Ursache, weil das UNIVERSUM unendlich in die Vergangenheit zurückreicht. Das UNIVERSUM (den unendlichen Perlenstrang) gibt es seit ewigen Zeiten und wird es ewig geben, obwohl unsere Perle, der Zyklus, den das kosmologische Standardmodell beschreibt, die geschlossene Urknallkosmologie, nur endliche Dauer besitzt. Das Modell führt uns zurück zum ewigen Universum des Aristoteles und auch ganz in die Nähe des ursprünglichen Einstein'schen Entwurfs eines geschlossenen Universums von unendlicher Dauer in Vergangenheit und Zukunft, wenn diese Version auch oszilliert, statt statisch zu sein.

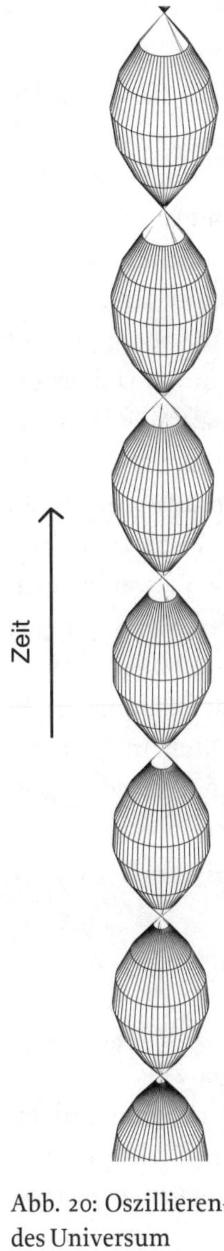

Abb. 20: Oszillierendes Universum

Man dachte, es würde beim oszillierenden Universum Probleme mit der Entropie geben, dem wissenschaftlichen Begriff für Unordnung. Lassen Sie eine Vase fallen, und die Stücke fliegen in verschiedene Richtungen auseinander – die Unordnung im Universum nimmt zu. Legen Sie einen Eiswürfel auf die Herdplatte – er schmilzt, und wieder wächst die Unordnung an. Der feste Eiswürfel, dessen Moleküle regelmäßig angeordnet sind, besitzt ein höheres Maß an Ordnung als das chaotische Durcheinander der Moleküle im flüssigen Zustand. Auf der Erde sehen wir die Ordnung manchmal lokal zunehmen, etwa wenn wir Eis im Gefrierschrank machen. Aber das verbraucht Energie. Wenn wir Brennstoff in einem Kraftwerk verbrennen, um diese Energie zu erzeugen, produziert der Vorgang mehr Unordnung, die weit stärker zu Buch schlägt als die zusätzliche Ordnung, die in den Eiswürfeln im Gefrierschrank erzeugt wird. Wenn wir alle Unordnung im Universum sorgfältig zusammenrechnen, erkennen wir, dass sie mit der Zeit anwächst (das ist der zweite Hauptsatz der Thermodynamik).

In einer Spätphase, zu einem weit fortgeschrittenen Zeitpunkt in der Geschichte eines gegebenen Universums, erwarten wir, dass dieses Universum sehr unregelmäßig und chaotisch ist, wenn es zum Großen Endkollaps in sich zusammenstürzt. Da die Entropie mit der Zeit zunimmt, fragt sich natürlich, wie dieser ungeordnete oder hochentropische Zustand sich in den extrem geordneten, fast homogenen Zustand des nächsten Urknalls zurückverwandeln soll. Da kann man nur hoffen, dass man gelegentlich durch Zufall einen Urknall erhält, der fast so homogen ist wie derjenige, der unser Universum erzeugt hat. Das ist etwa so wahrscheinlich, als würfe man körbeweise Münzen hoch und hoffte, irgendwann würde einem das Glück geneigt sein und dafür sorgen, dass alle Münzen mit dem Kopf nach oben zu liegen kämen. Doch die extrem geordnete Region des Universums, die wir erblicken, ist sehr groß – mit einem Radius von dreizehn Milliarden Lichtjahren. Universen, die kleinere Ordnungsregionen aufzuweisen hätten, wären viel häufiger. Würden wir in einem solchen oszillierenden UNIVERSUM zufällig eine Hand voll von Astronomen aus einigen der Universen auswählen, würden die allermeisten von ihnen mit großer Wahrscheinlichkeit im Rückblick auf den jeweiligen Urknall keine so große Region so homogener Anfangsbedingungen erblicken, wie wir sie zu Gesicht bekommen. Daher blieb die weit ausgedehnte, fast vollkommene Homogenität der Anfangsbedingungen, die wir in unserem Universum beobachten, in den sechziger und siebziger Jahren des 20. Jahrhunderts ein Rätsel.

INFLATION

1981 lieferte Alan Guth mit seiner Inflationstheorie eine mögliche Erklärung dafür, wie es dazu kommt, dass die Anfangsbedingungen im Urknall fast, aber nicht ganz homogen sind.

Heute beobachten wir vier fundamentale Kräfte im Universum: die starke und die schwache Kernkraft, den Elektromagnetismus und die Gravitation. Diese Kräfte sind verschieden stark, wobei die Gravitation die schwächste ist. Im sehr frühen Universum sind diese Kräfte möglicherweise von gleicher Stärke und in einer einzigen Kraft vereinigt gewesen, die vielleicht eines Tages von der erhofften Weltformel erklärt werden wird. Im sehr frühen Universum herrschten also andere physikalische Gesetze. Daher könnte die kosmologische Konstante – die Energiedichte des Vakuums – in dieser frühen Phase ebenfalls anders gewesen sein. Einstein hat diese Möglichkeit nicht berücksichtigt. Guth hat die Hypothese entwickelt, die Energiedichte des Vakuums sei im sehr frühen Universum ungeheuer groß gewesen und habe die beherrschende Energieform dargestellt. Daher habe sie die Geometrie in Übereinstimmung mit Einsteins allgemeiner Relativitätstheorie geformt. Wie hätte diese Geometrie ausgesehen? Die Antwort war bereits bekannt.

Als Einstein sich 1917 seine kosmologische Konstante ausdachte, hat er sie zusammen mit gewöhnlicher Materie dazu verwendet, ein statisches Universum zu entwickeln. Etwas später im selben Jahr fragte sich der holländische Astronom Willem de Sitter, was geschehen würde, wenn ein Universum eine kosmologische Konstante und sonst nichts enthielte. Das Resultat heißt *De-Sitter-Raumzeit* und ist in Abb. 21 dargestellt. Um die Inflation zu verstehen, muss man die De-Sitter-Raumzeit begreifen, die wie die Oberfläche einer unendlichen Sanduhr aussieht – ein Kegel der Vergangenheit, ein Kegel der Zukunft zugewendet, beide verbunden durch eine schmale Taille. Wie die vorhergehenden Raumzeitdiagramme zeigt auch dieses nur eine Dimension des Raums – einen in der waagerechten Ebene liegenden Kreis – und die Dimension der Zeit, die senkrecht dargestellt ist. Das ist ein geschlossenes Drei-Sphären-Universum, das in der unendlichen Vergangenheit mit unendlicher Größe beginnt und sich fast mit Lichtgeschwindigkeit zusammenzieht. Der Abstoßungseffekt der kosmologischen Konstante bewirkt, dass diese Kontraktion sich verlangsamt und dann umkehrt. Das Universum erreicht eine minimale Größe und beginnt dann wieder zu expandieren, zuerst langsam, dann immer rascher, bis sich die Expansion schließlich der Lichtgeschwindigkeit annähert. Schneiden Sie das Modell in Abb. 21 mit einer waagerechten Ebene, und der Querschnitt bildet einen Kreis, der den Umfang des Drei-Sphären-Universums zu diesem Zeitpunkt zeigt. Wenn Sie die waagerechte Ebene langsam vom unteren zum oberen Rand des Diagramms bewegen, sehen Sie den kreisförmigen Querschnitt zunächst schrumpfen, dann seine minimale Größe in der schmalen Taille erreichen und schließlich wieder expandieren.

Gäbe es Teilchen in einem solchen Universum, könnten ihre Weltlinien den senkrechten gekrümmten Linien der Abbildung entsprechen. Diese Linien kommen sich zunächst näher, haben in der Taille den geringsten Abstand voneinander und laufen dann nach oben wie Korsettstangen auseinander. Wenn die Teilchen an Geschwindigkeit gewinnen und sich der des Lichts annähern, beginnt die De-Sitter-Raumzeit einem Kegel zu ähneln, der mit einer Geschwindigkeit von 45 Grad nach außen strebt. Je näher die Teilchen in ihrer Bewegung nach außen der Lichtgeschwindigkeit kommen, desto langsamer gehen ihre Uhren gemäß der speziellen Relativitätstheorie. Und je weiter die Ticks der Uhren auseinander liegen, desto stärker expandiert das Universum zwischen den Ticks. Tatsächlich «sehen» die Teilchen den Umfang des Universums, abhängig von der Zeit auf ihren eigenen Uhren, exponentiell anwachsen (2, 4, 8, 16, 32, 64 und so fort).

Guth nannte die De-Sitter-Expansionsphase des Universums «Inflation», weil sich die Größe des Universums in gleichen Zeitabschnitten fortlaufend verdoppelte – wie die Preise in einer Zeit galoppierender Geldentwertung. Auch die Entfernung zwischen zwei Teilchen wüchse, gemessen an ihren immer langsamer gehenden Uhren, exponentiell an. Schließlich hätten die Teilchen den Eindruck, dass sie sich rascher als das Licht bewegten. Doch das bedeutet kein Paradox. Die spezielle Relativitätstheorie legt nur fest, dass sich zwei Objekte nicht schneller als das Licht *aneinander vorbeibewegen* können. Es gibt dort jedoch keine Aussagen, die den Raum zwischen zwei Objekten daran hindern würden, sich so schnell zu dehnen, dass kein Lichtstrahl den Abstand zwischen ihnen jemals überwinden kann.

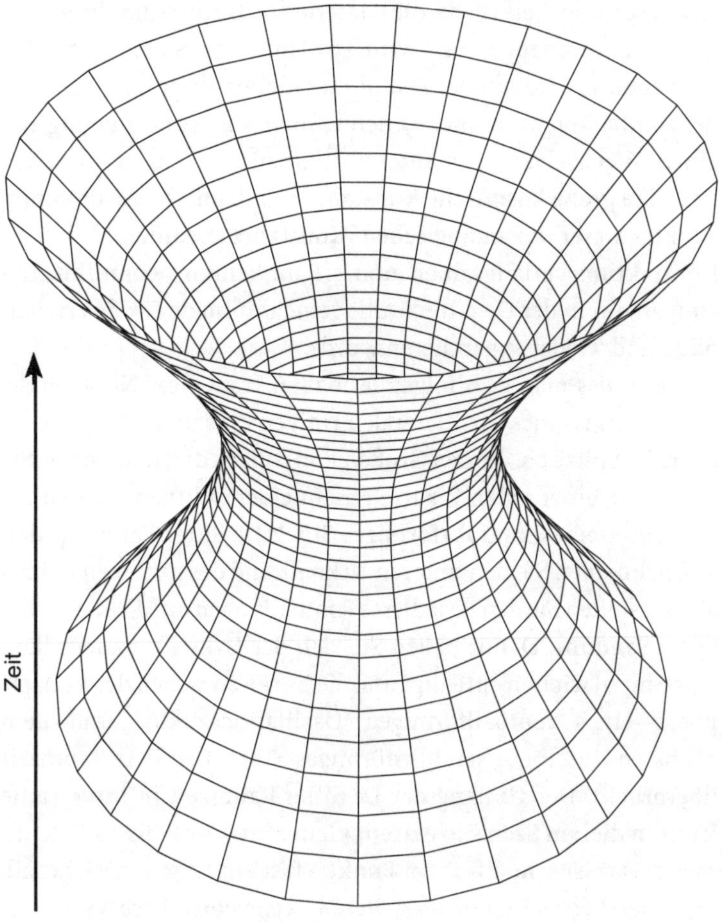

Abb. 21: De-Sitter-Raumzeit

Da die De-Sitter-Raumzeit ein Universum darstellt, das sich zusammenzieht und schließlich unmittelbar vor dem Großen Endkollaps wieder zurückprallt, um erneut zu expandieren, scheint es maßgeschneidert zu sein für die Forscher, die das Modell des oszillierenden Universums bevorzugen. Wenn ein Universum in sich zusammenstürzt und einen Großen Endkollaps bildet, wird es heißer und heißer, da die Materie im Universum zu großer Dichte zusammengepresst wird. Der Umfang des kollabierenden Universums wird mit der Zeit immer kleiner – wie der obere Teil der Football-Figur in Abb. 19. Schließlich wäre es heiß genug, um einen Wechsel zum Quantenvakuumzustand zu verursachen und eine große kosmische Konstante zu bilden. Die Abstoßungseffekte dieser kosmologischen Konstante könnten dann die Kontraktion verlangsamen und sie umkehren, woraufhin das Universum in der De-Sitter-Taille seine minimale Größe erreicht hätte und wieder expandieren würde.

Das muss man sich folgendermaßen vorstellen. Nehmen Sie einen Zyklus eines oszillierenden Universums und schneiden sie oben die Spitze ab, die den Großen Endkollaps darstellt, so wie Sie die Spitze einer edlen Zigarre abschneiden würden. Stellen Sie nun ein kleines sanduhrförmiges Stück De-Sitter-Raumzeit darauf. Schneiden Sie den unteren Urknallrand des nächsten Zyklus ab und stellen Sie den Rest dieses Footballs oben auf die kleine De-Sitter-Sanduhr. Damit haben Sie sich der Urknall- und Endkollaps-Singularitäten entledigt und die Lücke zwischen der Kollapsphase eines footballförmigen Oszillationszyklus und dem nächsten durch ein sanduhrförmiges Stück De-Sitter-Raumzeit überbrückt. Der Umfang der De-Sitter-Raumzeit in ihrer Taille kann in diesem Szenario extrem klein sein – 10^{-33} bis 10^{-26} Zentimeter. Das ist schon fast ein Punkt – fast ein singulärer Urknall. Für einen Beobachter in der späteren Expansionsphase würde dieses Universum ganz nach einem Urknallmodell aussehen.

Nach Guth beantwortet die De-Sitter-Phase die Frage, wie die Expansion des Universums in Gang gekommen ist: Es waren die gravitativen Abstoßungseffekte der frühen kosmologischen Konstante, die die Expansion ausgelöst haben. Schließlich zerfiel der extrem dichte, inflationäre Vakuumzustand in ein normales Vakuum. Nach Guths Berechnung wurde zu diesem Zeitpunkt die Energiedichte im inflationären Vakuum zu einer normalen, heißen Wärmestrahlung, woraufhin sich die Expansion fortsetzte, wie im Urknallmodell beschrieben. Angesichts normaler Strahlung und Materie könnte sich die Strahlung nun mit der Zeit verlangsamen, wie es das Urknallmodell verlangt.

Auf diese Weise konnte Guth erklären, warum der Urknall so homogen sein konnte. Regionen, die Zeit haben, Lichtsignale auszutauschen, können sich auf die gleiche Temperatur einpendeln. Dann wächst das Universum inflationär an und verdoppelt mit jedem Schritt seine Größe, sodass diese Regionen den kausalen Kontakt zueinander verlieren und nicht mehr in der Lage sind, Lichtsignale auszutauschen. Doch nach dem Zerfall des inflationären Vakuums verlangsamt sich die Inflation, woraufhin diese Regionen wieder Kontakt zueinander bekommen. Wie der Astrophysiker Bill Press gesagt hat, sagen sie hallo, tschüss und wieder hallo. Wenn die Regionen vor ihrer Trennung und Wiedervereinigung die gleiche Temperatur angenommen haben, befinden sie sich auch im thermischen Gleichgewicht. Blicken wir nach verschiedenen Richtungen in den Mikrowellenhintergrund hinein, so nehmen wir überall ungefähr die gleiche Temperatur wahr. Diese verschiedenen Regionen waren ursprünglich so nahe zusammen, dass sie in der frühen De-Sitter-Phase des Universums Photonen ausgetauscht haben. Diese Art von Gleichgewicht wäre im Standardmodell des Urknalls nicht möglich, denn dort würden sich die Regionen, die wir heute sehen, zum ersten Mal «hallo sagen». Hätte unser Universum also in einem extrem dichten Vakuumzustand und nicht mit einer Urknallsingularität begonnen, könnte dieser Umstand erklären, warum die kosmische Hintergrundstrahlung dieses hohe Maß an Homogenität aufweist, das wir beobachten.

Allerdings ist die Hintergrundstrahlung nicht vollkommen homogen. Die Regionen, die ursprünglich in kausalem Kontakt standen, waren sehr klein, daher ist aufgrund der Unschärferelation davon auszugehen, dass es von Ort zu Ort nennenswerte Quantenfluktuationen in der Energiedichte gegeben hat. Wie James Bardeen von der University of Washington zusammen mit seinen Kollegen Paul Steinhardt und Michael Turner nachgewiesen hat, würden diese Fluktuationen eingefroren, sobald die Regionen ihren kausalen Kontakt verlören, und hätten ungefähr die gleiche Größenordnung (ungefähr eins zu 100 000), wenn sie wieder «hallo sagten». Doch diese Regionen hätten in der Phase, in der sie ihren kausalen Kontakt eingebüßt hätten und weiterhin exponentiell anwüchsen, eine ungeheure Größenzunahme zu verzeichnen.

Nach dem Inflationsmodell könnte eine Region, die ursprünglich einen Durchmesser von 10^{-26} Zentimetern oder weniger gehabt hätte, auf eine Ausdehnung von Milliarden Lichtjahren anwachsen. Wir können berechnen, wie Fluktuationen sich in einem inflationären Universum entwickeln würden, und diese Berechnungen mit unseren Beobachtungen der kosmischen Hintergrundstrahlung vergleichen. Die Ergebnisse zeigen eine sehr gute Übereinstimmung.

Ein wichtiger Punkt ist, dass die Quantenfluktuationen in der Dichte, die die Inflationstheorie vorhersagt, zufällig verteilt sein müssten. Daher müsste die dreidimensionale Geometrie der das Universum konstituierenden Regionen mit hoher und mit niedriger Dichte äquivalent sein. Dies ist bei einer *schwammartigen* Geometrie möglich, das haben Adrian Melott, Mark Dickinson und ich 1986 gezeigt – ein Ansatz, der von Andrew Hamilton, David Weinberg, Changborn Park, Michael Vogeley, Trinh Thuan, Wes Colley, mir und anderen weiterentwickelt wurde. Ein Schwamm hat die Eigenschaft, dass das Material, aus dem er besteht, eine sehr ähnliche Struktur bildet wie die Hohlräume des Schwamms. (Nehmen Sie einen Schwamm und lassen Sie Gips in seine Hohlräume laufen. Nachdem der Gips erstarrt ist, nehmen Sie eine Säure, die den Gips unbeschadet lässt, aber das ursprüngliche Material des Schwammes wegätzt. Sie halten dann ein Gipsgebilde in der Hand, in dem die ehemaligen Hohlräume des Schwammes nunmehr solide sind. Die Struktur dieses Gebildes sieht der des ursprünglichen Schwammes zum Verwechseln ähnlich.) Eine große Anzahl von Galaxienstichproben, die inzwischen von vielen Arbeitsgruppen untersucht worden sind, zeigt übereinstimmend eine schwammartige Galaxienverteilung. Die größte Stichprobe, die mehr als 15 000 Galaxien umfasst, beweist eine ausgezeichnete Übereinstimmung mit der Theorie. Es ist bemerkenswert, dass die Strukturen, die wir heute in unserem Universum erblicken, sehr gut die fossilen Überreste von Quantenfluktuationen sein könnten, die in den ersten 10^{-33} Sekunden unseres Universums stattfanden.

Die Inflation erklärt auch, warum unser Universum so groß ist. Es verdoppelt sich mit jedem Schritt. Eine solche Reihe (2, 4, 8, 16, 32, 64 und so fort) wächst rasch an: Bereits nach zehn Verdoppelungen ist das Universum um einen Faktor von 1000 größer; zwanzig Verdoppelungen, und das Universum ist um einen Faktor von einer Million größer; 30 Verdoppelungen, und es ist eine Milliarde Mal so groß. Das Universum könnte mehr als 100 Verdoppelungen erlebt haben, was seine Größe während der Inflationsepoche um einen Faktor von mehr als 10^{30} hätte anwachsen lassen.

Merkwürdigerweise ist ebenjene kosmologische Konstante, die Einstein erfunden hat – seine größte Eselei, wie er angenommen hatte –, jetzt zu hohen Ehren gekommen, da sie in Gestalt des inflationären Vakuums zur Erklärung des frühen Universums dient.

Eine inflationäre Epoche könnte für jene Prallwirkung sorgen, die einen Großen Endkollaps in einen Urknall verwandelt. Doch was wäre, wenn man beispielsweise einfach mit der schmalen Taille der De-Sitter-Raumzeit beginnen könnte und damit alle früheren Universen ebenso wie die De-Sitter-Kontraktionsphase vermeiden könnte? In der Taille ist das inflationäre Universum sehr klein; es ist ein geschlossenes Universum von winzigem Volumen – viel kleiner als das eines Protons. Doch es beginnt zu expandieren und entwickelt sich schließlich zu dem gewaltigen Universum, das wir heute sehen. Wie Guth anmerkt, könnte man tatsächlich mit einem beliebig kleinen Vakuumzustand beginnen; im Zuge der Expansion würde das Volumen des inflationären Vakuums ständig vergrößert werden. Mit nichts kann man zwar nicht anfangen, aber mit etwas wirklich Winzigem schon.

Man nehme ein winziges Stück inflationären Vakuumzustand, und es wird grenzenlos wachsen. Eigentlich war das das einzige Problem in Guths ursprünglichem Aufsatz. Wie er selbst anmerkte, war es schwierig, mit Anstand aus der Inflation herauszukommen. Indes, da der inflationäre Vakuumzustand von positiver Energiedichte war, neigte er letztlich dazu, in das normale Vakuum von niedrigerer Energiedichte zu zerfallen.

Nach Guth könnte die Inflation damit enden, dass die im inflationären Vakuum enthaltene Energie in Form von Wärmestrahlung gleichzeitig im gesamten All freigesetzt würde. Das wäre so, als brächte man in einem Teekessel Wasser zum Kochen und würde beobachten, wie sich das ganze Wasser im Kessel plötzlich in Dampf verwandelte. Der Dampf wäre gleichförmig verteilt, so gleichförmig wie das heiße Urknallmodell, doch das wäre unwahrscheinlich. Wenn Sie Wasser auf einer Herdplatte zum Kochen bringen, bilden sich bekanntlich Dampfblasen. Tatsächlich hat Sidney Coleman von der Harvard University zusammen mit seinem Kollegen F. de Luccia gezeigt, dass ein Meer von hochdichtem Vakuum wahrscheinlich zerfiele, indem es Blasen bilden würde, die mit gewöhnlichem Vakuum gefüllt wären. Jede Blase würde nach ihrer Bildung expandieren, wobei ihre Wand schließlich fast mit Lichtgeschwindigkeit nach außen triebe. Der Vakuumzustand im Inneren einer Blase wäre ein normales Vakuum mit einer Energiedichte und einem Druck von null. Außerhalb der Blase wäre der Druck negativ (ein universeller Sog), daher würde der inflationäre Vakuumzustand draußen die Blasenwand einfach nach außen ziehen und auf diese Weise für die Expansion sorgen. Allerdings gelänge es den Blasen nie, den ganzen Raum zu füllen. Zwei Blasen, die in unmittelbarer Nachbarschaft zueinander entstünden, würden im Zuge ihrer Expansion kollidieren, doch zwei Blasen, die sich weit voneinander entfernt bildeten, wären nie in der Lage, rasch genug zu expandieren, um die Lücke zwischen sich zu schließen, weil sich auch die Lücke selbst sehr rasch ausdehnen würde. Das Ergebnis ist ein ewig expandierendes, hochdichtes Vakuummeer, das isolierte Blasenhaufen enthält. Das ist eine nichthomogene Verteilung ohne Ähnlichkeit mit dem homogenen Universum, das wir heute beobachten. War Guths elegante und leistungsfähige Theorie doch nur eine Totgeburt? Nein. Guth hatte das Problem sehr wohl bemerkt. Die Lösung verlangte eine genauere Untersuchung dieser Blasen.

BLASEN-UNIVERSEN

Wie Coleman und de Luccia nachgewiesen hatten, beginnt die Blasenwand mit der Größe null, wenn sich eine Blase durch einen Quantenprozess in einem hochdichten inflationären Vakuum bildet. Immer schneller expandiert die Wand nach außen (vgl. Abb. 22). Lichtstrahlen, die bei der Entstehung der Blase von ihrem Mittelpunkt ausgesandt würden, könnten die nach außen rasende Blasenwand nie ganz einholen, weil sie einen Vorsprung hätte und ihre Geschwindigkeit sich der Lichtgeschwindigkeit immer weiter annäherte.

Coleman und de Luccia hielten das gesamte Innere der Blase für leer – flache Raumzeit, die mit nichts als dem normalen Vakuum gefüllt war. Ich dagegen hatte die Vermutung, dass sich ein ganzes inflationäres Universum in einer einzigen Blase bilden könnte, wenn sich die Inflation innerhalb der Blase fortsetzen könnte.

Stellen Sie sich Raumschiffe vor, die sich mit verschiedenen Geschwindigkeiten durch ein Blasen erzeugendes Ereignis *E* bewegen. Diese Raumschiffe schwärmen dann in alle Richtungen aus. Nehmen wir an, ihre Uhren wären um zwölf Uhr mittags synchronisiert worden, als sie sich alle zusammen in *E* befanden.

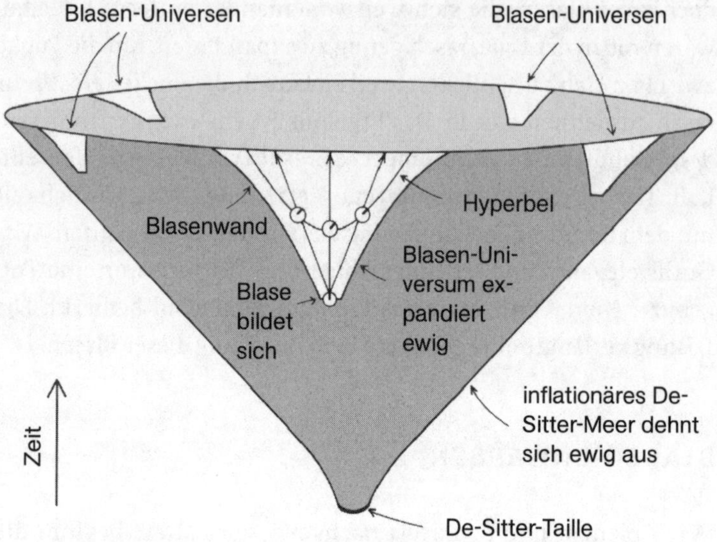

Abb. 22: Blasen-Universen, die sich in einem hochdichten inflationären Vakuum bilden

Bei allen wird die Weckfunktion um ein Uhr in Gang gesetzt. Das ist in Abb. 22 dargestellt. Das Ereignis *E* zeigt einen Wecker um zwölf Uhr mittags. Die Weltlinien dreier Beobachter, die durch das Ereignis *E* führen, sind als drei Linien mit nach oben zeigenden Pfeilen dargestellt. Wie erkennbar, stellen wir die Weckfunktion der drei Uhren jeweils auf ein Uhr. Die Hyperbel zeigt die Fläche in der Raumzeit, auf der die verschiedenen Wecker klingeln. Weiter außen ist sie nach oben in die Zukunft gewölbt, weil Uhren, die sich rasch nach links oder rechts bewegen, gemäß der speziellen Relativitätstheorie langsamer ticken und daher länger brauchen, um ein Uhr zu erreichen. Diese unendliche Hyperbel stellt ein unendliches, offenes, negativ gekrümmtes Universum dar – die dritte Art des Friedmann-Universums. Wie ein solches Universum aussieht, können wir uns klar machen, indem wir die Kartenprojektion eines zweidimensionalen Schnitts durch das

Universum untersuchen. Escher hat eine wunderschöne «Karte» dieses Raums angefertigt, indem er ihn mit Engeln und Teufeln bedeckt hat (vgl. Abb. 23). Diese negativ gekrümmte hyperbolische Fläche sieht ganz anders aus als die positiv gekrümmte Erdoberfläche, an die wir gewöhnt sind. Wenn wir die Erde auf einer Fläche abbilden, sind Orte, die am Rande der Karte liegen (etwa Grönland und die Antarktis auf der Mercatorprojektion), zu groß dargestellt. Wenn wir die Kartenprojektion auf den Nordpol der Erde zentrieren (wie in der Karte auf der UN-Fahne), ist die Antarktis viel zu groß wiedergegeben, weil sie den gesamten äußeren Rand der Karte einnimmt.

Doch da das offene Universum negativ gekrümmt ist, gibt Escher die Dinge am äußeren Rand seiner «Karte» kleiner wieder, als sie tatsächlich sind. Die Engel und Teufel haben in Wirklichkeit alle die gleiche Größe. Gehen Sie vom Mittelpunkt aus, zählen Sie sämtliche Teufel und Engel von innen nach außen und ziehen Sie mit diesem Radius einen Kreis um den Mittelpunkt. Sie werden feststellen, dass sich auf dem Kreis mehrere hundert Engel und Teufel drängen. In einem Raum dieser Art ist der Umfang eines Kreises größer, als man in der euklidischen Geometrie erwarten würde. Sich in einem offenen Universum zu verlaufen, wäre leicht. Jeder Engel und jeder Teufel in dem Diagramm stellt ein Dreieck dar mit Winkeln von 60 Grad an den Füßen, 45 Grad an der linken Flügelspitze und 45 Grad an der rechten Flügelspitze. (Sechs Engel und Teufel kommen an einem Punkt zu ihren Füßen zusammen, und ein Kreis von 360 Grad um diesen Punkt, in sechs gleiche Teile zerlegt, ergibt einen 60-Grad-Winkel an jedem Paar Füße. Ähnlich treffen sich acht Engel und Teufel an einem Punkt, wo sich ihre Flügelspitzen berühren, was einen 45-Grad-Winkel für jede Flügelspitze ergibt – 360 Grad durch acht geteilt.) Jedes Dreieck hat drei Winkel – von 45, 45 und 60 Grad –, die eine Summe von 150 Grad ergeben, weniger als die 180 Grad, die man nach euklidischer Geometrie erwarten würde, was bestätigt, dass es sich um einen negativ gekrümmten Raum handelt. Es gibt eine unbegrenzte Zahl von Engeln und Teufeln, die sich ins Unendliche erstrecken, und jede Linie durch den Mittelpunkt der Karte stellt eine unendlich lange Hyberbel dar wie diejenige, die in Abb. 22 wiedergegeben ist.

Wenn die Blase leer ist, erhält man ein leeres, offenes Universum mit der Dichte null, wie Coleman und Luccia dargelegt haben. Doch wenn, wie ich ausgeführt habe, die Energiedichte im inflationären Vakuumzustand hoch bleibt, bis sie nach den Weckern in Abb. 22 um ein Uhr in Form von Wärmestrahlung freigesetzt wird, findet dieser Übergang in einem hyperbolischen Unterraum der Raumzeit statt und erzeugt ein offenes Friedmann-Universum, unendlich in seiner Ausdehnung (mit einer unendlichen Zahl von Galaxien) und seine Expansion ewig fortsetzend. Jeder der drei Beobachter in Abb. 22 wird glauben, er befinde sich in Ruhe und im Mittelpunkt, direkt in der Zukunft des Ereignisses *E* (der Wecker, der zwölf Uhr mittags zeigt), während die anderen sich im Zuge der Expansionsbewegung von ihm fortbewegen. Genauso denkt jeder Mensch völlig zu Recht, der Mittelpunkt der Erde liege direkt unter ihm. So wie kein echter Mittelpunkt der Erde auf der Erdoberfläche zu finden ist, lässt sich heute kein Mittelpunkt des Universums bestimmen. So wie sich der wirkliche Mittelpunkt der Erde unter uns befindet, liegt der wirkliche Mittelpunkt des Universums (das Ereignis *E*) in unserer Vergangenheit.

Das ganze expandierende Universum mit seinen Weltlinien, die von *E* aus in alle Richtungen langsamer als das Licht auseinander laufen, würden innerhalb der Wände der ewig expandierenden Blasenwand Platz finden. Interessanterweise könnte sich also ein ganzes offenes inflationäres Universum in einer von Colemans Blasen befinden. In meinem Forschungsbericht habe ich erklärt, das unser Universum nur eine der Blasen sei. Ich dachte, das könnte vielleicht Guths Problem lösen. Aus einem Blickwinkel innerhalb einer der Blasen ist alles, was ein Beobachter sieht, homogen: Unsere Blase ist homogen. Wir sehen keine

Abb. 23: *Kreislimit IV* (1960), von M. C. Escher.
Dieses Bild zeigt ein negativ gekrümmtes, offenes Universum.

anderen Blasen, weil wir, wenn wir hinausblicken, in der Zeit zurückschauen und nur unsere eigene Blase und das inflationäre Meer sehen, das ihr vorausging. Bisher sind noch keine anderen Blasen mit der unseren kollidiert.

Mit anderen Worten, Blasen waren nicht das Problem – sie waren die Lösung.

Mein Artikel über offene Blasen-Universen erschien am 28. Januar 1982 in *Nature*. Später wurde sein wichtigstes Diagramm für die Titelseite der Jahresschrift *Physical News in 1982* ausgewählt, die vom American Institute of Physics herausgegeben wird. Für einen Physiker wie mich war das so, als wäre mein Bild auf der Titelseite der Zeitschrift *Rolling Stone* erschienen. Der Artikel tauchte sogar in der Literaturliste des *Star-Trek*-Romans *The Wounded Sky* von Diane Duane auf – zusammen mit Mr. Spocks berühmtem Aufsatz «Mathematische Implikationen nichthomogener paratopologischer Konvergenzen zwischen orthogonalen unabgekürzten n-Räumen nebst erhärtenden Feldmessungen» aus der Zeitschrift *Review of Modern Hypercosmology and Cosmogony*, Bd. 388, Sternenzeit 9258.0; und einem Bericht der namhaften vulkanischen Physiker T'pask, Sivek, B'tk'r und K't'lk aus den *Proceedings of Vulcan Science Academy*. Ich war hoch geehrt, meinen Namen in so illustrer Gesellschaft zu sehen!

In meinem Artikel vertrat ich die Auffassung, dass die Inflation innerhalb der Blase noch eine Weile fortdauern müsse, aber ich hatte keinen Mechanismus, der das befriedigend erklärte. Am 4. Februar und 26. April desselben Jahres veröffentlichten unabhängig voneinander der russische Physiker Andrej Linde sowie Andreas Albrecht und Paul Steinhardt von der University of Pennsylvania Artikel mit detaillierten teilchenphysikalischen Szenarien, die auch ein solches Modell produzierten. Sie gingen aus von der Idee, dass das Quantenvakuum verschiedene Energiedichten an verschiedenen Orten in Raum und Zeit haben könnte. Etwa so, wie eine Landschaft verschiedene Höhen an verschiedenen Orten haben kann (vgl. Abb. 24). Das normale Vakuum mit der Dichte null wäre auf der Höhe des Meeresspiegels. Ein inflationäres Vakuum mit hoher Dichte würde durch einen Punkt in einem hohen Bergtal dargestellt. Eine Bowlingkugel, die sich oben auf einem Berg befände, würde bis auf Meereshöhe hinunterrollen und dabei Energie freisetzen. Doch wenn die Kugel in einem Bergtal liegt und auf allen Seiten von Berggipfeln umgeben ist, kann sie nicht hinabrollen. Nach Guths Inflationsmodell war das Universum zu Anfang in einem solchen hochdichten Vakuumzustand gefangen. Solange es in dem Bergtal festsaß, dauerte die Inflation an. Es wäre dort ewig gefangen geblieben, wenn nicht die Effekte der Quantenmechanik wären. Nach der Quantenmechanik besteht eine endliche Wahrscheinlichkeit, dass die Bowlingkugel einfach durch die umstehenden Bergkämme tunnelt und auf einem Berghang auftaucht, von dem sie dann auf Meereshöhe hinabrollen kann (vgl. Abb. 24).

Quantentunneln ist keine theoretische Spekulation, sondern experimentell nachgewiesen. Wenn Uran zerfällt, stößt es einen Heliumkern ab, der infolge elektrostatischer Abstoßung nach außen schießt. Die Energie des entweichenden Heliumkerns sagt uns, wie nahe er dem ursprünglichen Urankern war, als er emittiert wurde. Überraschenderweise können wir feststellen, dass er seinen Weg ein gutes Stück *außerhalb* des Kerns begonnen haben muss. Hätte er sich vom äußeren Rand des Kerns gelöst, dann hätte er ein weit höheres Energieniveau erkennen lassen müssen, weil er viel stärker abgestoßen worden wäre. Wie ist er plötzlich so weit nach draußen gekommen? (Diese Frage erinnert mich an ein altes Zen-Koan: «Wie ist die Ente aus der Flasche gekommen?» Antwort: «Sie ist draußen!») Der Heliumkern tunnelt einfach aus dem Urankern und erscheint plötzlich draußen, ohne je den Raum dazwischen durchmessen zu haben. Das hat George Gamow 1928 herausgefunden – den später der Urknall berühmt machte.

Der Tunneleffekt findet auch statt, wenn sich eine Coleman-Blase bildet. Die im Tal gefangene Bowlingkugel steht für den hochdichten Vakuumzustand. Die Bowlingkugel, die aus dem Tal tunnelt, stellt die Bildung einer Blase dar, deren Mittelpunkt ein Ereignis *E* ist. Die Blase erscheint plötzlich mit einer Größe ungleich null – die Blase ist draußen. Fiele die Bowlingkugel augenblicklich auf Meereshöhe, bliebe die Blase leer, sie hätte nur ein normales Vakuum in ihrem Inneren. Ein entscheidender Durchbruch von Linde sowie von Albrecht und Steinhardt war die Idee, dass die Bowlingkugel, sobald sie hinausgetunnelt ist, auf einem

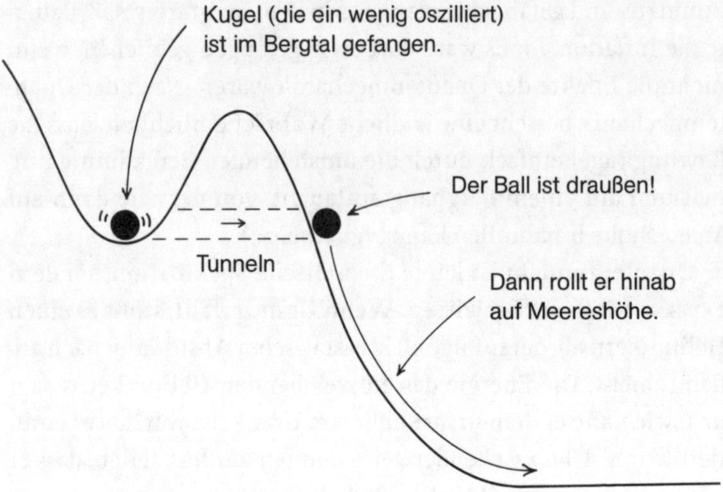

Abb. 24: Quantentunneln

Hochplateau erscheint. Auf dem Hochplateau, wo der Vakuumzustand eine hohe Dichte besitzt, setzt sich die Inflation im Inneren der Blase fort. Der Fall vom Felsen findet eine gewisse Zeit nach dem Ereignis *E* statt und vollzieht sich entlang einer hyperbolischen Fläche (wo die Wecker in Abb. 22 «ein Uhr» zeigen). Diese Energiefreisetzung erzeugt Strahlung und verwandelt die expandierende Blase in ein heißes offenes Urknallmodell. Weder Linde noch Albrecht und Steinhardt fiel auf, dass das Blasenmodell ein offenes Universum hervorbringt. Sie gingen lediglich davon aus, dass die Inflationsperiode im Inneren der Blase lange genug anhalte, um ein Modell zu erzeugen, das heute nahezu flach wäre. Wenn genügend Inflation stattfinde, so Guth, dann sehe das Universum, egal, was für eine Form es ursprünglich gehabt habe, flach aus, wenn es heute groß genug sei. (Nehmen Sie beispielsweise einen Elefanten und blasen Sie ihn auf, bis er eine Billion Mal größer ist als vorher. Dann wird jedes kleine Stück von ihm flach aussehen.) Guth fand besonderen Gefallen an diesem Merkmal der Inflation: Würden wir beobachten, dass das Universum heute annähernd flach wäre, dann ließe sich durch ein entsprechendes Maß an Inflation leicht erklären, wie es diese Form angenommen hat.

Neuere Daten über die kosmische Hintergrundstrahlung scheinen für ein Modell zu sprechen, das heute annähernd flach ist. Das schließt ein offenes Universum nicht aus, sondern deutet nur darauf hin, dass die Inflation im Inneren der Blase lange Zeit angehalten haben muss. Dann könnte der ganze Radius von dreizehn Milliarden Lichtjahren, den wir gegenwärtig erblicken, in den großen Zeh eines Escher-Engels passen. Der winzige Teil des Universums, den wir erblicken, würde dann annähernd flach aussehen (wie die Bonnevielle Salt Flats auf dem Großen Salzsee in Utah nahezu flach erscheinen, obwohl sie in Wirklichkeit ein winziger Ausschnitt der gekrümmten Erdoberfläche sind). Der eindeutige Beweis, dass es ursprünglich eine Blase gab, geriete in Vergessenheit, wenn das Universum so groß würde, dass die negative Krümmung, die es aus der Entstehungsphase der Blase übernommen hätte, nicht mehr zu erkennen wäre. Dann könnte sich das Universum auf verschiedene Weisen gebildet haben. Nicht nur eine Blase, sondern auch eine inflationäre Region von anderer Form könnte verantwortlich sein.

Zahlreiche Anhaltspunkte sprechen dafür, dass heute die Materiedichte im Universum (einschließlich der vermuteten dunklen Materie, die die Galaxienhaufen zusammenhält) beträchtlich geringer als die kritische Dichte ist, die erforderlich wäre, um für ein flaches Universum zu sorgen. Der beste Kandidat für den zusätzlichen Dichteanteil ist eine Vakuumenergiedichte von ungefähr 6×10^{-30} Gramm pro Kubikzentimeter – eine kleine kosmologische Konstante, Überbleibsel der ursprünglichen dominanten Vakuumenergie. Neuere Messungen der Fluchtgeschwindigkeiten ferner Supernovä durch Saul Perlmutter von der University of California in Berkeley, Robert Kirshner und Adam Reiss von der Harvard University sowie deren Kollegen sprechen für diese Auffassung, denn sie zeigen, dass sich die Expansion des Universums offenbar beschleunigt – wie der De-Sitter-Raum in späteren Phasen. Wenn dies sich als richtig herausstellen sollte, hätten wir heute eine kleine kosmologische Konstante, genauso, wie es Einstein einst vorgeschlagen hat! Dann hätte der alte Fuchs doch Recht gehabt – wenn die Konstante auch nicht denjenigen Zweck erfüllen würde, den Einstein ihr zugedacht hatte. Glücklich wäre wohl auch (wenn er denn noch lebte) Abbé Georges Lemaître, der Anfang der dreißiger Jahre des 20. Jahrhunderts die Ansicht vertrat, das Universum habe mit einem Urknall begonnen, werde aber aufgrund einer kleinen kosmologischen Konstante mit einer sich beschleunigenden Expansion enden. Wie dem auch sei, die vorliegenden Daten lassen darauf schließen, dass das Universum ewig expandiert.

EIN UNIVERSUM AUS DEM NICHTS?

Das Blasen-Universum wäre nur realistisch, wenn das inflationäre Universum einen Anfang hätte. Erstreckte sich die Inflation unendlich in die Vergangenheit, besäße ihre Geometrie die Sanduhrform, die in Abb. 21 gezeigt ist. Blasen, die sich in der unendlichen Kontraktionsphase vor der Taille gebildet hätten, würden sich nun aufeinander zubewegen. Wie Kugelfische, die sich in einem austrocknenden Teich zusammendrängen, würden sie bald den ganzen Raum füllen. A. Borde und Alexander Vilenkin von der Tufts University haben 1994 gezeigt, dass dadurch der inflationäre Vakuumzustand veranlasst würde, in einen schrumpfenden Blasenschaum zu zerfallen, der zu einem Großen Endkollaps zusammenstürzen würde, bevor die Taille erreicht wäre und die Expansion wieder beginnen könnte. Fängt der Prozess jedoch an der Taille an, wie in Abb. 22 gezeigt, kann eine unendliche Zahl von Blasen-Universen entstehen. Obwohl sich jede Blase ständig vergrößert, wächst der Raum noch rascher an, sodass Platz für immer mehr Blasen entsteht.

Vilenkin hatte eine Idee, wie man das inflationäre Universum an der Taille beginnen lassen könnte: indem man sich jene besondere Eigenschaft der Quantenmechanik zunutze machte, die wir bereits kennen gelernt haben – den Tunneleffekt. Irgendetwas Besonderes war wohl nötig, um das Universum in Gang zu setzen; vielleicht war es der Tunneleffekt.

Stellen Sie sich einen Bowlingspieler vor, der seine Bowlingkugel einen Berghang emporrollt. Eine Zeit lang würde die Kugel den Hang hinauflaufen, am höchsten Punkt einen Augenblick innehalten und dann wieder in Richtung des Bowlingspielers zurückrollen. Entsprechend schrumpft ein unendlich alter De-Sitter-Raum zwar zunächst sehr rasch, bremst die Kontraktionsbewegung dann aber ab, hält bei einem minimalen Radius (der Taille) einen Augenblick inne und beginnt wieder mit der Expansion. Doch nehmen wir an, es läge irgendwo in einem Bergtal eine Bowlingkugel. Irgendwann tunnelt sie dank der Quantenmechanik durch den Berg und kommt an der Außenseite zum Vorschein, von wo aus sie den Hang hinunterrollt. Ein solcher Tunnelprozess, dessen Wahrscheinlichkeiten von Vilenkin und Linde berechnet worden waren, könnte erklären, wie das De-Sitter-Universum an der Taille begonnen und von dort aus expandiert ist.

Doch die Kugel hat es schon gegeben, bevor sie tunnelte – sie befand sich auf dem Boden des Bergtals. Dieser Zustand entspricht hier einem geschlossenen Universum von der Größe null (dem Punkt am Fuße der schwarzen Region in Abb. 25). Das ist nicht ganz nichts, aber dem Nichts doch so nahe wie irgend möglich. Während des Quantentunnelns durch den Berg lässt sich die Geometrie des Universums (die schwarze Region in Abb. 25) als gekrümmte vierdimensionale Fläche beschreiben, die vier Dimensionen des Raums und keine Dimension der Zeit hat. (Die Quadrate der Entfernungen in alle Richtungen sind positiv.) Ganz unten beginnt der Raum als ein Kreis mit der Größe null, als Punkt, wie der Südpol der Erde, und weitet sich dann ständig aus, wie die Breitenkreise auf der Erde, bis sie den Äquator erreichen, der die Epoche darstellt, in der der Tunnelprozess abgeschlossen ist und das UNIVERSUM auf dem «Berghang» auftaucht, um die Taille einer De-Sitter-Raumzeit zu werden. Nun expandiert das Universum nach außen zur Zukunft hin (wo es eine unendliche Zahl von Blasen-Universen erzeugen kann, vgl. Abb. 22). Dadurch bekommt das UNIVERSUM große Ähnlichkeit mit einem Federball. Der weiße Teil hat drei räumliche und eine zeitliche Dimension. Der schwarze Abschnitt ist – wie der Zeitreisende von H. G. Wells sagen würde – ein vierdimensionaler Raum ohne zeitliche Dauer. Im schwarzen Teil ticken keine Uhren. Es ist ein erstarrtes Stück reiner Geometrie, unten durch einen Punkt begrenzt und oben durch eine Drei-Sphäre (in der Abbildung ein Kreis), dort, wo es in die Taille übergeht. Die normale Zeit beginnt an der Taille.

Hawking und Hartle haben dargelegt, dass der Ursprung des UNIVERSUMS sich in diesem Fall zu einem Südpol zurückverfolgen lässt. Dieser Pol unterscheide sich, so die beiden, in keiner Weise von den anderen Punkten im schwarzen Abschnitt. Die Tunnel-Geometrie erfülle das, was sie die «Kein-Rand»-Bedingung nennen, und vermeide alle Anfangsbedingungen, etwa die Anfangssingularität des Urknalls. Dann könnte man sagen, das UNIVERSUM habe selbst für seine Anfangsbedingungen gesorgt. Mit anderen Worten, es *war* einfach da. Damit hat der Anfang keine losen Enden mehr. Die schwarze Tunnelfläche hat eine Endgrenze (die sie mit der Taille verbindet), aber keine Anfangsgrenze. (Genauso können wir sagen, dass die südliche Erdhalbkugel nur oben durch den Äquator begrenzt wird, aber keine untere Grenze hat.) Das Konzept geht zurück auf eine Idee von E. P. Tyron aus dem Jahr 1973, der die Hypothese äußerte, unser Universum sei spontan aus einer Quantenfluktuation entstanden.

Für mich wirft dieses Modell allerdings ein Problem auf. Es beginnt nicht wirklich mit nichts, sondern durchaus mit etwas – einem Quantenzustand, der hinaustunnelt und eine normale Raumzeit wird.

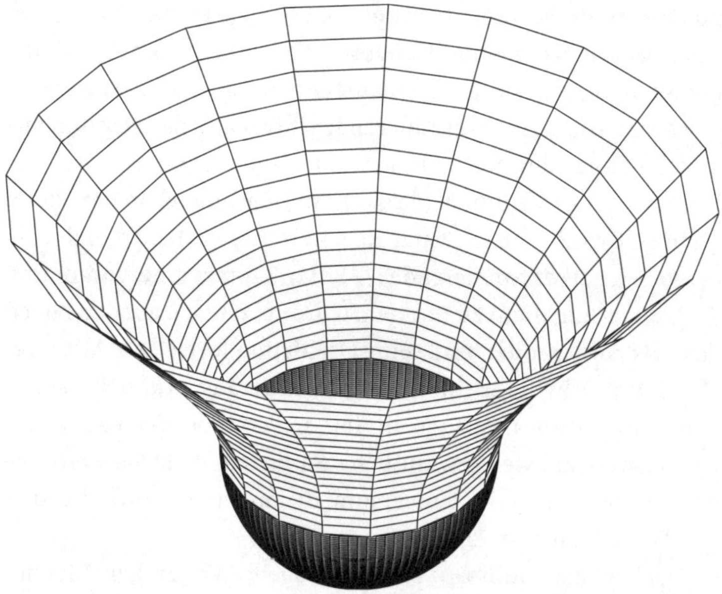

Abb. 25: Ein Universum, das aus dem Nichts getunnelt ist

Damit kommen wir zu Li-Xin Li zurück. Er entdeckte ein weiteres mögliches Problem an dem Modell. Das Quantentunneln hat gewöhnlich *zwei* Enden, denn schließlich hat jeder Tunnel zwei Ausgänge. An beiden Enden befindet sich eine erlaubte Raumzeit. Das Tunnel-Universum lässt sich also auch so interpretieren: Es beginnt mit einem oszillierenden Friedmann-Universum der Größe null, was der Bowlingkugel im Bergtal vor dem Tunneln entspricht. Doch die Unschärferelation verrät uns, dass wir nie eine Bowlingkugel finden können, die völlig ruhig auf dem Boden eines Bergtals läge. Vielmehr ist damit zu rechnen, dass die Bowlingkugel ein wenig oszillieren würde und eine leichte Unschärfe in Bezug auf ihre Position und Geschwindigkeit aufwiese (vgl. Abb. 24). Das entspricht in diesem Modell einem Friedmann-Universum von sehr geringer Größe (rund 10^{-33} Zentimetern) mit drei Dimensionen des Raums und einer der Zeit, das bis zur Tunnelphase eine Reihe von Urknallen und Kollapsen durchliefe (vgl. Abb. 26). Die Knalle und Kollapse würden keine Singularitäten hervorrufen, weil sie durch Quanteneffekte abgemildert würden. Jedes Mal, wenn dieses oszillierende Universum das Stadium maximaler Expansion erreichte, bestünde eine gewisse Wahrscheinlichkeit, dass es tunnelt (dass es ein vierdimensionaler Raum ohne Zeit wird – die schwarze Region in Abb. 26) und auf der anderen Seite als expandierende De-Sitter-Raumzeit hervorkommt. Gelänge es ihm nicht zu tunneln, würde es einfach auf den Boden des Tals zurückrollen und seine Oszillation fortsetzen. Mit jeder Oszillation erhielte es eine neue Chance hinauszutunneln, sodass es ihm irgendwann gelänge. In Abb. 26 verbindet der Tunnelprozess (schwarz) zwei gewöhnliche Raumzeiten (beide hell), die eine ein oszillierendes Universum, die andere ein inflationäres. Der Tunnel hat zwei Enden.

Doch wieder müssen wir uns fragen: Woher kam das ursprüngliche oszillierende Universum? Es kann nicht seit ewigen Zeiten existiert haben, weil es wie ein radioaktiver Kern nur eine begrenzte Lebenszeit hat. Seinen Ursprung zu erklären, ist ein Problem und wirft uns wieder auf unseren Ausgangspunkt zurück.

Vilenkin vertritt immer noch die Ansicht, dass ein oszillierendes Vorläuferuniversum genügt. Er vergleicht den expandierenden De-Sitter-Raum mit einer expandierenden Blasenwand in einer in einem noch höherdimensionalen inflationären Raum. Bevor sich die Blase bildet, gibt es nach seiner Auffassung keine Lösung mit oszillierender Wand. Allerdings gibt es *etwas* davor – in diesem Falle ein höherdimensionaler inflationärer See. Li-Xin Li und ich vertreten die Ansicht, dass ein Quantentunnel-Ereignis zwei Enden haben sollte; dass es zwei gewöhnliche Raumzeiten miteinander verbindet. Wenn wir sagen, dass etwas hinaustunnelt, muss das, was da tunnelt, auch vorher schon etwas gewesen sein. Tatsächlich zeigt die Tunnelphase in Hartles und Hawkings Modell keine Singularitäten in seiner Geometrie (in der schwar-

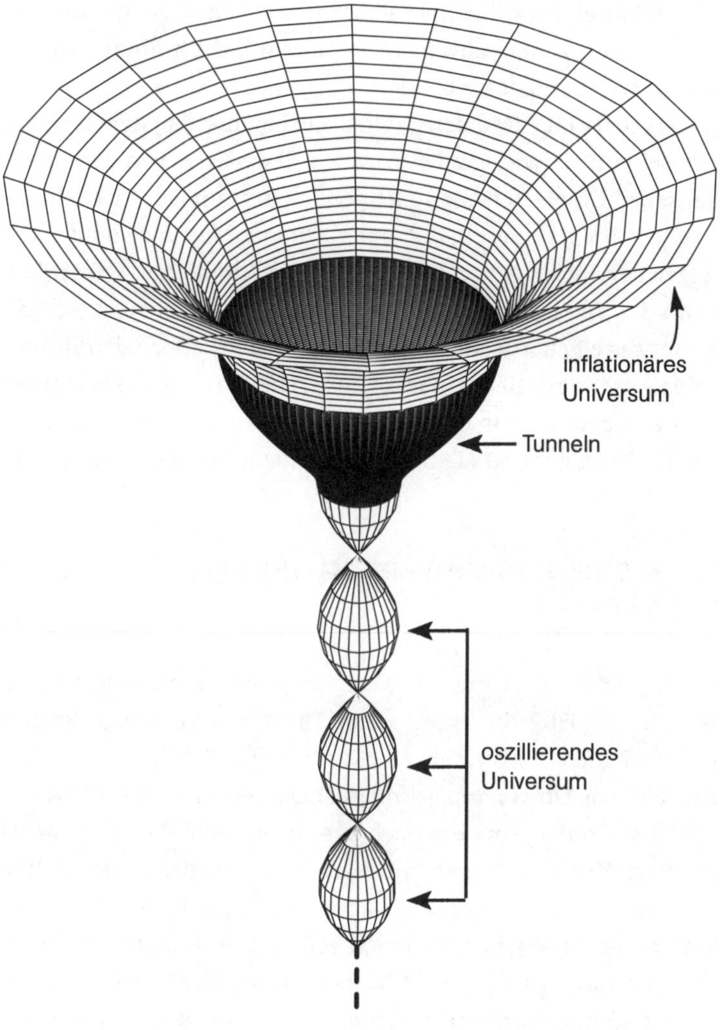

Abb. 26: Tunneleffekt bei einem kleinen oszillierenden Universum

zen Region in Abb. 25), eben *weil* es ein Bergtal auf der anderen Seite gibt. Hawking und Neil Turok haben kürzlich versucht, ein Modell zu entwickeln, in dem das Universum aus einem ständig ansteigenden Gebirgskamm auftaucht, jenseits dessen es kein

Gebirgstal gibt. In diesem Fall weist die Tunnelgeometrie eine Singularität in der schwarzen Region auf, doch Singularitäten wollen wir ja gerade vermeiden.

Das UNIVERSUM buchstäblich «aus nichts» entstehen zu lassen, scheint schwierig zu sein. Wie soll «nichts» von den physikalischen Gesetzen wissen? Schließlich beginnt jedes Modell, das aus dem Nichts tunnelt, mit einem Quantenzustand, der den Gesetzen der Physik gehorcht – und der ist nicht nichts. Tatsächlich kann der Versuch, das UNIVERSUM aus dem Nichts zu erschaffen, etwas eigenartig anmuten, dürfte «Nichts» doch definitionsgemäß nicht existieren. Vielleicht ist die Frage, wie das Universum aus dem Nichts geschaffen wurde, einfach falsch gestellt. Vielleicht ist das UNIVERSUM ganz anders zustande gekommen.

KANN SICH DAS UNIVERSUM SELBST ERSCHAFFEN?

Als Li-Xin Li und ich unseren Kosmologieaufsatz schrieben, wählten wir als Titel die Frage: «Can The Universe Create Itself?» (Kann sich das Universum selbst erschaffen?) Wir äußerten die Ansicht, das Universum sei möglicherweise nicht aus nichts erschaffen worden, sondern doch aus etwas – und dieses Etwas sei es selbst. Wie soll das gehen? Durch eine Zeitreise. Das UNIVERSUM könnte eine Geometrie haben, die ihm erlaubt, sich in der Zeit zurückzubegeben und sich selbst zu erschaffen. So wäre denkbar, dass das UNIVERSUM seine eigene Mutter ist.

Das könnte durch einen Prozess geschehen, der mit einer von Andrej Linde vorgeschlagenen Theorie verwandt ist, der *chaotischen Inflation.* Linde erkannte, dass Quantenfluktuationen die Raumzeit veranlassen könnten, in einen Zustand höherer Vakuumenergiedichte und höherer Inflationsrate zu springen. (Stellen Sie sich vor, eine Bowlingkugel machte plötzlich einen Quantensprung von der Küstenebene ins Gebirge.) Das erklärte, wie Inflation unter sehr allgemeinen Bedingungen entstehen könnte, und ist heute das inflationäre Standardszenario. Nach Linde könnte ein inflationäres Universum infolge dieser Quantenfluktuationen und ihrer Sprünge in der Inflationsrate Baby-Universen hervorbringen, so wie ein Baumstamm Zweige austreibt. Jedes Baby-Universum würde sich zur Größe des Stamms aufblähen und dann eigene Baby-Universen austreiben. Das ginge ewig so weiter, ständig würden inflationäre Universen von älteren Ästen abzweigen, sodass ein enormer fraktaler Baum entstünde. (Zu weiteren Einzelheiten über diese wichtige Theorie vgl. die Anmerkungen.) Wenn Sie nicht bereit sind, die «Es-folgt eine-Schildkröte-auf-die-andere»-Lösung zu akzeptieren, verlangt die Logik, dass Sie sich fragen, wie der «Stamm» entstanden ist.

In unserem Kosmologieaufsatz schlugen Li-Xin Li und ich vor, ein Zweig krümme sich einfach zurück und werde zum Stamm. Abb. 27 zeigt von links nach rechts vier inflationäre Baby-Universen. In späteren Phasen ist jede dieser expandierenden «Trompeten» eine inflationäre De-Sitter-Raumzeit. Da jede einen Anfang (eine Taille) am Verzweigungspunkt besitzt, kann jede eine unendliche Zahl von Blasen-Universen austreiben – Blasen-Universen, wie sie Abb. 22 zeigt. Abermals zählt in diesem Diagramm nur die Oberfläche. Jede Trompete kann sich endlos ausdehnen, ohne mit den anderen in Kontakt zu kommen. Die Universen ganz links und ganz rechts haben noch keine Baby-Universen in die Welt gesetzt, doch im Laufe der Zeit werden sie es sicher noch tun. Jedes Baby-Universum ist durch den gleichen Verzweigungsmechanismus geschaffen worden. Die Gesetze der Physik gelten überall, und es gibt keine Singularitäten. Was die seltsame Schleife am unteren Rand angeht – nun, sie stammt von einem Baby-Universum, das sich in der Zeit zurückgekrümmt hat und zum Stamm geworden ist.

Zugegeben, die Geometrie sieht etwas komisch aus. Meine Frau meinte, sie sehe aus wie eine von Dr. Seuss' wunderlichen Zeichnungen. Neil de Grasse Tyson, Direktor des Hayden-Planetariums, stimmte ihr zu und sagte, es könnte ein neues Musikinstrument sein, eine Art exotisches Flügelhorn vielleicht. Genau, sagte ich, und es spielt sich selbst!

In unserem Modell gibt es kein frühestes Ereignis; jedes Ereignis hat ein anderes, das ihm vorausgeht. Trotzdem hat das UNIVERSUM einen endlichen Anfang. Insbesondere in der Zeitschleife am unteren Rand gehen jedem Ereignis die Ereignisse voraus, die sich in der Schleife gegen den Uhrzeigersinn vor ihm befinden. Nehmen wir an, wir leben in dem Universum ganz rechts, das ein Universum weit vom Stamm entfernt darstellen soll. Wenn wir von einer unendlichen Zahl von Zweigen ausgehen, dann leben wir wahrscheinlich in einem Universum, das sich sehr viel später gebildet hat als das erste. Gingen wir in der Zeit zurück, würden wir unseren Zweig hinablaufen bis in das Universum zu unserer Linken, dann in den Stamm des Universums, das sich links anschlösse, und anschließend in die Schleife am unteren Rand des Diagramms, um von nun an ewig in der Schleife zu kreisen. Genauso besitzt die gekrümmte Oberfläche der Erde keinen östlichsten Punkt. Wir können unendlich nach Osten um die Erde reisen, und doch ist sie endlich. Wäre die Erde flach, wie man in der Vergangenheit glaubte, dann hätte sie entweder einen östlichsten Rand oder würde sich unendlich nach Osten ausdehnen. Doch da sie gekrümmt ist, kann sie endlich sein und doch keinen östlichsten Punkt besitzen. Entsprechend können wir, da die allgemeine Relativitätstheorie gekrümmte Geometrien erlaubt, ein UNIVERSUM haben, das *einen Anfang besitzt, ohne ein frühestes Ereignis zu haben.*

Es ist die Ursache seiner selbst.

Diejenigen, die in der Vergangenheit argumentiert haben, das UNIVERSUM müsse entweder eine erste Ursache haben oder seit ewiger Zeit existieren, wussten noch nichts von gekrümmten Raumzeiten. Die Möglichkeit solcher Raumzeiten löst das *Prima-Causa*-Problem in einer Weise, die vor der allgemeinen Relativitätstheorie undenkbar gewesen wäre. Unser Modell enthält einen

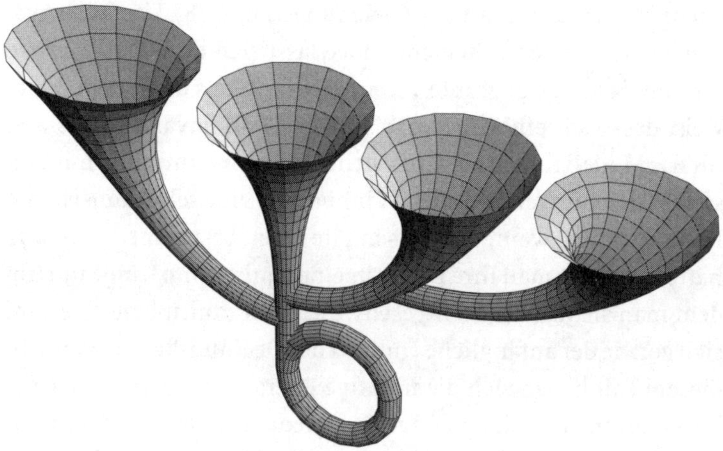

Abb. 27: Ein sich selbst erschaffendes Universum.
Nach diesem Modell, in dem Universen andere Universen hervorbringen, erhält das Universum durch eine Zeitschleife am Anfang die Möglichkeit, seine eigene Mutter zu werden.

Cauchy-Horizont, der die Region der Zeitreise von den späteren Regionen trennt, die keine Zeitreisemöglichkeiten bieten. Dieser Horizont umkreist den Stamm, kurz nachdem die Zeitschleife abzweigt. Wenn Sie vorher leben, befinden Sie sich in der Zeitschleife und können lokal in die Zukunft reisen, indem Sie (im Uhrzeigersinn) den ganzen Weg um die Zeitschleife herumgehen und auf diese Weise in Ihre Vergangenheit zurückkehren. Doch wenn Sie hinter dem Horizont leben, können Sie Ihre Vergangenheit nicht aufsuchen. Wenn Sie in der Zukunft des Punktes leben, an dem die Zeitschleife abzweigt, bewegen Sie sich einfach weiter in Richtung Zukunft und steigen in dem Stamm höher. Nie können Sie zu der Schleife am Fuß des Diagramms zurückkehren. Eine Zeitmaschine ist zu Beginn des UNIVERSUMs in Betrieb, wird dann aber stillgelegt.

Unser Aufsatz «Can The Universe Create Itself?» erschien im Mai 1998 in *Physical Review D* (der wichtigsten Zeitschrift für Teilchenphysik). Er enthält 155 Gleichungen und 187 Literaturangaben, doch seine entscheidende Idee lässt sich durch Abb. 27 zusammenfassen. Der größte Teil unseres Artikels dient dem Nachweis, dass sich ein selbstkonsistenter Quantenvakuumzustand für das Modell finden lässt, der sich in Übereinstimmung mit Einsteins Gleichungen befindet. Wir könnten eine selbstkonsistente Lösung finden, wenn die Zeitschleife einen bestimmten Umfang hätte – rechnet man ihre Dauer in eine äquivalente Länge um (indem man sie mit der Lichtgeschwindigkeit multipliziert), ergibt sich gerade der anfängliche Umfang des De-Sitter-Raumzweigs. In diesem Fall heben sich die negative Energiedichte unseres Rindler-Vakuums und die positive Energiedichte, die sich daraus ergibt, dass es um eine geschlossene Zeitschleife gewickelt ist, exakt auf. Zurück bleibt ein reiner Vakuumzustand, der überall positive Energiedichte und negativen Druck aufweist – genau das, was erforderlich ist, um die De-Sitter-Geometrie zu erzeugen, mit der wir begonnen haben. Dieser homogene Vakuumzustand weist weder auf dem Cauchy-Horizont noch andernorts problematische Unendlichkeiten auf. Es handelt sich um eine selbstkonsistente Lösung.

Zu dem Zeitpunkt, da der Zweig einen Kreis gebildet hat und zum Stamm geworden ist, ist sein Umfang um einen Faktor von $e^{2\pi} = 535{,}4916555$ ... angewachsen. Stellen Sie sich zur Verdeutlichung einen Baumstamm von 535 Zentimetern Umfang vor, von dem ein Ast mit einem Umfang von einem Zentimeter abzweigt, dann lassen Sie den Zweig im Kreis und zum Stamm heranwachsen. Die Zeitschleife hat im Uhrzeigersinn eine Länge von rund 5×10^{-44} Sekunden. Die Dichte des selbstkonsistenten Vakuumzustands entspricht etwa der Planck-Dichte – 5×10^{93} g/cm^3. Das ist genau die Dichte, bei der nach gängigen Berechnungen die Quantengravitationseffekte mit Sicherheit Bedeutung gewinnen. Gegenwärtig haben wir noch keine Theorie der Quantengravitation, doch es scheint klar zu sein, dass bei so hohen Dichten und auf so kleinen Zeitskalen die Quantenungewissheiten in der Geometrie entscheidend zu Buche schlagen. Die Raumzeit ist nicht mehr homogen, sondern wird zu einem komplexen, schwammähnlichen Knäuel von Auswüchsen, das man als *Quanten-Schaum* bezeichnet. Dieser Effekt sollte für Zeitschleifen, wie sie Li-Xin Li und ich vorgeschlagen haben, noch bessere Voraussetzungen schaffen – ja, dafür sorgen, dass sie kaum zu vermeiden wären. Wenn eine kosmologische Konstante mit der Vereinigung von starker und schwacher Kernkraft sowie Elektromagnetismus verknüpft ist, dann – so fanden wir ferner heraus – ist eine weitere selbstkonsistente Lösung möglich, die eine Zeitschleife von rund 10^{-36} Sekunden Umlaufdauer besitzt. In diesem Fall bleibt die Dichte deutlich unterhalb der Planck-Dichte, daher sollten Quantengravitationseffekte keine Bedeutung haben; unsere gegenwärtigen Berechnungen müssten in der Form, in der wir sie zu Papier gebracht haben, gültig sein. In jedem Fall ist die Zeitschleife außerordentlich kurz. Obwohl wir gegenwärtig noch keine allumfassende Theorie für alles haben, lassen die allgemeinen Eigenschaften unserer Berechnungen darauf schließen, dass eine kleine Zeitmaschine am Anfang des UNIVERSUMs eine sehr interessante Möglichkeit ist.

Unsere Lösung scheint auch stabil zu sein, das haben Berechnungen von Pedro F. González-Díaz gezeigt, der an Hawkings Institut in Cambridge arbeitet. Er stellte fest, dass sich die Lösung gegen alle Fluktuationen als stabil erweist, wenn die Zeitschleife kurz ist – ungefähr 5×10^{-44} Sekunden lang.

Nach dem Erscheinen unseres Papiers erhielten wir viele freundliche E-Mails von Kollegen. John Barrow, einer der weltweit führenden Experten auf dem Gebiet der so genannten anthropischen Kosmologie, schrieb uns, er habe die Möglichkeit geschlossener zeitartiger Kurven im Universum bereits in einem Artikel aus dem Jahr 1986 erwähnt. Allerdings hat er in diesem Aufsatz die Zeitreise-Alternative als wenig überzeugend bezeichnet. Vielleicht lag es daran, dass die Forschung Zeitreise-Lösungen vor Kip Thornes Arbeit nicht sehr ernst genommen hat.

Das Szenario, das Li-Xin Li und ich vorgeschlagen haben, ist, wie die Inflation, ein allgemeines Paradigma. Jeder Entwurf, in dem Baby-Universen erzeugt werden, lässt sich in ein Modell von unserem Typus verwandeln, wenn sich eines der Baby-Universen als das Universum erweist, mit dem die ganze Entwicklung begonnen hat. Am MIT haben die Physiker Edward Garhi, Guth und Jemal Guven die Auffassung geäußert, Baby-Universen könnten von einer Superzivilisation im Labor hergestellt werden. Ihr Plan sieht vor, eine kugelförmige Masse von zehn Kilogramm zu extrem hoher Dichte zusammenzupressen. Diese Kugel ginge in einen hochdichten Vakuumzustand über, dessen negativer Druck (oder Sog) eine Implosion der Kugel bewirken würde. In der Regel wäre das Ergebnis ein Schwarzes Loch, doch gelegentlich entstünde durch Abzweigung mittels des Quantentunneleffekts auch ein Baby-Universum, das im Schwarzen Loch verborgen wäre. Dieser Zweig könnte zu enormer Größe heranwachsen, ohne das Labor (das Stamm-Universum) zu beeinträchtigen. Diese Vorstellung hat Edward R. Harrison von der University of Massachusetts weiter ausgeführt und die These aufgestellt, unser besonderes Universum könnte als Baby im Labor einer früheren intelligenten Zivilisation hergestellt worden sein. Nach Harrison würde das erklären, warum die physikalischen Konstanten in unserem Universum so günstig für die Entwicklung intelligenten Lebens seien – sie seien einfach die des Mutter-Universums, der Heimstatt jener intelligenten Zivilisation, die unser Universum erschaffen habe. Er meinte, alle Baby-Universen, viele Generationen hindurch, könnten auf diese Weise gebildet worden sein. Allerdings fand er keine andere natürliche Erklärung für das erste Universum, den Stamm. Mit einer Zeitreiseschleife hätte eine intelligente Zivilisation auch den Stamm hervorbringen können.

Natürlich überschätzt man damit vielleicht die Bedeutung intelligenter Zivilisationen. Die natürliche Entstehung von Baby-Universen wie etwa durch Lindes chaotische Inflation wäre wahrscheinlich weit häufiger als die Erschaffung durch intelligente

Zivilisationen. Der Physiker Lee Smolin von der Pennsylvania State University hat die Vermutung geäußert, dass jedes Mal, wenn ein Schwarzes Loch entstehe, ein Baby-Universum hervorgebracht werde, das sich von dem unseren abzweige und unserem Blick im Inneren des Schwarzen Lochs entzogen sei. Wenn unser Universum heute eine winzige kosmologische Konstante besäße, dann würden sich schließlich, wie Garriga und Vilenkin gezeigt haben, Blasen mit hochenergetischem Vakuum bilden. (Stellen Sie sich eine Bowlingkugel auf einer Küstenebene vor, die plötzlich durch einen Quantensprung in einem Bergtal landet.) Jede dieser Blasen würde eine Abzweigung bilden und sich zu einem separaten inflationären Universum entwickeln. Der Prozess ist eine Version von Lindes chaotischem Universum, in dem zufällige Quantenfluktuationen die Abzweigung inflationärer Regionen bewirken. Ein solches Modell ließe sich auch unserem Entwurf eingliedern.

Unsere Idee, das UNIVERSUM könnte sich selbst erschaffen, verträgt sich sehr gut mit der Superstringtheorie, nach der ganz zu Anfang alle räumlichen Dimensionen aufgewickelt und klein waren. In der Zeitschleife unseres Modells sind alle Dimensionen – einschließlich der Zeit – eng zusammengerollt und winzig. Auch zur Inflation weist unsere Idee viele Verbindungen auf. Um sich selbst durch eine Zeitreise zu erschaffen, muss das UNIVERSUM, wie es zu einem späteren Zeitpunkt ist, sich selbst gleichen, wie es zu einem früheren Zeitpunkt ist. Das ermöglicht die Inflation. Wenn Sie mit einem winzigen Stück inflationärem Vakuum beginnen, expandiert es zu enormem Volumen, das Stück für Stück genau gleich dem Stück ist, mit dem Sie begonnen haben. Wenn eines dieser Stücke sich als dasjenige herausstellt, mit dem Sie begonnen haben, ist das UNIVERSUM seine eigene Mutter. Irgendetwas Bemerkenswertes muss am Anfang des UNIVERSUMs geschehen sein – vielleicht war es das.

DER ZEITPFEIL

Unser Modell liefert die Lösung für ein sehr hartnäckiges Paradoxon, das die Physiker seit langem beschäftigt – den Zeitpfeil. Tauschen Sie Vergangenheit und Zukunft, links und rechts, Teilchen und Antiteilchen aus, und die physikalischen Gesetze sind genauso gültig wie vorher – die Zukunft besitzt keine magischen Eigenschaften, die sie von der Vergangenheit unterscheiden. Beispielsweise machen die Gesetze des Elektromagnetismus keinen Unterschied zwischen der Zukunft und der Vergangenheit. Aber wir wissen, dass sich Lichtwellen, die den Gesetzen des Elektromagnetismus gehorchen, nur in die Zukunft ausbreiten. Wenn ich jetzt ein Elektron anstoße, brechen Lichtwellen mit Lichtgeschwindigkeit auf und erreichen in vier Jahren den Stern Alpha Centauri, der vier Lichtjahre von uns entfernt ist. Wellen, die sich in die Zukunft bewegen, nennen wir *retardierte Wellen.* Vergleiche Abb. 28: Links verläuft die Weltlinie eines Elektrons direkt nach oben, abgesehen von einem Knick in seiner Weltlinie, als es angestoßen wird. An diesem Punkt werden retardierte Lichtwellen emittiert und bewegen sich mit Lichtgeschwindigkeit in einem V-Muster nach oben und links beziehungsweise rechts in Winkeln von 45 Grad in Richtung Zukunft. Doch nie sehen wir Lichtwellen, die sich in Richtung Vergangenheit ausbreiten, obwohl Maxwells Gleichungen diese alternative Lösung genauso erlauben. In diesem Fall stieße ich ein Elektron jetzt an, und die Lichtwellen würden sich rückwärts in der Zeit bewegen und vor vier Jahren mit Alpha Centauri zusammentreffen. Wellen, die sich rückwärts in die Vergangenheit bewegen, nennen wir *avancierte Wellen.* Das angestoßene Elektron auf der rechten Seite von Abb. 28 emittiert sie, und sie bilden in dem Raumzeitdiagramm ein auf dem Kopf stehendes V. Doch da wir avancierte Wellen niemals erblicken, müssen sie durch irgendetwas verhindert werden. Der Umstand, dass wir Lichtwellen von angestoßenen Ladungen nur in die Zukunft unterwegs sehen, erklärt die normale

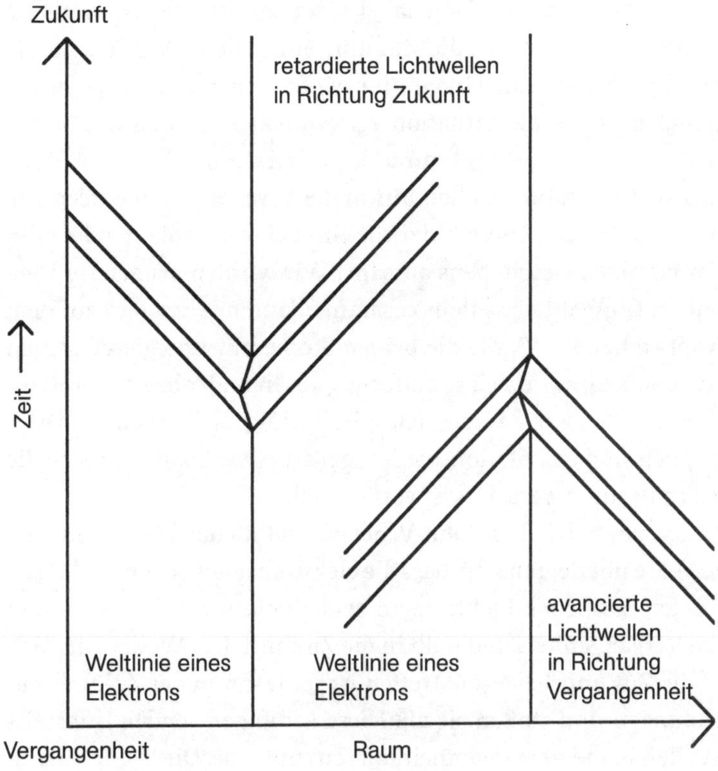

Abb. 28: Der Zeitpfeil

Kausalität, die wir heute in unserem Universum beobachten, wo Ursachen Wirkungen vorausgehen. Ich stoße ein Elektron jetzt an, und die elektromagnetischen Wirkungen treten später auf, was den Zeitpfeil erzeugt.

Gleiches gilt für die Gravitation. Gravitationswellen, Kräuselungen der Raumzeit, die sich mit Lichtgeschwindigkeit ausbreiten, bewegen sich ebenfalls in die Zukunft. Die Nobelpreisträger Russell Hulse und Joseph Taylor von der Princeton University haben zwei Neutronensterne beobachtet, die einander umkreisen und sich dabei spiralförmig nach innen bewegen, sodass sie sich immer näher kommen – genau das, was zu erwarten ist, wenn sie Gravitationswellen in die Zukunft entsenden. Würden sie die gleiche Menge von Gravitationswellen in die Vergangenheit schicken, wäre die Situation zeitsymmetrisch, und die Sterne würden sich keineswegs spiralförmig nach innen bewegen. Würden sie Gravitationswellen nur in die Vergangenheit entsenden, böte sich uns ein Anblick, der wie ein rückwärts ablaufender Film des heutigen Geschehens aussähe: Wir würden avancierte Wellen im Doppelsternsystem zusammenlaufen sehen (ein auf dem Kopf stehendes V), die die beiden Sterne mit Energie versorgen würden, sodass sie sich spiralförmig auseinander bewegten. Stattdessen sehen wir, dass sie sich spiralförmig nach innen bewegen, folglich sind Gravitationswellen, genauso wie Lichtwellen, in die Zukunft unterwegs. Das ist verwirrend.

1945 entwickelten John Wheeler und Richard Feynman eine Idee. Sie überlegten sich, dass die elektromagnetischen Wellen eines angestoßenen Elektrons in beide Richtungen liefen: halb in die Vergangenheit und halb in die Zukunft. Die Wellen, die sich in die Zukunft bewegen, treffen irgendwann in der Zukunft auf Ladungen und stoßen sie an. Diese Ladungen senden ihrerseits Wellen in die Vergangenheit und Zukunft aus. Die Wellen der in der Zukunft befindlichen Ladungen kehren direkt zum Elektron in der Gegenwart zurück und verdoppeln die Stärke der retardierten Wellen, die von dem gegenwärtigen Elektron ausgesandt werden, und sorgen dafür, dass sie ihre ganze Intensität entfalten. Die Wellen dieser Ladungen in der Zukunft setzen dann ihren Weg in die Vergangenheit fort, wo ihre Berge und Täler genau die Berge und Täler der avancierten Wellen aufheben, die das Elektron in die Vergangenheit gesandt hat – mit dem Ergebnis, dass in der Vergangenheit des Jetzt keine Wellen mehr vorhanden sind. Das würde die Situation erzeugen, die wir auch in Wirklichkeit beobachten. Aber warum nicht der umgekehrte Prozess? Avancierte Wellen stoßen Ladungen in der Vergangenheit an, sodass die retardierten Wellen der in der Vergangenheit befindlichen Teilchen zurückkommen, um die retardierten Wellen aufzuheben – mit dem Ergebnis, dass nur avancierte Wellen übrigbleiben. Die Zeitasymmetrie, die wir beobachten, muss letztlich aus der Existenz eines sehr geordneten Zustands (von geringer Entropie) ohne Wellen in der Vergangenheit, dem frühen UNIVERSUM, hervorgehen.

Gibt es Alternativen?

Die Geometrie unseres Zeitreisemodells bietet eine natürliche Erklärung für die Asymmetrie zwischen der Zukunft und der Vergangenheit, die wir in unserem Universum beobachten. Nehmen wir an, wir lebten in dem Universum, das durch das ganz rechte Horn in Abb. 27 dargestellt wird. Wenn wir den Lichtwellen gestatteten, sich in die Vergangenheit zu bewegen, würden sie diesen Zweig hinabwandern, auf den Zweig links daneben überwechseln und schließlich zum Stamm gelangen, wo sie in die Zeitschleife unten einträten und ewig gegen den Uhrzeigersinn in ihr kreisten, was zu einem unendlichen Aufbau von Energie führen und die Vernichtung der ganzen Struktur in einer Singularität heraufbeschwören würde. Das ist nicht die Geometrie, mit der wir begonnen haben – die Lösung ist inkonsistent. Ein selbstkonsistentes Modell, das funktioniert, ist nur möglich, wenn sich die Lichtwellen stets in die Zukunft bewegen, genauso, wie wir es beobachten. (Wenn sich Photonen, die in den Zweigen erzeugt werden, nur in die Zukunft bewegen, dann wandern diese Photonen in die äußeren Zweige hinein, fort von der Zeitschleife, und werfen keine Probleme auf.)

Stellen Sie sich nun ein Photon vor, das innerhalb der Zeitschleife unten im Diagramm emittiert wird. Es könnte im Prinzip die Schleife unendlich oft umkreisen. Doch mit jeder Umrundung verlöre es an Energie, weil es sich in die Zukunft bewegte, in die gleiche Richtung, in der der Zweig expandiert. Nach jeder Umrundung würde es nur 1/535 so viel Energie wie beim letzten Durchlauf hinzufügen, weil die Expansion seine Wellenlänge um einen Faktor von 535 streckte und ihm entsprechend viel Energie entzöge. Die Summe ginge rasch gegen einen endlichen Wert. Also auch wenn das Photon unendlich viele Male in der Schleife kreiste, würde es keinen unendlichen Energieaufbau verursachen. Ein Photon dagegen, das sich in der Schleife rückwärts in der Zeit bewegte (gegen den Uhrzeigersinn), nähme mit jedem Umlauf Energie auf, weil der Zweig gegen den Uhrzeigersinn ständig kleiner wird und die Wellenlänge zusammenstaucht. Ein Photon, das in der Schleife unendlich oft in Richtung Vergangenheit kreiste, würde einen unendlichen Energieaufbau verursachen und das Modell zerstören. Tatsächlich kann man eine selbstkonsistente Lösung nur erhalten, wenn sich die Licht- und Gravitationswellen im gesamten Modell ausschließlich in die Zukunft bewegen. Die beobachtete Asymmetrie zwischen Zukunft und Vergangenheit (der Umstand, dass die Ursachen den Wirkungen vorangehen) ergibt sich also in unserem Modell aus der Zeitasymmetrie in der Geometrie des UNIVERSUMs – es hat zu Beginn eine Zeitschleife.

Im Standardmodell des Urknalls dagegen gibt es nichts, was einen Zeitpfeil erzeugen könnte. In diesem Modell ist das frühe Universum mit Strahlung angefüllt, und ob diese sich von ihrer Quelle aus vorwärts oder rückwärts in der Zeit ausbreitet, spielt keine Rolle. Wenn die Wellen in die Vergangenheit gingen, würden sie bei Annäherung an die Singularität immer energiereicher werden, bis die Energie dort schließlich unendlich würde. Doch das wäre kein Problem, da sich im Urknallmodell die Dichte an dieser Stelle ohnehin unendlich aufbaut. Wellen, die sich in die Vergangenheit bewegen, sind im Standardmodell des Urknalls nicht grundsätzlich verboten. Doch mit einer Zeitschleife am Anfang verbietet die Selbstkonsistenz, dass Wellen in die Vergangenheit wandern – genauso, wie wir es heute beobachten.

Was ist mit dem «Entropie-Zeitpfeil», der Zunahme der Unordnung, die wir mit der Zeit im Universum beobachten? Er tritt auf, weil es viele ungeordnete Zustände gibt, aber nur einige geordnete. Betrachten wir ein Beispiel für die Wirkungsweise dieses Prinzips. Legen Sie 100 Münzen in einen Schuhkarton und achten Sie sorgfältig darauf, dass sie alle mit dem Kopf nach oben liegen. Das ist ein hochgeordneter Zustand – es erfordert Energie, jede Münze auszurichten. Nun schütteln Sie den Karton. Wenn Sie anschließend hineinblicken, finden Sie wahrscheinlich einen Teil der Münzen mit dem Kopf nach oben und einen Teil mit dem Kopf nach unten – ein zufälliger oder ungeordneter Zustand. Es gibt viele Anordnungen, bei denen einige Münzen Kopf und einige Zahl zeigen – doch nur eine, bei der alle Münzen den Kopf oben haben. Es besteht stets eine geringe Wahrscheinlichkeit, dass Sie, wenn Sie nach dem Schütteln des Kartons hineinblicken, alle Münzen mit dem Kopf nach oben liegen sehen – eine Chance von eins zu zwei in die hundertste Potenz erhoben. Schütteln Sie den Karton einmal pro Sekunde: Nach der Wahrscheinlichkeitsrechnung müssten Sie im Mittel 40 Milliarden Billionen Jahre warten, bis alle 100 Münzen durch Zufall mit dem Kopf nach oben zu liegen kämen.

Entsprechend ist die Wahrscheinlichkeit, zufällig einen Eiswürfel auf einer heißen Herdplatte zu entdecken und nicht Wasser oder Dampf, so winzig, dass wir normalerweise wohl kaum darauf hoffen dürfen. Wenn wir einen Eiswürfel auf einer heißen Herdplatte finden, dann wohl, weil ihn dort jemand hingelegt hat. Fünf Minuten später ist er halb geschmolzen – ein Zustand größerer Unordnung. Ausgehend von einem Argument, das Wheeler und Feynman in ihrem Artikel aus dem Jahr 1945 vorgebracht haben, wollen wir überlegen, was geschähe, wenn der Eiswürfel nicht von jemandem dorthin gelegt worden wäre, sondern dort infolge einer sehr unwahrscheinlichen statistischen Quantenfluktuation aufgetaucht wäre – so unwahrscheinlich wie die Beobachtung, dass alle Münzen mit dem Kopf nach oben liegen. Fünf Minuten später würden wir erwarten, den Eiswürfel halb geschmolzen vorzufinden. Doch nehmen wir an, wir hätten fünf Minuten früher nachgeschaut. Wir hätten abermals erwartet, ihn halb geschmolzen vorzufinden – denn einen noch größeren Eiswürfel zu dem früheren Zeitpunkt anzutreffen, wäre noch viel unwahrscheinlicher, als den ersten vorzufinden.

Die physikalischen Gesetze legen also keinen auf Entropie beruhenden Zeitpfeil fest; sie sagen nur, dass die Entropie anwächst, wenn man sich von einem geordneten Zustand entfernt (egal, ob in die Zukunft oder in die Vergangenheit). Doch wenn sich das Universum schon zu Beginn in einem unglaublich geordneten Zustand befindet, dann können wir damit rechnen, dass sein Zustand umso ungeordneter sein wird, je mehr Zeit vergeht.

In unserem Zeitschleifenmodell können wir die Temperatur an jedem Punkt berechnen. Wir stellen fest, dass das gesamte Volumen innerhalb der Zeitschleife kalt ist – eine Temperatur hat, die dem absoluten Nullpunkt entspricht. Das ist ein extrem geordneter Zustand – die Entropie ist sehr gering. Die Zeitschleife ist mit einem reinen inflationären Vakuumzustand der Temperatur null angefüllt. Es gibt dort keine Teilchen und keine Strahlung. Doch hinter dem Cauchy-Horizont, in den Zweigen nach der Zeitschleife, ist das UNIVERSUM heiß. (Ein Beobachter in der Region hinter der Zeitschleife würde in ein heißes Bad von Hawking-Strahlung getaucht, weil es in dem Raum Ereignishorizonte gäbe. Sie entstünden, weil die rasche Inflation des Raums dafür Sorge trüge, dass das Licht sehr ferner Ereignisse den Beobachter niemals erreichte.) Die Entwicklung von kalt nach heiß bedeutet eine Zunahme an Unordnung. Damit gibt es in unserem Modell einen *Entropie-Zeitpfeil* (mehr Unordnung in späteren Zeiten), der eine Parallele zum *elektromagnetischen Zeitpfeil* darstellt. Da das UNIVERSUM in unserer Zeitschleife automatisch in einem Zustand geringer Entropie beginnt, müsste die Unordnung von dort aus naturgemäß zunehmen und erklären, warum die Unordnung in unserer Zeit anwächst.

Damit bietet unser Modell ein neues und vielversprechendes Konzept für den Anfang des UNIVERSUMs. Es macht sich eine bemerkenswerte Eigenschaft der allgemeinen Relativitätstheorie zunutze, um die Frage der ersten Ursache in einer neuen Weise

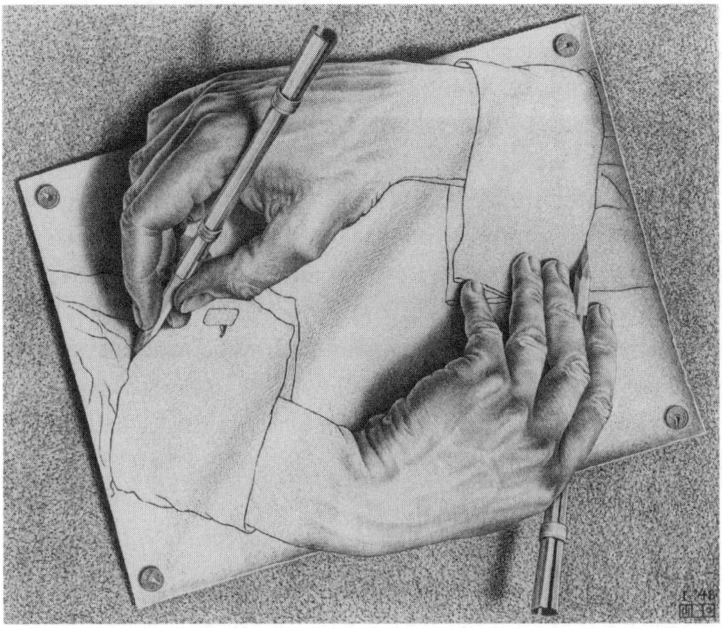

Abb. 29: *Zeichnende Hände* (1948), von M. C. Escher.

anzugehen. Tatsächlich scheint die Zeitreise ideal geeignet, das Problem zu lösen.

Nun könnte man natürlich nach der theologischen Bedeutung unseres Modells fragen. Li-Xin Li und ich haben nie über Theologie gesprochen, wir haben nie irgendwelche theologischen Fragen im Sinn gehabt. Wir wollten einfach wissen, ob eine interessante Eigenschaft der allgemeinen Relativitätstheorie dabei helfen könnte, den Ursprung des Universums zu erklären. Das ist eine adäquate Aufgabe für Physiker. Ich würde sehr vorsichtig sein, irgendwelche theologischen Schlussfolgerungen aus unserem Modell zu ziehen. Die Ergebnisse sprechen für sich selbst. Ein gelehrter Theologe könnte mit einigem Recht geltend machen, dass ein sich selbst erschaffendes Universum zwar sehr interessant sei, aber deshalb noch lange nicht die Frage beantworte, warum es überhaupt ein sich selbst erschaffendes Universum gebe und nicht überhaupt keines. Was die Menschen aus unserem sich selbst erschaffenden Modell machen, hängt sicherlich davon ab, mit welcher Einstellung sie daran herangehen. Atheisten und Pantheisten könnten ein sich selbst erschaffendes Universum höchst attraktiv finden. Als religiöser Mensch würde ich nicht behaupten, dass das Konzept eines sich selbst erschaffenden Universums keine beunruhigende Vorstellung ist – aber vielleicht sollten wir das Universum auch als beunruhigend empfinden.

Betrachten Sie Eschers Zeichnung in Abb. 29 als visuelle Meditation zu diesem Thema.

5

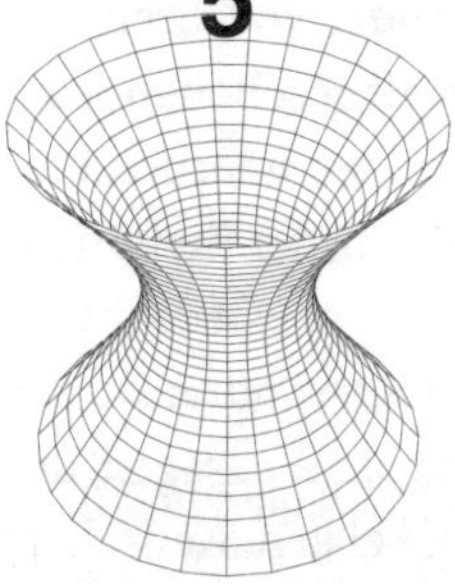

Bericht aus der Zukunft

> Hoffnung ist nicht die Überzeugung, dass eine Sache gut ausgeht, sondern die Gewissheit, dass eine Sache sinnvoll ist, egal, wie sie ausgeht.
>
> *Václav Havel*

FRAGEN FÜR EINEN ZEITREISENDEN AUS DER ZUKUNFT

Kein Buch über Zeitreisen wäre vollständig ohne einen Bericht aus der Zukunft. Wenn ein Zeitreisender aus der Zukunft plötzlich erschiene, was würden Sie ihn fragen? Vielleicht möchten Sie wissen, wie sich Ihre augenblickliche Beziehung entwickelt, was aus der Firma wird, bei der Sie arbeiten, wie lange es das Land noch geben wird, in dem Sie leben. Und dann die Frage, die Ihnen vielleicht am meisten am Herzen liegt: Was wird aus der Menschheit werden? Jedenfalls war das die Information, die H. G. Wells' Zeitreisenden noch einmal zu seinen Freunden zurückführte.

Könnte uns eine Warnung aus der Zukunft vor irgendeinem schrecklichen Schicksal bewahren? Möglicherweise, wenn wir von der im ersten Kapitel beschriebenen Viele-Welten-Theorie der Quantenmechanik von David Deutsch ausgehen. Danach gibt es viele mögliche Zukunftsstränge, und ein Zeitreisender kann nur aus einem von ihnen zurückkommen. Wenn die meisten künftigen Universen irgendeine Katastrophe enthielten, dann würde die überwiegende Zahl der Zeitreisenden aus der Zukunft darüber berichten. (Ein Zeitreisender könnte Ihnen nur berichten, was wahrscheinlich geschehen würde.) Nähmen Sie sich die Warnung zu Herzen, wären Sie vielleicht in der Lage, die Katastrophe zu vermeiden, indem Sie sich in ein künftiges Universum ohne diese Katastrophe begäben. Hätten dagegen Thorne und

Novikov Recht, dann berichtete ein Zeitreisender von Ereignissen, die mit Sicherheit in der Zukunft dieser Welt geschehen würden. Jede Warnung, die ein solcher Zeitreisender überbrächte, wäre definitionsgemäß nicht in der Lage, den Gang der Ereignisse zu verändern. Wie mir Brandon Carter unlängst ins Gedächtnis rief, war dies das bedauernswerte Schicksal der Kassandra, der die Götter die Gabe verliehen hatten, die Zukunft vorherzusagen, die sie aber zugleich mit dem Fluch belegt hatten, bei den Menschen mit ihren Prophezeiungen auf Unglauben zu stoßen. Können wir eine zutreffende Prophezeiung der Zukunft bekommen? Vielleicht – wenn wir, es sei nochmals gesagt, die richtigen Fragen stellen.

WISSENSCHAFTLICHE VORHERSAGE DER ZUKUNFT

Die Wissenschaft hat es schon seit langem zu ihrem Anliegen gemacht, Vorhersagen über die Zukunft abzugeben. Die Astronomen im alten Ägypten konnten die saisonalen Überschwemmungen des Nils vorhersagen, indem sie darauf achteten, wann sich der helle Stern Sirius am Himmel zeigte. Die Astronomen registrierten zyklische, sich wiederholende Muster am Himmel und sagten voraus, diese Muster würden sich auch in Zukunft fortsetzen – und diese Vorhersagen erwiesen sich als zutreffend. Durch weitere Beobachtungen und Berechnungen konnten die Astronomen auch künftige Sonnenfinsternisse voraussagen. Der griechische Mathematiker Thales brachte es dadurch zu Ruhm, dass er die Sonnenfinsternis vom 28. Mai 585 v. Chr. korrekt ankündigte.

Mit Hilfe von Newtons Gravitationstheorie konnte man anhand ihrer momentanen Positionen und Geschwindigkeiten die künftigen Bewegungen der astronomischen Körper vorhersagen. 1705 berechnete Edmund Halley in dieser Weise, dass der Komet, den er 1682 beobachtete, das nächste Mal 1758 in die Nähe der

Erde zurückkehren würde. Halley erlebte dieses Datum nicht mehr, er starb 1742 mit 85 Jahren. Doch als der Komet zurückkehrte, wie er es vorhergesagt hatte, benannten die Menschen den Kometen nach Halley.

Newtons Gravitationstheorie bildete die Grundlage für Tausende von erfolgreichen Vorhersagen. Doch als sie sich nicht in der Lage erwies, die Präzession in der Bahn des Merkur und die Lichtablenkung in der Umgebung der Sonne zu erklären, setzte sich statt ihrer Einsteins Gravitationstheorie durch. Die wissenschaftliche Methode bewährt sich so gut, weil sie sich nicht scheut, eine wunderbare Theorie wie Newtons Gravitationstheorie zu ersetzen, wenn sie unzutreffende Vorhersagen macht.

Je mehr Fortschritte die Wissenschaft machte, desto besser gelang es ihr, künftige Ereignisse exakt vorherzusagen. Als man im März 1993 den Kometen Shoemaker-Levy entdeckte, sagten die Astronomen anhand seiner Position und Geschwindigkeit genau vorher, dass er in knapp einem Jahr mit Jupiter zusammenstoßen werde. Das versetzte die Zunft in die Lage, das Ereignis weltweit mit erdgestützten Teleskopen und dem Hubble-Weltraumteleskop zu beobachten. Entsprechend ermöglicht die Strömungslehre den Meteorologen, das Wetter mehrere Tage vorherzusagen, sodass sie rechtzeitig vor Hurrikanen und Blizzards warnen und dadurch Menschenleben retten können. Das sind alles wissenschaftliche Vorhersagen, die sich auf wohldurchdachte und wohlerprobte Methoden stützen.

Tatsächlich hofften die Wissenschaftler zu Newtons Zeiten und noch lange danach, die Fähigkeit, die Zukunft vorherzusagen, lasse sich grenzenlos steigern. Bei Kenntnis der Masse, Position und Geschwindigkeit jedes Teilchens im Universum zu einem gegebenen Zeitpunkt sollte es nach Newtons Theorie möglich sein, die Positionen *aller* Teilchen bis in die fernste Zukunft zu berechnen. Wenn man also umfassendes Wissen über die Gegenwart gewann, konnte man nach dieser Auffassung die gesamte Zukunft vorhersagen. Das war das Uhrwerk-Universum.

Doch aus der Heisenberg'schen Unschärferelation in der Quantenmechanik wissen wir, dass man nicht gleichzeitig den Ort und die Geschwindigkeit eines Teilchens mit beliebiger Genauigkeit messen kann – wir sind nicht in der Lage, Newtons Traum zu verwirklichen: den Ort und die Geschwindigkeit aller Teilchen im Universum zum gegenwärtigen Zeitpunkt zu erkennen. Daher ist eine detaillierte, umfassende Vorhersage der Zukunft aller dieser Teilchen prinzipiell unmöglich.

Schlimmer noch, die Chaostheorie sagt uns, dass viele dynamische Systeme chaotisch instabil sind. Das heißt, dass sich kleine Ungewissheiten in den Positionen und Geschwindigkeiten von Teilchen in die Zukunft ausbreiten und immer größer und größer werden, bis unsere Vorhersagen nicht mehr die geringste Ähnlichkeit mit dem tatsächlichen Gang der Ereignisse aufweisen. Die Bahnen erdnaher Asteroide können wir nur für etwa hundert Jahre genau vorhersagen, bevor das Chaos einsetzt und unsere Lösungen bedeutungslos werden. Viele wichtige Systeme sind chaotisch. Schon nach wenigen Tagen wird das Wetter chaotisch instabil. Das kommt in der berühmten Feststellung zum Ausdruck, dass der Schlag eines Schmetterlingsflügels im Amazonasbecken einige Monate später den Verlauf eines Hurrikans in der Karibik verändern kann. Kleine Veränderungen wachsen exponentiell zu großen Veränderungen heran. Um das Wetter viele Monate im Voraus zu berechnen, benötigte man ein Bild des gegenwärtigen Wetters von einer Genauigkeit, die nicht möglich ist, und die Fähigkeit, die Bewegung jedes Tieres auf der Erde vorherzusagen. Deshalb sind bestenfalls kurzfristige Wettervorhersagen möglich.

Auch die biologische Evolution erscheint chaotisch. Gehen Sie in der Zeit zurück, töten Sie einen Triboliten, der vor etwa 500 Millionen Jahren lebte, und Sie erreichen damit möglicherweise, dass sich die Menschheit nicht entwickelt – die Evolution schlägt einfach eine andere Richtung ein. Vor 500 Millionen Jahren hätte man niemals vorhersagen können, wie ein Tyrannosaurus aussehen oder welches Erscheinungsbild die Menschheit annehmen würde. Stephen Jay Gould von der Harvard University hat dieses Thema beredt in seinem Buch *Zufall Mensch* abgehandelt. Man spule das Band der Geschichte zurück und spiele es noch einmal ab, und es würde im Einzelnen eine ganz andere Gestalt annehmen.

In vielen Fragen, die uns sehr am Herzen liegen – etwa das Schicksal der Menschheit –, scheint es äußerst schlecht bestellt zu sein um unsere Fähigkeit, Prognosen von Newton'scher Art abzugeben. Das hat viele Menschen zu der Überzeugung gebracht, die Zukunft sei vollkommen unvorhersagbar. So viel Pessimismus ist unbegründet. Was können wir über die Zukunft sagen, bevor wir Besuch von Zeitreisenden erhalten, die aus ihr kommen? Die Quantenmechanik lehrt uns, dass wir über die Zukunft überhaupt keine so spezifischen Vorhersagen machen können, wie wir es aus der Newton'schen Welt gewohnt sind – wir können allenfalls die Wahrscheinlichkeiten angeben, bei künftigen Beobachtungen dieses oder jenes Ergebnis zu erhalten. Allerdings können auch solche Wahrscheinlichkeitsaussagen sehr nützlich sein – und es sieht wirklich so aus, als enthielten sie alles, was wir überhaupt über die Welt wissen können.

Die Erkenntnis, dass die Zukunft des Universums im Einzelnen nicht berechenbar ist, bedeutet daher nicht, dass wir keine Vorhersagen über sie machen können. Beispielsweise kann ich vorhersagen, dass es irgendwann im nächsten Jahr in New York City schneien wird, und mit hoher Wahrscheinlichkeit davon ausgehen, dass ich Recht habe. Das ist eine andere Art von Vorhersage, eine statistische Prognose, die nicht von mir verlangt, jede Wetterfront in allen Einzelheiten zu verfolgen, und die nicht von diesem Schmetterling in der Nähe des Amazonas beeinträchtigt wird.

Häufig werden Wissenschaftler aufgefordert, die Zukunft vorherzusagen, nicht indem sie eine bestimmte wissenschaftliche Hypothese anwenden, wie es Halley tat, als er Newtons Theorie zugrunde legte, sondern einfach als Experten, die sich mit der Wissenschaft und den physikalischen Gesetzen auskennen und die aufgefordert sind, Prophezeiungen über die Zukunft abzugeben. Häufig sind das Dinge wie das Wissen, dass *X* keinen Verstoß gegen die physikalischen Gesetze darstellt, und daraus resultierend die Vorhersage, dass der technische Fortschritt uns eines Tages *X* erlauben wird. Als der russische Physiker Konstantin Ziolkowski erklärte, die Menschheit werde eines Tages mit Raketen ins All gelangen, handelte es sich um eine Vorhersage dieser Art. Entsprechend prophezeite Jules Verne das erste atomgetriebene U-Boot. Aber Verne sagte auch vorher, die Menschen würden weit in die Erde hinabsteigen und dort lebende Dinosaurier entdecken – was sich bislang nicht bewahrheitet hat. Während sich solche Prophezeiungen gelegentlich als spektakulär richtig erweisen, gehen sie oft genug ins Leere. 1974 hat Gerard O'Neill von der Princeton University vorhergesagt, dass die Zahl der im All lebenden Menschen 1996 in der Größenordnung von 100 000 bis 200 000 liegen würde. Er machte sogar einen Vorschlag, wie man das bewerkstelligen könnte – indem man große Weltraumkolonien erbaute. Die Idee war gut, man hat sie bloß bisher nicht verwirklicht.

Das Problem solcher Prophezeiungen liegt darin, dass sie lediglich fundierte Vermutungen sind. Die Geschichte hat gezeigt, dass sie völlig falsch und oft allzu optimistisch ausfallen, vor allem wenn es um Risikoeinschätzungen geht. Kernkraftwerke hielt man für so sicher, dass man die Wahrscheinlichkeit eines Unfalls so niedrig ansetzte wie die Wahrscheinlichkeit, dass Sie von einem Blitz getroffen werden – Three Mile Island und Tschernobyl haben diese Vermutung tragisch widerlegt. Letztlich verantwortlich für die Fehleinschätzung ist meist ein Überraschungsfaktor, der in den Berechnungen nicht vorhersehbar ist und unsere Überlegungen hinfällig macht.

Als sich Mrs. Albert Caldwell an Bord der *Titanic* begab, fragte sie einen Matrosen: «Kann das Schiff wirklich nicht versinken?» –

«Nein, meine Dame», erwiderte er. «Der Herrgott selbst könnte es nicht zum Sinken bringen.» Diese Prophezeiung, von der Walter Lord in seinem Buch *Die letzte Nacht der Titanic* berichtet, stützte sich auf die Tatsache, dass die *Titanic* ein neues Schiff war, das durch wasserdichte Querschotten in sechzehn Kammern unterteilt war. Schlug das Schiff leck, ließ sich die Kammer abschotten und das Schiff vor dem Sinken bewahren. Diese Sicherheitsmaßnahmen schienen eine absolute Garantie zu bieten. Wie bekannt trat das Unvorhergesehene ein. Ein Vorsprung des Eisbergs, mit dem die *Titanic* kollidierte, riss das Schiff unterhalb der Wasserlinie über eine Länge von hundert Metern auf. Ähnlich erging es dem angeblich nicht versenkbaren deutschen Schlachtschiff *Bismarck*, es wurde auf seiner Jungfernfahrt versenkt. Eben weil die *Bismarck* für nicht versenkbar galt, fürchteten sich die Engländer vor ihr und schickten fast ihre ganze Flotte hinter ihr her. Prophezeiungen erweisen sich oft als falsch.

Ich werde jetzt einige Vorhersagen machen. Sie sind keine Prophezeiungen – nicht die bloße Meinung eines einzelnen Experten, dessen Hoffnungen oder Befürchtungen man die Hoffnungen oder Befürchtungen anderer Experten entgegenhalten kann, wie es in den meisten Büchern geschieht, die sich mit unseren Zukunftsaussichten beschäftigen. Vielmehr stehen sie in der Tradition der wissenschaftlichen Vorhersagen, die sich, wie Halleys Vorhersage, auf eine bestimmte wissenschaftliche Hypothese stützen, eine Hypothese, die sich in der Vergangenheit als erstaunlich erfolgreich erwiesen hat. Sie wird Ihnen kundtun, wie lange es die Menschheit wahrscheinlich noch geben wird und wie Sie seinerzeit hätten wissen können, dass Sie besser daran täten, einen großen Bogen um die *Titanic* und die *Bismarck* zu machen.

VORHERSAGE DES FALLS DER BERLINER MAUER

Als ich 1969 an der Berliner Mauer stand, entdeckte ich eine Möglichkeit vorherzusagen, welche Dauer einer Sache, die man beobachtet, wahrscheinlich beschieden ist. Das beruht auf dem *kopernikanischen Prinzip*, auf der Idee, dass Ihr Aufenthaltsort nichts Besonderes hat oder ist, einer der bekanntesten und erfolgreichsten wissenschaftlichen Hypothesen aller Zeiten. Benannt ist sie nach Nikolaus Kopernikus, der der Menschheit bewiesen hat, dass die Erde sich nicht an einem besonderen Ort im Mittelpunkt des Universums befindet. Unsere anschließenden Entdeckungen – dass wir einen gewöhnlichen Stern in einer gewöhnlichen Galaxie in einem gewöhnlichen Superhaufen umkreisen – trugen weiterhin dazu bei, unserer Position jede Aura des Besonderen zu nehmen. Das kopernikanische Prinzip stützt sich auf die Tatsache, dass es definitionsgemäß nur wenige besondere Orte gibt, an denen intelligente Beobachter leben können, und sehr viel mehr Orte, denen keine Besonderheit anhaftet. Die Wahrscheinlichkeit spricht einfach dafür, dass wir uns an einem Ort ohne jede Besonderheit befinden. Christian Huygens (Newtons intelligenter Zeitgenosse, der die Wellentheorie des Lichts und die genaueste Uhr seiner Zeit entwickelte) machte sich dieses Prinzip zunutze, um die Abstände zu den Sternen richtig vorherzusagen. Seine Schlussfolgerung lautete: Warum sollte die Sonne etwas Besonderes sein – das hellste Licht im Universum? Wenn Sirius, der hellste Stern am Firmament, an sich genauso hell sei wie die Sonne, so Huygens' Überlegung, lasse sich seine Entfernung einfach dadurch herausfinden, dass man schätze, wie weit man die Sonne von uns entfernen müsse, damit sie genauso lichtschwach werde wie Sirius. Spätere Untersuchungen zeigten, dass Huygens den Abstand von Sirius innerhalb eines Faktors von 20 richtig geschätzt hatte, eine bemerkenswerte Leistung für die damalige Zeit.

Als Hubble eine Verteilung der Galaxien entdeckte, die in allen Richtungen gleich war und sich in einer Expansionsbewegung von uns fort befand, hätten wir daraus schließen können, dass wir uns im Mittelpunkt des Universums befinden. Doch wenn wir keine Sonderstellung einnehmen, muss das Universum jedem Beobachter, egal, wo er sich befindet, genauso erscheinen. Diese Überlegung führte zum Standardmodell des Urknalls, auf dessen Grundlage Gamow, Herman und Alpher die Existenz der kosmischen Hintergrundstrahlung vorersagten. Das bleibt eines der bemerkenswertesten Ereignisse in der Wissenschaftsgeschichte: eine außerordentlich kühne Vorhersage, die experimentell verifiziert wurde, und zwar nur weil die Idee, dass wir keine Sonderstellung einnehmen, ernst genommen wurde.

Als ich 1969 die Berliner Mauer besuchte, stand sie seit acht Jahren. Die Menschen wollten wissen, wie lange es die Mauer noch geben würde. Einige glaubten, sie sei nur eine vorübergehende Verirrung des DDR-Regimes, während andere sie als einen dauerhaften Bestandteil des modernen Europa ansahen. Ich hielt mich an das kopernikanische Prinzip und überlegte, dass mein Besuch keine Sonderstellung beanspruchen könne und dass ich die Mauer folglich zu einem zufälligen Zeitpunkt ihrer Existenz zu Gesicht bekäme – einem beliebigen Zeitpunkt zwischen ihrem Anfang und ihrem Ende. Wenn an dem Zeitpunkt meines Besuchs nichts Besonderes war, bestand eine fünfzigprozentige Wahrscheinlichkeit, dass meine Besichtigung der Mauer irgendwo in die beiden mittleren Viertel ihrer Existenz fiel. Lag mein Besuch am Anfang dieses mittleren Intervalls, dann war ein Viertel der Mauerexistenz vorbei, und drei Viertel warteten noch in der Zukunft. Befand der Besuch sich am Ende der beiden mittleren Viertel, waren drei Viertel der Mauerexistenz vorbei, und nur noch ein Viertel lag in der Zukunft. Mithin gab es eine fünfzigprozentige Wahrscheinlichkeit, dass sich die künftige Existenz der Mauer zwischen einem Drittel und dem Dreifachen ihrer vergangenen Existenz befand (vgl. Abb. 30). Nun sind acht Jahre geteilt

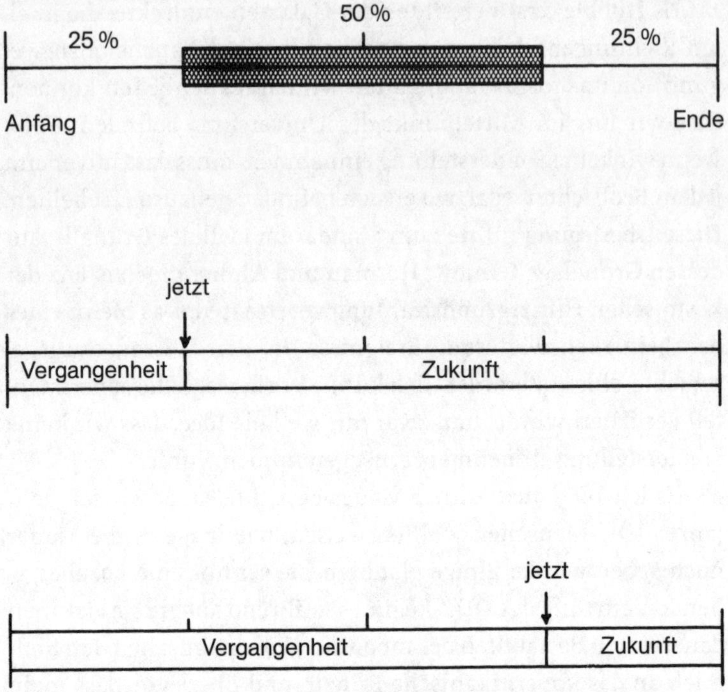

Wenn Sie ein Objekt oder Ereignis zu einem zufällig gewählten Zeitpunkt beobachten, besteht eine Wahrscheinlichkeit von 50 Prozent, dass Ihre Beobachtung in die beiden mittleren Viertel des Zeitraums seiner Beobachtbarkeit fällt (oberes Diagramm). Am einen Extrem (mittleres Diagramm) ist die Zukunft dreimal so lang wie die Vergangenheit, während am anderen Extrem (unteres Diagramm) die Zukunft nur ein Drittel so lang ist wie die Vergangenheit. Die Wahrscheinlichkeit beträgt 50 Prozent, dass Ihre Beobachtung zwischen diese beiden Extreme fällt und dass die Zukunft zwischen einem Drittel und dreimal so lang ist wie die Vergangenheit.

Abb. 30: Das kopernikanische 50-Prozent-Argument

durch drei $2^2/_3$ Jahre, während acht mal drei 24 Jahre sind. Als ich 1969 an der Mauer stand, äußerte ich daher gegenüber meinem Freund Charles Allen (heute Präsident der Astronomical League) die Vorhersage, es bestehe eine fünfzigprozentige Wahrscheinlichkeit, dass die Mauer noch $2^2/_3$ bis 24 Jahre Bestand habe. Ich gab keine Prognose darüber ab, warum die Berliner Mauer fallen würde, sondern nur, wie lange es sie wahrscheinlich noch geben würde. Meine Vorhersage hätte leicht falsch sein können. Die Berliner Mauer hätte eine Millisekunde nach meiner Vorhersage durch eine Kernwaffe zerstört werden (schließlich befanden wir uns mitten im Kalten Krieg) oder noch tausend Jahre stehen können.

Doch zwanzig Jahre später rief ich meinen Freund an und sagte: «Chuck, erinnerst du dich an die Vorhersage, die ich damals über die voraussichtliche Dauer der Berliner Mauer gemacht habe?» Er erinnerte sich. «Gut, dann stell das Fernsehen an. [Der Fernsehjournalist] Tom Brokaw ist an der Mauer, sie wird abgerissen!» Als die Mauer 1989, zwanzig Jahre nach meinem Besuch, fiel und damit eine verblüffende Übereinstimmung mit meiner Vorhersage zeigte, beschloss ich, diese Geschichte aufzuschreiben.

DIE ZUKUNFT DER MENSCHHEIT

Ich möchte diese Anwendung des kopernikanischen Prinzips für eine ganz wichtige Frage nutzen – die wahrscheinliche Zukunft und Dauer der Menschheit. Das war der entscheidende Gesichtspunkt meines Artikels «Implications of the Copernican Principle for Our Future Prospects» (Implikationen des kopernikanischen Prinzips für unsere Zukunftsaussichten), der am 27. Mai 1993 in der Zeitschrift *Nature* erschien. Natürlich machen Naturwissenschaftler lieber Vorhersagen, die eine mehr als fünfzigprozentige Wahrscheinlichkeit haben, richtig zu sein. Häufig machen sie sich deshalb das Kriterium zu Eigen, Vorhersagen nur dann abzugeben, wenn die Wahrscheinlichkeit, Recht zu haben, mindestens 95 Prozent beträgt – so hoch, dass die Wette gegen die Vorhersage ein hohes Risiko bedeuten würde, aber auch so niedrig, dass ein gewisser Spielraum bleibt. Dieser Prozentsatz ist zum Standard wissenschaftlicher Vorhersagen geworden.

In welcher Weise verändert das mein Argument? Angenommen, Ihr Beobachtungsstandort zeichnet sich durch keine Besonderheit aus, dann besteht eine 95-prozentige Wahrscheinlichkeit, dass Sie ein Ereignis in den mittleren 95 Prozent seiner Periode der Beobachtbarkeit sehen (das heißt, Sie befinden sich weder in den ersten 2,5 Prozent noch den letzten 2,5 Prozent des Zeitintervalls, in dem das Ereignis zu sehen ist). Das Ende tritt dann ein, wenn das, was Sie beobachten, entweder zerstört wird oder wenn keine Beobachter mehr vorhanden sind, die es sehen können, dabei spielt es keine Rolle, was zuerst kommt. Nun sind 2,5 Prozent $^{1}/_{40}$. Wenn Sie sich am frühesten Punkt der mittleren 95 Prozent befinden, sind Sie nur 2,5 Prozent vom Anfang entfernt. In diesem Falle liegt $^{1}/_{40}$ des Intervalls in der Vergangenheit und $^{39}/_{40}$ in der Zukunft – die Zukunft ist also 39-mal so lang wie die Vergangenheit. Das andere Extrem haben wir, wenn Sie sich am Ende der mittleren 95 Prozent befinden, dann sind Sie nur 2,5 Prozent vom Ende entfernt. In diesem Fall liegen $^{39}/_{40}$ des Intervalls in der Vergangenheit, während $^{1}/_{40}$ des Intervalls in der Zukunft bleiben, womit die Zukunft nur $^{1}/_{39}$ so lang wie die Vergangenheit ist. Sie können also mit 95-prozentiger Sicherheit sagen, dass Sie zwischen diese beiden Extreme fallen und dass die künftige Dauer dessen, was Sie beobachten – ganz gleich, was es ist –, zwischen dem 39. Bruchteil und dem 39fachen seiner vergangenen Dauer liegt (vgl. Abb. 31). In der Statistik heißen diese «mittleren 95 Prozent» der «95-Prozent-Konfidenzbereich».

Unsere Art, *Homo sapiens*, gibt es seit rund 200 000 Jahren. Wenn sich unsere heutige Beobachtungszeit durch keine Besonderheit auszeichnet, haben wir eine 95-prozentige Wahrschein-

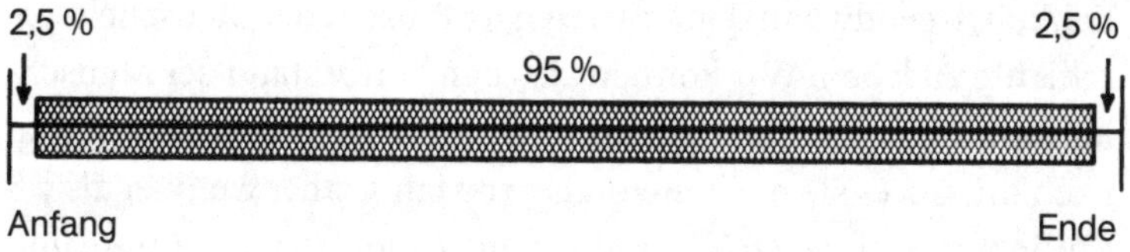

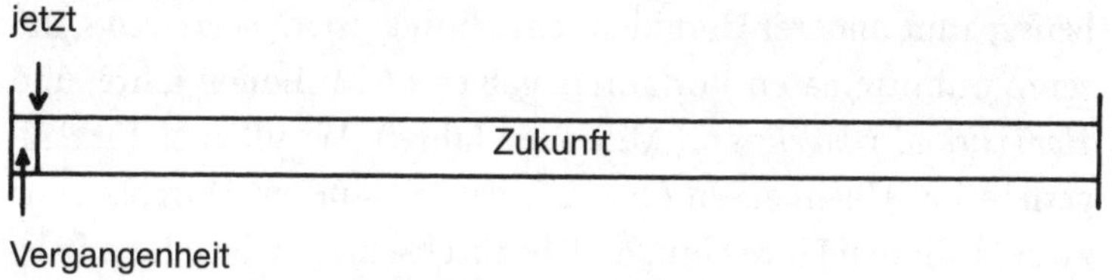

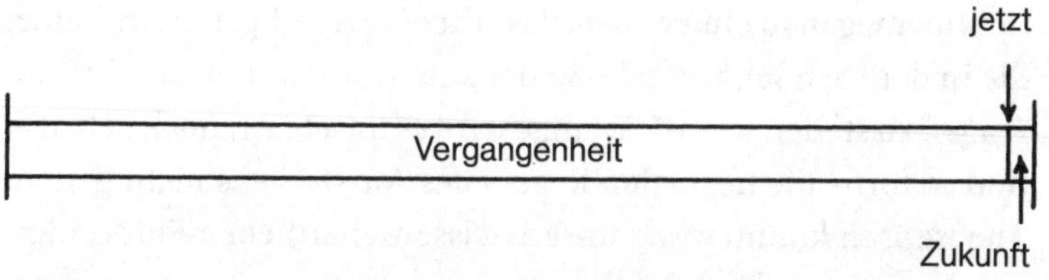

Wenn Sie ein Objekt oder Ereignis zu einem zufällig gewählten Zeitpunkt beobachten, besteht eine Wahrscheinlichkeit von 95 Prozent, dass Ihre Beobachtung in die mittleren 95 Prozent des Zeitraums seiner Beobachtbarkeit fällt (oberes Diagramm). Am einen Extrem (mittleres Diagramm) ist die Zukunft 39-mal so lang wie die Vergangenheit, während am anderen Extrem (unteres Diagramm) die Zukunft nur $^1/_{39}$ so lang ist wie die Vergangenheit. Die Wahrscheinlichkeit beträgt 95 Prozent, dass Ihre Beobachtung zwischen diese beiden Extreme fällt und dass sich die Länge der Zukunft zwischen $^1/_{39}$ und dem 39fachen der Länge der Vergangenheit bewegt.

Abb. 31: Das kopernikanische 95-Prozent-Argument

lichkeit, irgendwo in den mittleren 95 Prozent der Menscheitsgeschichte zu leben. Wir können also den Fortbestand der Menschheit mit einer Konfidenzgrenze von 95 Prozent bestimmen. Danach müsste es sie noch mehr als 5100 Jahre, aber weniger als 7,8 Millionen Jahre geben (5100 Jahre sind $^1/_{39}$ von 200 000 Jahren, und 7,8 Millionen Jahre sind 39 mal 200 000 Jahre). Interessanterweise hat der *Homo sapiens* nach dieser Vorhersage eine Gesamtdauer zwischen 0,205 Millionen und acht Millionen Jahren, die der Lebensspanne anderer Homiden sehr ähnlich ist. (*Homo erectus*, unseren unmittelbaren Vorfahren, gab es 1,6 Millionen Jahre, und *Homo neanderthalensis* 0,3 Millionen Jahre.) Das gilt auch für Säugetiere im Allgemeinen (deren Lebensspanne im Durchschnitt zwei Millionen Jahre beträgt). Die durchschnittliche oder mittlere Lebensdauer aller Arten liegt zwischen einer Million und elf Millionen Jahren.

Nun mag man einwenden, dass für eine intelligente Art – eine, die in der Lage sei, abstrakt zu denken, Kunstwerke zu schaffen, Fragen zu stellen wie «Wie lange wird es unsere Art noch geben?» und so fort – die normalen Regeln des Aussterbens nicht gelten. Theoretisch könnten wir unsere wissenschaftlichen Entdeckungen dazu nutzen, uns durch gentechnische Veränderungen unseres Erbguts eine bessere Ausgangsposition zu verschaffen (uns nach Bedarf zu wandeln) oder ins All aufzubrechen (unser Habitat enorm zu vergrößern). Doch Hochtechnologien beschwören auch erhebliche Risiken herauf, etwa biologische Kampfstoffe oder Raketen, die mit Nuklearsprengköpfen bestückt sind. Die kopernikanische Schätzung unserer künftigen Lebensspanne stützt sich allein auf unsere bisherige Lebensdauer als intelligente Art und hängt nicht von Daten über irgendwelche anderen Arten ab. Wenn wir auf der Erde bleiben, werden wir vielen der gleichen Gefahren ausgesetzt sein, die auch andere Arten bedrohen – großen Epidemien, Klima- und Umweltkatastrophen, Asteroideneinschlägen und so fort. Insofern lässt sich die Auffassung vertreten, dass unsere Lebenserwartung ähnlich sei.

Zu unserem Pech gibt es keine positive Korrelation zwischen allgemeiner Intelligenz und der Lebenserwartung von Arten. Einstein war sehr intelligent, lebte aber nicht wesentlich länger als alle anderen Menschen. Die Art *Tyrannosaurus rex* bevölkerte die Erde ungefähr 2,5 Millionen Jahre lang. Bis zu diesem Zeitpunkt war er das fürchterlichste Raubtier mit den größten Zähnen. Offensichtlich sind große Gehirne der Lebenserwartung nicht zuträglicher als große Zähne.

IHRE ZUKUNFT VORHERSAGEN

Lassen Sie mich einige Vorhersagen über Sie, den Leser, machen. Es ist wahrscheinlich, dass Sie *nicht* am 1. Januar geboren wurden. Es ist wahrscheinlich, dass sich Ihr Name in den mittleren 95 Prozent Ihres örtlichen Telefonbuchs befindet – in Deutschland also irgendwo zwischen Arndt und Wolff. Wahrscheinlich sind Sie in einem Land geboren, dessen Bevölkerung mehr als 5,8 Millionen Menschen umfasst. Sind die meisten dieser Vorhersagen, vielleicht sogar alle, richtig? Ich mutmaße alle diese Dinge einfach deshalb, weil ich davon ausgehe, dass sich Ihre Geburt durch keine Besonderheit auszeichnet.

Jede gute wissenschaftliche Hypothese sollte überprüfbar sein; das kopernikanische Prinzip bildet da keine Ausnahme. Glücklicherweise liefert es zahlreiche Vorhersagen, die sich überprüfen lassen – viele davon im Alltag.

Am 27. Mai 1993, dem Tag, an dem mein *Nature*-Artikel erschien, suchte ich im *New Yorker* alle Broadway- und Off-Broadway-Stücke heraus, die damals auf dem Spielplan standen – und entdeckte 44. Durch einen Anruf bei den Theatern stellte ich fest, wie lange jedes Stück oder Musical schon lief. Dann wartete ich, wie lange jede Inszenierung brauchte, um abgesetzt zu werden. Für Theaterstücke und Musicals entschied ich mich vor allem aus zwei Gründen. Erstens, da die meisten Stücke noch nicht lange liefen, bestand eine gewisse Wahrscheinlichkeit, dass ich interessante Ergebnisse erhielt, ohne Jahre warten zu müssen. Zweitens, die Laufzeit von Broadwaystücken ist bekanntermaßen schwer vorherzusagen. Der Star kann sterben, das Theater niederbrennen oder ein neuer Star die Laufzeit verlängern. Diese Stücke sind chaotischen Ungewissheiten unterworfen, genau wie die Arten der Tier- und Pflanzenwelt. Daher sind sie ein guter Test.

Inzwischen sind 37 der Stücke und Musicals abgesetzt worden – jedes einzelne innerhalb des 95-Prozent-Konfidenzbereichs, den ich für das Stück vorausgesagt hatte. So wurde *Will Rogers Follies*, das seit 757 Tagen lief, nach weiteren 101 Tagen abgesetzt, und *The Kiss of the Spider Woman*, ein Stück, das seit 24 Tagen lief, wurde nach weiteren 765 Tagen abgesetzt. In beiden Fällen lag die künftige Spielzeit, wie vorhergesagt, in einem Faktor von 39 der vergangenen Spielzeit.

Wie viel Zeit gab die Öffentlichkeit diesen Stücken noch – oder wie viel Zeit prophezeiten ihnen zumindest die verantwortlichen Werbeagenturen? In den Zeitungsanzeigen für *Kiss of the Spiderwoman* hieß es: «Dieser Kuss dauert ewig.» Kurz bevor das Stück abgesetzt wurde, hatte sich der Text gewandelt: «Ein letzter Kuss!» Die Anzeigen für *Cats* lauteten prahlerisch: «*Cats* – jetzt und immer.» Als mein Artikel erschien, lief *Cats* seit 10,6 Jahren. 7,3 Jahre später wurde das Musical abgesetzt. Woher wusste ich, dass *Cats* nicht ewig laufen würde? Wenn ihm ewige Dauer beschieden gewesen wäre, dann hätten alle Beobachter, bis auf einen winzigen Bruchteil, den Eindruck haben müssen, es sei fast so alt wie das Universum selbst. Die Feststellung, dass es um viele Größenordnungen jünger als das Universum war, hätte dem Zeitpunkt meiner Beobachtung den Charakter großer Besonderheit verliehen.

Die gleiche Schlussfolgerung sagt uns, dass der *Homo sapiens* (vermutlich die erste *intelligente* Art auf der Erde – das heißt die erste Art, die in der Lage ist, Fragen wie diese zu stellen) und seine intelligenten Nachkommen, so es sie denn geben wird, wahrscheinlich nicht ewig leben werden. Wir beobachten, dass unsere intelligente Abstammungslinie 200 000 Jahre alt ist in einem Universum, das es seit 13 Milliarden Jahren gibt. Das Verhältnis dieser beiden Alter beträgt 1 : 65 000. Nun stellen Sie sich vor, die Menschheit und ihre intelligenten Nachkommen würden ewig fortbestehen. Die Menschen, die in einer Billion Jahren lebten, würden beobachten, dass ihre Abstammungslinie 1 000 000 200 000 Jahre und das Universum 1 013 000 000 000 alt wäre. Das Verhältnis zwischen diesen beiden Altern wäre 0,987, eine Zahl nahe eins. Die unendliche Zahl von Menschen, die noch später lebte, würde beobachten, dass sich dieses Verhältnis der Eins noch stärker annäherte. Wenn also die Menschen und ihre intelligenten Nachkommen ewig leben würden, sähen sie alle, von einem winzig kleinen Bruchteil abgesehen, ein Verhältnis, das der Zahl eins sehr nahe wäre. Sie aber, mein Leser, würden $^1/_{65\,000}$ beobachten, eine Zahl, die viel kleiner als eins ist und Ihnen den Charakter großer Besonderheit verliehe (vgl. Abb. 32). Folglich werden wahrscheinlich weder die Menschheit noch ihre intelligenten Nachkommen ewig existieren. In der Überzeugung, dass wir ein Ende haben werden, könnten wir mit einer Konfidenz von 95 Prozent zeigen, wo dieses Ende liegen wird: zwischen 5100 und 7,8 Millionen Jahren in der Zukunft. Bei all diesen Anwendungen verlassen wir uns letztlich auf das kopernikanische Prinzip, dass Ihre Beobachtungen wahrscheinlich keinen Sonderrang unter ähnlichen Beobachtungen einnehmen.

Am 30. September 1993 veröffentlichten P. T. Landsberg, J. N. Dewynne und C. P. Please einen Artikel in *Nature*, in dem sie mit Hilfe meiner Formel vorhersagten, wie lange die konservative Regierung in England an der Regierung bleiben werde. Da die Konservativen 1993 seit vierzehn Jahren an der Macht waren, schätzten die Autoren mit 95-prozentiger Sicherheit, dass die konservative Partei noch mindestens 4,3 weitere Monate, aber weniger als 546 weitere Jahre an der Regierung bliebe. 3,6 Jahre später, am 2. Mai 1997, wurden die Konservativen abgelöst, was mit der Vorhersage übereinstimmte.

Nachdem mein Artikel erschienen war, erhielt ich einen freundlichen Hinweis von Henry Bienen, dem Dekan der Woodrow Wilson School der Princeton University. Er erwähnte, dass Nicholas van de Walle und er 1991 ein Buch mit dem Titel *Of Time and Power* geschrieben hätten, in dem sie nach einer eingehenden statistischen Untersuchung zur Amtszeit von 2256 Herrschern und Regierungschefs in aller Welt zu folgendem Schluss kamen: «Wie lange ein politischer Führer an der Macht ist, ist eine sehr gute Grundlage für die Vorhersage, wie lange er noch an der Macht bleiben wird. Tatsächlich zeigt die Untersuchung aller Variablen, dass dieser Aspekt der zuverlässigste Vorhersagefaktor ist.»

Von den 115 politischen Führern, die weltweit zur Zeit meiner Geburt (8. Februar 1947) an der Macht waren, lieferte für 108 oder 94 Prozent die kopernikanische 95-Prozent-Formel eine korrekte Vorhersage über ihren künftigen Verbleib im Amt – ein ziemlich gutes Ergebnis. Meine Studentin Lauren Herold wiederholte dieses Experiment. Von den 232 politischen Führern, die weltweit zum Zeitpunkt von Laurens Geburt (12. März 1975) an der Macht waren, hatten 209 bei Abschluss ihrer Erhebung im Jahr 1996 ihr Amt verloren. Bei 196 von diesen Fällen lieferte die kopernikanische 95-Prozent-Formel eine korrekte Vorhersage. Von den 23 Politikern, die noch an der Macht waren, wurde einer mit Sicherheit nicht von der Formel erfasst, denn er hatte ihre Obergrenze bereits überschritten, während die restlichen 22 mit Sicherheit unter die Formel fielen, falls sie nicht bis zu einem Alter von mehr als 150 Jahren an der Macht blieben. Folglich wird die Voraussage bei 218 von 232 Politikern zutreffen, eine Erfolgsrate von 94 Prozent.

Überlegen Sie, wer am Tag Ihrer Geburt Regierungschef oder Machthaber in Ihrem Land war. Stellen Sie fest, wie lange er zu diesem Zeitpunkt im Amt war und wie lange er noch nach Ihrer Geburt im Amt blieb. Wenn sich diese beiden Zahlen in einem Faktor von 39 zueinander befinden, hat sich die Formel bei Ihnen

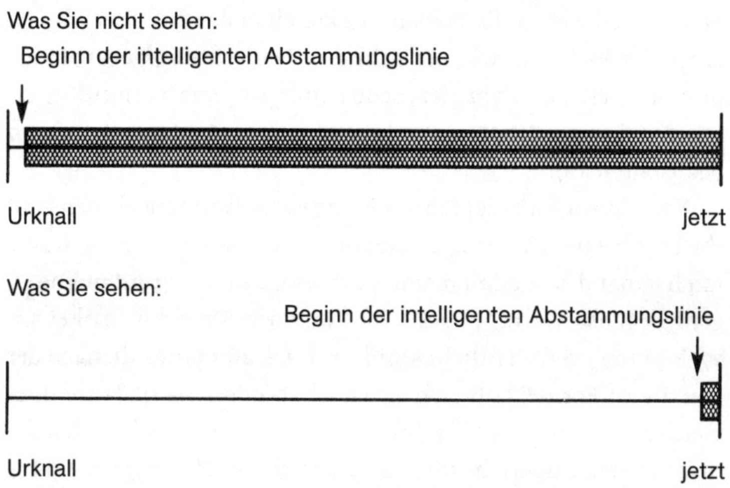

Wenn die Menschen und ihre intelligenten Nachfahren ewig existieren würden, dann würden sie alle, ausgenommen ein winzig kleiner Bruchteil von ihnen, beobachten (oberes Diagramm), dass ihre intelligente Abstammungslinie (schraffiert) fast so alt wie das Universum wäre (und fast zum Urknall zurückreichte). Doch sie beobachten (unteres Diagramm), dass unsere intelligente Abstammungslinie viel jünger als das Universum ist. Das würde ihnen einen ganz besonderen Rang einräumen, und das ist nicht wahrscheinlich.

Abb. 32: Warum uns wahrscheinlich keine ewige Dauer beschieden sein wird

bewährt. Die Formel erzielt gute Erfolge in diesen Realsituationen, obwohl die Zahl der Länder und die Zahl der beobachtenden Menschen im Laufe der Zeit zunehmen. Der erste Effekt führt in der Regel dazu, dass Sie die Regierungszeit eines Politikers ein wenig früher beobachten, denn wenn die Zahl der Regierungschefs oder Machthaber anwächst, gibt es mehr Politiker, die gerade an die Macht kommen, als Politiker, die sie gerade abgeben. Der zweite Effekt führt in der Regel dazu, dass Sie ein wenig spät beobachten, weil mehr Menschen leben, die den späteren Teil der Amtszeit oder Herrschaft eines Politikers beobachten können.

Tendenziell heben die beiden Effekte einander auf. Das wird so lange der Fall sein, wie die Zahl der Beobachtungsgegenstände proportional zur Zahl der Beobachter ist, was vernünftig erscheint, da jeder Mensch nur die vorhandene Zahl von Politikern beobachten kann.

Nachdem ich auf der Jahrestagung der Astronomical Society of the Pacific einen Vortrag zu diesem Thema gehalten hatte, fragte mich jemand, wie denn meine Vorhersage in Bezug auf meine eigene Lebenserwartung laute. Die Antwort: Als mein Artikel am 27. Mai 1993 veröffentlicht wurde, war ich 46,3 Jahre alt, nach der 95-Prozent-Formel hatte ich also noch mindestens 1,2 Jahre, aber weniger als weitere 1806 Jahre zu leben. Inzwischen habe ich die untere Grenze überlebt, und da ich annehme, dass ich es nicht bis zur oberen Grenze schaffe, dürfte sich die Formel auch in meinem Fall bewährt haben. Bezogen auf alle Menschen, die zum Zeitpunkt der Veröffentlichung meines Artikels lebten, wird die kopernikanische 95-Prozent-Formel die künftige Lebensdauer wohl in 96 Prozent der Fälle korrekt vorhersagen, bezieht man die demographischen Tabellen, die Ansley Coale und seine Kollegen 1983 für die Weltbevölkerung erarbeitet haben, auf die Lebenserwartung, Bevölkerungswachstum und Altersverteilung des Jahres 1993. Legt man diese versicherungsstatistischen Tabellen zugrunde, kann man den Bruchteil der Menschen in jeder Altersgruppe vorhersagen, auf den die Formel zutrifft. Dieser Bruchteil ist für Kinder bis Erwachsene mittleren Alters höher als 95 Prozent und für Säuglinge und sehr alte Menschen niedriger als 95 Prozent. Da es unwahrscheinlich ist, dass Sie zu den allerjüngsten oder allerältesten Menschen gehören, die heute leben, wird die Formel wahrscheinlich auf Sie zutreffen.

Natürlich könnten Sie Ihre künftige Lebensdauer noch näher eingrenzen, indem Sie versicherungsstatistische Tabellen heranziehen und sich den Umstand zunutze machen, dass Sie nicht nur Ihr eigenes Alter kennen, sondern auch das Alter in Erfahrung bringen können, in dem Milliarden anderer Menschen gestorben sind. Mit Hilfe dieser großen Datensammlungen und wiederum unter Anwendung des kopernikanischen Prinzips, das heißt, ausgehend von der Annahme, dass Sie keine Sonderstellung unter den Menschen einnehmen, können Sie einen verbesserten Schätzwert erhalten. Doch sogar wenn Sie auf einer einsamen Insel lebten und nichts von anderen Menschen wüssten, würde Ihnen die kopernikanische 95-Prozent-Regel gestatten, nur anhand Ihres gegenwärtigen Alters eine grobe, aber mit 95-prozentiger Sicherheit zutreffende Schätzung Ihrer verbleibenden Lebensdauer vorzunehmen. Da wir keine bevölkerungsstatistischen Tabellen über andere intelligente Arten besitzen, ist die kopernikanische 95-Prozent-Schätzung über die verbleibende Lebensdauer unserer Art sicher die beste, die wir abgeben können.

Wenden wir uns nun einigen historischen Anwendungen zu.

Als ich 1977 die Sowjetunion besuchte und über den Roten Platz ging, dachte ich, dass die Sowjetunion, die damals erst sechzig Jahre alt war, vielleicht nicht so lange Bestand haben würde, wie viele Menschen dachten. Die Hauptbedrohungen, denen sie sich in ihrer Existenz vor meinem Besuch ausgesetzt gesehen hatte – vor allem der Angriff durch das nationalsozialistische Deutschland und die Gefahr eines Atomkrieges während des Kalten Krieges –, waren teils abgewendet, teils im Schwinden begriffen, daher waren viele Menschen der Meinung, ihre Stabilität sei in einer Art ewiger Pattsituation mit den Vereinigten Staaten gesichert. Doch vierzehn Jahre später gab es die Sowjetunion nicht mehr. Ich nehme an, dass mein Besuch den Zerfall der Sowjetunion nicht bewirkt hat, und zur Zeit dieses Besuchs war es unmöglich, die genauen Ursachen ihres künftigen Untergangs vorherzusagen. Glasnost und Perestroika ließen sich im Jahr 1977 noch nicht prognostizieren – es gab sie noch nicht einmal in unserem Wortschatz des Kalten Krieges. Das kopernikanische 95-Prozent-Argument tat seine Schuldigkeit – die Zukunft lag innerhalb eines Faktors von 39 der Vergangenheit –, auch wenn sich die Regeln veränderten und die Gefahren in der Zukunft andere sein sollten als in der Vergangenheit. Das lag einfach daran, dass meinem Besuch eben nichts Besonderes anhaftete.

1956 erklärte Nikita Chruschtschow vollmundig: «Wir werden euch beerdigen.» Das wurde als die unheilschwangere Ankündigung verstanden, er habe vor, die Vereinigten Staaten zu zerstören, doch tatsächlich nahm diese Bemerkung auf ein altes russisches Sprichwort Bezug, das einfach bedeutet: Wir werden euch überleben und an eurem Begräbnis teilnehmen; wir werden kommen und euch beerdigen. Die Behauptung war deshalb so vollmundig, weil die Sowjetunion damals erst 39 Jahre alt war, während es die Vereinigten Staaten bereits seit 180 Jahren gab. Tatsächlich blieben der Sowjetunion noch weitere 35 Jahre, während die Vereinigten Staaten sie bis heute überdauert haben.

Es ist gefährlich, Vorhersagen zu machen, die außerhalb der vom Faktor 39 gezogenen Grenzen liegen, wie sie sich aus dem kopernikanischen Argument ergeben. 1934, nachdem er erst ein Jahr an der Macht war, machte Adolf Hitler die berühmt-berüchtigte Ankündigung, dass es in den nächsten tausend Jahren keine Revolutionen mehr in Deutschland geben werde. Die Vorhersage, dass das Dritte Reich weitere tausend Jahre Bestand haben werde, versetzte die Menschheit in Angst und Schrecken. Glücklicherweise war die Vorhersage übereilt, denn das kopernikanische 95-Prozent-Argument ließ darauf schließen, dass das Dritte Reich noch weitere 9 Tage, aber weniger als 39 weitere Jahre Bestand haben würde. In Übereinstimmung mit dieser Vorhersage waren 11 Jahre später sowohl Hitler als auch das Tausendjährige Reich tot.

Die berühmte Liste der sieben Weltwunder geht ungefähr auf das Jahr 150 v. Chr. zurück, auf den griechischen Schriftsteller Antipater von Sidon. Zwei der sieben Weltwunder (die hängenden Gärten der Semiramis und der Koloss von Rhodos) gab es schon nicht mehr, als die Liste zusammengestellt wurde, doch fünf waren noch vorhanden: die Zeusstatue in Olympia, der Artemistempel in Ephesos, das Mausoleum von Halikarnassos, der Leuchtturm von Pharos, die ägyptischen Pyramiden in Giseh. Von den ersten vier Wundern, die es noch keine vier Jahre gab, als die Liste aufgestellt wurde, steht heute keines mehr. Doch das älteste Wunder, die Pyramiden, die damals schon 2400 Jahre alt waren, haben überlebt. Dinge, die es schon lange gibt, bleiben meist noch lange. Dinge, die es noch nicht so lange gibt, können rasch wieder verschwunden sein.

Wann genau lesen Sie diesen Satz? Schreiben Sie Datum und Uhrzeit auf:

________ (Jahr) ________ (Monat) ________ (Tag) ________ (Stunde) ________ (Minute) ________ (Sekunde).

Die Veröffentlichung meines Buches steht in keiner besonderen Beziehung zu Ihnen. Daher dürfte die oben angegebene Zeit, zu der Sie den ersten Satz dieses Absatzes lesen, ohne besondere Bedeutung für die wichtigen Dinge in Ihrem Leben sein. Wenn Sie die notierte Zeit als Ihren Beobachtungspunkt wählen, können Sie in diesem Augenblick mit Hilfe der kopernikanischen 95-Prozent-Formel die verbleibende Dauer Ihrer gegenwärtigen Beziehung, des Landes, in dem Sie leben, der Universität, die Sie besuchen oder besuchen möchten, des Unternehmens, für das Sie arbeiten, oder Ihrer Lieblingszeitschrift vorhersagen.

Wann sollten Sie die Formel *nicht* verwenden? Warten Sie nicht, bis Sie zur Hochzeit eines Freundes eingeladen sind, um eine Minute nach der Trauungszeremonie zu verkünden, dass die Ehe keine weiteren 39 Minuten Bestand haben wird. Sie sind ausdrücklich zu der Hochzeit gekommen, um diesem *besonderen* Augenblick der Ehe beizuwohnen – ihrem Anfang. Aber Sie können anhand der Zeit, die Sie oben eingetragen haben, die Zukunft Ihrer eigenen Ehe vorhersagen (sofern Sie bereits verheiratet sind), weil die Lektüre dieses Satzes in keiner besonderen Beziehung zu Ihrer Ehe steht und daher wahrscheinlich zu einem zufälligen Zeitpunkt in ihr stattfindet.

Ich würde die Formel nicht verwenden, um die verbleibende Lebensspanne von Patienten in einem Pflegeheim vorherzusagen, weil ein Pflegeheim definitionsgemäß die Aufgabe hat, Menschen gegen Ende ihres Lebens Beistand zu leisten. Doch wenn Sie die bisherige Verweildauer eines Patienten in dem Heim zugrunde legen, können Sie mit der Formel vorhersagen, wie lange er dort noch sein wird.

Versuchen Sie nicht, die Formel zu verwenden, um verbleibende «Lebensdauer» der Formel selbst vorherzusagen: Mein Artikel sowie die Artikel anderer Autoren, die 1993 lebten, sind, wie die Gäste einer Hochzeitsfeier, definitionsgemäß an einem besonderen Ort in der Geschichte meiner Formel, das heißt der Zeit ihrer Bekanntheit, angesiedelt: Sie befinden sich in der Nähe ihres Anfangs. Vielleicht wird in Zukunft niemand mehr von meinem Artikel Kenntnis nehmen, nicht weil er widerlegt worden, sondern einfach weil er in Vergessenheit geraten ist. Aristarchos hat 260 v. Chr. völlig zu Recht die Auffassung vertreten, die Erde drehe sich um die Sonne, doch sein Buch ging verloren, und seine Hypothese geriet weitgehend in Vergessenheit, bis Kopernikus kam.

Ebenso wenig sollten Sie versuchen, mit Hilfe der Formel die Lebensdauer des Universums als Ganzes vorherzusagen. Als es anfing, waren keine intelligenten Beobachter zugegen. Da deren Existenz möglicherweise lange vor der des Universums beendet sein wird, könnte Ihr Beobachtungspunkt eine Besonderheit relativ zur Geschichte des Universums aufweisen. Intelligente Beobachter leben in einer bewohnbaren (und daher vielleicht besonderen) Epoche dieser Geschichte (eine Idee, die man als «schwaches anthropisches Prinzip» bezeichnet). Ihr Blickwinkel dürfte allerdings keine Besonderheit aufweisen, gemessen an *anderen* intelligenten Beobachtern. Bei Dingen, die älter als die Menschheit sind, sollten Sie den Anfang des von Ihnen geschätzten Zeitintervalls auf den Zeitpunkt legen, zu dem die ersten menschlichen Beobachtungen des betreffenden Ereignisses oder Objektes gemacht wurden, während das Ende entsprechend durch die letzten menschlichen Beobachtungen gegeben ist. Wir sagen dann lediglich die Periode künftiger Beobachtbarkeit aus der Periode der vergangenen Beobachtbarkeit vorher, indem wir, wie in allen diesen Anwendungen, von der Hypothese ausgehen, dass Ihre Beobachtung keine Sonderstellung unter anderen ähnlichen Beobachtungen einnimmt.

Aus der Quantenmechanik wissen wir, dass die Beobachtung eines Systems dieses beeinflussen kann. Wenn Sie eine Vorhersage über ein Ereignis machen, das unwichtig und leicht zu verändern ist (etwa wie lange Sie die Kleidungsstücke noch tragen werden, die Sie gerade anhaben), könnten Sie die Vorhersage einfach dadurch widerlegen, dass Sie alle Ihre Kleidungsstücke auf der Stelle ablegen. Befinden Sie sich gerade in einer Buchhandlung, könnte das peinlich sein, doch wenn Sie zu Hause sind und lesen, wird es ohne Schwierigkeiten gehen. Bei einer wichtigen Sache, wie etwa Ihrer Ehe, würden Sie wohl kein sofortiges Ende herbeiführen, nur um die Vorhersage zu widerlegen. Dieser Effekt wird also bei Ereignissen von Bedeutung zu vernachlässigen sein. Beispielsweise hätte der *Nature*-Artikel, der die Ablösung der konservativen Regierung in Großbritannien vorhersagte, im Prinzip die konservativen Abgeordneten *veranlassen* können, noch am selben Tag ein Misstrauensvotum zu stellen, nur um die Vorhersage zu widerlegen – doch das war nicht wahrscheinlich, und es geschah auch nicht. Die Abgeordneten wollten Regierungspartei bleiben, solange es ging, unabhängig von allen Vorhersagen, die darüber gemacht wurden.

Rachel Silverman, eine Journalistin beim *Wall Street Journal*, rief mich im Herbst 1999 an und bat mich, für die Ausgabe vom 1. Januar 2000 einige Vorhersagen zu machen. Das ist zwar ein ganz besonderer Tag, soweit es unseren Kalender betrifft, aber wohl ohne besondere Bedeutung im Hinblick auf unsere Beobachtung anderer Dinge. Es folgt die Veröffentlichung vom 1. Januar 2000. Sie umfasst die Vorhersagegegenstände, die Silverman ausgewählt hat (ihre Entscheidung, nicht meine), weil sie ihrer Meinung nach besonders interessant für sie und die Leser des *Wall Street Journal* waren, sowie die Vorhersagen im 95-Prozent-Konfidenzbereich:

Phänomen und sein Anfangsdatum	verbleibende Lebensdauer mehr als	aber weniger als
Stonehenge (2000 v. Chr.)	102,5 Jahre	156 000 Jahre
Pantheon (126 n. Chr.)	48 Jahre	73 086 Jahre
Menschen (*Homo sapiens*, 200 000 Jahre alt)	5100 Jahre	7,8 Millionen Jahre
Große Mauer (in China, 210 v. Chr.)	56 Jahre	86 150 Jahre
Internet (1969)	9 Monate	1209 Jahre
Microsoft (1975)	7 Monate	975 Jahre
General Motors (1908)	2,3 Jahre	3588 Jahre
Christenheit (ca. 33 n. Chr.)	50 Jahre	76 713 Jahre
Vereinigte Staaten (1776)	5,7 Jahre	8736 Jahre
New Yorker Börse (1792)	5,2 Jahre	8112 Jahre
Manhattan (1626 gekauft)	9,5 Jahre	14 586 Jahre
Wall Street Journal (1889)	2,8 Jahre	4329 Jahre
New York Times (1851)	3,8 Jahre	5811 Jahre
Oxford University (1249)	19 Jahre	29 289 Jahre

Mit «Manhattan» ist New York City gemeint, denn dort wurde die Stadt 1626 gegründet. Das Internet könnte enden, entweder weil die Technologie nicht mehr fortbesteht oder weil es durch eine bessere Version ersetzt wird (*Star Treks* Holodeck zum Beispiel). Wie üblich käme das Ende für Stonehenge, den Pantheon, die Große Mauer und so fort in dem Augenblick, da man sie abrisse, sie aus anderen Gründen verschwänden oder niemand mehr vorhanden wäre, der sie beobachtete.

Stellen Sie eine eigene Liste auf. Wenn Sie mit Hilfe der Formel hundert zufällig ausgewählte Objekte und Ereignisse in Ihrer Zukunft vorhersagen, dann denken Sie daran, dass sich im Durchschnitt fünf Vorhersagen als falsch erweisen. Wählen Sie ein halbes Dutzend Dinge aus, die Ihnen besonders wichtig sind, und Sie haben gute Aussichten, dass sich alle Ihre Vorhersagen bewahrheiten.

Die Formel kann sich in Alltagssituationen, besonders auf Reisen, als sehr nützlich erweisen. Wenn Sie auf Nummer Sicher gehen wollen, wählen Sie für eine Seereise kein Schiff aus, das nicht mindestens 39 solche Reisen sicher hinter sich gebracht hat. Auf diese Weise vermeiden Sie Schiffe, die besonders vom Pech verfolgt sind. Mit dieser einfachen Regel wären Ihnen die *Titanic* und die *Bismarck* erspart geblieben (so entgehen Sie allen Jungfernfahrten; interessanterweise haben die Vanderbilts eine Passage auf der *Titanic* storniert, weil Vanderbilts Mutter eine prinzipielle Abneigung gegen Jungfernfahrten hatte). Die Regel hätte Sie auch dem Luftschiff *Hindenburg* ferngehalten, das bei seinen 35. Transatlantikflug explodierte, und vor der Raumfähre *Challenger* bewahrt, die bei ihrem zehnten Start von der Katastrophe ereilt wurde. Eine lange Erfolgsbilanz spricht entschieden für die Sicherheit des Schiffes, hat es doch bei einer großen Zahl von Fahrten alle denkbaren Fährnisse überlebt. Wenn Sie zu einem zufällig gewählten Zeitpunkt im Hafen eintreffen und ein Schiff finden, das eine große Anzahl erfolgreicher Fahrten hinter sich hat, legt das kopernikanische Prinzip den Schluss nahe, dass die nächste Reise nicht seine letzte sein wird.

In Hongkong wollte ich mit der Zahnradbahn auf den Victoria Peak fahren. Die Strecke sah ziemlich steil aus, daher fragte ich den Schaffner, wie lange der letzte Unfall her sei. Er sagte, die Bahn habe in den neunzig Jahren ihres Betriebs noch keinen Unfall gehabt. Daraufhin stieg ich ein.

LEBEN SIE IN INTERESSANTEN ZEITEN?

Jede Art beginnt mit einigen wenigen Individuen, erreicht irgendwann eine maximale Bevölkerungsstärke und geht dann zahlenmäßig wieder zurück, bis sie nur noch wenige Individuen umfasst und ausstirbt. Wo können Sie erwarten, sich selbst auf einer solchen Bevölkerungskurve wiederzufinden? In der Nähe des Gipfels natürlich – weil da die meisten Individuen leben und weil Sie (und ich) keine Sonderstellung einnehmen. Das kopernikanische Prinzip lässt vermuten, dass Sie wahrscheinlich in einem Jahrhundert geboren werden, dessen Bevölkerung etwas zahlreicher ist als die des Jahrhunderts mit mittleren Bevölkerungsstärke. Warum? Aus dem gleichen Grund, warum Sie wahrscheinlich in einem Land geboren wurden, dessen Bevölkerung etwas größer als die des Landes mit der mittleren Bevölkerungsgröße ist – denn das gilt für die meisten Menschen. Von den 190 Staaten der Erde haben die Hälfte weniger als 5,8 Millionen Einwohner, aber 97 Prozent der Weltbevölkerung leben in Ländern, die mehr Einwohner haben als das Land mit mittlerer Bevölkerungsgröße. Entsprechend werden die meisten Menschen in Jahrhunderten mit großer Bevölkerungsdichte geboren, und wahrscheinlich gehören Sie zu diesen Menschen. Tatsächlich haben das 20. und das 21. Jahrhundert die bisher höchste Bevölkerungsstärke.

Viele Zeitgenossen glauben, es sei etwas Besonderes, ein besonderer Glücksumstand, in einer so bemerkenswerten Zeit geboren zu sein, in die großartige Entdeckungen wie Raumfahrt, Atomenergie und Gentechnik fallen. Dagegen sagt das kopernikanische Prinzip, die Wahrscheinlichkeit spreche dafür, dass Sie in einem Jahrhundert mit hoher Bevölkerungsdichte leben und – da technische Entdeckungen von Menschen gemacht werden – dass Sie auch in einem Jahrhundert leben, in dem große technische Fortschritte erzielt werden. Ihre Aussichten hingegen, 200 000 Jahre nach Beginn der intelligenten Abstammungslinie in genau dem Jahrhundert geboren zu werden, in dem eine entscheidende Entdeckung gemacht und dadurch automatisch der Fortbestand der Menschheit für die nächste Milliarde Jahre gesichert wird, ist sehr gering, weil nach einer solchen Entdeckung eine Milliarde Jahre lang intelligente Beobachter geboren würden und die Wahrscheinlichkeit viel größer wäre, dass Sie einer von denen wären.

Die Wahrscheinlichkeit spricht dafür, dass Sie in der Nähe eines Bevölkerungsgipfels leben, in einer Epoche der Überbevölkerung, in der die Menschheit ihre ökologische Nische nahezu ausfüllt. In seinem Buch *How Many People Can the Earth Support?*

(Wie viele Menschen kann die Erde vertragen?) berichtet Joel E. Cohen, dass die maximale Bevölkerungszahl, die die Erde verkraften kann, von Fachleuten im Durchschnitt auf zwölf Milliarden Menschen geschätzt wird. Unsere gegenwärtige Weltbevölkerung liegt mit sechs Milliarden innerhalb eines Faktors von zwei dieser Zahl. Wahrscheinlich leben Sie nach einem Ereignis (wie etwa der Entdeckung der Landwirtschaft), das einen Bevölkerungsaufschwung brachte, und vor einem Ereignis, das zu einem Bevölkerungsrückgang führen wird. Menschen, die vor einem künftigen Bevölkerungsrückgang warnen, sollten deshalb ernst genommen werden. Ein solcher Einbruch der Bevölkerungszahlen könnte heraufbeschworen werden durch eine ökologische oder technische Katastrophe, nukleare oder biologische Kriege, Epidemien oder einfach die Entscheidung der Menschen, weniger Kinder in die Welt zu setzen. Wenn Ehepaare im Durchschnitt nur noch ein Kind bekämen, könnte das in 300 Jahren zu einem Bevölkerungsrückgang um einen Faktor von 1000 führen. Der Schritt von einer Welt mit sechs Milliarden Menschen in eine Welt mit sechs Millionen Menschen hört sich nach einer Katastrophe an, ist aber vielleicht nicht aufregender als eine Reise von New Jersey (wo die Bevölkerungsdichte 400 Menschen pro Quadratkilometer beträgt) nach Alaska (0,4 Menschen pro Quadratkilometer).

Dennoch, ein solcher Rückgang wäre gefährlich. Das Aussterben von Arten muss nicht unbedingt durch ein einziges Ereignis verursacht werden. Ein Ereignis könnte einen beträchtlichen Bevölkerungsrückgang bewirken und die Art anfälliger für die Wirkung eines späteren Ereignisses werden lassen, das mit dem ersten nichts zu tun hat, aber für das endgültige Aussterben sorgt. Eine historische Bevölkerungskurve der Menschheit könnte also während der ersten Sammler-Jäger-Phase niedrige Werte zeigen, infolge der Zivilisation eine kurzzeitige Spitze von 12 Milliarden erklettern und anschließend wieder auf das Jäger-und-Sammler-Niveau zurückfallen. Sie können erwarten, dass Sie in der Spitze der Kurve leben, da das für die meisten Menschen gilt. Zivilisationen (mit Großstädten und Schrift) gibt es erst seit 5500 Jahren, also können wir mit 95-prozentiger Sicherheit davon ausgehen, dass ihre verbleibende Dauer mehr als 140 Jahre, aber weniger als 214 000 Jahre betragen wird. Da Zivilisation durch rasche Veränderung gekennzeichnet ist, kann sie über längere Zeiträume durchaus instabil sein und, was die Art als Ganzes betrifft, rasch wieder von der Bildfläche verschwinden. Da wir in der menschlichen Geschichte bisher nur eine Spitze der Bevölkerungskurve beobachtet haben, sagt uns das kopernikanische Prinzip, dass es in Zukunft nicht mehr viele (nicht mehr als 39) geben wird. Es könnte also durchaus sein, dass wir gegenwärtig in der einzigen Spitze leben, die die Bevölkerungskurve der Menschheit jetzt und in Zukunft aufweist.

Wie viele Menschen werden wahrscheinlich noch geboren werden? Nach dem kopernikanischen Prinzip besteht eine 95-prozentige Wahrscheinlichkeit, dass wir uns gegenwärtig in den mittleren 95 Prozent der chronologischen Liste aller Menschen befinden. Da historische Bevölkerungsstudien darauf schließen lassen, dass in den rund 200 000 Jahren menschlicher Geschichte bislang rund 70 Milliarden Menschen geboren wurden, können wir mit 95-prozentiger Sicherheit sagen, dass die Zahl der in Zukunft geborenen Menschen 1,8 Milliarden über- und 2,7 Billionen unterschreiten wird.

Nach Erscheinen meines *Nature*-Artikels fragte mich ein Rundfunkreporter: «Haben Sie sich nie gefragt, ob Sie nicht etwas Besonderes sind, weil Sie eine so tolle Sache entdeckt haben – dass man nämlich mit Hilfe des kopernikanischen Prinzips die Zukunft vorhersagen kann?» Ich hatte die Frage erwartet und berichtete ihm, dass ich in die Population Research Library in Princeton gegangen sei und alle Artikel über die erwartete Entwicklung der Weltbevölkerung durchgesehen hätte, die ich hätte finden können. In vielen Artikeln hieß es, die Bevölkerung werde im nächsten Jahrhundert auf rund 12 Milliarden ansteigen, sich auf diesen Wert einpendeln und praktisch ewig auf ihm bleiben. Niemand schien zu bemerken, dass sich diese Prognose nicht mit dem kopernikanischen Prinzip verträgt. Wenn es nur eine kurze Phase exponentiellen Bevölkerungswachstums gäbe, auf die eine lange Plateauphase einer gleich bleibend hohen Bevölkerungszahl folgte, dann würde fast jeder während dieses langen, hohen Bevölkerungsplateaus geboren – das trifft auf Sie und mich aber nicht zu, daher würde es uns mit dem Charakter des Besonderen ausstatten. Ich fragte mich, ob jemand schon mal daran gedacht hat. Das kopernikanische Prinzip ließ mich nicht los und erinnerte mich ständig daran, dass ich nichts Besonderes bin. Also mussten auch andere daran gedacht haben. Warum fand ich dann keine anderen Artikel darüber? Ich wusste, dass es in der Geschichte eine Fülle berühmter Fälle gibt, in denen Wissenschaftler – unter anderem Newton, Darwin und auch Kopernikus selbst – wichtige und potenziell kontroverse Ergebnisse entdeckten, aber zögerten, sie zu veröffentlichen. Abgesehen davon hatte ich auch mein eigenes Beispiel vor Augen – ich entdeckte das kopernikanische Argument im Jahr 1969, als ich mit seiner Hilfe die Zukunft der Berliner Mauer vorhersagte. Obwohl ich vielen Freunden bei vielen Mittagessen davon erzählte, veröffentlichte ich es erst, als ich durch den Fall der Berliner Mauer dazu veranlasst wurde. Auch wenn ich keine Artikel finden konnte, die sich mit diesem Thema beschäftigten, so war ich damals doch der Meinung, dass auch andere daran gedacht haben mussten, ihre Überlegungen aber nur nicht veröffentlicht hatten, jedenfalls nicht in einer Form, die mir zugänglich war. Wenn diese Vermutung stimmte, nahm mir das den Charakter des Besonderen.

Meine Überlegungen erwiesen sich als richtig. Als ich meinen Artikel an *Nature* schickte, war einer der Gutachter, an die das Manuskript weitergeleitet wurde, Brandon Carter, der namhafteste Vertreter des anthropischen Prinzips – der Idee, dass intelligente Beobachter an bewohnbaren Orten des Universums angetroffen werden müssen. Normalerweise bleiben Gutachter anonym, doch wenn sie möchten, können sie ihre Identität preisgeben, wie es Brandon Carter in diesem Fall tat. Er lobte meinen Artikel über den grünen Klee und merkte an, dass er im Hinblick auf die künftige Bevölkerungsentwicklung der Erde einen ähnlichen Gedanken gehabt habe: Es sei unwahrscheinlich, dass man in den ersten winzigen Bruchteil aller jemals auf der Erde befindlichen Menschen falle. Diese Überlegungen hatte er 1983 am Ende eines öffentlichen Vortrags über das anthropische Prinzip dargelegt, sie aber nicht veröffentlicht. Später hörte der renommierte kanadische Philosoph John Leslie von Carters Vortrag, fand die Idee überzeugend und wichtig und kommentierte sie 1989 in *Bulletin of the Canadian Nuclear Society*, 1990 in *The Philosophical Quarterly* und 1992 in *Mind*. Carter erwähnte, dass auch der dänische Physiker Holger Nielsen in einem Artikel, der 1989 in *Acta Physica Polonica* erschienen ist, zu ähnlichen Schlüssen über die Zukunft der Weltbevölkerung gekommen ist. Freudig fügte ich meinem Artikel diese Literaturangaben hinzu, hatte ich doch endlich verwandte Seelen gefunden.

Ohne ausdrücklich das kopernikanische Prinzip zu erwähnen, gelangte Nielsen wie ich zu dem Schluss, dass man erwarten müsse, sich an einem zufälligen Ort auf der chronologischen Liste der Menschheit zu befinden. Völlig zu Recht stellte er fest, dass infolgedessen die Zahl der Menschen, die noch geboren würden, wahrscheinlich von gleicher Größenordnung sei wie die Zahl der Menschen, die bereits gelebt hätten, und dass es unwahrscheinlich sei, dass man zum ersten winzigen Bruchteil der jemals auf Erden befindlichen Menschen gehöre. Er betrachtete zwei Arten von Aussterbemodellen: Erstens plötzliches Aussterben, die Bevölkerung steigt stetig an, bis sie plötzlich auf null fällt; und zweitens ein allmählicher Rückgang, bei dem der Niedergang nach dem Gipfel der Bevölkerungskurve das Spiegelbild des Anstiegs ist. Für den Fall eines plötzlichen Aussterbens gelangte Nielsen zu dem Schluss, dass das Ende der Menschheit nahe sei, weil bei unserer gegenwärtigen, relativ hohen Bevölkerungsdichte nicht mehr viele Jahrhunderte erforderlich sind, um in der Zukunft auf eine Zahl von Menschen zu kommen, die der gleichen Größenordnung angehört wie die Zahl der Menschen, die bisher gelebt haben. Beim Modell des allmählichen Bevölkerungsrückgangs hätten wir zwar genauso viel Zukunft vor uns wie Vergangenheit hinter uns, doch das Ergebnis, so Nielsen, könnte trotzdem als schrecklich empfunden werden: Da die Bevölkerungszunahme in der Vergangenheit so rasch erfolgt sei, könne ihr Spiegelbild in der Zukunft als katastrophaler Bevölkerungseinbruch wahrgenommen werden.

Ich bin wie er der Ansicht, dass sich Beobachter im Modell des plötzlichen Aussterbens vor allem kurz vor dem Ende häufen würden. In meinem Artikel habe ich darauf hingewiesen, dass ich meine Obergrenze von 7,8 Millionen Jahren auf 19 000 Jahre absenken müsste, falls die Weltbevölkerung stetig ansteigen sollte, um dann ein plötzliches Ende zu finden. Allerdings habe ich auch angemerkt, dass es sich um das pessimistischste aller Bevölkerungsmodelle handelt. Wenn die Bevölkerung einfach auf ein niedrigeres Niveau absinkt, statt plötzlich auf null zu fallen, kann die Zukunft genauso lang sein wie die Vergangenheit. Nehmen wir an, der Rückgang nach dem Gipfel spiegele den Anstieg wider, nur dass er durch einen Skalenfaktor in der Zeit gestreckt wird. Dann wäre die Obergrenze des 95-Prozent-Konfidenzbereichs für die Zukunft der Menschheit nach wie vor 7,8 Millionen Jahre, denn wenn der Rückgang 39-mal so lang wäre wie der Anstieg, würden $^{39}/_{40}$ der Menschheit nach dem Gipfel geboren. Da uns die Bevölkerungsgeschichten anderer intelligenter Arten nicht bekannt sind, ist die Annahme vernünftiger, dass der gegenwärtige Gipfel der Bevölkerungskurve einfach zu einem zufälligen Zeitpunkt der menschlichen Geschichte stattfindet – eine Auffassung, die sich mit vielen möglichen Bevölkerungsszenarien verträgt; sie ist wahrscheinlicher als die pessimistischste Version (das plötzliche Aussterben). Wenn Sie auf dem Gipfel der Bevölkerungskurve leben und der Gipfel zu einem zufälligen Zeitpunkt in der Menschheitsgeschichte auftritt, dann ist der

95-prozentige Konfidenzbereich für unsere künftige Lebensdauer genau der, den wir oben berechnet haben: mehr als 5100, aber weniger als 7,8 Millionen Jahre. (Tatsächlich scheint die Entstehung der Landwirtschaft, der auslösende Faktor für den Gipfel der Bevölkerungskurve, durch ein zufälliges klimatologisches Ereignis vorbereitet worden zu sein – das Ende einer Eiszeit.) Im Allgemeinen gilt: Man nehme die Vergangenheit, um die Zukunft vorherzusagen, und man nehme die Zahl der Menschen, die in der Vergangenheit gelebt haben, um die Zahl der Menschen vorherzusagen, die in Zukunft leben werden.

Carter und Leslie gelangten zu ihren Schlussfolgerungen über die künftige Bevölkerungsstärke der Menschheit auf der Grundlage der Bayes'schen Statistik, einem ganz anderen statistischen Ansatz, doch ihre Ergebnisse waren ähnlich. Die Bayes'sche Statistik, die ihren Namen Reverend Thomas Bayes (1702–1761) verdankt, bildet die Grundlage der modernen Wahrscheinlichkeitstheorie. Die Bayes'sche Statistik lehrt, wie man vorab vorgenommene Schätzungen für Wahrscheinlichkeitsverteilungen im Lichte neuer Beobachtungsdaten revidiert. (Genauer besagt die Bayes'sche Formel, dass Sie die vorab geschätzte Wahrscheinlichkeit für verschiedene Hypothesen revidieren müssen, indem Sie sie mit der Wahrscheinlichkeit multiplizieren, nach der die von Ihnen beobachteten Ereignisse gemäß der betreffenden Hypothese eintreten.)

In dieser Weise konnten Carter und Leslie argumentieren, es sei sehr unwahrscheinlich, dass man selbst zu den ersten 0,01 Prozent aller jemals lebenden Menschen zähle. Der genaue Wahrscheinlichkeitswert hängt dabei davon ab, wie man die Zukunft der menschlichen Spezies einschätzt. Da uns keinerlei statistische Daten über außerirdische intelligente Zivilisationen zur Verfügung stehen, vertrete ich die Auffassung, dass man sich nicht auf irgendwelche subjektiven Ausgangsannahmen über die Menschheit stützen sollte. Stattdessen sollte die Ausgangsschätzung, die in die Bayes'sche Analyse eingeht, unsere völlige Unkenntnis über die Gesamtzahl der jemals auf der Erde lebenden Menschen reflektieren und allen möglichen Gesamtzahlen dieselbe Wahrscheinlichkeit zusprechen. Die Wahrscheinlichkeitsverteilung kann dann im Lichte der Beobachtung revidiert werden, dass vor Ihnen bereits rund 70 Milliarden Menschen auf die Welt gekommen sind. Diese Technik hat Sir Harold Jeffreys von der Cambridge University 1939 entwickelt. 1994 konnte ich in einem Artikel in *Nature* nachweisen, dass die Bayes'sche Methode nach Jeffrey die gleiche Konfidenz von 95 Prozent ergab wie die von mir angewandte kopernikanische Methode. Es ist nur logisch, dass man mit beiden Verfahren übereinstimmende Ergebnisse erzielt, wenden Sie sich doch beide gegen die Akzeptanz von Hypothesen, nach denen das, was Sie beobachten, unwahrscheinlich wäre.

DIE ZUKUNFT DES RAUMFAHRTPROGRAMMS

Überlegen wir angesichts der Schlussfolgerungen, die sich aus dem kopernikanischen Prinzip ergeben, was wir tun könnten, um die Überlebenschancen unserer Art zu verbessern. Autarke Kolonien im All wären eine Lebensversicherung gegen alle Katastrophen, die auf der Erde eintreten könnten, auf einem Planeten, der mit den fossilen Relikten ausgestorbener Arten übersät ist. *Das Raumfahrtprogramm müsste das Ziel haben, die Überlebensaussichten der Menschheit durch die Kolonisierung des Weltraums zu erhöhen.*

Die Griechen bewahrten alle ihre Bücher in der großen Bibliothek von Alexandria auf. Sie haben sie gewiss sorgsam behütet, trotzdem wurde sie am Ende durch eine Feuersbrunst zerstört. Einige Kopien der Tragödien des Sophokles wurden andernorts gehütet, zum Glück, denn sie sind als einzige erhalten geblieben (7 von 120 Tragödien). Die Chaostheorie besagt, dass wir vermutlich nicht in der Lage sind, heute vorherzusagen, was eines Tages die spezifische Ursache unseres endgültigen Untergangs als Art sein wird. Definitionsgemäß wird es sich um ein Ereignis handeln – welcher Art es auch sein mag –, das die Menschheit noch nie in dieser Form erlebt hat. Vielleicht sind wir einfach nicht klug genug, unser Geld auf der Erde so auszugeben, dass wir uns damit die größte Überlebenschance sichern. So investieren wir vielleicht in bester Absicht eine große Summe, um eine Region des Regenwaldes zu retten, nur um später festzustellen, dass sich genau in dieser Region ein verhängnisvolles Virus entwickelt, das uns alle umbringt. Wenn wir das Geld stattdessen ausgäben, um Kolonien im All zu gründen, würde das unsere Chancen erheblich verbessern – wie die Unterbringung der Tragödien des Sophokles in anderen Bibliotheken.

Wie lange wird das Raumfahrtprogramm der Menschheit wahrscheinlich noch fortdauern? In dem *Nature*-Artikel vom 27. Mai 1993 merkte ich an, das Programm sei erst 32 Jahre alt, und ich sagte mit 95-prozentiger Sicherheit vorher, dass es mindestens noch 10 Monate Bestand hätte, aber weniger als weitere 1250 Jahre. Da seit Veröffentlichung des Artikels das Raumfahrtprogramm die Untergrenze von 10 Monaten bereits überschritten hat, hat sich die Hälfte meiner Vorhersage bereits bewahrheitet.

Selbst wenn unser Interesse an der Raumfahrt erlahmen und das Raumfahrtprogramm bald eingestellt werden sollte, würden wir, so hört man gelegentlich, irgendwann in den Weltraum zurückkehren, wenn eine bessere und kostengünstigere Technologie zur Verfügung stünde. Vertreter dieser Ansicht vergleichen Neil Armstrongs Flug zum Mond mit Leif Eriksons Fahrt nach Nordamerika – eine kühne Entdeckungstat, die ihrer Zeit um Jahrhunderte voraus war. Das Wikingerunternehmen in Amerika scheiterte, aber fünf Jahrhunderte später überquerte Kolumbus den Atlantik. Wenn die Raumfahrt dem gleichen Schema folgte, würden wir sie im 21. Jahrhundert einstellen, um sie im 26. Jahrhundert wieder aufzunehmen, woraufhin uns eine Kolonisierungswelle im Zuge der nächsten Milliarden Jahre auf den Mars und schließlich in alle Regionen unserer Galaxie tragen würde.

Doch das kopernikanische Prinzip sagt uns, dass dieses Szenario unwahrscheinlich ist. Sie leben jetzt in einer Epoche der Raumfahrt. Wenn es zwei Raumfahrtepochen gäbe, eine kurze und eine lange, in welcher würden Sie dann wahrscheinlich leben? In der langen natürlich! Die Gesamtzahl der noch kommenden Jahre menschlicher Raumfahrt wird wahrscheinlich keine 1250 Jahre mehr dauern, ob sie sich nun über eine kontinuierliche Periode erstreckt oder Unterbrechungen aufweist. Der Grund liegt darin, dass das Erscheinungsjahr meines Artikels – 1993 – zufällig auf der chronologischen Liste der Raumfahrtjahre angesiedelt sein müsste.

Folglich spricht die Wahrscheinlichkeit nur für eine relativ kurze Epoche der menschlichen Raumfahrt, eine zeitlich begrenzte Möglichkeit, den Weltraum zu kolonisieren. Wenn uns das in diesem Zeitraum nicht gelingt, bleiben wir auf Gedeih und Verderben der Erde ausgeliefert – all den Gefahren ausgesetzt, die für regelmäßiges Artensterben sorgen.

Da uns nicht viel Zeit bleibt, sollten wir uns darauf konzentrieren, so bald wie möglich die erste autarke Kolonie im Weltraum zu gründen. Autark muss sie unbedingt sein, weil sie dann existenzfähig bleibt, falls der Nachschub von der Erde eines Tages abreißen sollte. Die Existenz auch nur einer einzigen autarken Kolonie im All könnte die langfristigen Überlebensaussichten unserer Art verdoppeln – weil wir dann zwei unabhängige Chancen statt einer hätten.

Wir könnten versuchen, den Plan «Mars Direct» des amerikanischen Raumfahrtexperten Robert Zubrin in die Tat umzusetzen. Doch statt die Astronauten wieder vom Mars zurückzuholen, könnten wir sie dort lassen. Sie würden auf dem Roten Planeten Familien gründen und von den Ressourcen leben, die er zu bieten hat. Sie müssen auf dem Mars bleiben. Dort dienen sie dem Überleben der Menschheit. Zubrin hat errechnet, dass eine Saturn-V-Rakete eine Nutzlast von rund 26 Tonnen auf die Marsoberfläche befördern kann. Nach dieser Berechnung könnten zwei Saturn-V-Raketen vier Astronauten auf die Marsoberfläche bringen und wieder zur Erde zurückholen. Im Vergleich dazu hat Gerard O'Neill von der Princeton University geschätzt, dass man für den Bau einer autarken Raumkolonie mit einer geschlossenen Ökologie rund 45 Tonnen Biosphäre pro Person bräuchte. Um also eine autarke Kolonie von acht Personen auf dem Mars zu gründen, benötigte man mindestens 18 Saturn-V-Raketen – zwei für die Astronauten, zwei für die rasche Rückkehr in Notfällen (ein zusätzliches Habitat auf der Marsoberfläche, das im Idealfall nicht benötigt würde) sowie 14 Raketen, um die 360 Tonnen Material auf den Mars zu schaffen, die für die Biosphäre der Kolonie erforderlich sind. Das sind nur wenig mehr als die 16 Saturn-V-Raketen, die man für das Apolloprogramm brauchte.

Viele Menschen würden wohl zögern, eine Reise zum Mars ohne Rückfahrkarte anzutreten. Andererseits müssten wir nur acht Abenteurer suchen, acht Menschen, die bereit wären, das Wagnis einzugehen, die lieber den Rest ihres Lebens damit verbrächten, den Mars zu erforschen und eine neue Zivilisation zu gründen, als zu einer Konfettiparade nach New York City zurückzukehren. Während der nächsten dreißig Jahre hätten die Kolonisten die Aufgabe, 16 Kinder in die Welt zu setzen und die Größe ihres Habitats mit Hilfe von Marsmaterialien zu verdreifachen. (Um für die nötige genetische Vielfalt zu sorgen, könnte man genügend eingefrorene Ei- und Samenzellen mitnehmen.) Wenn es der Kolonie gelänge, ihre Größe alle 30 Jahre zu verdoppeln, könnte die Bevölkerung in 600 Jahren auf 8 Millionen anwachsen. Auf sehr lange Sicht ließe sich der Mars nach Ansicht des Astrogeophysikers Christopher McKay von der NASA technisch so verwandeln, dass sein Klima und seine Atmosphäre erdähnlicher würden, ein Prozess, den man als *Terraforming* bezeichnet. Ich behaupte nicht, dass es leicht wäre – das kopernikanische

Prinzip spricht dagegen –, aber wir sollten es zumindest versuchen.

Kolonien sind ein unglaublich gutes Geschäft. Man muss nur ein paar Astronauten in den Weltraum schicken. Sie vermehren sich ohne weitere Kosten für uns: Die Kolonisten erledigen die ganze Arbeit. Man bedenke nur, dass die ersten Worte, die auf dem Mond gesprochen wurden, englische Worte waren, nicht weil England Astronauten auf den Mond entsandt hatte, sondern weil es eine Kolonie in Amerika gründete, die das bewerkstelligte. Durch die Gründung einer Kolonie auf dem Mars würden wir auch unsere Aussichten verdoppeln, eines Tages in die Region von Alpha Centauri zu gelangen, weil niemand sagen könnte, ob in tausend Jahren Menschen von der Erde oder Menschen vom Mars diese Expedition unternähmen.

Die Gründung einer Marskolonie würde von der Menschheit vermutlich verlangen, noch sehr viel mehr Geld als bisher in die Raumfahrt zu stecken, und das über einen vergleichbaren Zeitraum – kein unvernünftiges Ansinnen. Das wirkliche Raumfahrtwettrennen wird auf die Frage hinauslaufen, ob es uns gelingt, eine Weltraumkolonie zu gründen, bevor uns das Geld für die Weltraumforschung ausgeht. Wenn wir dieses Wettrennen verlieren, bleiben wir ewig auf die Erde angewiesen, wo wir schließlich aussterben werden, wahrscheinlich in einem Zeitraum von nicht einmal 8 Millionen Jahren.

Umfangreiche technische Projekte verkümmern oder versanden ganz, wenn ihre ursprünglichen Gründe entfallen. In dem Buch *Das Rätsel der Pyramiden* beschreibt Kurt Mendelssohn die wirtschaftlichen Grundlagen des Pyramidenbaus und vergleicht sie mit denen des Raumfahrtprogramms. Vordergründig hatten die Pyramiden den Zweck, die Pharaonen mit Gräbern zu versorgen. Doch eine besondere Blüte erlebte der Pyramidenbau kurz nach der Vereinigung von Ober- und Unterägypten zu einem einzigen ägyptischen Staat, weil ein so umfangreiches öffentliches Bauvorhaben die beiden Landesteile enger zusammenführte.

Mendelssohn vertritt in der Tat die Auffassung, das sei der wirkliche Grund für den Bau der Pyramiden gewesen. Sobald das Staatsgefüge hinreichend gefestigt war, wurde dieser Grund hinfällig. Zwischen dem Bau der ersten Pyramide, der 61 Meter hohen Stufenpyramide in Sakkara, und der 146 Meter hohen Cheopspyramide liegen nur etwa 90 Jahre. Danach wurden kleinere und unansehnlichere Pyramiden gebaut, bis ihr Bau nach rund tausend Jahren ganz eingestellt wurde. Spätere Pharaonen wie Tutanchamun wurden in schlichteren Gräbern im Tal der Könige beigesetzt.

Obwohl der vordergründige Zweck zur Entsendung von Menschen zum Mond die Weltraumforschung war, hatte das Unternehmen noch einen tieferen Grund – den Kalten Krieg. Mit spektakulären Raumfahrterfolgen wie dem *Sputnik* und Juri Gagarins Flug wollte Chruschtschow beweisen, dass die UdSSR über die Raketentechnik verfügte, die erforderlich war, um Kernwaffen an jeden Punkt der Welt zu befördern – ohne diese Waffen tatsächlich einzusetzen. Kennedy reagierte mit der Zielvorgabe, Menschen auf den Mond zu schicken. Seit dem Ende des Kalten Krieges ist die Raumfahrt in Gefahr. Am 25. Jahrestag der ersten Mondlandung sagte ich in einem Fernsehinterview von CNBC: «Ich fürchte, wir werden den Tag noch erleben, an dem niemand mehr lebt, der den Mond betreten hat.» Was für ein trauriger Tag wird das sein – und was für eine Überraschung für viele Menschen! Doch ich vermute, man wird ihn mit wehmütiger Resignation hinnehmen statt mit dem eisernen Entschluss, abermals zum Mond aufzubrechen und darüber hinaus. Es ist sehr gut möglich, dass die Menschen sagen: «Wie traurig, eine Epoche ist vorbei. Was für tolle Sachen haben wir hingekriegt. Zu schade, dass so was heute nicht mehr möglich ist.» Wir werden den Ägyptern der Spätzeit gleichen, die staunend auf die antiken Pyramiden blickten.

In den sechziger Jahren des 20. Jahrhunderts wurde vorgebracht, die Reise zum Mond sei zu kostspielig angesichts anderer dringender Aufgaben wie Beseitigung der Armut, Vietnam, Bürgerrechte und anderer Probleme. Daher solle man sie auf die neunziger Jahre vertagen, denn dann würde die technische Entwicklung kostengünstigere Möglichkeiten eröffnen. In der Tat war es aber am Ende des Jahrhunderts weit schwieriger, Geld für ein Mondprojekt zu bekommen. Glücklicherweise haben wir in den fünfziger Jahren die Chance genutzt, als sie sich uns bot. Hätten wir damals gezögert, hätte auch heute noch kein Mensch den Mond betreten.

1969 entwickelte Wernher von Braun, Chefraketenkonstrukteur des Apolloprogramms, den Plan, bis zum Jahr 1982 Menschen auf den Mars zu schicken. Er wurde nicht in die Tat umgesetzt. Richard Nixon beschloss, niemanden auf den Mars zu entsenden, das Apolloprogramm vorzeitig zu beenden und die Montagestätten der Saturn-V-Raketen abzubauen. Mit den Plänen von Brauns konfrontiert, scheute er vor ihrer Verwirklichung zurück. Drei Saturn-V-Raketen, die bereits gebaut waren, wurden nie gestartet und endeten als Museumsstücke. Alle Grundlagen für die Herstellung der Saturn-V-Raketen wurden zerstört. Man hat zugelassen, dass diese wunderbare Rakete durch den kleineren Shuttle ersetzt wurde. 1989 versprach Präsident Bush, bis zum Jahr 2019 Menschen auf den Mars zu schicken. Doch statt näher zu rücken, hat sich der Mars weiter von uns entfernt. Im Laufe der Zeit werden nicht alle Dinge einfacher, und kostspielige Projekte werden häufig nach einiger Zeit aufgegeben.

In diesem Zusammenhang berichtet Timothy Ferris, die Chinesen hätten im 15. Jahrhundert alle Entdeckungsreisen auf den Weltmeeren eingestellt, kurz nachdem sie bis Afrika gelangt waren. Oder nehmen wir ein anderes Beispiel. Im 17. Jahrhundert erbaute Schah Dschahan den Tadsch Mahal für seine Lieblingsfrau Mumtaz-i-Mahall, die im Kindbett gestorben war. Das Grabmal aus strahlend weißem indischen Marmor gehört für viele Besucher, mich eingeschlossen, zu den schönsten Bauwerken der Welt.

Nach einer bekannten Legende hatte Schah Dschahan auch sein eigenes Grabmal geplant: ein Zwillingsbauwerk des strahlenden Tadsch, nur in schwarzem Marmor und am gegenüberliegenden Ufer des Flusses. Für die Verbindung zwischen den beiden sollte eine wunderbare schwarzweiße Marmorbrücke sorgen. Was für ein Anblick wäre das gewesen! Doch es sollte nicht sein. Schah Dschahans Sohn Aurangzeb bemächtigte sich des Throns und stellte seinen Vater unter Hausarrest. So wurde der schwarze Tadsch nie gebaut. Der richtige Zeitpunkt für seine Errichtung wäre zu Schah Dschahans Zeiten gewesen: Da waren alle Handwerker versammelt, und die technischen und wirtschaftlichen Mittel standen zur Verfügung. Die Menschen kannten natürlich die Geschichte, daher hätten sie sich später ans Werk machen und den schwarzen Tadsch erbauen können, aber sie taten es nicht.

Handeln wir nicht, wenn wir die Chance dazu haben, kommt die Chance unter Umständen nie wieder. Falls wir die Raumfahrt aufgeben, wird sich die Wiederaufnahme des Programms möglicherweise als genau so schwierig erweisen wie der nachträgliche Bau des schwarzen Tadsch Mahal.

Daher möchte ich der Menschheit dringend empfehlen, jetzt, solange sie noch die Möglichkeit dazu hat, alle Anstrengungen zu unternehmen, das All zu besiedeln. Wir sehen uns zwei beunruhigenden Tatsachen gegenüber: Unsere Art gibt es noch nicht sehr lange (lediglich 200 000 von möglichen 13 Milliarden Jahren), und sie hat eine winzige geographische Verbreitung (einen verschwindend kleinen Planeten in einem ungeheuer großen Universum). Das sind zwei Merkmale, deren Korrelation zu erwarten ist. Arten mit einer begrenzten geographischen Verbreitung haben eine geringere Lebensdauer als Arten mit einer weiten geographischen Verbreitung – aus dem einfachen Grund, weil Letztere schwerer auszulöschen sind. Arten, die auf kleine Inseln beschränkt sind, werden immer in höherem Maße vom Aussterben bedroht. Auf das Universum bezogen, ist die Erde nur ein winziges Eiland. Solange wir an die Erde gebunden sind, befinden wir uns in großer Gefahr. Diese Warnung ist eine doppelte Warnung, denn ihr wohnt die Gefahr inne, dass sie in den Wind geschlagen wird. Warum? Weil Sie auf der Erde geboren wurden. Daher muss ein erheblicher Bruchteil aller jemals geborenen Menschen – in der Vergangenheit, Gegenwart und Zukunft – auf der Erde zur Welt kommen, sonst würden Sie eine Sonderstellung einnehmen. Das heißt, es ist nicht wahrscheinlich, dass die Menschheit diese Warnung beherzigt und entschlossen zur Besiedlung des Weltalls aufbricht. Diese Unentschlossenheit könnte sehr leicht zur Ursache für ein frühes Ende unserer Art werden. Das Raumfahrtprogramm aufzugeben, wäre ein tragischer Fehler, und doch ist es ein Fehler, den wir wahrscheinlich begehen werden.

DIE LEHRE DES ZEITREISENDEN

Zeitreisen sind ein Projekt für Superzivilisationen. Zeitreisen in die Zukunft setzen eine Zivilisation voraus, die bereits an interstellare Raumflüge gewöhnt ist. Zeitreisen in die Vergangenheit können nur von Superzivilisationen ins Auge gefasst werden, die über die Energieressourcen einer ganzen Galaxie verfügen. In unserer Galaxie gibt es vielleicht eine Milliarde bewohnbarer Planeten. Eine Superzivilisation, die ihre gesamte Galaxie kolonisiert hätte, könnte eine Bevölkerung haben, die eine Milliarde Mal so groß wie die heutige Erdbevölkerung wäre. Solche Superzivilisationen müssen eine Milliarde Mal seltener sein als Zivilisationen, die auf ihren Heimatplaneten eingeschränkt sind, sonst würden sie die Zahl intelligenter Beobachter im Universum beherrschen, und Sie würden wahrscheinlich in einer solchen Superzivilisation leben.

Sie sind ein intelligenter Beobachter – jemand, der über Bewusstsein verfügt und in der Lage ist, logisch zu denken. Soweit wir wissen, ist unsere Art die erste auf der Erde, die intelligente

Beobachter hervorgebracht hat. Schimpansen und Delfine, Kakerlaken und Bakterien fragen sich nicht: «Wie lange wird es meine Art noch geben?»

Als intelligenter Beobachter müssen Sie sich an einem Ort im Universum befinden, der sich durch eine Besonderheit auszeichnet: Er muss zur Teilmenge der bewohnbaren Orte gehören. Das ist die entscheidende Erkenntnis des schwachen anthropischen Prinzips, das Brandon Carter 1974 formuliert hat, eine Überlegung, die erstmals der Princeton-Professor Robert Dicke im Jahr 1961 angestellt hat. Dicke erklärte, als intelligenter Beobachter müsse man etwa zehn Milliarden Jahre – die Lebenszeit eines Sterns – nach dem Urknall leben. Wesentlich früher hätten die Sterne keine Zeit gehabt, den erforderlichen Kohlenstoff herzustellen, aus dem Köche und Physiker und alle anderen Lebewesen bestehen. Wesentlich später wäre der Sternenbrennstoff aufgebraucht und das Universum kaum noch bewohnbar. Wenn ich mein kopernikanisches Prinzip anwende, gelange ich zu dem Schluss, dass Sie möglicherweise in einer besonderen Epoche unseres Universums leben, weil Sie ein intelligenter Beobachter sind, dass Sie aber unter diesen intelligenten Beobachtern wahrscheinlich keine Sonderstellung einnehmen. Sie sollten erwarten, auf der chronologischen Liste der intelligenten Beobachter in unserem Universum zufällig angesiedelt zu sein. Ferner sollten Sie erwarten, in einer Epoche des Universums zu leben, in der die Bevölkerung intelligenter Beobachter hoch ist, weil die meisten intelligenten Beobachter in einer solchen Epoche leben müssten. Wenn intelligente Zivilisationen in der Regel ewigen Bestand hätten, würden fast alle intelligenten Beobachter in der fernen Zukunft leben, lange nachdem die Sterne ausgebrannt wären. Daraus folgt nicht, dass es in der fernen Zukunft keine intelligenten Beobachter mehr gibt, sondern nur, dass ein beträchtlicher Bruchteil allen intelligenten Lebens in der gegenwärtigen Epoche stattfindet, in der die Sterne genügend Brennstoff haben und unser Universum am bewohnbarsten ist. Es könnte einige intelligente Lebensformen in der fernen Zukunft geben, allerdings dürften sie selten sein, denn sonst würden Sie zu ihnen gehören. Das Gleiche gilt für Superzivilisationen, aus dem kopernikanischen Argument folgt nicht, dass es keine gibt – sie dürften nur selten sein.

1950 stellte der namhafte Physiker Enrico Fermi eines Tages beim Mittagessen in Los Alamos, bei dem man sich über Außerirdische unterhielt, eine berühmte Frage: «Wo sind sie denn?» Nehmen wir das kopernikanische Prinzip zur Hilfe, um Fermis Frage zu beantworten: Ein beträchtlicher Prozentsatz aller intelligenten Beobachter müsste immer noch auf seinen Heimatplaneten sitzen, genauso wie Sie. Sonst wären Sie etwas Besonderes. Das ist ganz einfach.

Wenn Sie glauben, die Weltraumkolonisation sei ein häufiges Phänomen, sollten Sie sich fragen: «Warum bin ich kein Weltraumkolonist?» Wenn Sie der Meinung sind, die meisten intelligenten Beobachter im Universum seien intelligente, bewusstseinsbegabte Computer oder gentechnisch veränderte Geschöpfe, sollten Sie sich fragen: «Warum bin ich kein intelligenter Computer? Warum bin ich kein gentechnisch verändertes Lebewesen?»

Das Universum ist ein großes, vielleicht unendliches Gebilde, und die gelegentlich in ihm vorkommenden Arten könnten weit erfolgreicher sein als wir heute, doch die meisten sind es wahrscheinlich nicht. Nach dem kopernikanischen Prinzip spricht die Wahrscheinlichkeit dafür, dass sie einer intelligenten Art angehören, deren Population heute über dem Durchschnitt liegt. Das gilt aus dem gleichen Grund, der dafür spricht, dass Sie wahrscheinlich aus einem Land kommen, dessen Bevölkerung über dem Durchschnitt liegt: einfach weil es für die meisten intelligenten Beobachter gilt. Unter dem Blickwinkel der Bevölkerungsentwicklung gehören wir genau zu diesem Zeitpunkt wahrscheinlich zu den größeren und erfolgreichen intelligenten Arten.

Der Bruchteil von Zivilisationen wie unserer, die sich schließlich in Superzivilisationen mit enormen Bevölkerungen verwandeln, dürfte außerordentlich gering sein, sonst würden Sie wahrscheinlich jetzt zu einer von ihnen gehören. Superzivilisationen sind möglicherweise zu erstaunlichen Leistungen fähig, aber wir werden uns wahrscheinlich nicht zu einer von ihnen weiterentwickeln. Einigen intelligenten Arten gelingt es vielleicht, Zeitmaschinen zu entwickeln, die ihnen gestatten, die ferne Zukunft oder sogar die Vergangenheit aufzusuchen, doch die meisten werden dazu wahrscheinlich nicht in der Lage sein. Zeitreisen sind schwierig. Wenn fast alle intelligenten Beobachter im Universum dazu fähig wären, dann wären Sie etwas Besonderes, weil Sie keine Zeitreisen unternehmen können. Das heißt nicht, dass sie unmöglich, sondern nur, dass sie äußerst selten sind. Wie Darwin dargelegt hat, schöpfen die meisten Arten ihre Möglichkeiten nicht aus. Einige Fische legen Millionen Eier – aber ein Großteil dieser Eier entwickelt sich nicht zu ausgewachsenen Tieren. Aus den meisten Arten gehen keine neuen Arten hervor. In der Regel entwickeln sich die Dinge nicht so günstig, wie sie es könnten. Das ist genau der Grund, warum so viele Menschen wünschen, in die Vergangenheit zurückgehen zu können: um den Gang von Ereignissen zu verändern, die unglücklich verlaufen sind – von dem Wunsch, einen geliebten Menschen zu retten, bis zu dem, Hitler aufzuhalten, bevor er an die Macht kam. Das Leben ist oft tragisch.

Intelligenz bietet die Möglichkeit zu ungeheurer Macht und Langlebigkeit, doch diese Möglichkeiten dürften sich in ihrem vollen Ausmaß nur selten verwirklichen lassen – sonst wäre unsere Situation sehr untypisch. Die Moral ist sowohl erfreulich als auch niederschmetternd.

So gesehen steckt intelligentes Leben im Prinzip voller Möglichkeiten, ist aber in der Praxis durch seine Komplexität meist sehr anfällig. Auf unserem winzigen Fleck in dem riesigen Universum, das bereits 13 Milliarden Jahre alt ist, blicken wir auf eine Geschichte von gerade mal 200 000 Jahre zurück. Uns stehen keine großen Machtmittel zur Verfügung – die Energiequellen, über die wir gebieten, sind winzig, selbst wenn man sie nur mit der Sonne vergleicht. Eine besonders lange Lebensdauer können wir auch noch nicht vorweisen.

So bescheiden diese Fakten auch sein mögen, wir haben in dieser kurzen Zeit doch schon Bemerkenswertes geleistet. Wir haben viel über die Gesetze der Physik und des Universums herausgefunden. Beispielsweise wissen wir, dass das Universum in der Vergangenheit sehr viel kleiner gewesen sein muss als heute; wir haben eine gewisse Vorstellung, wie sich die Galaxien gebildet haben und wie die Erde entstanden ist, und wir haben herausgefunden, wo wir uns im Universum befinden. Dieses Maß an Erkenntnis ist bemerkenswert. Und wenn wir diese Dinge verstehen, dann muss ein beträchtlicher Bruchteil aller intelligenten Beobachter sie ebenfalls verstehen. Doch vieles spricht dafür, dass die besonderen Fähigkeiten intelligenter Beobachter auf dem Gebiet des Erkennens und nicht der Langlebigkeit oder Einflussnahme liegen. Die Fähigkeit, Fragen zu stellen, scheint die Fähigkeit zu fördern, sie zu beantworten, aber sie verschafft uns keine Zeit. Das ist die Quintessenz des Berichtes aus der Zukunft. Eines sollten wir im Hinblick auf die Zeit begreifen: Wir haben nur wenig davon.

Also, Menschheit, vergeude deine Zeit nicht. Du hast nur wenig davon. Das ist das Geheimnis des Zeitreisenden.

Anmerkungen

1 Träume von Zeitreisen

31 *Ein tödlicher Traum:* Der Film beruht auf dem Buch *Bid Time Return* von Richard Matheson (New York: Viking Press, 1975).

36 *Seine Weltlinie ist wirklich ziemlich komplex:* 1994 hat Michio Kaku für sein Buch *Im Hyperraum* (Reinbek: Rowohlt, 1998) ein Raumzeitdiagramm angefertigt, das «Janes» Weltlinie zeigt.

42 *Quantenmechanik:* Auch die Physik der Schwarzen Löcher hatte ihre Paradoxa. Jacob Bekenstein bewies, dass mit Schwarzen Löchern eine von null verschiedene Menge Unordnung (genauer gesagt das, was die Physiker «Entropie» nennen) verknüpft ist. Stephen Hawking und andere zeigten, dass sich das nur dann mit den Gesetzen der Thermodynamik vereinbaren lässt, wenn das Schwarze Loch eine von null verschiedene Temperatur aufweist. Doch das ergab keinen Sinn – alle Objekte mit Temperatur ungleich null geben Wärmestrahlung ab, während man überzeugt war, dass Schwarze Löcher überhaupt keine Strahlung emittieren könnten. Das war ein echtes Paradox. Dann wartete Hawking mit einem Quanteneffekt auf, der ein Schwarzes Loch doch veranlassen würde, Strahlung zu emittieren. Dieser Effekt heißt heute Hawking-Strahlung und ist Hawkings größte Entdeckung. Überall, wo Paradoxa lauern, besteht Aussicht auf großartige physikalische Entdeckungen.

43 *Stephen Hawking ließ sich eine andere Lösung des Problems einfallen:* Neben Simon und seinen Kollegen sowie Stephen Hawking haben auch Seth Rosenberg von der University of California in Santa Barbara und Arley Anderson vom Imperial College in London versucht, die Quantenwahrscheinlichkeiten in Gegenwart von Zeitmaschinen zu berechnen. Sie verwendeten alle verschiedene Methoden und gelangten zu verschiedenen Antworten, daher geht die Arbeit an diesem Problem weiter.

2 Zeitreisen in die Zukunft

52 *Folglich kannte Maxwell die Lichtgeschwindigkeit:* Da ich mich häufig auf die Lichtgeschwindigkeit im leeren Raum beziehen werde, habe ich sie auf glatte 300000 Kilometer pro Sekunde aufgerundet. Genauer beträgt die Geschwindigkeit des Lichts im leeren Raum 299792,458 Kilometer pro Sekunde.

57 *... behaupten, sie befänden sich in Ruhe:* Ein Beispiel von Beobachtern, die sich mit gleichförmiger Geschwindigkeit bewegen und den Eindruck haben, sie befänden sich «in Ruhe»: Haben Sie bei einer Flugreise schon einmal bemerkt, dass Sie das Gefühl haben, sich am Boden zu befinden, sobald das Flugzeug seine Reisehöhe erreicht hat und sich gleichförmig und ohne Kursänderungen mit konstanter Geschwindigkeit bewegt (ohne zu wenden)? Sie können auf Ihrem Tischchen eine Münze balancieren oder auf dem Gang hin und her gehen, als stünde das Flugzeug noch auf der Rollbahn. Wenn alle Rollos vor den Fenstern heruntergezogen wären, sodass Sie nicht hinausblicken könnten, hätten Sie Schwierigkeiten zu entscheiden, ob Sie noch auf dem Boden stünden oder mit 800 Stundenkilometern durch die Luft rasten. Den einzigen Hinweis würde die Geräuschkulisse liefern (Triebwerkgeräusch, Fahrtwind), aber Sie würden vom Körpergefühl her keinen Unterschied zwischen einem Flugzeug auf dem Rollfeld und in der Luft wahrnehmen.

59 *An Bord befindet sich ein Astronaut:* Der Astronaut und ich können überprüfen, dass unsere beiden Lichtuhren den gleichen Abstand zwischen ihren Spiegeln haben. Dazu bedienen wir uns eines scharfsinnigen Tests, der in etwas anderer Form von E. F. Taylor und John A. Wheeler in dem Buch *Physik der Raumzeit* (Heidelberg: Spektrum Akademischer Verlag, 1994) vorgeschlagen wurde. Wir ordnen die Uhren senkrecht zur Richtung an, in der der Astronaut vorbeifliegt. Wenn der Astronaut beispielsweise von rechts nach links an mir vorbeirast, können wir unsere Uhren senkrecht aufstellen, sodass die Lichtstrahlen nach oben und unten laufen. Nehmen wir an, der Astronaut montiert seine Uhr an der Außenseite seiner Rakete und fliegt so nahe vorbei, dass die beiden Spiegel seiner Uhr im Vorbeifliegen Kratzer auf der Wand meines Labors hinterlassen. Genauso befestige ich die beiden Spiegel meiner Uhr an der Außenseite meines Labors, sodass sie Kratzer an der Außenhaut der Rakete hinterlassen, wenn der Astronaut vorbeifliegt.

Stellen wir uns vor, ich würde beobachten, dass die Kratzer auf meiner Laborwand durch einen Abstand von weniger als drei Fuß getrennt wären, sodass sie zwischen den beiden Spiegeln meiner senkrechten Uhr lägen.

Dann würde der Astronaut beobachten müssen, dass meine Spiegel außerhalb der seinen vorbeiglitten und Kratzer auf der Außenhaut seiner Rakete hinterlassen hätten, die weiter auseinander lägen als seine beiden Spiegel. Wir wären uns beide einig, dass meine Uhr größer wäre als seine. Ich, der ich glaubte, mich in Ruhe zu befinden, wäre der Meinung, dass Messlatten, die ein Beobachter in rascher Bewegung bei sich trüge, immer in senkrechter Richtung zur Bewegungslinie verkürzt würden. Er dagegen, der den Eindruck hätte, in Ruhe zu sein, würde glauben, dass Messlatten, die von einem Beobachter in rascher Bewegung mitgeführt würden, stets in senkrechter Richtung zur Bewegungslinie verlängert würden. Doch das wäre ein Verstoß gegen das erste Postulat, weil es hieße, dass die physikalischen Gesetze für mich und den Astronauten unterschiedlich aussähen. Das ist nicht erlaubt.

Ein ähnliches Problem würde sich ergeben, wenn unsere Rollen umgekehrt würden und die Kratzer von der Lichtuhr des Astronauten auf meinen Laborwänden breiter wären als der Abstand zwischen meinen Spiegeln. Wir könnten nur dann beide die gleichen physikalischen Effekte sehen, wenn die Spiegel meiner Uhr auf der Seite seiner Rakete Kratzer hinterließen, die nach seiner Messlatte drei Fuß auseinander lägen, und wenn die Spiegel seiner Uhr meiner Laborwand Kratzer beibrächten, die nach meiner Messlatte einen Abstand von drei Fuß aufwiesen. Das heißt, die beiden Spiegelpaare würden einander im Vorbeifliegen Kratzer zufügen. Dann wären seine und meine Beobachtung gleich, wie es das erste Postulat verlangt. Auf diese Weise ist dafür Sorge getragen, dass seine Messlatte und meine senkrecht zur Bewegungsrichtung das Gleiche messen.

71 *Alle Beobachter sind sich einig über den Wert:* Der Wert, auf den sich verschiedene Beobachter einigen können, heißt ds^2. Wir schreiben $ds^2 = -dt^2 + dx^2 + dy^2 + dz^2$, wobei *dt* für die zeitliche Differenz zwischen zwei benachbarten Ereignissen steht, *dx* für die Differenz der Links-rechts-Richtung, *dy* für die Differenz der Vorne-hinten-Richtung und *dz* für die Differenz der Oben-unten-Richtung. Beachten Sie das Minuszeichen vor dem Term für die Zeitdimension; es unterscheidet ihn von den drei räumlichen Termen.

72 *Alpha Centauri:* Da ich den Stern häufig erwähne, habe ich den Abstand von Alpha Centauri aus Bequemlichkeitsgründen auf eine glatte Zahl von Lichtjahren abgerundet (vier Lichtjahre). Was wir Alpha Centauri nennen, das der Sonne nächstgelegene Sternensystem, ist in Wirklichkeit ein Dreifachstern: Alpha Centauri A, ein Stern vom gleichen Typ wie unsere Sonne, Alpha Centauri B, ein orangefarbener Stern von geringer Leuchtkraft, und Alpha Centauri C, ein sehr lichtschwacher roter Zwerg. A und B bilden ein Doppelsternsystem, das etwa 4,35 Lichtjahre

von der Erde entfernt ist. Alpha Centauri C (manchmal auch Proxima Centauri genannt) ist uns gegenwärtig ein wenig näher – 4,22 Lichtjahre von der Erde entfernt. Wenn man von Alpha Centauri spricht, meint man in der Regel A, den Stern vom Sonnentyp.

Als Amateurastronom auf der High-School habe ich mir immer sehnlich gewünscht, Alpha Centauri zu beobachten, aber da es sich um einen südlich zirkumpolaren Stern handelt, war er für mich in Kentucky immer jenseits des Horizontes. Zum ersten Mal erblickte ich ihn Jahre später auf einer Weltreise von Tahiti aus. Als ich nach Tansania kam, konnte ich Alpha Centauri A und B durch ein kleines Teleskop beobachten – ein wirklich erhebendes Erlebnis für mich.

77 f. *Flächenland:* In Flächenland würde unsere Gleichung lauten $ds^2 = -dt^2 + dx^2 + dz^2$, weil es nur zwei Dimensionen des Raums gäbe.

77 f. *Linienland:* In Linienland würden wir schreiben $ds^2 = -dt^2 + dz^2$.

79 *Traumzeit:* Hätten wir neben den drei räumlichen Dimensionen zwei Dimensionen der Zeit (Zeit und Traumzeit), würde unsere Gleichung lauten $ds^2 = -dt^2 - dd^2 + dx^2 + dz^2 + dz^2$, wobei *dd* für die Differenz der beiden Ereignisse in der Traumzeit steht. Beachten Sie das Minuszeichen, das sowohl mit der Zeit- wie mit der Traumzeitdimension assoziiert ist.

3 Zeitreisen in die Vergangenheit

103 *... dass ein Zylinder entsteht:* Diese Illustrationsmethode habe ich im Fernsehen verwendet. Auch Igor Novikov benutzt sie in seinem Buch *The River of Time* (Cambridge: Cambridge University Press, 1998).

108 ... *wie Einsteins Gleichungen aussehen:* Die Terme in Einsteins Gleichungen haben zwei untere Indizes, von denen jeder in einer vierdimensionalen Raumzeit einen von vier Werten annehmen kann – für die Zeitdimension und die drei räumlichen Dimensionen. Daher steht diese eine Gleichung in Wahrheit für $4 \times 4 = 16$ Gleichungen. Ich kann also diese eine Gleichung schreiben und trotzdem mit vollem Recht von Einsteins *Gleichungen* sprechen. Glücklicherweise sind einige dieser Gleichungen automatisch erfüllt, wenn es die anderen sind; daher bleiben nur zehn unabhängige Gleichungen, die wir lösen müssen.

108 *Über diesen langen, mühevollen Weg sagte Einstein:* Zitiert in: Alice Calaprice (Hg.), *Einstein sagt*, übers. v. Anita Ehlers, München: Piper, 1996, S. 145.

112 *Kurt Gödel:* Gödel hatte es bereits mit seinem 1931 veröffentlichten Unvollständigkeitssatz zu akademischem Ruhm gebracht. Vor Gödel hat-

ten die Mathematiker in der Hoffnung gelebt, ein endliches System von Axiomen finden zu können, mit denen sich alle wahren Sätze der Mathematik beweisen ließen. Innerhalb eines solchen Systems schlug Gödel einen selbstreferenziellen Satz vor, den man laienhaft wie folgt ausdrücken kann: DIESER SATZ IST NICHT ZU BEWEISEN. Nehmen Sie an, Sie können diesen Satz beweisen. Dann ist der Satz falsch, und da liegt das Problem, weil kein gutes System von Axiomen Ihnen die Möglichkeit geben darf, ein Theorem zu beweisen, das falsch ist. Doch nehmen Sie an, Sie können den Satz beweisen. Dann ist der Satz wahr, aber Sie können ihn nicht mit Hilfe Ihrer Axiome beweisen. In jedem Fall werden die Axiome Ihrer Aufgabe nicht gerecht. Die Mathematik ist unvollständig. Gödels Satz ist die vielleicht wichtigste Entwicklung in der Mathematik des 20. Jahrhunderts.

116 *William Hiscock:* Mathematisch hat Vilenkins Näherungslösung für einen kosmischen String die folgende Form: $ds^2 = -dt^2 + dr^2 + (1 - 8\mu)\, r^2 d\phi^2 + dz^2$. Nun vergleichen Sie die exakte Lösung, die Hiscock und ich gefunden haben: $ds^2 = -dt^2 + dr^2 + (1 - 4\mu)^2 r^2 d\phi^2 + dz^2$. Kein großer Unterschied! ds^2 ist eine Größe, auf die sich verschiedene Beobachter einigen können, dt ist die Differenz in der Zeit zwischen zwei benachbarten Ereignissen, dr die Differenz des Radialabstands r vom String, $d\phi$ ihre Differenz in der Winkelkoordinate, die zusammen mit r die Ebene senkrecht zum String beschreibt, und dz ihre Differenz in der Koordinate, die die senkrechte Raumdimension parallel zum String parametrisiert. μ ist die Masse pro Längeneinheit des Strings in der Einheit Planck-Masse (2×10^{-5} Gramm) pro Planck-Länge ($1{,}6 \times 10^{-33}$ cm) = $1{,}25 \times 10^{28}$ g/cm. Da ein realistischer Wert bei $\mu \sim 10^{-6}$ liegen dürfte, kommt die Näherungslösung der exakten Lösung ziemlich nahe.

127 *Um Zeitreisen in die Vergangenheit zu ermöglichen:* Die Geschwindigkeit, die erforderlich ist, damit Zeitreisen möglich werden, hängt von der Masse pro Längeneinheit der Strings ab. Je weniger Masse die Strings haben, desto kleiner die fehlenden Keile, für die sie verantwortlich sind, und je kleiner die den Keilen entsprechenden Abkürzungen sind, desto rascher müssen sich die Strings bewegen, um Zeitreisen zu ermöglichen. Doch für jeden Wert der Stringmasse pro Längeneinheit können wir auch eine entsprechende Geschwindigkeit (langsamer als das Licht) finden, mit der die Strings aneinander vorbeigleiten müssen, damit Zeitreisen in die Vergangenheit möglich werden.

129 *Guth und seine beiden MIT-Kollegen:* Wie erwähnt, stehen Stringlösungen zu Lösungen mit Punktmassen im Flächenland in Beziehung – man lässt einfach eine räumliche Dimension fort. Die Artikel von Carroll,

Farhi und Guth zeigten zusammen mit einem Ergebnis von Gerard 't Hooft (*Classical and Quantum Gravity* 9, 1992, S. 1335), dass man in Flächenland ausgehend von Ausgangsbedingungen, gemäß deren sich die anwesenden Massen zu einem bestimmten Zeitpunkt in der Vergangenheit nicht oder nur sehr langsam bewegen, keine Zeitmaschine bauen könnte (ebenfalls vorausgesetzt wurde, dass nur positive Massen zugelassen sind). Natürlich entsprach schon meine Zeitreise-Lösung mit zwei bewegten Massen, die fast mit Lichtgeschwindigkeit vorankamen, nicht diesen Anfangsbedingungen, woran sich ablesen lässt, dass die Annahmen dieser Paper gar nicht so allgemein richtig waren, wie man denken könnte. Da unser eigenes Universum mit einer raschen Expansion – dem Urknall – begonnen habe, so brachten Matthew Headrick und ich in einem Artikel aus dem Jahr 1994 vor, müsse man den Anfangsbedingungen keine ungebührlichen Beschränkungen auferlegen. Ein Teil unserer Argumentation bestand darin, dass es im Flächenland nicht möglich ist, die Geschwindigkeitszunahme und Drehung, die eine den String umrundende Testmasse erfährt, mit so etwas wie dem Gesamtimpuls des Systems in Verbindung zu bringen – zum einen, weil sich diese Effekte nicht so addieren, wie man es von einem Impuls verlangen muss, zum anderen, weil die betroffenen Raumzeiten nicht asymptotisch flach sind, sodass sich für sie überhaupt kein Gesamtimpuls definieren lässt. Außerdem ließe sich solch ein Impuls-Argument gar nicht auf vierdimensionale Raumzeiten übertragen.

142 ... *dass die mit ihr verknüpften Gezeitenkräfte sie möglicherweise nicht zerreißen:* Die Hawking-Strahlung, ein Quantenprozess, der das Schwarze Loch am Ende verdunsten lässt (bei einem Schwarzen Loch von 3 Milliarden Sonnenmassen in 4×10^{94} Jahren), schafft Komplikationen, weil sie die Geometrie verändert und nicht so viele sehr späte Photonen in das Loch fallen können.

142 *Wie Kip Thorne ... sagt:* K. S. Thorne, *Black Holes and Time Warps* (New York: Norton, 1994, S. 479).

143 ... *doch das Argument hat eine Lücke:* Meine kosmische String-Lösung mit zwei unendlichen kosmischen Strings umgeht Tiplers Theorem, weil ihr Cauchy-Horizont sich ins Unendliche erstreckt, und weist deswegen keine Singularitäten auf. Merkwürdigerweise umgeht auch die Lösung mit einem nichtgestörtem Schwarzen Loch Tiplers Theorem. Da diese Lösung mit Schwarzem Loch von ewiger Dauer ist, setzt sich der Cauchy-Horizont ewig fort, obwohl er räumlich in einer endlichen Region aufgewickelt ist. Er hat keine Singularitäten. Es gibt zwar eine ringförmige Singularität, aber die tritt später auf. Der Zeitreisende sieht sie nur, *nachdem* er den Cauchy-Horizont durchquert hat. Er könnte zwar, wie erwähnt,

von Teilchen getötet werden, die in unvorhersehbarer Weise von der ringförmigen Singularität emittiert werden, doch das scheint nicht zwingend – erinnern wir uns an den Urknall. Wenn das Schwarze Loch, wie erwartet, durch die Hawking-Strahlung verdunstet, ist es nicht von ewiger Dauer, und sein Cauchy-Horizont könnte tatsächlich eine Singularität aufweisen.

151 ... *sodass das Raumschiff zwischen den Sternen ... verkehren kann:* Der Fünf-Jahres-Auftrag der *Enterprise* lautete, jede Woche ein neues Sternensystem zu erforschen und die Berichte darüber an das Hauptquartier der Sternenflotte zu schicken. Die *Enterprise* hätte jede Woche (auf den Uhren an Bord des Raumschiffs gemessen) ein neues Sternensystem besuchen können, wenn sie einfach mit 99,999 Prozent der Lichtgeschwindigkeit geflogen wäre und die Sterne vier Lichtjahre voneinander entfernt gewesen wären. Die Mannschaft wäre langsam gealtert, weil sich das Schiff fast mit Lichtgeschwindigkeit bewegt hätte. Doch nachdem für die Mannschaft fünf Jahre verstrichen wären, hätte sie bei ihrer Rückkehr ins Hauptquartier der Sternenflotte festgestellt, dass nach dem Zeitmaß der dort lebenden Menschen mehr als 1000 Jahre ins Land gegangen wären. Um innerhalb von fünf Jahren auf der Zeitskala der Sternenflotte von dem Besuch der vielen Sternensysteme berichten zu können, kommt man um einen überlichtschnellen Antrieb nicht herum.

151 *Sie sind eine Ameise:* Kip Thorne hat die Metapher von Ameisen, die auf einem Gummituch krabbeln, verwendet in: *Scientific American* 217, Nr. 5 (1967, S. 96), und *Black Holes and Time Warps* (New York: Norton, 1994, S. 247).

152 ... *zwei bewegte Warpantriebs-Abkürzungen:* Wenn Sie eine Warpbahn erzeugen könnten, die einem Raumschiff ermöglichte, in wenigen Minuten nach Alpha Centauri zu gelangen, dann würde Ihre Reise zwei Ereignisse verbinden, die im Raum durch einen größeren Abstand getrennt wären als in der Zeit. Daher könnte ein Beobachter in einem Raumschiff, das sich mit einer bestimmten Geschwindigkeit bewegte, Ihren Aufbruch von der Erde und Ihre Ankunft bei Alpha Centauri, wie im Fall des kosmischen Strings, als gleichzeitige Ereignisse wahrnehmen. Die Raumzeit außerhalb der schmalen Bahn, der das Raumschiff folgte (des Schlitzes), hätte sich nicht verändert. Wenn der Beobachter im Raumschiff sähe, wie Sie um zwölf Uhr mittags die Erde verlassen und um zwölf Uhr mittags desselben Tages auf Alpha Centauri ankommen würden, könnten Sie eine zweite Warpbahn – einen zweiten Schlitz – anlegen, der von Alpha Centauri zur Erde führte und Ihnen ermöglichte, nach seinem Eindruck um zwölf Uhr mittags von Alpha Centauri aufzubrechen und

um zwölf Uhr mittags auf die Erde zurückzukehren. Sie wären rechtzeitig zurück, um sich selbst bei Ihrem Aufbruch die Hand zu geben.

153 *... dass nichts schneller als das Licht sein kann:* Vielleicht haben Sie den Medien entnommen, dass ein Lichtstrahl im Labor ein Wettrennen verloren hat. Solche Versuche beruhen in der Regel auf quantenmechanischen Tunneleffekten. Wenn Sie sich auf der einen Seite einer Wand befinden, besteht eine geringe Wahrscheinlichkeit, dass Sie sie durchtunneln und sich plötzlich auf der anderen Seite befinden. Da Sie – wenn Sie tunneln – schneller als das Licht von einer Seite zur anderen gelangen, können Sie einen Lichtstrahl auf einer parallelen Bahn hinter sich lassen. So hat Raymond Chiao von der University of California in Berkeley ein Rennen zwischen Photonen veranstaltet, die auf direktem Weg zu einem Detektor unterwegs waren, und anderen Photonen, die durch eine undurchsichtige Glasscheibe von einigen hunderttausendstel Zentimetern Stärke tunnelten. Photonen, die tunnelten, waren im Durchschnitt um 1,5 billiardstel (1×10^{-15}) Sekunden schneller als Photonen, die den direkten Weg nahmen.

Allerdings gibt es eine Komplikation. Wenn man Photonen im Labor auf ein Wettrennen schickt, sind sie in einem Wellenpaket von endlicher Länge enthalten. Stellen Sie sich zwei Gruppen von Läufern vor, die mit Lichtgeschwindigkeit sprinten. In jeder Gruppe gibt es einige, die etwas weiter vorne, und einige, die etwas weiter hinten liegen. Die eine Gruppe läuft direkt, die andere gegen eine Wand. Ein winziger Bruchteil der Läufer, die gegen die Wand laufen, tunnelt hindurch. Die Läufer, denen das gelingt, bilden eine dicht zusammen laufende Gruppe, die im Durchschnitt vor den Läufern eintrifft, die den direkten Weg nehmen. Doch die Spitzen beider Läufergruppen treffen gleichzeitig ein, daher lässt sich die Auffassung vertreten, dass das Licht nicht wirklich besiegt wurde. Da die gekrümmte Raumzeit die Möglichkeit bietet, einen Lichtstrahl mühelos und mit deutlichem Zeitabstand zu besiegen (im Falle von Quasar 0957, dessen Licht vom Gravitationslinseneffekt abgelenkt wird, kommt ein Lichtstrahl bei uns 417 Tage vor dem anderen an), scheint es verheißungsvoller zu sein, sich bei dem Versuch, in der Zeit zurückzureisen, an die gekrümmte Raumzeit zu halten und nicht auf Tunneleffekte zu setzen – gar nicht zu reden davon, dass den meisten von uns das Tunneln gar nicht gelingen würde.

154 *Ein Tachyon müsste von Gravitationswellen begleitet sein:* Die Wellen, die ein Tachyon begleiten, bezeichnet man als *gravitative Tscherenkow-Strahlung.*

154 *Daher könnte man Tachyonen nicht dazu verwenden:* Als ich 1973 am

Caltech einmal mit Richard Feynman das Problem der Tachyonen erörterete, sagte er, er bezweifle, dass man sie jemals entdecken werde.

4 Zeitreisen und der Anfang des Universums

159 ... *woraufhin die Fellows sich in das obere Stockwerk begeben, um Portwein zu trinken:* Während eines solchen Gesprächs, in dem es um den Halley'schen Kometen und um die Frage seiner Wiederkehr alle 75 Jahre ging, erklärte Mr. Nicholas, ein ehemaliger Fellow von 87 Jahren, er habe den Kometen nicht nur bei seinem letzten Erscheinen im Jahre 1910 gesehen, sondern als junger Fellow selbst noch mit dem ehemaligen Fellow gesprochen, der den Kometen das Mal davor beobachtet hatte – 1835. Nicholas erlebte noch seinen hundertsten Geburtstag, auf dem er seine Kollegen mit Anekdoten aus seinem Leben unterhielt und sich in den ersten Stock begab, um den Portwein zu kosten, der zu diesem Ehrentag kredenzt wurde.

163 *Das Casimir-Vakuum eröffnet zumindest die Möglichkeit:* In einem Wurmloch dieser Art (mit elektrisch geladenen Casimir-Platten) würde ein Astronaut, der sich in der Mitte des Tunnels befände, weniger altern als die beiden Wurmlochöffnungen, weil er wie der zu Hause gebliebene Zeitreisende am Grunde eines tiefen Gravitationstopfes säße. Die beiden Öffnungen befinden sich aus Sicht des Astronauten relativ zueinander in Ruhe, und der Schwerkraft-Potenzialtopf ist auf beiden Seiten gleich tief, daher sieht der Astronaut die Uhren in beiden Öffnungen gleich schnell – und synchron – ticken. Nehmen Sie eine der Öffnungen mit auf eine Rundreise, die in der Nähe der Erde vorbeiführt, sodass Ihre Uhr aus Sicht der Erdbewohner langsam tickt, während die andere an Ort und Stelle nahe Alpha Centauri bleibt. Die beiden Uhren in den Öffnungen, die vom Tunnel aus betrachtet synchron sind, verbinden damit verschiedene Zeiten auf der Erde und bei Alpha Centauri in der externen Raumzeit, genau so, wie wir es im dritten Kapitel erörtert haben, nur dass der Astronaut, der sich im Mittelpunkt des Tunnels befindet, wegen seines Aufenthalts im Potenzialtopf jünger als erwartet ist.

163 *Im Inneren eines kosmischen Strings herrscht also ein ungewöhnlich energiereicher Vakuumzustand:* Außerhalb des kosmischen Strings befindet sich das normale Vakuum, doch im Inneren des Strings ist ein extrem energiereicher Vakuumzustand gefangen, der als Zerfallsprodukt eines inflationären Vakuumzustands entstehen könnte, von dem ursprünglich der gesamte Raum durchdrungen war. Dann wären die Strings fossile Re-

likte, übrig geblieben, wie die isolierten Schneemänner, die noch stehen, nachdem der Schnee auf den Rasenflächen schon lange geschmolzen ist.

167 *Das Fußballspiel hätte immer das gleiche Ergebnis:* In seinem glänzenden, äußerst phantasievollen Roman *Und immer wieder die Zeit* beschreibt Alan Lightman eine Raumzeit vom Murmeltier-Typ, in der alle Bewohner Dschinnen sind, deren Weltlinien die Raumzeit einmal umkreisen. Diese Dschinnen erleben die gleichen Ereignisse immer wieder, sodass ihnen Déjà-vu-Erlebnisse von unglaublicher Intensität zuteil werden. Streng genommen haben wir es in dem Film *Und täglich grüßt das Murmeltier* mit einer Murmeltier-Raumzeit der quantenmechanischen Viele-Welten-Interpretation zu tun, weil der von Bill Murray verkörperte Journalist jedes Mal, wenn er in die Vergangenheit zurückkehrt, über sein Verhalten am Murmeltiertag neu entscheiden kann.

168 *Das normale, auf den Misner-Raum übertragene Vakuum:* Hiscocks und Konkowskis Berechnung des normalen Vakuums im Misner-Raum erinnerten mich an den Fall des Schwarzen Lochs, in dem die Energie des Boulware-Vakuums (vgl. zur Definition die nächste Anmerkung) gegen unendlich geht, wenn man sich dem Ereignishorizont nähert. Dieses Problem wurde durch Einführung der Hawking-Strahlung beseitigt. Ich dachte, dass möglicherweise ein ähnlicher Ausweg für den Energieaufbau bei Annäherung des Cauchy-Horizonts in einer Zeitmaschine existiere.

Da Li-Xin Li in Übereinstimmung mit Hiscock und Konkowski feststellte, dass die Vakuumenergiedichte in der Zeitreiseregion des Misner-Raums bereits positiv war, sah es so aus, als könne man ihren unendlichen Energieaufbau nicht dadurch verhindern, dass man zur Lösung Strahlung hinzufügte – was sich im Fall des Schwarzen Lochs mit der Hawking-Strahlung so gut bewährt hatte.

168 ... *der von beschleunigten Beobachtern gemessen wird:* Ein Astronaut, der in einer Rakete im interstellaren Raum mit 1 g beschleunigt wird, also die gleiche Beschleunigung erfährt wie auf der Erde, sieht eine Unruh-Strahlung aus Photonen mit einer Wellenlänge von ungefähr einem Lichtjahr. Je weiter er zurückblicken würde, desto negativer wäre das Rindler-Vakuum, das er beobachtete, bis es sich in einer Entfernung von rund einem Lichtjahr hinter seinem Raumschiff zu einem unendlich negativen Zustand aufbaute. Das ist in Ordnung, weil er an der gleichen Stelle eine unendliche Menge Unruh-Strahlung von unendlicher positiver Energiedichte vorfinden würde. Die beiden Unendlichkeiten würden einander aufheben und eine Gesamtenergiedichte von null ergeben – die des normalen Vakuums. Das wäre so, als hätte man ein Bankkonto mit einem unendlichen Guthaben und zugleich unendliche Schulden – man wäre trotz-

dem pleite. Wenn der beschleunigende Beobachter keine Strahlung entdeckte, würde er in einer Welt mit einem reinen Rindler-Vakuum und keiner Wärmestrahlung leben. Diese Welt hätte wirklich eine negative Gesamtenergiedichte, die etwa ein Lichtjahr hinter seiner Rakete unendlich negativ würde. Gemäß der allgemeinen Relativitätstheorie veranlasst negative Energiedichte eine Krümmung der Raumzeit, und eine unendliche negative Energiedichte würde eine Singularität in der Krümmung der Raumzeit bewirken. Das Rindler-Vakuum wird unter Annahme einer flachen Raumzeitgeometrie berechnet. Wenn es gegen unendlich geht, was die flache Raumzeit erheblich verändern würde, ist die Rechnung nicht mehr selbstkonsistent. Daher ist ein reines Rindler-Vakuum in flacher Raumzeit ohne Begleitung irgendwelcher Strahlung kein selbstkonsistenter Vakuumzustand. Auch der normale Vakuumzustand wird unter Annahme einer flachen Raumzeitgeometrie berechnet, aber er hat eine Gesamtenergiedichte und einen Gesamtdruck von null und erzeugt daher nach Einsteins Gleichungen der allgemeinen Relativitätstheorie eine flache Raumzeitgeometrie. Daher ist das normale Vakuum in der flachen Raumzeit selbstkonsistent. Das ist die Art von Lösung, nach der wir suchen. Wenn wir in einer gegebenen Hintergrundgeometrie die Wahl unter verschiedenen Vakuumzuständen haben, sollten wir uns für den selbstkonsistenten Zustand entscheiden, der die Geometrie erzeugt, in der er lebt.

Für die gekrümmte Raumzeit rund um einen kalten Neutronenstern herum fand der Physiker David Boulware einen Vakuumzustand, der heute – wen überrascht es? – *Boulware-Vakuum* heißt. In ihm würden externe Beobachter keine Strahlung wahrnehmen. Es hat eine kleine negative Energiedichte an der Oberfläche des Neutronensterns, deren Wert auch endlich bleibt – nicht groß genug, um die Geometrie nennenswert zu stören –, daher kann es als Lösung dienen. Doch kommt das Boulware-Vakuum auch für ein Schwarzes Loch infrage? Würde das Boulware-Vakuum in der Umgebung eines Schwarzen Lochs existieren, könnten externe Beobachter keine Strahlung wahrnehmen. Leider wird die Energiedichte immer negativer, je näher der Ereignishorizont rückt, bis sie schließlich am Horizont selbst gegen (negativ) unendlich geht. Da dies eine wesentliche Veränderung der Hintergrundgeometrie verursachen würde, handelt es sich um keine selbstkonsistente Lösung für das Schwarze Loch.

Stephen Hawking und sein Kollege James Hartle entdeckten jedoch, dass es noch einen anderen Vakuumzustand für die Geometrie in der Umgebung eines Schwarzen Lochs gibt – das *Hartle-Hawking-Vakuum*. Dieser

Vakuumzustand weist nur eine winzige, endliche Energiedichte am Ereignishorizont des Schwarzen Lochs auf – er wird dort nicht negativ unendlich. Da er die Geometrie nicht wesentlich stört, stellt er eine selbstkonsistente Lösung dar. So wie das normale Vakuum beschleunigten Beobachtern wie ein Rindler-Vakuum plus Wärmestrahlung erscheint, sieht das Hartle-Hawking-Vakuum für beschleunigte Beobachter wie ein Boulware-Vakuum plus Wärmestrahlung aus. Daher würden beschleunigte Beobachter, die die Triebwerke ihrer Raketen so zündeten, dass sie in gleich bleibender Entfernung über dem Loch außerhalb des Ereignishorizonts flögen, eine Wärmestrahlung entdecken – die *Hawking-Strahlung*. Der Teil der Hawking-Strahlung, der direkt radial nach außen läuft, wird stark rotverschoben, während er aus dem Schwerkraft-Potenzialtopf des Schwarzen Lochs klettert, daher ist diese Strahlung für externe Beobachter auf große Entfernungen erkennbar. Die winzige negative Energiedichte des Hartle-Hawking-Vakuumzustands wirkt auf die Raumzeit zurück und veranlasst das Schwarze Loch, langsam an Masse zu verlieren, bis es schließlich zu nichts verdunstet. Die Energie der Hawking-Strahlung, die von externen Beobachtern gesehen wird, stammt letztlich von der Energie, die das Schwarze Loch verliert, wenn seine Masse abnimmt. Energie bleibt erhalten. Die Hawking-Strahlung, die von Schwarzen Löchern mit sieben oder mehr Sonnenmassen emittiert wird, ist schwach – viel zu schwach, als dass wir sie mit unseren gegenwärtigen Möglichkeiten entdecken könnten –, doch die Physiker zweifeln kaum daran, dass sie tatsächlich emittiert wird.

169 *Diese andere Art Vakuum, Rindler-Vakuum:* Das Vakuum von Hiscock und Konkowski – ausgehend vom normalen Vakuum – war inkonsistent. Es erzeugte nicht die Geometrie, mit der es begonnen hatte. Li-Xin Lis Rindler-Vakuum war das richtige, selbstkonsistente Vakuum für den Misner-Raum, wenn die Wände sich mit 99,9993 Prozent der Lichtgeschwindigkeit nähern – genauso wie das Hartle-Hawking-Vakuum für das Schwarze Loch korrekt war.

Wenn man die Existenz der Inneren Schwarzen Löcher genauso skeptisch beurteilt hätte wie Hawking die Existenz von Zeitmaschinen, hätte man möglicherweise das Boulware-Vakuum als das richtige Vakuum für Schwarze Löcher angesehen. Schließlich erzeugt dieser Vakuumzustand keine Strahlung, und ursprünglich haben alle Forscher angenommen, Schwarze Löcher würden nicht strahlen. (Deshalb heißen sie schließlich schwarz.) Doch das Boulware-Vakuum geht gegen negativ unendlich, wenn man sich dem Ereignishorizont des Schwarzen Lochs nähert, verändert damit die Geometrie, und die Lösung scheitert noch vor Eintritt in das

Schwarze Loch. Das hätte man als Indiz für die Hypothese eines «Schwarzloch-Schutzes» werten können: dass Quantenvakuumeffekte immer zusammenwirken, um Beobachter an der Durchquerung des Ereignishorizonts zu hindern. Hawking hat natürlich an Schwarze Löcher geglaubt und daran, dass man in ihr Inneres kommen kann. So gelang die Entdeckung der richtigen Lösung – des Hartle-Hawking-Vakuums.

170 *Li-Xin Li wurde als erster Autor genannt:* In diesem Aufsatz – «Self-Consistent Vacuum for Misner Space, and the Chronology Protection Conjecture» – erörtern wir auch die Schwierigkeiten, denen sich der Zeitreisende gegenübersähe. Er müsste einen Zusammenstoß mit sich selbst vermeiden und die Störungen umgehen, die durch den Umstand hervorgerufen würden, dass sich sein Gravitationsfeld auch um die Raumzeit rollen würde. Diese Probleme könnte der Zeitreisende jedoch überwinden, wenn er geschickt navigieren würde und ein wenig von der wunderbaren Materie mit negativer Energiedichte mitnähme, sodass die Gesamtmasse seines Raumschiffs null wäre. Dann würde er die Lösung nicht stören. (Entsprechend konnten wir unter Verwendungen einiger mathematischer Ergebnisse von J. D. E. Grant zeigen, dass ein Zeitreisender, der meine unendlichen kosmischen Strings in einem Raumschiff mit positiver Masse umkreiste, durch das Gravitationsfeld seines Schiffs schließlich die Bildung eines Schwarzen Lochs bewirken könnte – etwas, was bereits im Fall der endlichen Schleife geschieht.)

171 *Unser Misner-Raum-Artikel:* Die Forschungsarbeiten gehen weiter. Nachdem unser Artikel über den Misner-Raum und Zeitreisen im frühen Universum erschienen waren, entdeckte Li-Xin Li ein verbessertes Renormierungsverfahren für den Misner-Raum. Immer wenn man solche Quantenberechnungen durchführt, erhält man unendliche Werte, die «renormiert» werden müssen, um die tatsächlich beobachtbaren endlichen Werte zu erhalten. Dazu zieht man von dem unendlichen Ergebnis den – ebenfalls unendlichen – Beitrag eines Vakuumzustands ab, von dem man weiß, dass er eine Energiedichte und einen Druck von null besitzt. Für Zeitreiselösungen werden zwei Techniken verwendet, die von Hawking erfundene *euklidische Methode* und die *Überlagerungsmethode.*

Bei der ersten Methode löst man das Problem, indem man alle Dimensionen als raumartig behandelt, bei der anderen, indem man Zeitreisende, die in die Vergangenheit zurückkehren, praktisch als Klone der Originalperson betrachtet. Diese beiden Techniken sollten zu gleichen Ergebnissen führen und uns die Frage ersparen, wie wir quantenmechanische Berechnungen in Gegenwart geschlossener zeitartiger Kurven vornehmen können. In unserem Aufsatz über den Misner-Raum verwendeten wir die

Raumüberdeckungsmethode und überprüften die Ergebnisse mit der Methode des euklidischen Schnitts – sie waren richtig. In einem späteren Artikel – *Physical Review D* 59 (1999), S. 084016 – wies Li-Xin Li nach, dass für die Überlagerungsmethode ein modifiziertes Renormierungsverfahren notwendig war. Mit diesem neuen Verfahren lieferten die euklidische Methode und die Überlagerungsmethode selbst im allgemeinen Fall dieselben Ergebnisse. Auf diese Weise konnte Li-Xin Li nachweisen, dass sich unsere ursprünglichen Ergebnisse – dass ein selbstkonsistentes aufgerolltes Rindler-Vakuum mit der Energiedichte und dem Druck null für den Misner-Raum, in dem sich die Wände mit 99,9993 Prozent der Lichtgeschwindigkeit aufeinander zubewegen, vom konform-invarianten Skalarfeld, das wir bereits untersucht hatten, auch auf andere Felder, wie etwa das elektromagnetische Feld, erweitern ließen.

Später berechnete Hiscock die renormierte Energiedichte für diesen Fall, indem er das *alte* Renormierungsverfahren verwendete – mit selbstwechselwirkenden Skalarfeldern, wie man sie etwa bei der Inflation antrifft – und fand, dass sie gegen unendlich geht. Li-Xin Li und ich wiederholten diese Berechnungen mit Li-Xin Lis neuem Renormierungsverfahren und stellten fest, dass bei selbstwechselwirkenden Skalarfeldern die Energiedichte und der Druck, wie erwartet, null sind. Also ließen sich unsere Ergebnisse auch auf diese Felder ausdehnen. Unsere Ergebnisse für das frühe Universum – einschließlich unserer Temperatur- und Entropieberechnungen – werden von dem neuen Renormierungsverfahren nicht verändert. In der Superstringtheorie funktioniert die Renormierung etwas anders, doch für jedes Teilchen gibt es dort einen so genannten «Superpartner». Unter sehr energiereichen Bedingungen wie denen, die im frühen Universum herrschten, heben sich die Quanteneffekte der Teilchen mit denen ihrer «Superpartner» auf und vermeiden so bestimmte quantentheoretische Unendlichkeiten. Sicherlich werden hierzu noch weitere Untersuchungen folgen.

198 ... *kein Paradox:* Das Licht bewegt sich natürlich auch im De-Sitter-Raum mit Lichtgeschwindigkeit, doch sobald der Raum beginnt, sich mit fast der gleichen Geschwindigkeit auszudehnen, kommt Licht, das sich entlang des Umfangs bewegt, im Vergleich zum Gesamtumfang immer weniger weit voran.

Die Weltlinien der Lichtsignale im De-Sitter-Raumzeitdiagramm (Abb. 21) sind Geraden mit einem Winkel von 45 Grad gegenüber der Senkrechten (das heißt, sie bewegen sich waagerecht ein Lichtjahr im Raum, wenn sie sich senkrecht ein Jahr in der Zeit nach oben bewegen). Diese Linien liegen auf der gekrümmten, sanduhrförmigen Fläche. Tatsächlich können

Sie eine solche Fläche herstellen, indem Sie zwei Hula-Hoop-Reifen nehmen, sie durch ein Dutzend längere Schnüre verbinden, die an einander entsprechenden Punkten der Reifen befestigt sind, sodass ein trommelförmiger Körper entsteht, und dann den oberen Hula-Hoop-Reifen so lange drehen, bis die Schnüre einen Winkel von 45 Grad mit den Reifen bilden. Dann haben Sie ein sanduhrförmiges Gebilde mit einer schmalen Taille aus Schnüren. Ein Lichtstrahl, der in der Taille emittiert wird, kommt in unendlicher Zeit nur 90 Grad weit um den Umfang herum. Der Kreis, der den Umfang darstellt, wächst schließlich zu unendlicher Größe an, sodass der Lichtstrahl selbst in unendlicher Zeit nicht ganz herumkommen kann. Wenn zwei Menschen an entgegengesetzten Polen der De-Sitter-Raumzeit leben, können sie keine Funkbotschaften austauschen. Zwei Beobachter, die sich auf Geodätischen bewegen, driften am Ende immer schneller auseinander, da der Raum zwischen ihnen expandiert. Wenn sie sich schließlich nach ihren eigenen Uhren schneller als das Licht voneinander fortbewegen, verlieren sie den Kontakt zueinander. Das Lichtsignal, das der Erste aussendet, wird den Freund nie erreichen. Zwar kommt der Freund langsamer als das Licht voran, hat aber diesem gegenüber einen zu großen Vorsprung. Obwohl der Lichtstrahl schneller ist, nähert sich der Freund in seinem Tempo der Lichtgeschwindigkeit immer mehr an und behält auf diese Weise ständig einen Vorsprung. Er ist uneinholbar. Wenn Sie also in einer De-Sitter-Raumzeit leben, verlieren Sie ständig den Kontakt zu Ihren Freunden. Wohnt Ihr Freund Fred in einiger Entfernung von Ihnen, entdecken Sie eine Rotverschiebung in der Strahlung, die Sie von ihm empfangen, während er fortdriftet. Beginnt schließlich die Entfernung zwischen Ihnen, auf Ihren Uhren gemessen, mit Lichtgeschwindigkeit anzuwachsen, so wird diese Rotverschiebung unendlich. Seine Funknachricht wird immer
l-a—n—g——s——a———m—————e————————r.
Der letzte Satz, den Sie empfangen, braucht unendlich viel Zeit, um anzukommen. Und der Satz, den er im Anschluss daran sendet, kommt nie an. Das Signal wird immer auf dem Weg sein von ihm zu Ihnen, aber nie eintreffen. Für Sie wird es so aussehen, als wäre Fred in ein Schwarzes Loch gefallen.

203 *Eine inflationäre Epoche könnte für jene Prallwirkung sorgen:* Die Physiker Lee Smolin von der Penn State University sowie der russische Physiker Waleri Frolow und seine Kollegen M. A. Markow und Wjatscheslaw Muchanow haben die Hypothese entwickelt, dass jedes Mal, wenn ein Gravitationskollaps im Begriff ist, eine Singularität zu bilden, etwa bei einem Schwarzen Loch, im letzten Augenblick durch den Temperaturanstieg der

Eintritt in einen inflationären Vakuumzustand erfolgt und sich ein neues inflationäres Universum bildet. Auf diese Weise können neue inflationäre Universen aus unserem eigenen Universum hervorsprießen wie Äste eines Baums.

204 *Mit nichts kann man ... nicht anfangen:* Wenn Sie ein wenig inflationäres Vakuum in eine Kiste täten und diese Kiste expandieren ließen, müssten Sie Energie aufwenden, um die Wände nach außen zu bewegen, weil der negative Druck des inflationären Vakuums, sein Sog, die Wände nach innen zöge. Diesen Sog hätten Sie zu überwinden. Danach besäßen Sie eine größere Kiste gefüllt mit inflationärem Vakuum. Das hätte die gleiche Energiedichte wie zuvor, aber angesichts des größeren Volumens der Kiste wäre die Gesamtenergie größer. Die zusätzliche Energie müsste gleich der Energie sein, die Sie aufgewandt haben, um die Wände der Kiste nach außen zu bewegen. In der allgemeinen Relativitätstheorie bleibt die lokale Energie in kleinen Regionen erwartungsgemäß erhalten. Doch in der Gesamtlösung bleibt der Energieinhalt des gesamten Universums wegen der Krümmung von Zeit und Raum nicht erhalten – es gibt keinen flachen Ort, an den man sich stellen und einen Energiestandard festsetzen könnte. Das ist eine besondere und wichtige Eigenschaft der allgemeinen Relativitätstheorie. Stellen Sie sich das inflationäre Universum in viele kleine Kisten aufgeteilt vor. In jeder Kiste würde ein Beobachter feststellen, dass die Gesamtenergie in seiner Kiste ansteigt, während seine Kiste expandiert. Er würde diesen Umstand darauf zurückführen, dass jemand von außen an den Seiten seiner Kiste zöge. Tatsächlich ziehen aber an den Seiten seiner Kiste lediglich die angrenzenden Kisten, die sich ebenfalls ausdehnen. In diesem Fall wächst also auch der Energiegesamtinhalt des ganzen Universums an, während sein Volumen zunimmt.

206 *Die Hyperbel zeigt die Fläche in der Raumzeit:* Warum hat die hyperbolische Fläche eine negative Krümmung? Der geniale deutsche Mathematiker Karl Friedrich Gauß wies nach, dass eine Kugelfläche – die Menge aller Punkte im Raum, die denselben Abstand von einem gegebenen Mittelpunkt aufweisen – eine positive Krümmung hat. Das Maß der Krümmung hängt von der Größe der Kugel ab. Eine kleine Kugel, wie etwa ein Senfkorn, ist stark gekrümmt, eine größere Kugel, ein Beachball beispielsweise, krümmt sich sanfter, und eine riesige Kugel wie die Erde weist eine Krümmung auf, die so leicht ist, dass die Oberfläche fast flach wirkt. Gauss stellte fest, dass die Krümmung umgekehrt proportional zum Quadrat des Kugelradius ist. Dieser Radius ist der Abstand im *Raum* zwischen jedem Punkt auf der Fläche der Kugel und ihrem Mittelpunkt. Im Gegensatz dazu hat die hyperbolische Fläche in unserem Beispiel eine negative

Krümmung, weil sie die Menge der Ereignisse darstellt, die zu einem Bezugsereignis alle denselben Abstand in der *Zeit* aufweisen – definiert über die Borduhren der Raketen, die vom Bezugsereignis in gerader Bahn losfliegen. Wie oben erörtert, einigen sich Beobachter in der speziellen Relativitätstheorie über das Quadrat des Abstands im Raum minus das Quadrat des Abstands in der Zeit. Das Minuszeichen, das mit dem Quadrat des Abstands in der Zeit assoziiert ist, verleiht der hyperbolischen Fläche ihre negative Krümmung.

209 *Blasen waren ... die Lösung:* Mein Modell konnte nur dann funktionieren, wenn der hochdichte Vakuumzustand eine kleine Weile in der Blase blieb, nachdem sie sich gebildet hatte und bevor er in die Wärmestrahlung zerfiel. Das würde dem Universum gestatten, sich inflationär zu einer Größe aufzublähen, die mit den Beobachtungen übereinstimmte. Nach meinem Entwurf musste die Inflation innerhalb der Blase (bis die Wecker in Abb. 22 um ein Uhr klingelten) noch mindestens hundertmal so lange fortdauern, wie der De-Sitter-Raum draußen nach dem Eindruck der dort befindlichen Beobachter brauchte, um sich zu verdoppeln. Das brächte ein merklich negativ gekrümmtes Universum hervor. Ließe man die Inflation innerhalb der Blase noch länger andauern, sagen wir zehnmal so lange, bliebe das Universum negativ gekrümmt, würde aber inflationär zu einer solchen Größe expandieren, dass seine Flachheit von der des heutigen flachen Raums nicht zu unterscheiden wäre.

215 *Die Quadrate der Entfernungen:* In der schwarzen Quantentunnel-Region befindet man sich – in unserem Landschaftsvergleich – «in» dem Tunnel und daher «unter der Erde». «Unter der Erde» zu sein, heißt, dass das negative Vorzeichen, das mit der Zeitdimension verknüpft ist, positiv wird. (In jeder lokalen Region würden wir dort schreiben $ds^2 = + dt^2 + dx^2 + dy^2 + dz^2$.) Auf diese Weise wird die Dimension der Zeit zu einer räumlichen Dimension genau wie die anderen drei, sodass wir in der schwarzen Region vier Dimensionen des Raums erhalten.

220 ... *chaotische Inflation:* Um den Mechanismus von Lindes chaotischer Inflation zu verstehen, rufen wir uns am besten den Vergleich mit der Bowlingkugel ins Gedächtnis, die in einer vielfach gegliederten Landschaft umherrollt. Größere Höhen entsprechen höherer Vakuumenergiedichte und rascherer Inflation. Nehmen wir an, die Kugel befindet sich anfangs auf der Küstenebene. Es besteht eine geringe Wahrscheinlichkeit, dass sie per Quantensprung ins Gebirge gelangt. Sobald sie sich dort befindet, tritt eine rasche Inflation ein, bewirkt eine enorme Expansion der Region und erzeugt ein inflationäres Baby-Universum. Kleine Stücke dieser Region verlieren während der Inflation des Baby-Universums den Kontakt

untereinander. Diese Stücke fangen an, sich unabhängig voneinander zu verhalten, als wären sie lauter einzelne Bowlingkugeln. Die meisten werden bergab rollen, doch gelegentlich wird eines dieser Stücke (Bowlingkugeln) durch einen Quantensprung in die Berge gelangen, wo es noch rascher expandieren wird als die anderen. Dadurch entsteht ein Baby-Universum der zweiten Generation, dessen Volumen wegen der rascheren Inflation bald die Volumina all der anderen Stücke übertrifft. Dieser Prozess wiederholt sich. Bald wird das Volumen des Universums größtenteils von Stücken gestellt, die sich höher und höher im Gebirge befinden, wobei die Inflation weitgehend bei Planck-Dichte stattfindet (5×10^{93} g/cm^3). Diese Stücke bringen ständig Baby-Universen hervor, die die Berge mit immer mehr Bowlingkugeln bevölkern. Fortlaufend rollen sie hinab (und gelangen gelegentlich per Quantensprung wieder hinauf – wo sie noch mehr Bowlingkugeln in die Welt setzen). Einzelne Bowlingkugeln können beim Hinabrollen in Bergtäler gelangen und dort gefangen werden. Aus den Tälern tunneln sie unter Umständen hinaus und rollen hinab, wobei sie offene Blasen-Universen hervorbringen wie in Abb. 22. In anderen Fällen treffen sie auf keine Bergtäler und rollen einfach langsam den Berg hinab, was der ganzen unregelmäßig geformten Region ermöglicht, sich in ein enormes (und daher annähernd flach erscheinendes) Friedmann-Universum zu verwandeln.

Lindes chaotisches Inflationsmodell erklärt, wie Inflation unter sehr allgemeinen Umständen stattfinden kann. Bis wir eine «Theorie für alles» haben, wissen wir nicht, wie die Landschaft, die all diese Vorgänge bestimmt, im Einzelnen aussieht, doch Lindes Arbeit lässt darauf schließen, dass Quantenfluktuationen oder Quantensprünge bald zu Baby-Universen führen könnten, die «im Gebirge» andere Baby-Universen hervorbrächten, dass diese schließlich hinaustunneln und hinabrollen würden, wo aus ihnen Universen wie das unsere würden. Dieser Prozess erzeugt einen fraktalen Baum von Baby-Universen, die von anderen Baby-Universen abzweigen.

225 *Wenn die Zeitschleife kurz ist:* Wenn das normale Vakuum gefeit ist gegen die spontane Bildung von kosmischen Strings (was der Fall ist, weil sonst in Ihrem Schlafzimmer kosmische Strings entstehen würden), dann ist unsere selbstkonsistente, auf dem Quantenvakuumzustand beruhende Lösung stabil. Das ergibt sich aus einem Argument von Michael J. Cassidy, einem Doktoranden von Hawking.

Hawking hatte auf ein Problem von Zeitmaschinen verwiesen, die ohne Materie mit negativer Energiedichte auskommen. Wenn man durch ihren Cauchy-Horizont in die Zeitmaschine *eintritt*, kommt es zu einer Instabilität. Fügt man zur Lösung eine Welle von geringer Amplitude hinzu, kann die Welle rückwärts in der Zeit zu ihrem Ausgangspunkt zurückkehren und dort mit mehr Energie eintreffen, als sie ursprünglich hatte. Diese Rundreise wiederholt sie unablässig, gewinnt jedes Mal an Energie hinzu und sorgt dafür, dass die Lösung instabil wird. Die Wurmlochlösungen umgehen diese Schwierigkeit durch die Verwendung von Materie mit negativer Dichte, weil diese jedes Mal, wenn die Welle in der Zeit zurückkehrt, dafür sorgt, dass nur ein kleiner Bruchteil der Welle in eine Wurmlochöffnung fällt. Wenn man nur mit Materie von positiver Energiedichte arbeitet, stellt die Instabilität allerdings ein Problem dar. Doch in unserer Zeitmaschine am Anfang des Universums *verlassen* Sie die Zeitmaschine, und der Vorgang ist stabil. Stört man die Lösung mit einer Welle, kreist diese im Uhrzeigersinn um die Schleife. Bei ihrer Rückkehr hat sie infolge der Expansion des Zweigs eine Wellenlänge, die 535-mal länger als ursprünglich ist, und dementsprechend eine Energie, die $^1/_{535}$ so groß ist wie vorher. Jedes Mal, wenn die Welle die Schleife durchläuft, kehrt sie mit einer Energie zurück, die um den gleichen Faktor kleiner geworden ist. Obwohl die Welle unendlich oft in der Schleife kreisen kann, bleibt ihre Energie begrenzt und stört die Geometrie nicht sonderlich. Mithin ist es leichter, eine Zeitmaschine zu verlassen, als in sie einzutreten.

In unserem Modell expandiert das Universum ewig, daher dehnt sich der Cauchy-Horizont auch ewig in die Zukunft aus, ohne eine Singularität zu enthalten. Zwar enthält unser Modell einige geodätische Kurven, die sich nicht unendlich lang in die Vergangenheit erstrecken, trotzdem umgehen wir Tiplers Theorem, weil wir es mit einer Vakuumregion ohne reale Teilchen zu tun haben. Normalerweise könnten wir erwarten, dass solche Kurven entweder an einer Singularität beginnen, wie Tiplers Theorem versichert, oder an einer Grenze wie der Taille des De-Sitter-Raums in der Quantentunnel-Lösung. Doch in unserem Fall umkreisen solche Kurven die Zeitschleife einfach eine unendliche Zahl von Malen. Teilchen, die entlang solcher Kurven kreisen würden, oder Photonen, die diesen Kurven folgend in die Vergangenheit gelangten, könnten bewirken, dass sich die Energiedichte in einer solchen Region unendlich aufschaukelt. Doch in unserem Modell geschieht dies in einer Vakuumregion, in der es keine realen Teilchen gibt und in der keine Photonen in die Vergangenheit emittiert werden, daher ist das wohl kein Problem. Statt die Raumzeit mit einer Singularität oder einer Randbedingung beginnen zu lassen, schafft unser Modell mit einer Zeitschleife eine periodische Randbedingung am Anfang. (Wenn nachgewiesen würde, dass ein chaotisches Inflationsmodell existiert, dessen geodätische Kurven sich alle unendlich lang in die

Vergangenheit erstrecken – und dabei durch ihre Quantenfluktuationen gegen einige Annahmen des Tipler'schen Theorems verstoßen –, könnten wir ein Modell unseres Typs mit dieser Eigenschaft entwickeln, indem wir einfach eines der Baby-Universen durch eine Zeitschleife zum Stamm werden ließen.)

Am einfachsten scheint eine Zeitmaschine also am Anfang des Universums zu sein, wenn die Stabilitätsbedingungen am günstigsten und Singularitäten am einfachsten zu vermeiden sind. Li-Xin Li und ich hielten das für sehr interessant, weil wir genau hier eine Zeitmaschine brauchten, um das Universum zu seiner eigenen Mutter zu machen.

225 *... vor Kip Thornes Arbeit:* Barrow hatte 1986 geschrieben: «Es könnte notwendig sein, kosmologische Randbedingungen zu formulieren, entweder als Anfangssingularität oder in unendlich ferner Vergangenheit (die Alternative – dass alle zeitartigen und lichtartigen Geodätischen geschlossen sind, vielleicht mit Perioden ›› [viel größer als] 10^{10} Jahre – ist nicht gerade verlockend).» Wie Thorne in *Black Holes and Time Warps* erörtert, hat Robert Geroch 1967 ein Theorem bewiesen, nach dem man ein Wurmloch erzeugen könnte, indem man die Raumzeit kontinuierlich verformt – aber nur wenn dabei gleichzeitig eine Zeitmaschine geschaffen würde. Thornes Reaktion auf Gerochs Theorem lautete: «Selbstverständlich verbieten die physikalischen Gesetze Zeitmaschinen, daher ist es unmöglich, Wurmlöcher klassisch zu erzeugen, das heißt, ohne den Raum zu zerreißen.» Nach Thornes Arbeit im Jahr 1988 war man geneigter, auf Zeitreisen beruhende Lösungen in Betracht zu ziehen.

228 *Tauschen Sie Vergangenheit und Zukunft ... aus:* Das bezeichnet man als CPT-Invarianz. C steht dabei für *Charge* (englisch «Ladung»), P für *Parität* und T für *Time* (englisch «Zeit»).

234 *... warum die Unordnung in unserer Zeit anwächst:* Wenn man Abb. 27 auf den Kopf stellt, sodass sie eine Reihe kollabierender Hörner mit einer Zeitschleife am Ende des Universums darstellt, verlangt eine selbstkonsistente Lösung, wie wir zeigen konnten, nur avancierte Wellen. In einem solchen Universum würden Beobachter eine Zeitschleife in der Zukunft erblicken und sehen, wie sich alle Lichtwellen in die Vergangenheit ausbreiten. Ursachen würden sie nach den Wirkungen beobachten. Da sich die Zeitschleife mit niedriger Entropie am Ende befände, wäre auch der entropische Zeitpfeil umgekehrt. Natürlich würden die Menschen die Zukunft in «Vergangenheit» umbenennen und die Vergangenheit in «Zukunft». Genau wie wir würden sie glauben, «nach» der geschlossenen Zeitschleife zu leben. Tatsächlich bedeutet die Richtung «der Zukunft entgegen» einfach «fort von der Zeitschleife». Ursachen sind immer näher

an der Zeitschleife als Wirkungen. Sonst wäre das Modell nicht selbstkonsistent, wie es eine akzeptable Lösung sein muss.

5 Bericht aus der Zukunft

248 ... *zwischen dem 39. Bruchteil und dem 39fachen seiner vergangenen Dauer:* Diese eher breit gesteckten Grenzen sollen 95 Prozent der Fälle erfassen. Die Formel macht immer dann eine zutreffende Vorhersage, wenn die verbleibende Dauer irgendwo zwischen diese beiden Grenzen fällt. Häufig wird sie in einem engeren Bereich innerhalb dieser Grenzen liegen. Wie das Beispiel der Berliner Mauer zeigt, können wir in der Hälfte der Fälle davon ausgehen, dass die verbleibende Dauer zwischen $^1/_3$ und dem Dreifachen der vergangenen Dauer liegt. Daher kommt das Ende schon, lange bevor die obere Grenze des 95-Prozent-Konfidenzbereichs erreicht ist.

248 *Homo sapiens:* Auf der Grundlage von DNA-Studien schätzten R. L. Cann, M. Stoneking und A. C. Wilson 1987 das Alter unserer Art, *Homo sapiens* (zurück zur «Eva der Mitochondrien»), auf 200 000 Jahre. Diese Altersangabe für unsere Art habe ich übernommen. Sie deckt sich ungefähr mit anderen Schätzungen: 250 000 Jahre, Gould (1989); mehr als 100 000 Jahre, R. Carroll, *Vertrebrate Paleontology and Evolution* (New York: Freeman, 1988), S. 475–476; und mehr als 150 000 Jahre, C. B. Stringer, *Scientific American* 263 (1990), S. 98.

250 *Säugetiere im Allgemeinen:* Die mittlere Lebensdauer von Säugetierarten beträgt zwei Millionen Jahre, und die Verteilung dieser Lebenszeiten ist eine Exponentialverteilung; vgl. S. M. Stanley, *Proceedings of the National Academy of Sciences* 72 (1975), S. 646. Wenn wir die statistischen Daten über Säugetierarten heranziehen, können wir den 95-Prozent-Konfidenzbereich für die verbleibende Lebensdauer einer zufällig ausgewählten, heute lebenden Säugetierart abschätzen: mehr als 50 000 Jahre, aber weniger als 7,4 Millionen Jahre. Diese Grenzen weisen eine bemerkenswerte Ähnlichkeit mit dem 95-Prozent-Konfidenzbereich für die verbleibende Lebensdauer der Menschheit auf – mehr als 5100 Jahre, aber weniger als 7,8 Millionen Jahre –, die sich allein auf unsere eigene vergangene Lebensdauer als intelligente Art stützt.

263 *Wenn Sie zu einem zufällig gewählten Zeitpunkt ... eintreffen:* Die Regel 39 hätte Sie auch der *Britannic*, dem Schwesterschiff der *Titanic*, fern gehalten, die auf ihrer sechsten Fahrt sank, nachdem sie auf eine deutsche Mine gelaufen war; sie hätte Ihnen aber viele Reisen an Bord der *Olympic*,

des anderen Schwesterschiffs der *Titanic*, gestattet, die den Atlantik 514-mal überquerte, bevor sie außer Dienst gestellt wurde.

Ein Mensch, der die Regel 39 grundsätzlich missachtete, war Violet Jessop, eine Angestellte der White Star Line, die sowohl an Bord der *Titanic* als auch der *Britannic* war, als sie sanken, und beide Male mit dem Leben davonkam. Astronauten müssen die Regel 39 stets übertreten.

Ich behaupte nicht, dass die ersten 39 Fahrten mit einem Fahrzeug unbedingt gefährlich sind. Wenn Sie ein neues Auto kaufen, können die ersten 39 Fahrten damit völlig ereignislos verlaufen, denn im Fall eines Autos ist es sehr gut möglich, dass Sie an allen seinen Fahrten teilnehmen, von der ersten bis zur letzten. Doch wenn Sie am Hafen an Bord eines Schiffes gehen, dann wählen Sie eine Stichprobe aus, das heißt, Sie entscheiden sich zufällig für eine seiner Fahrten. Natürlich kann ein Fahrzeug auch außer Dienst gestellt werden, bevor es 39-mal auf Fahrt gegangen ist (das war zum Beispiel bei *Apollo 11* der Fall). Die Regel hilft Ihnen einfach, die letzte Reise eines Schiffes zu vermeiden. Ein vorsichtiger Mensch wäre sicherlich bestrebt, dieser Reise aus dem Weg zu gehen, denn eine Möglichkeit für das Ende einer letzten Reise ist eine Katastrophe. Besonders vom Unglück verfolgte oder aus anderen Gründen gefährdete Schiffe werden in der Regel nicht sehr viele Reisen unbeschadet überstehen, daher hilft Ihnen die Regel, solche Schiffe zu vermeiden.

Eine lange Reihe erfolgreicher Fahrten ist ein guter Sicherheitsindikator. Verkehrsflugzeuge sind in der Regel sehr sicher und absolvieren gewöhnlich viele tausend Flüge, bevor sie aus dem Verkehr gezogen werden. Wenn Sie zu einem zufälligen Zeitpunkt auf dem Flughafen eintreffen, geraten Sie daher kaum an eine Maschine, die vor ihrem letzten oder einem ihrer ersten 39 Flüge steht. In China sollte ich einmal ein Flugzeug besteigen, das mir als «sehr altes, sehr zuverlässiges russisches Flugzeug» beschrieben wurde. Es tat seit 18 Jahren Dienst, daher begab ich mich trotz seines wenig Vertrauen erweckenden Äußeren getrost an Bord, denn es war unwahrscheinlich, dass mein Flug sein letzter sein würde.

266 ... *eine 95-prozentige Wahrscheinlichkeit, dass wir uns gegenwärtig in den mittleren 95 Prozent ... befinden:* Können Sie die Schlussfolgerung umgehen, dass Sie sich wahrscheinlich weder in den ersten 2,5 Prozent noch in den letzten 2,5 Prozent der chronologischen Liste der Menschheit befinden, indem Sie vorbringen, Sie nähmen eine Sonderstellung in der Liste ein, weil Sie in einer Epoche geboren worden seien, in der die Menschen so intelligent seien, dass sie die kopernikanische Formel entdeckt hätten? Wenn Sie älter als 12 Jahre alt sind, sind nach Ihnen bereits mehr als 1,8 Milliarden Menschen geboren worden und haben Sie schon aus den letzten

2,5 Prozent der Liste verdrängt. Sind Sie ein Optimist und glauben, dass sich die Zivilisation fortan nur noch nach oben entwickeln wird, dann müssten alle künftigen Menschen intelligent genug sein, um die Formel zu kennen oder erneut abzuleiten. Für Sie als jemanden, der in einer Epoche lebt, die intelligent genug ist, um die Formel zu kennen, beträgt die Wahrscheinlichkeit, zu den ersten 2,5 Prozent der Menschheit zu gehören, weniger als 2,5 Prozent (weil solche Beobachter sich über die gesamte Liste mit Ausnahme des ersten Segments verteilen müssen.) Damit Sie eine Formel wie die meine lesen können, müssen Sie nur in einer Epoche leben, in der sie bekannt ist. Schließlich leben Sie in einer Epoche, in der die Arbeit von Kopernikus bekannt ist, aber es gab Sie noch nicht, als der große Astronom seine Entdeckungen machte, und so könnte es sich auch mit meiner Formel verhalten. Wenn die Zivilisation endet und wir zum Dasein der Jäger und Sammler zurückkehren, sodass wir nicht mehr über die Voraussetzungen verfügen, solche Formeln zu verstehen, schrumpft die Bevölkerung wahrscheinlich (auf eine Zahl in der Größenordnung von einer Million), und unsere verbleibende Lebensdauer würde wahrscheinlich der anderer Hominidenarten ähneln (rund 2 Millionen Jahre oder weniger), wodurch sich die wahrscheinliche Zahl künftiger Menschen auf etwa 100 Milliarden reduzieren würde – auch sie kleiner als 2,7 Billionen. Zu den ersten 2,5 Prozent aller Menschen zu gehören, setzt in allen diesen Szenarien viel Glück auf dem 2,5-Prozent-Niveau voraus.

271 ... *dass man mit beiden Verfahren übereinstimmende Ergebnisse erzielt:* Hätten wir tatsächlich umfassende statistische Daten über alle jemals existierenden Populationen außerirdischer intelligenter Arten, könnten wir sie nach der Population gewichten (die Wahrscheinlichkeit, dass Sie Mitglied einer bestimmten Art sind, ist proportional zur Bevölkerungsgröße), um eine erwartete Verteilung für die wahrscheinliche Gesamtzahl der Mitglieder *Ihrer* intelligenten Art zu erhalten – *Homo sapiens.* Diese gewichtete Verteilung würde unter Umständen eine charakteristische Größenskala haben – 100 Milliarden oder 100 Billionen. Doch da uns keine statistischen Daten über außerirdische intelligente Arten vorliegen, haben wir auch keine Ahnung, wie diese Größenordnung aussehen könnte. Daher sollten wir Jeffreys folgen und jeder Ausgangsschätzung, die sich auf die Größenordnung der Gesamtzahl von Menschen bezieht, die gleiche Gültigkeit zubilligen. Mit anderen Worten, die Gesamtzahl der jemals existierenden Menschen kann mit gleicher Wahrscheinlichkeit innerhalb der folgenden Intervalle liegen: 100 Milliarden bis 1 Billion, 1 Billion bis 10 Billionen, 10 Billionen bis 100 Billionen und so fort. Diese Schätzungen revidieren wir dann gemäß dem Bayes'schen Theorem, indem wir berück-

sichtigen, dass Sie ungefähr der 70-milliardste Mensch sind, der geboren wurde. Wie ich gezeigt habe, führt dieses Verfahren zu den kopernikanischen Ergebnissen – dass nämlich die Zahl künftiger Menschen mit einer 95-prozentigen Wahrscheinlichkeit zwischen 1,8 Milliarden und 2,7 Billionen liegt. Eine gute vage Ausgangsannahme wie die von Jeffreys sollte jedem intelligenten Beobachter dienlich sein. Falls alle Beobachter sie verwenden, könnten Sie eine Umfrage durchführen, um zu sehen, wie gut sie sich bewährt. Ihre Ergebnisse sollten mit der kopernikanischen Antwort übereinstimmen, weil 95 Prozent aller dieser intelligenten Beobachter in den mittleren 95 Prozent der chronologischen Liste der Mitglieder Ihrer intelligenten Art liegen müssten.

281 *... deren Population heute über dem Durchschnitt liegt:* Aus dem gleichen Grund wird die Lebensdauer Ihrer intelligenten Art wahrscheinlich länger sein als die mittlere Lebensdauer intelligenter Arten, weil die meisten der intelligenten Beobachter vermutlich aus solchen langlebigeren Arten kommen. Und zu denen würden Sie wahrscheinlich gehören. Folglich wären wir vermutlich erfolgreicher als die mittleren intelligenten Arten – sowohl in Hinblick auf Langlebigkeit als auch auf Populationsstärke. Sie können allerdings mit einer 95-prozentigen Wahrscheinlichkeit damit rechnen, sich in den mittleren 95 Prozent der Menschheitsgeschichte zu befinden – was für uns eine Gesamtlebensdauer zwischen 205 000 und acht Millionen Jahren ergibt. Es ist nur so, dass die mittleren intelligenten Arten wahrscheinlich eine Lebensdauer haben, die noch niedriger ist als unsere.

Kommentiertes Literaturverzeichnis

ABBOTT, E. A.: *Flächenland, Eine Geschichte von den Dimensionen, Erzählt von einem Quadrat*, Leipzig: Teubner, 1929 (Neuauflage Laxenburg: Götz, 1999). Sehr unterhaltsamer Roman aus dem Jahr 1880, der in einer Welt mit zwei Dimensionen des Raums und einer der Zeit angesiedelt ist.

ALBRECHT, A./P. STEINHARDT: *Physical Review Letters* 48 (1982), S. 1220. Blasen-Universen in inflationärer Expansion.

ALCUBIERRE, M.: *Classical and Quantum Gravity* 11 (1994), S. L73. Warpantrieb in der allgemeinen Relativitätstheorie.

ALPHER, R. A./R. HERMAN: *Nature* 162 (1948), S. 774. Vorhersage einer kosmischen Hintergrundstrahlung mit einer Temperatur von fünf Grad Kelvin.

ASIMOV, I.: *Asimov's Biographical Encyclopedia of Science and Technology*, durchges. Aufl., New York: Avon Books, 1972. Im Alleingang hat Asimov dieses beeindruckende Nachschlagewerk zusammengestellt, das Kurzbiographien von mehr als tausend Naturwissenschaftlern enthält.

BARDEEN, J./P. J. STEINHARDT/M. TURNER: *Physical Review D* 28 (1983), 679. Berechnung von Fluktuationen, die in der inflationären Kosmologie zu Galaxien- und Haufenbildung führen.

BARROW, J. D., in: B. CARTER/J. HARTLE (Hg.): *Gravitation in Astrophysics*, New York: Plenum, 1987. Erwähnt die Möglichkeiten geschlossener zeitartiger Kurven im Universum.

BARROW, J. D./F. J. TIPLER: *The Anthropic Cosmological Principle*, Oxford: Clarendon Press, 1986. Konsequenzen der Idee, dass intelligente Beobachter in bewohnbaren Regionen angetroffen werden müssen.

BEKENSTEIN, J. D., *Physical Review D* 11 (1975), S. 2072. Beweis, dass Schwarze Löcher Entropie (Unordnung) besitzen.

BENFORD, G.: *Timescape*, New York: Pocket Books, 1980. Mit dem Nebula Award ausgezeichneter Roman über Zeitreisen, die auf der Viele-Welten-Theorie der Quantenmechanik beruhen.

BIENEN, H. S./N. VAN DE WALLE: *Of Time and Power*, Stanford: Stanford University Press, 1991.

BIRRELL, N. D./P. C. W. DAVIES: *Quantum Fields in Curved Space*, Cambridge: Cambridge University Press, 1982. Unter anderem Erörterung des Rindler-Vakuums.

BORDE, A./A. VILENKIN: *International Journal of Modern Physics D* 5 (1996), S. 813. Zeigt, dass im Modell des Blasen-Universums der inflationäre Anfangszustand einen Anfang haben muss.

BORN, M.: *Die Relativitätstheorie Einsteins*, 6. Aufl., Springer 2001. Ein wunderbares Buch. Raumzeitdiagramme erklären, warum bewegte Beobachter keine Einigung über gleichzeitige Ereignisse erzielen.

BOULWARE, D. G.: *Physical Review D* 11 (1975), S. 1404. Boulware-Vakuum in der Umgebung eines Neutronensterns.

–: *Physical Review D* 46 (1992), S. 4421. Dschinn-Teilchen und Quantenwahrscheinlichkeiten.

BOYER, R. H./R. W. LINDQUIST: *Journal of Mathematical Physics* 8 (1967), S. 265. Wie Carter untersuchen sie das Innere rotierender Schwarzer Löcher.

BROWNE, M. W.: *The New York Times*, 1. Juni 1993, S. C1, C7. Erörterung meiner kopernikanischen Vorhersagen zur Lebensdauer der Menschheit.

BURGER, D.: *Sphereland*, New York: Crowell, Apollo Editions, 1965. Flächenländler entdecken, dass sie auf der Oberfläche einer Kugel leben.

CANAVEZES, A., u. a.: *Monthly Notices of the Royal Astronomical Society* 297 (1998), S. 777. Eine Stichprobe von 15 000 Galaxien, die eine schwammartige Haufengeometrie zeigt.

CANN, R. L./M. STONEKING/A. C. WILSON: *Nature* 325 (1987), S. 31. Altersschätzung unserer Art, auf DNA-Studien gestützt.

CARLINI, A./I. D. NOVIKOV: *International Journal of Modern Physics* 5 (1996), S. 445. Selbstkonsistenz bei Zeitreisen.

CARROLL, S. M./E. FARHI/A. GUTH: *Physical Review Letters* 68 (1992), S. 263; Erratum, 68 (1992), S. 3368; CTP#2117 (1992). Fanden heraus, dass sich Ihr Raumschiff bei der Umkreisung meiner kosmischen Strings um 360 Grad dreht und zudem einen Geschwindigkeitsschub erhält.

CARTER, B., in: M. LONGAIR (Hg.): *Confrontation of Cosmological Theories with Observations*, Dordrecht: Reidel, 1974. Das anthropische Prinzip.

–: *Physical Review* 141 (1966), S. 1242; *Physical Review* 174 (1968), S. 1559. Die maximal fortgesetzte Lösung für ein nichtgestörtes rotierendes Schwarzes Loch, die zeigt, dass im Inneren eine Zeitreiseregion gefangen ist. Carter und ich haben zwei besondere Forschungsgebiete gemeinsam: Lösungen der allgemeinen Relativitätstheorie, die Zeitreisen einschließen, und die Beschäftigung mit der Zukunft der Menschheit.

CASSIDY, M. J.: *Classical and Quantum Gravity* 14 (1997), S. 523. Hawkings Student beweist, dass es ein selbstkonsistentes Quantenvakuum für den Misner-Raum gibt, das Zeitreisen zulässt.

CHAITIN, G. J.: *Complexity* 1 (1995), S. 26. Kurze Darstellung von Gödels Unvollständigkeitssatz.

COHEN, J. E.: *How Many People Can the Earth Support?*, New York: Norton, 1995. Erörtert Expertenschätzungen: Die mittlere Schätzung liegt bei zwölf Milliarden Menschen.

COLEMAN, S./F. DE LUCCIA: *Physical Review D* 21 (1980), S. 3305. Trägt die Hypothese vor, dass ein De-Sitter-Quantenvakuumzustand durch die Bildung von Blasen zerfalle.

CORRY, L./J. RENN/J. STACHEL: *Science* 278 (1997), S. 1270. Der Hilbert-Einstein-Prioritätsstreit wird zu Einsteins Gunsten entschieden.

CUTLER, C.: *Physical Review D* 45 (1992), S. 487. Cauchy-Horizonte in meiner Zwei-String-Raumzeit.

DE BERNARDIS, P., u. a.: *Nature* 404 (2000), S. 955. Daten der kosmischen Hintergrundstrahlung, die konsistent mit der Inflationstheorie sind und darauf schließen lassen, dass der Teil des Universums, den wir sehen können, annähernd flach ist.

DESER, S./R. JACKIW/G. 't Hooft: *Annals of Physics* 152 (1984), S. 220. Allgemeine Relativitätstheorie in Flächenland.

DEUTSCH, D./M. LOCKWOOD: «Die Quantenphysik der Zeitreise.» *Spektrum der Wissenschaft*, November 1994, S. 50. Eine populärwissenschaftliche Darstellung der Zeitreise-Ansichten von Deutsch.

DEWDNEY, A. K.: *Das Planiversum, Computerkontakt mit einer zweidimensionalen Welt*, Wien: Zsolnay, 1985. Fortsetzung von *Flächenland.*

DUANE, D.: *The Wounded Sky*, New York: Pocket Books, 1983. *Star-Trek*-Roman; enthält Literaturhinweise auf Artikel von mir und Mr. Spock.

EATON, J. P./C. A. HAAS: *Titanic: Triumph and Tragedy*, 2. Aufl., New York: Norton, 1994. Erwähnt, warum die Vanderbilts nicht an Bord der *Titanic* gingen.

EINSTEIN, A.: *Sitzungsberichte der Deutschen Akademie der Wissenschaften zu Berlin, Klasse für Mathematik, Physik und Technik*, 1915 (1915), S. 844. Die Gleichungen der allgemeinen Relativitätstheorie!

–: *Sitzungsbericht der Preußischen Akademie derWissenschaften* (1917), S. 142. Einsteins statisches Universum.

EVERETT, A. E.: *Physical Review D* 53 (1996), S. 7365. Zeitreisen mittels Warpantrieb.

FARHI, E./A. H. GUTH/J. GUVEN: *Nuclear Physics* B339 (1990), S. 417. Wie man Baby-Universen im Labor herstellt.

Ferris, T.: *New Yorker*, 12. Juli 1999, S. 35. Erörtert meine kopernikanischen Vorhersagen.

– : *Chaos und Notwendigkeit, Report zur Lage des Universums*, München: Droemer, 2000. Meisterhafte, umfassende Darstellung des gegenwärtigen Stands kosmologischer Forschung. Der schwarze Tadsch dient Ferris als Metapher für dunkle Materie.

Feynman, R.: *Vom Wesen physikalischer Gesetze*, München: Piper, 1993. Enthält eine Erörterung des Zusammenhangs zwischen Schach und den physikalischen Gesetzen.

Ford, L. H./T. A. Roman: gr-qc/9510071 (1995). Zeigen, dass Materie von negativer Energiedichte, die Wurmlochtunnel offen hält, auf eine dünne Schicht beschränkt sein muss.

Friedman, J./M. S. Morris/I. D. Novikpv/F. Echeverria/G. Klinkhammer/K. S. Thorne/U. Yurtsever: *Physical Review D* 42 (1990), S. 1915. Das Prinzip der Selbstkonsistenz bei Zeitreisen.

Friedman, J. L./N. J. Papastamatiou/J. Z. Simon: *Physical Review D* 46 (1992), S. 4442, 4456. Wie man im Rahmen von Feynmans Pfadintegralmethode damit umgeht, dass sich die quantentheoretischen Wahrscheinlichkeiten in Anwesenheit von Dschinn-Teilchen nicht zu 1 aufaddieren.

Friedmann, A. Z.: *Phys.* 10 (1922), S. 377; 21 (1924), S. 326. Urknallmodelle.

Frolow, W. P./M. A. Markow/W. F. Muchanow: *Physical Review D* 41 (1990), S. 383. Hypothese, dass Baby-Universen in Schwarzen Löchern entstehen.

Gamow, G.: *Eins, zwei, drei ... Unendlichkeit, Grenzfragen der modernen Wissenschaft verständlich gemacht*, Hannover: Fackelträger, 1956. Ein bemerkenswertes Buch.

– : *Physical Review* 74 (1948), S. 505; *Nature* 162 (1948), S. 680. Der heiße Urknall.

– : *Phys.* 51 (1928), S. 204. Quantentunneleffekt und Radioaktivität.

Garriga, J./A. Vilenkin: *Physical Review D* 57 (1998), S. 2230. Die Autoren zeigen, dass wir für den Fall, dass der Beitrag der kosmologischen Konstanten die Dichte unseres heutigen Universums dominiert, für die Zukunft mit der Ausbildung dichter Baby-Blasen-Universen rechnen müssen.

Gatland, K.: *The Illustrated Encyclopedia of Space Technology*, 2. Aufl., New York: Orion Books, 1989. Beschreibt von Brauns Pläne, bis zum Jahr 1982 Astronauten auf den Mars zu bringen, und berichtet über andere interessante Aspekte des Raumprogramms.

Giddings, S./J. Abbott/K. Kuchar: *General Relativity and Gravitation* 16 (1984), S. 751. Allgemeine Relativitätstheorie in Flächenland. Bei Professor Kuchar hatte ich während meiner Doktorandenzeit allgemeine Relativitätstheorie belegt, vielleicht der beste Kurs, an dem ich je teilgenommen habe.

Gödel, K.: *Reviews of Modern Physics* 21 (1949), S. 447. Gödels rotierendes Universum, das Zeitreisen in die Vergangenheit zulässt.

Gold, T.: *Nature* 256 (1975), S. 113. Wie eine Mutter dafür sorgen könnte, dass ihr Baby langsamer altert, indem sie jede Nacht eine massereiche Kugelschale um das Bettchen ihres Kindes schließen würde.

Golden, F.: *Time*, 31. Dezember 1999, S. 62. *Time* erklärt Albert Einstein zum «Menschen des Jahrhunderts». Enthält auch einen Beitrag von Stephen Hawking.

González-Díaz, P. F.: *Physical Review D* 59 (1999), S. 123513. Stabilität des sich selbst erschaffenden Universums von Gott und Li.

Gott, J. R.: «A Grim Reckoning», *New Scientist*, 15. November 1997, S. 36–39. Meine Vorhersagen über die Lebensdauer der Menschheit und was sie tun könnte, um ihre Überlebenschancen zu verbessern.

– : *Astrophysical Journal* 187 (1974), S. 1. Mein Artikel über Tachyonen, den Benford in seinem Roman *Timescape* verwendet hat.

– : *Astrophysical Journal* 288 (1985), S. 422. Exakte Lösung für einen kosmischen String.

– : *Il Nuovo Cimento* 22B (1974), S. 49. Tachyonen würden in der allgemeinen Relativitätstheorie Energie oder Information über makroskopische Entfernungen nicht schneller als das Licht übertragen.

– : in E. W. Kolb u. a. (Hg.): *Inner Space/Outer Space*, Chicago: University of Chicago Press, 1986. In diesem Beitrag erkläre ich, dass meine offenen Blasen-Universen durch das teilchenphysikalische Szenario hervorgebracht werden können, das Linde sowie Albrecht und Steinhardt vorgeschlagen haben.

– : *M.N.R.A.S.* 193 (1980), S. 153. Untersucht, was die Bewohner eines Kastenuniversums sehen würden.

– : *Nature* 295 (1982), S. 304. Offene Blasen-Universen und Inflation.

– : «Implications of the Copernican Principle for Our Future Prospects», *Nature* 363 (1993), S. 315–319.

– : *Nature* 368 (1994), S. 108. Übereinstimmung zwischen kopernikanischem Prinzip und Bayes'schem Verfahren.

– : «Our Future in the Universe», in: V. Trimble und A. Reisenegger (Hg.): *Clusters, Lensing, and the Future of the Universe*, Astronomical Society of the Pacific Conference Series, Bd. 88, San Francisco: Astronomical Society of the

Pacific, 1996, S. 140. Weitere Anwendungen des kopernikanischen Prinzips.

– : *Physical Review Letters* 66 (1991), S. 1126. Meine auf kosmischen Strings basierende Zeitmaschine.

– : «Will We Travel Back (or Forward) in Time?», *Time*, 10. April 2000, S. 68–70. Erörterung von Zeitreisen und physikalischen Gesetzen im Rahmen der *Time*-Serie «Visions 21» über das 21. Jahrhundert.

Gott, J. R./M. Alpert: *General Relativity and Gravitation* 16 (1984), S. 243. Allgemeine Relativitätstheorie in Flächenland.

Gott, J. R./L.-X. Li: «Can the Universe Create Itself?», *Physical Review D* 58 (1998) S. 023501. Wie eine Zeitschleife am Anfang es dem Universum ermöglichen könnte, zur eigenen Mutter zu werden.

Gott, J. R./A. Melott/M. Dickinson: *Astrophysical Journal* 306 (1986) S. 341. Der Zusammenhang zwischen Inflation und einer schwammartigen Geometrie der Galaxienverteilung.

Gott, J. R./J. Z. Simon/M. Alpert: *General Relativity and Gravitation* 18 (1986), S. 1019. Allgemeine Relativitätstheorie und Elektrodynamik in Flächenland.

Gott, J. R./T. S. Statler: *Physics Letters* 136B (1984). S. 157. Wir setzen der Entstehungsrate offener Blasen-Universen Grenzen.

Gould, S. J.: *Zufall Mensch, Das Wunder des Lebens als Spiel der Natur*, München: Hanser, 1989. Wie chaotisch und unvorhersagbar die biologische Evolution im Detail ist.

Grant, J. D. E.: *Physical Review D* 47 (1993), S. 2388. Der *Grant-Raum* ist eine Zeitreise-Raumzeit, deren Zeitreiseregion wie die Zeitreiseregion meiner Zwei-String-Lösung geformt ist. Das erleichtert im String-Fall bestimmte Berechnungen.

Greene, B.: *Das elegante Universum*, Berlin: Siedler Verlag, 2000. Erklärt die Superstringtheorie.

Guth, A. H.: *Die Geburt des Kosmos aus dem Nichts, Die Theorie des inflationären Universums*, München: Droemer, 1999. Guths persönlicher Bericht über seine Entdeckung der Inflation.

–: *Physical Review* D 23 (1981), S. 347. Inflation.

Harrison, E. R.: *Quarterly Journal of the Royal Astronomical Society* 36 (1995), S. 193. Vermutung, dass unser Universum von einer früheren intelligenten Zivilisation im Labor hergestellt worden sein könnte.

Hartle, J. B./S. W. Hawking: *Physical Review D* 13 (1976), S. 2188. Hartle-Hawking-Vakuumzustand außerhalb eines Schwarzen Lochs.

–: *Physical Review D* 28 (1983), S. 2960. Universum, das aus dem Nichts tunnelt.

Hawking, S. W.: *Eine kurze Geschichte der Zeit*, Reinbek: Rowohlt, 1988. Hawking beschreibt unter anderem das aus dem Nichts tunnelnde Universum.

– : *Nature* 248 (1974), S. 30; *Communications in Mathematical Physics* 43 (1975), S. 199. Hawking-Strahlung Schwarzer Löcher.

– : *Physical Review D* 46 (1992), S. 603. Hawkings Chronologieschutzthese.

Hawking, S. W./R. Penrose: *Proceedings of the Royal Society of London* A314 (1970), S. 529. Einige Theoreme, die zeigen, dass eine Singularität im frühen Universum unvermeidlich ist – jedenfalls, solange man Quantengravitationseffekte, geschlossene zeitartige Kurven und Inflation außen vor lässt.

Headrick, M. P./J. R. Gott: *Physical Review D* 50 (1994), S. 7244. Unsere Antwort auf den Artikel von Carroll, Farhi und Guth. Dazu Kommentare über die Möglichkeit einer Zeitmaschine, die auf einem in einem Schwarzen Loch verborgenen kosmischen String beruht.

Heinlein, R.: *Entführung in die Zukunft*, München: Heyne, 1967. Heinleins Geschichte stammt aus dem Jahr 1959.

Hiscock, W. A.: *Physical Review D* 31 (1985), S. 3288. Exakte Lösung für einen kosmischen String.

Hiscock, W. A./D. A. Konkowski: *Physical Review D 26* (1982), S. 1225. Berechnung des Quantenvakuumzustands für den Misner-Raum.

Hofstadter, D.: *Gödel, Escher, Bach.* Stuttgart: Klett-Cotta, 1985. Erörtert Gödels Unvollständigkeitssatz in der Mathematik.

Hoist, S./H.-J. Matschull: *Classical and Quantum Gravity 16* (1999), S. 3095. Ein niederdimensionales Beispiel (Flächenland), in dem es überall einen Vakuumzustand von negativer Energiedichte gibt und in dem eine Zeitmaschine von meinem kosmischen String-Typ in einem Schwarzen Loch verborgen ist.

Hubble, E.: *Proceedings of the National Academy of Sciences USA* 15 (1929), S. 168. Hubble entdeckt die Expansion des Universums!

Jeffreys, H.: *Theory of Probability*, Oxford: Clarendon Press, 1939. Schlägt das Konzept einer vagen Ausgangsannahme in die Bayes'schen Statistik vor, das mit dem kopernikanischen Prinzip konsistent ist.

Jones, F. C.: *Physical Review D 6* (1972), S. 2727. Tachyonenbewegung.

Kaku, M.: *Im Hyperraum*, Reinbek: Rowohlt, 1998. Erklärung der Kaluza-Klein-Theorien, dazu ein Raumzeitdiagramm von Heinleins *Entführung in die Zukunft*.

Kanigel, R.: *Der das Unendliche kannte*, Braunschweig: Vieweg, 1993. Das Leben des genialen Mathematikers Srinivasa Ramanujan.

KUNDIC, T./E. L. TURNER/W. N. COLLEY/J. R. GOTT/J. E. RHOADS/Y. WANG/L. E. BERGERON/K. A. GLORIA/D. C. LONG/S. MALHOTRA/J. WAMBSGANSS: *Astrophysical Journal* 482 (1997), S. 75. Wir maßen eine zeitliche Verzögerung von 417 Tagen für den Quasar 0957+561A,B und entschieden damit eine Kontroverse über die Länge dieser Verzögerung, die sich aus früheren Daten ergeben hatte.

LAMOREAUX, S. K.: *Physical Review Letters* 78 (1997), S. 5. Maß das Casimir-Vakuum im Labor mit Platten (tatsächlich einer Kugel und einer Platte), die durch Abstände von 0,6 bis 6 Mikrometer getrennt waren. Seine Ergebnisse über die Kraft zwischen den Platten stimmen auf fünf Prozent genau mit der Theorie überein.

LANDSBERG, P. T./N. DEWYNNE/C. P. PLEASE: *Nature* 365 (1993), S. 384. Mit meiner kopernikanischen 95-Prozent-Formel sagten sie (richtig, wie sich herausstellte) die verbleibende Amtszeit der konservativen Regierung in Großbritannien voraus.

LEMAÎTRE, G.: *Ann. Soc. Sci. Bruxelles A.* 53 (1933), S. 51. Ein Urknallmodell, das infolge einer kosmologischen Konstante mit einer beschleunigten Expansion endet.

LEMONICK, M. D.: *The Light at the Edge of the Universe.* New York: Villard Books/Random House, 1993. Die menschliche und wissenschaftliche Geschichte der COBE-Ergebnisse, die die Reaktion der Kosmologen sehr lebendig einfängt.

–: *Time,* 13. Mai 1991, S. 74. Erörtert meine auf kosmischen Strings beruhende Zeitmaschine.

LESLIE, J.: *The End of the World: The Science and Ethics of Human Extinction,* London: Routledge, 1996; *Bulletin of the Canadian Nuclear Society* 10(3) (1989), S. 10; *The Philosophical Quarterly* 40 (1990), S. 65; *Mind* 101.403 (1992), S. 521. Erläutert die Logik, die Argumenten zugrunde liegt, wie sie Brandon Carter, er selbst, Holgar Nielsen und ich vorgebracht haben, um die Zahl aller künftigen Menschen zu schätzen.

LI, L.-X.: *Physical Review D* 50 (1994), S. R6037. Der Artikel, den Li-Xin Li mir in seinem Brief geschickt hatte – der Vorschlag, eine reflektierende Kugel zwischen die Wurmlochöffnungen zu bringen, um ein Aufschaukeln der Energie des Quantenvakuums ins Unendliche zu verhindern.

LI, L.-X./J. R. GOTT: *Physical Review Letters 80* (1998), S. 2980. Selbstkonsistentes Quantenvakuum für Misner-Raum, das Zeitreisen zulässt.

LIGHTMAN, A.: *Und immer wieder die* Zeit, Hamburg: Hoffmann und Campe, 1994. Phantasievolle Betrachtung der Zeit.

LIGHTMAN, A./W. H. PRESS/R. H. PRICE/S. A. TEUKOLSKY: *Problem Book in Relativity and Gravitation,* Princeton, NJ: Princeton University Press, 1975.

Größenbegrenzungen für Masseschalen, deren Festigkeit ihrem eigenen Gravitationseinfluss gerade noch widerstehen soll, und viele andere interessante Probleme.

LINDE, A.: *Particle Physics and Inflationary Cosmology*, Chur, Schweiz: Harwood Academic Publishers, 1990. Lindes ausgezeichnetes Buch über seine Theorie der chaotischen Inflation, wobei Quantenfluktuationen Baby-Universen veranlassen, wie Zweige an einem Baum zu wachsen.

–: *Physics Letters* 108B (1982), S. 389. Inflation und Blasen-Universen.

–: *Physics Letters* 129B (1983), S. 177. Chaotische Inflation.

–: *Physical Review D* 59 (1999), S. 023 503. Offene Blasen-Universen im Kontext der chaotischen Inflation.

LORD, W.: *Die letzte Nacht der Titanic*, München: Kaiser, 1971. Mrs. Albert Caldwells Unterhaltung, während sie an Bord der *Titanic* geht, ist diesem fesselnden Bericht entnommen.

LOSSEV, A./I. D. NOVIKOV: *Classical and Quantum Gravity* 9 (1992), S. 2309. Dschinnen in Zeitmaschinen und warum Lösungen selbstkonsistent sein müssen.

MARDER, L.: *Proceedings of the Royal Society of London, Ser. A.* 252 (1959), S. 45. Exakte Lösung für Einsteins Gleichungen, die einem kosmischen String entspricht – aber bevor kosmische Strings vorgeschlagen worden waren!

MATHER, J. C., u. a.: *Astrophysical Journal Letters* 354 (1990), S. L37. COBE-Satellit zeigt, dass das Spektrum der kosmischen Hintergrundstrahlung genau die Temperatur hat, die vom heißen Urknallmodell vorhergesagt wird.

MCKAY, C./J. CASTINGS/O. TOON: «Making Mars Habitable», *Nature* 352 (1991), S. 489–496.

MENDELSSOHN, K.: *Das Rätsel der Pyramiden*, Bergisch Gladbach: Lübbe, 1974. Untersucht, warum die Ägypter Pyramiden bauten und warum sie damit aufhörten.

MISNER, C. W., in: J. EHLERS (Hg.): *Relativity Theory and Astrophysics I: Relativity and Cosmology, Lectures in Applied Mathematics*, Bd. 8, Providence: American Mathematical Society, 1967, S. 160. Misner-Raum.

MISNER, C. W./K. S. THORNE/J. A. WHEELER: *Gravitation*, San Francisco: Freeman, 1973. In Professor Kuchars Kurs habe ich die allgemeine Relativitätstheorie aus diesem 1279 Seiten umfassenden Grundlagenwerk im Fahnenstadium gelernt. Darin findet sich auch das Zitat, in dem Einstein seine Gefühle nach der Ableitung der Gleichungen der allgemeinen Relativitätstheorie beschreibt.

MORRIS, M. S./K. S. THORNE/U. YURTSEVER: *Physical Review Letters* 61 (1988), S. 1446. Wurmlöcher als Zeitmaschinen.

Nahin, P. J.: *Time Machines*, New York: American Institute of Physics, 1993. Ausgezeichnetes Buch über Zeitreisen und Science-Fiction.

Nielsen, H. B.: Acta *Physica Polonica* B20 (1989), S. 427. Über die künftige Erdbevölkerung.

Novikov, I. D.: *The River of Time*, Cambridge, England: Cambridge University Press, 1998. Betont das Prinzip der Selbstkonsistenz bei Zeitreisen und sieht die Vergangenheit als unveränderlich an. Optimistisch, was die Möglichkeit von Zeitreisen in die Vergangenheit angeht.

–: *Sov. Phys. JEPT* 68 (1989), S. 439. Selbstkonsistenz bei Zeitreisen.

O'Neill, G. K.: *Physics Today 27* (September 1974), S. 32. Weltraumkolonien.

Ori, A.: *Physical Review Letters 67* (1991), S. 789; 68 (1992), S. 2117; und 71 (1993), S. 2517. Ergebnisse, die darauf schließen lassen, dass man Zeitreisen auch dann überleben könnte, wenn man beim Herstellen einer Zeitmaschine Singularitäten erzeugt.

Pais, A.: *«Raffiniert ist der Herrgott ...», Albert Einstein, Eine wissenschaftliche Biographie*, Braunschweig: Vieweg, 1986. Die beste Einstein-Biographie. Man findet dort all die wunderbaren Anekdoten. Ich habe dem Buch zahlreiche biographische Details entnommen.

Penzias, A./R. W. Wilson: *Astrophysical Journal* 142 (1965), S. 419. Artikel, der den Verfassern den Nobelpreis für die Entdeckung der kosmischen Hintergrundstrahlung einbrachte.

Perlmutter, S., u. a.: *Astrophysical Journal* 517 (1999), S. 565. Supernova-Daten, die den Schluss nahe legen, dass sich die Expansion des Universums beschleunigt.

Pickover, C. A.: *Time: A Traveler's Guide*, New York: Oxford University Press, 1998. Eine hübsche Einführung in die Physik der Zeitreisen.

Preston, R.: *Hot Zone, Tödliche Viren aus dem Regenwald, Ein Tatsachen-Thriller*, München: Droemer Knaur, 1995. Beschreibt die Gefahren von Killerviren.

Ratra, B./P. J. E. Peebles: *Astrophysical Journal Letters* 432 (1994) S. L5, und *Physical Review D* 52 (1994), S. 1837. Sie berechneten das Wachstum von Strukturen aus zufälligen Quantenfluktuationen in offenen inflationären Blasen-Universen. M. Bucher/A. S. Goldhaber/N. Turok: *Physical Review D* 52 (1995), S. 3314, 5538, sowie K. Yamamoto/M. Sasaki/T. Tanaka: *Astrophysical Journal* 455 (1995), S. 412, haben diese Untersuchungen fortgeführt.

Riess, A. G., u. a.: *Astrophysical Journal* 116 (1998), S. 1009. Supernova-Daten, die darauf schließen lassen, dass sich die Expansion des Universums beschleunigt.

THE RIG VEDA, übersetzt von Wendy Doniger O'Flaherty, Harmondsworth: Penguin, 1981.

SAGAN, C.: *Broca's Brain*, New York: Random House, 1974. Erörtert «Gott and the Turtles».

SCHWARZSCHILD, K.: *Sitzungsberichte der Deutschen Akademie der Wissenschaften zu Berlin, Klasse für Mathematik, Physik und Technik* 1916 (1916), S. 189. Ansatz zum Beweis der Schwarzloch-Lösung. Der Autor starb bald nach Veröffentlichung des Aufsatzes. Sein Sohn Martin Schwarzschild war einer meiner Mentoren an der Princeton University.

SIMON, J. Z.: «The Physics of Time Travel», *Physics World* 7 (Dezember 1994), S. 27–33. Weist darauf hin, dass Zeitmaschinen mit Zeitschleifen von 5×10^{-44} Sekunden am schwierigsten auszuschließen sind. Das ist der Typ, den Li-Xin Li und ich vorgeschlagen haben, um den Anfang des Universums zu erklären.

SMOLIN, L.: *Warum gibt es die Welt?, Die Evolution des Kosmos*, München: Beck, 1999. Wie Baby-Universen, die in Schwarzen Löchern entstehen, eine Entwicklung der physikalischen Konstanten in Gang setzen können, die die Erzeugung Schwarzer Löcher begünstigt.

SMOOT, G. P., u. a.: *Astrophysical Journal* 420 (1992), S. 439. COBE-Satellit zeigt, dass sich die Fluktuationen in der kosmischen Hintergrundstrahlung mit der Inflationstheorie vertragen.

STANLEY, S. M.: *Proceedings of the National Academy of Sciences* 72 (1975), S. 646. Mittlere Lebensdauer von Säugetierarten: zwei Millionen Jahre.

STARUSZKIEWICZ, A.: *Acta Physica Polonica* 24 (1963), S. 734. Punktmassen in Flächenland.

TAYLOR, E. F./J. A. WHEELER: *Physik der Raumzeit, Eine Einführung in die spezielle Relativitätstheorie*, Heidelberg: Spektrum Akademischer Verlag, 1994. Ein wunderbares Buch über die allgemeine Relativitätstheorie mit einer Fülle von Raumzeitdiagrammen. Der «Kratz-Test» zum Vergleich bewegter Lichtuhren ist die Abwandlung einer Überlegung, die die Autoren darlegen.

THORNE, K. S.: *Black Holes and Time Warps*, New York: Norton, 1994. (Die deutsche Ausgabe *Gekrümmter Raum und verbogene Zeit, Einsteins Vermächtnis*, München: Droemer Knaur, 1994, ist eine gekürzte Fassung). Ein großartiges Buch über die Physik von Schwarzen Löchern und von Zeitreisen, die auf Wurmlöchern basieren.

TIPLER, F. J.: *Physical Review Letters* 37 (1976), S. 879. Zeigte, unter allgemeinen Bedingungen, dass der Versuch, in einer endlichen Region unter ausschließlicher Verwendung von Materie mit positiver Masse eine Zeitmaschine herzustellen, zu Singularitäten führen würde.

Tyson, N. de G., u. a.: *One Universe: At Home in the Cosmos*, New York: John Henry Press, 2000. Schönes Buch über unser Universum.

Unruh, W. G.: *Physical Review D* 14 (1976), S. 870. Unruh-Strahlung.

van Stockum, W. J.: *Proceedings of the Royal Society of Edinburgh* 57 (1937), S. 135. Tipler erkannte später, dass diese Lösung für Einsteins Gleichungen, ein unendlicher rotierender Zylinder, Zeitreisen zulässt.

Vilenkin, A.: *Physical Review* D 23 (1981), S. 852. Näherungslösung für einen kosmischen String.

–: *Physics Letters* 117B (1982), S. 25. Universum, das aus dem Nichts tunnelt.

Vogeley, M./C. Park/M. J. Geller/J. P. Huchra/J. R. Gott: *Astrophysical Journal* 420 (1994), S. 525. Eine von zahlreichen Studien verschiedener Arbeitsgruppen, die zeigen, dass die Häufung der Galaxien – konsistent mit der Inflationstheorie – eine schwammartige Geometrie aufweist.

Wells, H. G.: *Die Zeitmaschine, eine Erfindung*, Zürich: Diogenes, 1974. Damit hat alles angefangen!

Wheeler, J. A./R. P. Feynman: *Reviews of Modern Physics* 17 (1945), S. 157. Theorie über den Zeitpfeil.

Wheeler, J. A./K. Ford: *Geons, Black Holes, and Quantum Foam*, New York: Norton, 1998. Wheelers Autobiographie.

Wilson, E. O, in: E. O. Wilson (Hg.): *Biodiversity*, Washington, D. C.: National Academic Press, 1986. Lebensdauer verschiedener Arten.

Zubrin, R. M.: *Unternehmen Mars, Das «Mars-Direct»-Projekt, Der Plan, den roten Planeten zu besiedeln*, München: Heyne, 1997.

Zubrin, R. M./C. P. McKay: «A World for the Winning: The Exploration and Terraforming of Mars», *The Planetary Report* 12(5) (September/Oktober 1992).

Dank

Zuerst und vor allem möchte ich meiner wunderbaren Frau Lucy danken, meiner Seelen- und Lebensgefährtin – weil sie an das Buch geglaubt hat. Da Lucy einer der klügsten Menschen ist, die ich kenne (*summa cum laude* an der Princeton University), nehme ich ihren Rat immer ernst. Hier hat sie ihre beträchtlichen beruflichen Erfahrungen als Redakteurin und Autorin eingebracht und dadurch entscheidend zur Verbesserung des Manuskripts beigetragen. Dann meiner Tochter Elizabeth – wir können uns keine bessere Tochter wünschen. Nicht nur, dass sie die Sonne unseres Lebens ist, sie hat auch ihre steile High-School-Karriere unterbrochen, um mir gleichfalls zu helfen. Gelegentlich entwickelte sie Computersysteme, doch meistens entwarf sie visuelle Hilfsmittel zur Veranschaulichung physikalischer Begriffe. Sie fand den niedlichen, rundlichen Spaceshuttle, mit dessen Hilfe ich zeigte, wie man zwei kosmische Strings umkreisen könnte (Abbildung in *Time*), und sie zeichnete auch den winzigen, Fahnen schwenkenden Astronauten für mich, den ich dann in einen Trichter fallen ließ, um die Eigenschaften eines Schwarzen Lochs zu illustrieren (für *The McNeil-Lehrer Newshour*). Meiner Mutter und meinem Vater, Marjorie C. Gott und Dr. John Richard Gott jr., danke ich für die Unterstützung, die sie mir in all den Jahren zuteil werden ließen, etwa wenn meine Mutter mich während meiner High-School-Zeit unermüdlich zu zahllosen Tagungen der Astronomical League und naturwissenschaftlichen Messen fuhr.

Mein besonderer Dank gilt sodann Laura van Dam, meiner unübertrefflichen Lektorin bei Houghton Mifflin, von der der Vorschlag stammt, ich solle ein Buch über Zeitreisen schreiben. Ihre Begeisterungsfähigkeit, ihr kluges Urteil und ihre profunden beruflichen Fähigkeiten machten die Arbeit mit ihr zu einer Freude. Für die Herstellung des Buches danke ich Liz Duvall, Susanna Brougham und Lisa Diercks.

Die Verwandlung meiner Kritzeleien in wunderbare Zeichnungen und Graphiken verdanke ich JoAnn Boscarino und Li-Xin Li. Einige der Diagramme wurden mit den Programmen Mathematica, Claris Works und Design It!3-D entwickelt.

Charles Allen (Präsident der Astronomical League) und Neil de Grasse Tyson (Direktor des Hayden Planetarium) haben das Manuskript gelesen. Ihre Rückmeldungen haben mir sehr geholfen, aber mehr noch ihre über viele Jahre währende Freundschaft. Jonathau Simon und Li-Xin Li haben ausgewählte Kapitel gelesen und wichtige Anmerkungen gemacht. Wertvoll waren auch die Bemerkungen von Jeremy Goodman, Suketo Bhavsar, Deborah Freedman, Jim Gunn, Frank Summers, Douglas Heggie, Ed Jenkins, Michael Hart, Matthew Headrick, Jim Peebles, Bharat Ratra und Martin Rees.

Zu Dank verpflichtet bin ich all meinen Lehrern (von meiner High-School-Mathematiklehrerin Ruth Pardon bis zu meinem Doktorvater Lyman Spitzer) und den vielen Kollegen, zu denen ich auch meine Studenten zähle. Besonders danke ich Li-Xin Li, dessen Arbeit an unserem gemeinsamen Forschungsprojekt (vgl. Kapitel 4) von entscheidender Bedeutung war. Abb. 27 ist dem Artikel «Can the Universe Create Itself?» entnommen, den wir 1998 in der Zeitschrift *Physical Review* veröffentlicht haben. Ferner gebührt mein Dank George Gamow, Charles Misner, Kip Thorne und John Wheeler, deren Bücher ich wichtige Anregungen verdanke, Hugh Downs für viele lebhafte kosmologische Abendessen, Carl Sagan und abermals Kip Thorne, deren Interesse für meine Arbeit von großer Bedeutung für mich waren. Ich danke Dorothy Shriver und allen Menschen, die ich bei Science Service kenne, meiner Schwiegermutter Virginia Pollard, Dr. William Barton und Dr. Alexander Vukasin. Außerdem möchte ich mich bei den Wissenschaftsjournalisten bedanken, die so viele ausgezeichnete Artikel und Bücher über meine Arbeit veröffentlicht haben: Timothy Ferris, Michael Lemmonick, Sharon Begley, James Gleick, Malcolm Browne, Marcus Chown, Ellie Boettinger, Kitta MacPherson, Gero von Boehm, Joel Achenbach, Marcia Bartusiak, Mitchell Waldrop und Rachel Silverman. Wissenschaftsautoren wie ihnen ist es zu verdanken, dass die ganze Fülle der naturwissenschaftlichen Forschung allen Menschen zugänglich ist. Ich hoffe, auch dieses Buch kann einen kleinen Beitrag dazu leisten.

Zum Schluss grüße ich Albert Einstein, dessen Ideen noch immer eine Herausforderung für uns sind.

Register